Klartext

BERND MÜLLENDER / ACHIM NÖLLENHEIDT (HG.)

AM FUSS DER BLAUEN BERGE

DIE FLIMMERKISTE
IN DEN 60ER JAHREN

Die Deutsche Bibliothek - CIP-Einheitsaufnahme

Am Fuß der Blauen Berge : die Flimmerkiste in den 60er
Jahren / Bernd Müllender ; Achim Nöllenheidt (Hg.). - 1. Aufl.
- Essen : Klartext, 1994
   ISBN 3-88474-062-8
NE: Müllender, Bernd [Hrsg.]

1. Auflage April 1994
Gestaltung und Satz: Klartext
Umschlag: Jörg Weusthoff, Köln
Druck: Uhl, Radolfzell
© Klartext Verlag, Essen 1994
Alle Rechte vorbehalten
ISBN 3-88474-062-8

Inhaltsverzeichnis

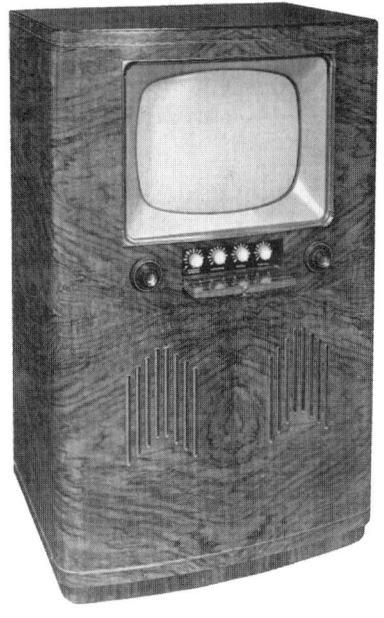

O

BERND MÜLLENDER / ACHIM NÖLLENHEIDT

VORWORT

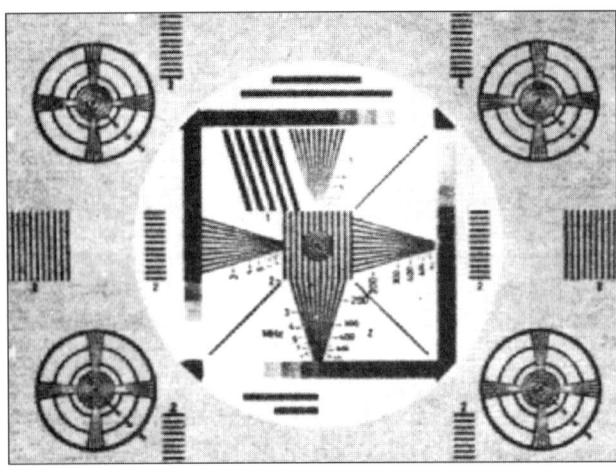

Es war, welche Binsenweisheit, eine andere Zeit, die Nachkriegszeit der 50er und 60er Jahre. Väter gaben Müttern aus der Lohntüte das Haushaltsgeld, trugen Hüte, Nyltesthemden und noch die volle Verantwortung. Mütter trugen das Geschirr in gestärkten, gern ärmellosen Schürzen zum Abwasch, ansonsten Kostüme aus Amerika und an Festtagen Persianermäntel. Mädchen wurden in Lackschuhe und Sonntagskleidchen mit weißen Kniestrümpfen gezwängt, Jungs in kurze Lederhosen gefoltert. Zum Dank machten sie Knicks und Diener. Jungs klebten ihre Fußballsammelalben voll, Mädchen flehten um einen Vierzeiler im Poesiealbum.

Der eine las Old Surehand, die andere Enid Blyton. Statt Mountainbike und Game boys gab es Schnitzeljagd und Gummitwist. Gummibäume gediehen noch spottfrei, schon gab

es Gastarbeiter und noch gab es richtige Winter, Dampfloks, TEE-Züge und Bahnsteigkarten. Einen nackten weiblichen Busen zeigte man, wenn überhaupt und scheu und zögerlich, nie ohne sich zu entrüsten, daß so etwas gezeigt wird. Kleine Leute trugen Kassenbrillen. Urlaub konnte sich noch nicht jeder leisten – und auch die Reichen fuhren in den Bayerischen Wald statt nach Barbados und in den Schwarzwald statt in die Rockies. Flugzeuge hatten mehrheitlich Propeller statt Düsentriebwerke.

Männer im Kreissaal waren noch undenkbar, Frauen dafür auf der Karriereleiter. Herrenhaar hielt noch mit Pomade, Damenlocken mit parfümiertem Festiger statt mit Gel. Ersatzteile zwischen Kopf und Hut waren sehr beliebt, sie hießen hie Toupet, da Perücke. Männliche Gesichtsbehaarung wuchs erst Ende der 60er die Backen herunter, man sagte Koteletten dazu. Graubrot war Inbegriff deutscher Backkunst, und Brötchen, die noch wie Brötchen schmeckten, kosteten nur ein paar Pfennige.

Jugendliche nannte man noch Halbstarke, Streß hieß Managerkrankheit, Bullen hörten überall auf Herr Wachtmeister und Sozis waren Kommunisten. Sonntagsnachmittags gab es den Sonntagsnachmittagsspaziergang für die ganze Familie und freitags immer Fisch. An den Leinen zerrten noch Pudel, nicht Yorkshire-Terrier. Nierentische und Peitschenlampen harmonierten mit Zinntellern und Hirschmotiven auf Blümchentapeten. Getrunken wurden Afri Cola, Bluna, Exportbier, liebliche Weine und die Kalte Ente.

Und die Flimmerkiste? Die Glotze war noch keine Droge im Wohnzimmer, und wir amüsierten uns damals keineswegs zu Tode. Das „gute Buch" war oftmals Familienmedium Nummer 1, gefolgt vom Radio. Der große Fernsehrausch setzte zur Stunde Null, beim Sendestart 1952, noch lange nicht ein. Viele gingen erst bei der Oma, beim Lieblingsonkel oder bei Nachbarns zum Gucken vor das neue Wundergerät. Und schnell kommen einzelne Sendungen der frühen Jahre in den Sinn, so wie die erste große Westernserie „Am Fuß der blauen Berge", die diesem Buch auch den Titel gab: „Genau, ach, weiß Du noch ..., wie hieß denn die Serie ... oder dieser komische ... hat die nicht immer ...

In unserem Buch werden skurrile Figuren der frühen TV-Ära wieder auftauchen, klassische Serien, Trivialsendungen, Straßenfeger, Shows mit fast vergessenen Stars oder heutige Stars mit noch sehr jugendlichem Gesicht, politische Schlammschlachten auch und kulturelle Gefechte. Kurz: TV-Oldies aller Art. Um den Einstieg in die frühen Fernsehjahre zu erleichtern, haben wir zwei detailkundige Alleseher gebeten, sich drauflos zu erinnern. Sie führen uns ein in die Welt von Jeannies Grzimek, Höfers Hoss und Fröschl's Frogs. Hier das Tonbandprotokoll zum Start in unsere Fernseh-Zeitreise –

In den ersten Fernsehjahren war Umschalten noch ein dramaturgisches Ereignis, das es stilvoll in Szene zu setzen galt. Die Umschaltpausen dauerten bis zu einer halben Stunde.

Ein Gespräch
zweier bekennender Allesseher

Lothar: ... hast du denn auch immer *Zauberkarussell* gesehen?

Udo: Klar, das lief sonntags immer vor *Die Kleinen Strolche*. Mit *Cebulon* und *Hugo Schneckerich* ..

L: Turnikotiii, Turnikotaaaaa – Cebulon ist wieder da! Und das kleine Mädchen, die hieß glaube ich *Violetta*...

U: Und *Farina* war das schwarze Mädchen bei den Strolchen. Farina. Heißt Mehl. Ist weiß. Die war aber schwarz, witzig das, irgendwie! Fanden wir jedenfalls immer.

L: Wenn ich heute überlege: *Immer wenn er Pillen nahm*, wie primitiv das gemacht war.

U: Aber gut. Echt. Und da gab es noch *Renn Buddy Renn*, das war die gleiche Machart.

L: Oder *Maxwell Smart*, mit der Agentin Agent 99. Das war der, der immer durch Stahltüren ging. Und der mußte immer unter so

eine Käseglocke, die kam von oben runter, mit seinem Chef die Lage besprechen. Das war so eine schalldichte Kabine. Und im Schuh hatte der ein Telefon.

U: Buddy war so ein unbescholtener amerikanischer Bürger, der in der Sauna zufällig ein Gespräch von einer Art Mafia-Gang aufgeschnappt hat, wo es um ganz krumme Geschichten ging. Und da hat einer gesagt: Geheimmission Hühnchen.

L: Stimmt, ja... Hühnchen...

U: Und das war der springende Punkt. Und dann sind die immer hinter dem her, und der ist nur noch gerannt und hat sich versteckt.

L: Vielleicht war es eine Parodie zu *Auf der Flucht*. Der Kimble war auch immer unterwegs.

U: Genau, nur Buddy saß immer zuhause, dann kam einer, sagte nur: Hühnchen...

L: ... Und dann kriegte der schon wieder das Flattern. Und im Vorspann fiel der immer in einen Gulli. Und dann lief der unter Wasser weiter, mit rudernden Armen, zeitlupenhaft.

U: Ja, genau, sagenhaft.

L: Von *Stanley Beamish* weiß ich noch den Vorspann auswendig:

„Ein Chemiker, um die Natur zu verbiegen,
wollte endlich den Schnupfen besiegen.
Er quirlte, rührte und mixte
und fand eine Pille, doch eine verflixte.
Menschen schienen nicht empfänglich –
die Pille machte sie eher kränklich
mit viel Computern mächtig und klug –
suchte man einen, der diese vertrug.
Stanley Beamish –
war der einzige im ganzen Land.

Stanley, ein zarter, schwächlicher Gnom,
die Pille machte ihn zum Phantom.
Er konnte wie ein Adler fliegen,
und jeden Bösewicht besiegen.
Denn seine große Stunde kam ..."
Beide: *Immer wenn er Pillen nahm!!!*, Großartig, hahahaha ...

L: Ich weiß auch nicht, wie ich mir das alles merken kann, ich glaube, ich habe da Speicherkapazitäten, die ich für andere Dinge nicht so brauche.

U: Ja, Nebensächliches behalten – damit konnte man in der Schule dann auftrumpfen!

L: Stimmt. All die Sendungen wurden ja in der Schule besprochen. Das war Thema Nr 1.

U: Und wenn du kein zweites Programm hattest, warste unten durch, aber voll.

L: Wenn du nicht ferngesehen hast, war das so, als wenn du später dein Mofa nicht frisiert hattest. In der Frühphase des Fernsehens war

es für uns Kinder eine ganz wichtige Erkenntnis festzustellen, daß aus jedem Fernseher das gleiche rauskam! Wenn man sich traf, hieß es: War bei Euch gestern auch *Fury* drin? Echt verrückt!

U: Ja, weil das am Anfang so schwer vorstellbar war. Eine Tante von mir hat sich sonntags auch immer besonders fein angezogen zur Tagesschau, zum Köpcke. Weil die dachte, der sieht sie! Ist wirklich wahr.

L: *Armin Dahl*, Sensationsdarsteller, der war auch echt, und den fanden wir gut. Durch Glasscheiben ist der gesprungen.

U: Und mit dem Fahrrad übers Brückengeländer gefahren.

L: Und ist nachher in der Werbung aufgetreten, für 'ne Versicherung.

U: Reden wir doch mal über die Western. Die Serien-Klassiker. *Am Fuß der blauen Berge. Union Pacific. Rauchende Colts.*

Links: Maxwell Smart mit Agentin 99.
Oben: Stanley Beamish nach Einnahme einer großen Portion seiner Pillen.

Frühe Kinderhelden von links nach rechts: Double Arnim Dahl, die Crew von High Chaparral, Lassie mit Timmy.

L.: *Shiloh Ranch, Pistolen und Petticoats.*

U.: Oder auch *Westlich von Santa Fe,* da wo einer so ganz schnell war mit ner Winchester, schneller als jeder andere mit dem Colt. Oder: *Rin-Tin-Tin.* Und natürlich *Bonanza.* Oder *Fury* mit Stallbursche Pete.

L: Stimmt. Weißt du noch, wie der erste Sohn hieß bei *Lassie*?

U.: Tim. *Timmy.* Du, da habe ich gehört, daß der jetzt kokst, ist total down. Tragisch, heute so die Vorstellung: Der kleine blonde Timmy ...

L: Aber Timmy kam erst später. In den ersten Folgen hieß der *Jeff.* Da leg ich meine Hand für ins Feuer.

U: Spitze war der Pick up.

L: Und dieser Riesenkühlschrank!

U: Und dieses Wandtelefon! Timmy mußte immer auf so nen Hocker.

L: Und diese Fliegennetztür! Die hat mir immer irrsinnig imponiert. Aber wie hieß die Stadt?

U: Weiß ich: Die sind ja selten von der Farm weggefahren. Aber wenn – nach *Capitol City.* Ca pi tol – City. Toller Name.

L: Tragisch war *High Chaparral.* Weil das erst um neun abends kam.

U: Durfte ich gucken!

L: Ich hatte halb neun Bett. Da war höchstens noch lesen. In der Schule aber wurde High Chaparral besprochen. Und das schien gut zu sein. Da gab es richtige Aufstände zuhause, zwischen meinen Eltern und mir. Da habe ich viel geheult im Bett. Laut, daß man das auch hörte. Dann wurde ich auch rausgeholt. Und die ersten fünf Minuten habe ich wie durch einen Weichzeichner gesehen. Und ich hab mich immer ganz klein gemacht, weil ich ja nicht richtig erwünscht war. Also: Nicht auffallen. Vielleicht haben sie mich vergessen. Und dann gings. *Manolito,* das Halbblut!

U: Ja, und Manolitos Schwester war die Mutter oder die Frau von dem *Buck,* diesem Trunkenbold und Draufgänger. Aber das Weichei, dieses Oberweichei, das war der *Blue Boy,* der wahrscheinlich auch bei der Bravo-Wahl mal den dritten Platz gemacht hat.

L: Ich weiß da nix genaues mehr. Ich hab das einfach nicht entspannt gucken können.

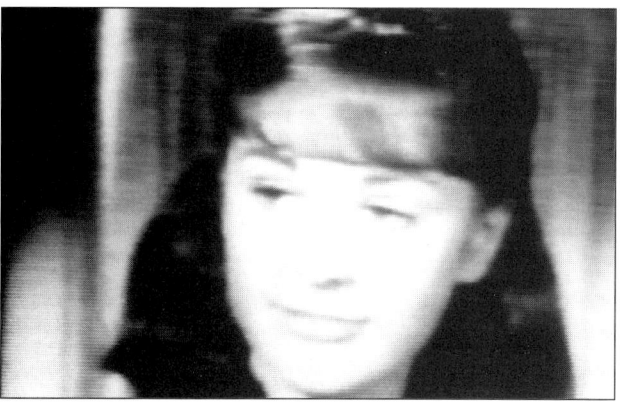

Mädchen vom Hausboot – verliebenswert?

U: Bei High Chaparral war ja auch so eine dolle Frau, puuuuh...

L: Hattest du da Gefühle?

U: So derbe glaube ich noch nicht. Man war ja damals sexuell noch nicht so. *Bezaubernde Jeannie* zum Beispiel. Obwohl: Könnte sein ... daß ich die auch schon interessant fand. Weiß ich nicht mehr. *Tammy, das Mädchen vom Hausboot* fand ich nicht so gut.

U: Aber da habe ich schon ganz andere Dinge gehört. Das war die erste Sendung, die ich im Zweiten gesehen hab. In der Klasse waren schon alle in die verliebt und endlich kriegten wir ZDF, ich mach das an, und höre das Lied...

Beide: „*Hörst du den Südwind, er flüstert Dir zu: Tammy, Tahammy ..., mein Freund bist duhuhuuu ... .*"

U: Aber sonst hat mich das nicht angemacht, da habe ich ja lieber, was weiß ich, *Das Fernsehgericht tagt* geguckt ... Unterm Tisch mußte ich als Kind dabei sitzen.

Fröschl (links), Wanninger und der Stoff, aus dem bayrische Träume sind.

L: Dieser reaktionäre Mist. Sterbenslangweilig. Trocken. Für Kinder war das nix.

U: Ja, schon. Aber: Meine Tante war in den Staatsanwalt verliebt, total verknallt.

L: Ich war zu der Zeit hormonell wohl noch unterbelichtet. Höchstens Muttergefühle kamen auf, wie bei: *Basteln mit Erika*.

U: War bei mir ähnlich. Noch mit 15, wo andere längst eine Freundin hatten, da hab ich *Hinku und Finku* geguckt, das waren zwei Trüffelschweine, Zeichentrick.

L: Was gabs denn so an deutschen Serien?

U: Bayerisches. *Die seltsamen Methoden des Franz Josef Wanninger*, mit *Inspektor Fröschl* als Assistent.

L: Fröschl ist tot. Ganz früh. Krebs. Aber wie hieß der Schauspieler? Hatte so ne Ähnlichkeit mit *Hans Rosenthal*. Ist auch tot...

U: *Maxl Graf* hieß der.

L: Ja, Fröschl. Auf jeden Fall hatte der einen besseren Stand als *Fritz Wepper* alias *Harry Klein*. Der hatte nun nix zu melden. Wenn der Fröschl nicht gestorben wäre, vielleicht wär der heute Assi beim *Derrick*.

U: Stichwort Bayern: *Isar 12!*

L: Die fuhren supertolle BMWs. Auf Autos fuhren wir damals ja alle völlig ab. Dann gabs noch *Hafenpolizei*.

U: Jaaa... das war so Isar 12 auf norddeutsch, nur mit Schiff.

L: Und ohne BMWs. Aber da gab es noch so eine Autoserie...warte mal...

U: Das *Rasthaus*? Kam immer samstags vor der Sportschau. Aber das war grausam.

L: Samstags hab ich immer *Daktari* gesehen. Mit *Mister Hadley*, *Judy*. Und *Clarence*.

U: Das war immer so albern, wenn der Clarence geschielt hat, dann haben die umgeschnitten, so aus der Sicht des Löwen, und alles war ganz verschwommen. Als würde einer, der schielt, verschwommen gucken...

L: Wer weiß, bei Löwen? Nein, aber wie hieß die Sendung mit den Fernfahrern. Auf Achse oder so...

U: ...nein, das hieß: *Die Fernfahrer!*

L: Ja, natürlich, genau: Die Fernfahrer, großartig, die fuhren einen Büssing, weiß ich noch ganz genau. Hatten beide so Lederwe-

sten an, das war toll. Passiert ist eigentlich nie besonders viel. War ja damals oft so, in so Serien. Nicht wie heute – zack, zack, bumm, und Schnitt. Die hatten mal ne Reifenpanne, und standen da am Straßenrand. Und die Reifen von dem Büssing, das weiß ich noch genau, das waren unzählig viele Radmuttern, so sternförmig angeordnet – wenn die nen Platten hatten, dann waren schon 45 Minuten rum. Aber wie hießen die? Einer davon war gut, so ein kleiner ... so ein Knubbelzwerg ...

U: Ganz bekannt, so ein Kürbiskopp. Macht auch Kabarett. Waren immer unterwegs...

L: Ich habs: *Pit Krüger*. Und am besten fand ich an der ganzen Serie die riesige Koje in dem LKW. Wenn ich abends nicht schlafen konnte, habe ich die Koje von den Fernfahrern als Einschlafhilfe genommen, so wie andere Leute Schäfchen zählen. Das war so kuschelig in der Vorstellung. Wie im Bauch der Mutter.

U: *Percy Stuart* fällt mir ein, der immer so Aufgaben lösen mußte, um in den Club von

Die Aufnahme in den Londoner Exentric Club war sein Ziel: Percy Stuart (r.) mit Reginald Prewster.

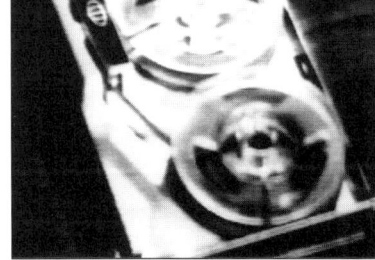

Legendäre Kobra-Ouvertüre: Das sich selbst zerstörende Tonband.

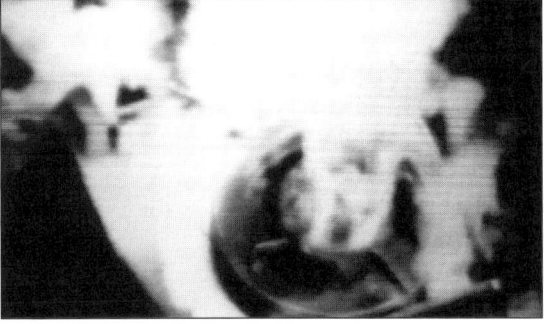

dem *Reginald Prewster* reinzukommen. Oft war das völliger Schwachsinn.

L: Eher laff. Wichtig nur der Spruch: „Wenn ich das in meinem Club erzähle …"

U: Ja, genau. Da kommt das her? Das sage ich ja heute noch … Bei Sprüchen denke ich an die Krimis: *Mannix*, all dieses Zeugs. Oder *Tennisschläger und Kanonen* mit *Bill Cosby*, dem schwarzen Trainer. War der erste Farbige mit einer wichtigen Rolle.

L: Unerreichbar war *Kobra übernehmen Sie!* Mit dem Tonband, das sich nach jedem Auftrag selbst zerstörte. Saugut. Technische Tricks – ganz faszinierend damals. Später kamen ja nur so amerikanische Sendungen mit Sprüchen: *Al Mundy*, *Die Zwei*. Oder *Jason King*. Was da aber wirklich toll war: *Männerwirtschaft*. Das war doch das Ding! Das war doch Wohngemeinschaft, frühe TV-WG, ganz fortschrittlich. Mit Felix und Oscar.

U: *Oscar Madison* und *Felix Unger*. Oscar, der war Sportreporter, hauptsächlich Baseball, ein Chaot, rumgesoffen, geraucht, gepokert; und Felix … von Beruf: nix. Hausmann. Und total säuberlich, hat immer so genäselt.

L: Oscar war total unordentlich. Da hat der Felix dann mal…

U: … mal 'nen Kotelettknochen, 'nen abgenagten, im Bett gefunden …

L: … ja, genau. Vielleicht war Männerwirtschaft wirklich meine Lieblingssendung. Wenn ich mir das so vorstelle, heute ich als Felix Unger, ein bißchen Hypochonder oder Oscar, so Lebemann, und es sich einfach gut gehen lassen …

L: *Skippy das Buschkänguruh* gab es auch noch oder viele andere Sachen aus anderen Ländern. Kennst du noch *Yao*?

U: Klar, und *Lieber Onkel Bill* – gab es auch noch.

L: Mit so 'nem kleinen rothaarigen Jungen.

U: Und der Puppe *Misses Beastley*.

L: Genau, und da gibt es heute 'ne Rockgruppe, die sich danach nennt.

U: Wer war Misses Beastley? Das war auch so eine typische Frage zu meiner Studienzeit. Da haben wir uns, in besonders langweiligen Seminaren, immer gegenseitig abgefragt, Zettel hin- und hergeschoben mit bestimmten Fragen. Womit ich immer auftrumpfen konnte, zum Beispiel, war die Rufnummer von *Porter Ricks*.

L: Bei *Flipper*.

U: Ja, genau. WD 9598, bitte melden. Oder wie die Bucht hieß, wo die immer rumgeschippert sind: *Coral Key Bay*.

L: Beeindruckend.

U: Über die *Augsburger Puppenkiste* konnte man viele Fragen stellen. Aber es gab da auch Sachen, an denen bin ich gescheitert: Wie hieß der Gegenspieler von *Kalle Wirsch*, obwohl das später war. Oder wie hieß *Hop Sing,* der Koch von Bonanza: *Victor Sen Yung.*

Männerwirtschaft mit Walter Matthau (l.) und Jack Lemmon: Kultiviertes Chaos und Staub-Allergien.

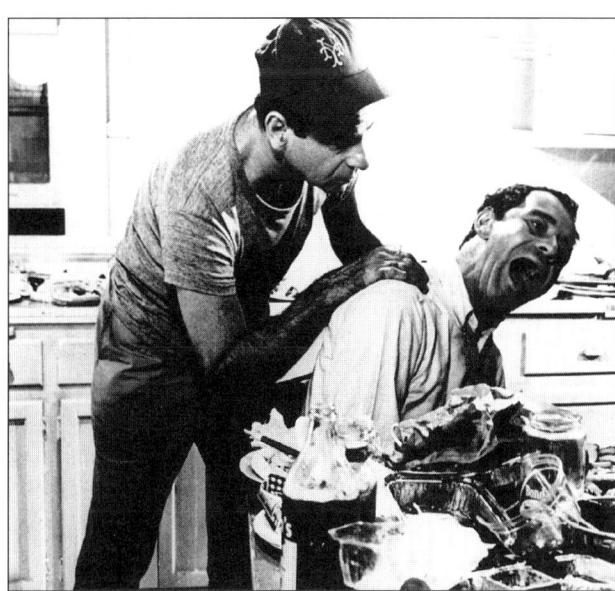

Schatzinselsuchende John Silver und Jim Hawkins (ganz oben l.), Mississippidampfender Yancy Derringer (l.) und Unterwasserabenteurer Mike Nelson (r.).

L: Und was hat der in der hundertzehnten Folge gekocht? Wahrscheinlich Tluthahn fül Mistel Caltwlight.

U: *Oder:* Wie hießen die Assistenten von *Camillo Felgen* bei *Spiel ohne Grenzen*, die Schiedsrichter? *Guido Francaldi* und *Gennaro Olivieri.*

L: Ja, die waren total dabei. Und Camillo saß immer im Kabuff.

U: Oder: Wie hieß denn die Freundin von der Oma bei den *Unverbesserlichen ... Frau Schneider-Lützgendorf!*

L: Genau, ja ... *Agnes Windeck*, mit der piepsigen Stimme. Und die sagte immer: „Käthe", – zu *Inge Meysel* – „zum Kartoffelsalat gehören aber Würstchen!!!"

U: Wie der Offenbach seine Arbeit verloren hat ... ich hätt ja fast geheult.

L: Wie hieß der mit Vornamen, ähhh, ich hätte fast Jacques gesagt.

U: Kickers Offenbach, haha ...

L: *Joseph Offenbach.* Die Unverbesserlichen war immer noch besser als *die Hesselbachs.* Schon das Hessische, verstand ja keiner."

U: „Genau. So wie auch *Forellenhof.* Grauenvoll. Quallenhof sagten wir immer.

L: Worüber ich unbedingt noch reden will, ist: *Till, der Junge von nebenan.* Der Till klopfte immer bei seinem Vater an, der war Anwalt, saß zuhause; also: Till klopfte an, vorsichtig, weil Vater wälzte wohl wieder irgendwelche Gerichtsakten: „Ist es gestattet, Euer Gnaden ...?"

Beide: „Es ist! Es ist ..."

L: Und dann besprachen die beide Tills Probleme. Ich hab den total beneidet. Weil, das war auch die Zeit, als meine Eltern sich haben scheiden lassen. Das ist mir richtig an die Nieren gegangen. Und der Daddy vom Till war auch immer so furchtbar verständnisvoll. Das hab ich leidend geguckt. Und neidisch.

U: Lothar, kennst du auch *Adrian der Tulpendieb?*

L: Jaaa, das lief unendlich, über 'zig Folgen. Und da weiß ich sogar noch das Ende. War ja nicht etwa ne Kinderserie, sondern was historisches, 1800irgendwie. Adrian war so 'ne Art Pirat, aber bei den Guten, und so ein ganz pfiffiger. Und in der letzten Sendung hatten die Holländer von irgendwo eine seltene Tulpenzwiebel mitgebracht auf dem Schiff ...

U: ... genau, 'ne schwarze Tulpenzwiebel.

L: Sehr selten. Und die hat sich dann irgend so ein Depp kleingeschnitten und auf seine Stulle gelegt, weil er 'ne Zwiebel haben wollte. Eine millionenschwere Tulpenzwiebel einfach so vernascht. Und das war das Ende.

U: Oder: *Schatzinsel!*

L: *Käptn Silver!* Wie hieß das Schiff? *Esmeralda!* Und das Lied: „*13 Mann auf des Totenmannes Kistääää, ohoohoooo – und ne Buddel voll Rum!"* Und *Abenteuer unter Wasser:* Mit *Mike Nelson.* Dem Froschmann. War ja immer sehr gefährlich, jedesmal ging dem wegen irgendwas die Luft aus.

U: Und diese Quiz- und Unterhaltungssendungen. *Onkel Lou*, mit: „*Peter den Bolzen!*", *Wünsch Dir Was*. Oder *Alles Oder Nichts*, gab es ja damals schon. Oder Musik: *Studio B* – aber das war ja nichts gegen *Beat Club*.

L: Ich fand echtes Leben besser, XY. *Aktenzeichen XY*.

U: Ja, *Werner Vetterli* und Moment ... *Peter Hohl* – schon der Name! – und natürlich: *Peter Nidetzky* in unserem Aufnahmestudio in Wien ...

L: Bei XY hatte ich immer Wurfpfeile unterm Bett liegen. Ich hatte echt Schiß, Einbrecher und so, und ich hab immer geübt, also mir vorgestellt, wie ich die werfe, Richtung Gardinen, wenn da einer kommt ... Zack, genau in Augenhöhe. So wie der Indianer bei *Yancy Derringer* ...

U: Ja, der Indianer mit Irokesenschnitt ...

L: Yancy Derringer war ganz großartig. Der war Spieler auf einem Mississippi-Dampfer, Raddampfer. Hat halt gezockt, meistens mit irgendwelchen Schurken. Das Markanteste an Yancy war seine vierläufige Pistole. Und wenn's mal wieder zur Sache ging, und der die leergeschossen hatte, dann war da immer noch sein Freund, ein stummer Indianer, der stand immer in der Ecke herum. Und der hatte ein Messer auf der Schulter unterm Poncho. Und dann, zack, wusch. Wumm. Aber wie der hieß ...

U: Hab ich auch vergessen, nein warte: *Pahu*, glaube ich. Auf jeden Fall wurde danach wieder gepokert.

L: Und der eine: *Bronco*! Bronco Lane!

U: Das war doch der, der nicht wußte, wer er war. Hatte irgendwie 'nen Schaden. Armer Kerl!

L: Genau. Bronco fand ich immer klasse, das war nicht so brutal, mehr melancholisch. Es

fällt einem ja immer mehr ein. Und da war noch so eine Sendung, eigentlich für Erwachsene, weil ziemlich spät. Da war ein Conferencier, weiß nicht mehr wie der hieß, doch: *Werner Schwier*, und ein Publikum, so 30 oder 40, die saßen auf Holzbänken wie im Klassenzimmer, und dann wurden irgendwelche Filmchen wie *Dick und Doof* anmoderiert. Wie hieß das nochmal...

U: Warte, Moment, heute würde man sagen: Banal total, aber ...

L: Ich weiß: „*Es darf gelacht werden ...*"

Udo Lappe, Jahrgang 1958, verbrachte seine Kindheit vor einer Lippstädter Glotze, ist Lehrer bei der Aachener Handwerkskammer.

Lothar Dröge, Jahrgang 1958, vor einer Bocholter Glotze aufgewachsen, ist Berufsberater beim Arbeitsamt Mönchengladbach.

Das Gespräch, einmal so richtig angelaufen, nahm und nahm kein Ende. Viele Passagen mußten gekürzt werden, zum Beispiel über *Graf Yoster*, *Gilligans Insel*, *Gestatten, mein Name ist Cox*, *Sprung aus den Wolken*, *Inspektor Garrett*, *Kommissar Freytag*, *Geheimauftrag für John Drake*, *Alarm in den Bergen*, *Polizeifunk ruft*, *Mein Freund Ben*, *Die Tuaregs*, *Die Globetrotter*, *Hucky und seine Freunde* oder *Der Chef*. Und was es sonst noch so gab: *Zehn Minuten mit Adalbert Dickhut*, das *Magazin der Woche*, *Nachsitzen für Erwachsene* (mit Paul Henckels), *Salto mortale* (mit Gustav Knuth), *Sport-Spiel-Spannung* (mit Klaus Havenstein, Sammy Drechsel, anfangs Heinrich Fischer und seiner „Schokoladenfrage").

Zum Schluß eine Warnung: Starten Sie solche Erinnerungsgespräche unter Freunden, Bekannten und Verwandten nur, wenn Sie genügend Zeit haben. Ein Wort wird das andere geben. Und es kann uferlos werden.

MANFRED KRIENER

PULSSCHLAG AUF KOLIBRI-FREQUENZ

EIN IGELHAARIGER JUNGE AM FUSS DER BLAUEN BERGE

Opa Pfeiffer konnte Schachspielen und Skatspielen und Romméspielen. In seinem kleinen Wohnzimmer flog der Wellensittich Conny, der sich auf unsere Schultern setzte. Auf dem Kachelofen stand ein alter Käfig, in dem der Graupapagei Chaco in regelmäßigen Abständen „trink, trink, Brüderlein trink" pfiff. Opa Pfeiffer hatte einen Enkel, der in der Schule neben mir saß: mein bester Freund. Opa Pfeiffer hatte zudem ständig Zigaretten herumliegen. Und er hatte einen Fernseher, der ockerfarben in der Ecke döste. Ich besaß keinen Papagei und keinen Wellensittich, durfte nicht rauchen und konnte weder Skat- noch Schachspielen. Aber vor allem weigerten sich die Eltern, einen Fernseher zu kaufen. So wurde ich gezwungen, meine Tage bei Opa Pfeiffer zu verbringen. Ich lernte Schach-, Skat- und Romméspielen, ließ mir vom Wellensittich ins Ohrläppchen picken, hörte fasziniert den Graupapagei pfeifen und klaute Opa Pfeiffers Zigaretten. Und ich sah fern, zum ersten Mal in meinem Leben und dann immer wieder.

Aber vor dem Vergnügen stand die Scham, die den Fernsehschirm verdunkelte. Das heimliche Davonstehlen von zuhause, um dann zuerst recht mutlos vor dem Nachbarhaus zu stehen und auf die Klingel zu starren. „Pfeiffer" stand dort zu lesen, nackt und schwarz. Und jedes Mal hat mich das aufdringliche Klingeln nach dem Druck auf den weißen Knopf erschreckt. Dann vergingen endlose Sekunden mit pochendem Herzen. Der entscheidende Satz war längst präzise zurechtgelegt und in-

nerlich oft genug ausprobiert: „Ich wollte fragen, ob ich zum Fernsehgucken kommen darf." Ein Nein hat es nie gegeben, aber der Eintritt ins nachbarliche Wohnzimmer war jedes Mal ein Eindringen, eine peinlich empfundene Störung. Dabei war Opa Pfeiffer ein netter Herr. Vermutlich haben ihn die regelmäßigen Besuche des igelhaarigen Jungen in kurzen Lederhosen überhaupt nicht gestört. Aber ich selbst habe den Weg in das fremde Haus immer mit eingezogenen Schultern absolviert und erwartete in jedem Augenblick, hochkant hinausgeworfen zu werden. Aus meiner höflichen Frage machte die Hausherrin die knappe Kurzformel „der Manfred will fernsehgucken." So wurde mein Kommen trompetenhaft angekündigt. Zum Glück war ich selten allein, der Freund saß meist schon in Kauerstellung. Wir plazierten uns beide auf dem Teppich, der freundlich angebotene Sessel wurde sorgsam gemieden. Je kleiner man sich macht, desto weniger fällt man auf.

Es war uns verboten, das Fernsehgerät zu bedienen. Und wir hielten uns mit sklavischem Gehorsam daran. Niemand hätte es gewagt, den heiligen Kasten auch nur zu berühren. Wir blickten ihn sehnsüchtig an, aber wir mußten warten, bis er unsere Träume ausspuckte, unsere Helden und Lieblinge. Die Wundermaschine – soviel war klar – gehorchte nur dem Knopfdruck Opa Pfeiffers. Der allein besaß die Autorität, stakste mit langem gebrechlichen Schritt in die ockerne Ecke oder blieb trotz unserer Blicke sitzen, blieb stundenlang unge-

Die Drei von der Sherman-Ranch – sie kamen, wenn Opa Pfeiffer auf den Knopf drückte.

rührt einfach sitzen. Opa Pfeiffer entschied über das Programm und damit über Glück und Unglück, über Tränen und Seligkeit, über blutige Verfolgungsjagden mit Indianern und Postkutschen und dem öden Blick aus dem Fenster, wo der abgesägte Ast des Kirschbaums seine rote Wunde zeigte.

Wenn Opa Pfeiffer auf den Knopf drückte, mußten wir warten, bis die Röhre voll da war. Dann bildete sich plötzlich ein Punkt in der Mitte des Ocker-Kastens, der sich schnell vergrößerte, schwarz auf uns zu explodierte und sich in einem Bild entlud. Dieser Augenblick war der schönste. Die Erlösung nach langem Warten, die Entschädigung für den ängstlichen Druck auf die viel zu laute Klingel. Stundenlang, manchmal tagelang hatten wir uns auf die Sendung gefreut, jetzt war es soweit.

Auf viele Filme konnte ich leicht verzichten. Lassie war langweilig mit dem ewig winselnden Collie, der ständig Hilfe herbeijaulte, weil wieder jemand mit dem Fuß in der Bergspalte steckte oder einstürzende Bergwerke kleine Kinder begruben. Auch Fury trommelte immer auf dieselbe Art und Weise mit den Hufen, um Gefahr im Verzuge zu melden. Und später das nervige Schnarren von Flipper – deswegen auf die Klingel drücken? Es gab nur einen wirklichen Grund, nur eine große Liebe, für die sich die geduckte Pirsch ins nachbarliche Wohnzimmer immer wieder lohnte: „Am Fuß der blauen Berge – ein Fernsehfilm aus dem Wilden Westen."

Schon die Erkennungsmelodie erhöhte den Pulsschlag auf Kolibri-Frequenz. Wenn dann im Vorspann Slim Sherman seinen Stetson lässig in den Nacken schob, wenn Jess Harpers schwarze Handschuhe in der Sonne glänzten, die Haushälterin Daisy gütig ins Wohnzimmer lächelte, wenn der kleine Andy zum Wasserholen ging und die Kamera über die staubige Koppel schwenkte, dann wartete ein neues großes Abenteuer auf uns. Dann ritten wir aus Opa Pfeiffers schlecht belüftetem Wohnzimmer im vollen Galopp nach Laramie, der Ur-Stadt des Wilden Westens. Dort lag die Sherman-Ranch, die Bastion des Guten und Schönen. Dort lauerten aber auch Viehdiebe und Revolverhelden, Postkutschenräuber und Frauenschänder. Dort tauchten unrasierte Mexikaner auf, deren umgehängte Patronengürtel bedrohlich die Brust kreuzten. Dort trieben die drei Catlin-Brüder ihr Unwesen, dort wurde geritten, geschossen, gekämpft und gestorben. Dort stritten Slim und Jess für die gerechte Sache. Und sie wichen keinen Zoll von ihrem Weg ab.

Was wäre ein zünftiger Western ohne Postkutschen, die nur erfunden scheinen, um überfallen zu werden.

Jess war uns lieber als Slim, er war geheimnisvoller, jünger und schöner, ein dunkler, rassiger Typ. In „Bravo" hatten wir gelesen, daß Jess-Darsteller Robert Fuller auch im richtigen Leben ein echter Cowboy war, der lange als Stuntman gearbeitet hatte und auch gefährliche Szenen ohne Double drehte. An Deutschland mochte Fuller vor allem seine Bratwürste. Wir mochten vor allem Jess' Schlägereien. Niemand setzte seine Schwinger so dynamisch an das Kinn der Schurken, bewegte sich dabei so katzenhaft geschmeidig und sah mit seinem gemeißelten Gesicht so unverschämt gut aus. Natürlich machte er auch mit schnellen Händen von seinem Schießeisen Gebrauch, wenn die Parole hieß „Zieh' Fremder!". Jess Harper war unser Gott.

Wir haben die Sendungen nicht nachgespielt, aber wir haben unsere Pistolen mit der Zündplätzchen-Munition genauso schnell gezogen, unsere Plastik-Winchester mit derselben Sicherheit auf eine Gang Schwarzwälder Pferdediebe angelegt. Und spät abends, wenn die Sonne blutrot am Horizont stand, drehten wir uns zwar nicht im Sattel, aber im Bett auf die andere Seite, nahmen einen Schluck aus der Wasserflasche und tätschelten nochmal die braune Stute, bevor uns das Dunkel der Nacht umfing.

P.S. Die Wildwest-Abenteuer am Fuß der blauen Berge waren zwischen 1960 und 1965 zu bestehen, die Sendung war einer der größten Publikumserfolge des Deutschen Fernsehens. Als die Serie fünf Jahre später in Farbe neu aufgelegt wurde, waren wir zu alt. Und der Weg zu Opa Pfeiffer war überflüssig geworden, weil jetzt im eigenen Wohnzimmer ein großer Kasten stand. Aber ohne Wellensittich, ohne Papagei, Skatblatt und Zigaretten. Und ohne die Sehnsucht der frühen Jahre.

Ludger Classen

»Beat-Club ist für Euch!«

Trau keinem über dreissig

Ich erinnere mich an Weisheiten wie „Lange Haare, kurzer Verstand" oder „Das hat doch nichts mit Musik zu tun", mit denen mein Vater die Lieblingssendung seines Sohnes kommentierte, wenn er während des Beat-Clubs ins Wohnzimmer kam. Ich erinnere mich daran, daß ich die Maxime „Trau keinem über dreißig" mindestens ebenso ernst meinte.

Der Beat-Club war d i e Sendung aller Sendungen, alle vier Wochen unverrückbarer Bestandteil des Samstagnachmittags. Hier sahen und hörten wir die Bands, deren Musik sonst nur per Radio oder von der Schallplatte zu hören war. Der Beat-Club war aber mehr als nur eine Lieblings-Fernsehsendung: der Beat-Club war progressiv.

Ich erinnere mich an die Zweiteilung der Welt in jung und alt. Jung war gleichbedeutend mit progressiv, alt war ein anderes Wort für Establishment. Wir waren jung und damit progressiv: „We want the world and we want it now" (Jim Morrison).

Alle progressiven Leute standen auf Beatmusik, ließen ihre Haare wachsen, waren für Rudi Dutschke und die Pariser Studenten und gegen die Notstandsgesetze, den amerikanischen Krieg in Vietnam und das Establishment.

Das Establishment war gegen die Progressiven, lange Haare, Beatmusik, Rudi Dutschke und die Pariser Studenten und für die Notstandsgesetze und den amerikanischen Krieg in Vietnam.

Ich erinnere mich an die Entdeckung, daß alles politisch ist: die Musik, lange Haare, Ha-

schisch rauchen, mit Mädchen knutschen, diskutieren.

Ich erinnere mich an den Krieg, in den wir mit dem Establishment verwickelt waren. Im Fernsehen konnten wir verfolgen, daß dieser Krieg anderswo handfester ausgetragen wurde: In Paris lieferten sich die Studenten Straßenschlachten mit der Polizei, um ein Haar hätten sie die Macht in Frankreich übernommen, die Jungen gegen die Alten gesiegt. In Vietnam kämpften die Jungen gegen den Kolonialismus und die Amerikaner, in Amerika die Studenten gegen die Polizei, in Prag die Bürger gegen die Panzer der Sowjetmacht. Wir kämpften gegen die Alten um die Länge der Haare, um die Erlaubnis, erst um halb zehn nach Hause zu kommen und ungestört den Beat-Club gucken zu dürfen.

Ich erinnere mich an die politischen Beiträge im Beat-Club zwischen den Musiktiteln, die statt der manipulierten Nachrichten des Establishments die Wahrheit ans Licht brachten: über die Greueltaten der Amerikaner in Vietnam und den erfolgreichen Kampf für basisdemokratische Strukturen in Schulen oder Jugendzentren; Nachrichten aus der unbewohnbaren Welt und von Orten, die ein wenig bewohnbarer gemacht worden waren. Ich erinnere mich, wie absolut sicher ich war, daß der Siegeszug der progressiven Musik und des Progressiv-Seins überhaupt nicht mehr aufzuhalten war und uns die Welt gehören würde. Dennoch mußten die progressiven Werte erst durchgesetzt werden, und dazu gehörte ganz wesentlich, unsere Musik hören zu können, wann immer wir es wollten.

Ich erinnere mich, daß London die Hauptstadt der Welt war. Das Erkennungszeichen des Beat-Club war nicht zufällig gestaltet wie ein Stationsschild der Londoner Untergrundbahn. Ich erinnere mich an eine Reise nach England im Rahmen eines Schüleraustausches 1968, eine Woche London und weitere fünf Wochen in einer englischen Familie. Carnaby Street, Piccadilly Circus und Kings Road hießen die Orte des Heils, die zu Hause nur als Abzeichen an der Wand hingen. Ich erinnere mich, daß die Familie meines Tauschpartners viel toleranter war als das eigene Elternhaus; wir saßen nachts vor dem Fernseher und spielten bis zum Morgengrauen Tischtennis. Dort gab es außerdem wöchentlich mindestens eine Musiksendung im Fernsehen – Beat-Club total für deutsche Verhältnisse.

Ich erinnere mich an Samstagnachmittage mit Gartenarbeit. Die Interessengegensätze waren unvereinbar: Die Eltern fürchteten um die seelische Unversehrtheit ihres Sohnes und wollten ihn nach Möglichkeit nicht aus dem Haus lassen, der Sohn wollte in einem dunklen Keller auf Matrazen sitzen, am liebsten engumschlungen mit einem Mädchen, Musikhören und all dies nach Möglichkeit bis tief in die Nacht. Eine beschränkte Erlaubnis, bis neun oder zehn Uhr abends die ersehnte Fête besuchen zu dürfen, war mit einer bestimmten Arbeitsleistung im Garten zu erkaufen. Der Sprößling sollte unter Beweis stellen, daß er trotz Mädchen und Musik ein nützliches Mitglied der Gesellschaft war. Ich leistete zähneknirschend die Arbeit, um dahin zu kommen, wohin ich wollte. Auch ohne anschließende Fête bot ein bevorstehender Beat-Club immer wieder Anlaß, für ungestörtes Fernsehvergnügen Arbeitsleistungen von mir einzufordern.

Ich erinnere mich an Fêten, die bereits mit dem Beat-Club begannen, ein besonderer Genuß, denn dann konnte man ungestört von Kommentaren oder anderen Anfeindungen die Sendung verfolgen. Zum Glück besaß die bei uns im Haus wohnende Großtante ebenfalls einen Fernseher, so daß es auch zu Hause immer wieder die Gelegenheit gab, den Beat-Club ungestört verfolgen zu können. Die Großtante hatte Wilhelm II. 1904 bei seinem Besuch der Villa Hügel zugewunken, ihre Lehre mit Beginn des Ersten Weltkriegs abgeschlossen und gehörte daher irgendwie schon nicht mehr zum Establishment; offenbar war ihr die Zweiteilung der Welt wesentlich vertrauter als den unmittelbar Beteiligten, erlebte sie doch mindestens den dritten Generationenkonflikt. Die Erlaubnis, ihr Wohnzimmer als Beat-Club-Reservat nutzen zu dürfen, bedeutete im übrigen nicht die Billigung dessen, was da per Bildschirm geboten wurde, dennoch stand sie über den Dingen.

Ich erinnere mich an All You need is Love, Keep on Running, Paint It Black, Yellow Submarine, All Or Nothing, With A Little Help From My Friends, Israelites, Get Back, Honky Tonk Woman, Something In The Air, In The Year 2525, House Of The Rising Sun, Wheels Of Fire.

Ich erinnere mich daran, daß Baby Come Back von den Equals und Sugar, Sugar von den Archies unerträglich schlecht waren – genauso unerträglich wie die unsäglichen Go-Go-Girls im Beat-Club. Ich erinnere mich an Whiter Shade Of Pale, Je t'aime ... moi non plus, I'd Rather Go Blind, The Wind Cries Mary, Crimson And Clover und an den Klammerblues. Dennoch waren die Mädchen oft auch nach mehreren Klammerblues-Liedern nicht so leicht zum Knutschen rumzukriegen.

Ich erinnere mich an die heimlichen Treffen mit Evi auf einer Bank am Stausee und daran,

Faltenrock, aber sonst absolut progressiv und revolutionär: Uschi Nerke.

daß sie zwei Jahre älter war. Ich erinnere mich an die Tanzschule und an den Tanztee sonntags um fünf. Tanzschule war eigentlich reaktionär, gehörte aber irgendwie doch dazu – wo sonst hätte man als Schüler eines Jungengymnasiums leichter Mädchen kennenlernen können? Auch die Standardtänze ließen sich als Gelegenheit nutzen, den Mädchen näher zu kommen, außerdem wurde auf dem Tanztee nur progressive Musik gespielt.

Der Tanztee war nur ein schwacher Ersatz für die progressiven Kellerfêten mit Tanz neben der Waschmaschine und dunklen Neben-räumen, an denen die Matrazen an der Wand entlang aufgereiht lagen. Ich erinnere mich an Salzstangen, Fratellini mit Cola oder Lambrusco pur und daran, daß man immer über irgendwelche Beine stolperte, weil's so dunkel war. Und ich erinnere mich daran, daß bei uns zu Hause nie eine Fête stattfinden konnte, weil der Keller zu klein und zu niedrig war, so daß dort nur Kartoffeln gelagert wurden.

Ich erinnere mich nach 25 Jahren nicht mehr daran, wie es wirklich war, 15 Jahre alt zu sein. Von der Begeisterung für Popmusik ist nicht viel geblieben, was 1968 unvorstellbar gewesen wäre. Die Musik, die wir nur gegen Widerstände hören konnten bzw. die in Rundfunk und Fernsehen nur am Rande vorkam, ist in meinen Ohren zu einer Art globalen Umweltverschmutzung geworden: Keine Kneipe ohne Intensivbeschallung zwischen Oldie-Disco und Independent-Rock; kein Supermarkt, kein Flughafen, kein Zahnarzt ohne Rock-Berieselung; die ehemals heißgeliebten Melodien überfallen den Ahnungslosen bisweilen sogar als Pausenzeichen in Telefonanlagen.

Uschi Nerke segelt derweil unermüdlich mit den Fliegenden Holländern der Popmusik unter der Beat-Club-Fahne durch Deutschland, Thomas „Die Nervensäge" Gottschalk versammelt neuerdings ebenfalls Zombies um sich, die vorgeben, Dave Dee oder Peter Sarstedt, Donovan oder Desmond Dekker zu sein. Sie sind es nicht, wie ich an dieser Stelle glaubhaft versichern kann, schließlich kann man auf einem der 27 Fernsehkanäle jetzt auch wieder Beat-Club sehen, vergleichen und exakte Geschichtsschreibung betreiben.

Der erste Beat-Club ging am 25. September 1965 bei Radio Bremen auf Sendung, die letzte Folge war am 9. Dezember 1972 zu sehen; es gab monatlich eine Folge im Zeitraum zwischen 16.00 und 17.00 Uhr. In den letzten Jahren verschob sich der Sendeplatz immer mehr auf 14.00 Uhr, was das Interesse zusätzlich stetig verringerte. Die Sendung am 31. Dezember 1969 war die letzte Folge im gewohnten Schwarz-Weiß, die sechziger Fernseh-Jahre fanden also ihren würdigen Abschluß auch im Beat-Club, anschließend wurde die Sendung in Farbe produziert. Im Sommer 1968 erhöhte man die Sendezeit von 30 Minuten auf 60 Minuten; neuer Bestandteil wurden Filmbeiträge der WDR-Jugendredaktion zu politischen und jugendpolitischen Themen. Die Wiederholungssendungen in den Dritten Programmen der 90er Jahre sind um die Magazinbeiträge gekürzt und beschränken sich auf die Musik.

Der wirkliche Beat-Club zeigt zuweilen etwas linkisch wirkende 20-25jährige Künstler in Schwarz-Weiß auf einer spartanischen Bühne mit einfachen Podesten und offenen Scheinwerfern. Sie tragen komische Jacken und merkwürdig geföhnte und haarspraygefestigte Köpfe. Joe Cocker hat einen Haarschnitt wie ein frischgeföhnter mittelalterlicher Sängerknabe; sein Auftritt wird überblendet mit dem in Deutschland seinerzeit verbotenen Cover von Hendrix' Electric Ladyland. Cat Stevens tritt auf vor überlebensgroßen Beatles-Postern, die Zuschauer winken in die Kamera und die Playbacks werden meist gnadenlos nach zwei Minuten ausgeblendet.

Der wirkliche Beat-Club bot im Frühjahr 1968 mit Uschi Nerkes Aufmunterung „Es ist schon wieder viel zu spät, singt schneller Genossen!": Moody Blues, Nights in White Satin; B.B. King, Heartbreaker; Sharon Tandy, Fool On The Hill; Dave Dee Dozy Beaky Mick & Tich, The Legend Of Xanadu; Traffic, Here We Go Round The Mulberry Bush; Georgie Fame, The Ballad Of Bonnie And Clyde; Manfred Mann, Mighty Quinn; Procol Harum, Quite Rightly So; The Move, Firebrigade; Julie Driscoll, Save Me; The Hollies, Jennifer Eccles; The Crazy World Of Arthur Brown, Fire.

Beat-Club heute wiederzusehen erzeugt Wehmut, in erster Linie aber ist es die Begegnung mit einer fremden Welt – wie könnte es anders sein, schließlich sangen The Who 1965: Hope I die before get old. Pete Townshend kommentierte den Song My Generation 1979 mit den Worten: „Nun, heute denke ich, daß es vollkommen lächerlich ist. Vielleicht sollten wir den Text ändern. Wir verlangsamen den Song jetzt zu einem Jimmy-Reed-Rhythmus und Blues-Tempo. Das ist auch passender für meine müden alten Beine."

NORBERT THOMMA

ELEKTRODENSPRUNG IN DIE ANANASBOWLE

HUNDSGEFÄHRLICHE STRAHLENKÄSTEN UND FLIPPER AUF DEM INDEX

Zeiten waren das. Nachts schlichen Männer mit Moral durch deutsche Städte, bewehrt mit Klebestreifen und Farbe. Graffiti-Sprayer? Linke Polit-Aktionisten? Ach was. Die Häscher der „Aktion saubere Leinwand" waren es. Tapfer fochten sie gegen wachsende Verderbtheit, die das Land in einen stinkenden Morast des Lasters führen würde.

In den Schaukästen der Kinos vor allem hingen ihre Angriffsziele: Fleisch, das kecke Millimeter aus Miedern lugte oder aus dem geschlitzten Rock überm Knie. Satan aber auch! Drohte der Republik nicht größte Gefahr? Frivol, nackt, lüstern?! Schon Miniaturen sekundärer Geschlechtsmerkmale trafen die Moralhüter ins Rückenmark, welches zu verlieren ihren Söhnen bevorstand – Onanie, Sie wissen schon.

So schwärmten die Saubermänner im Dunkeln aus und beklebten und übermalten an Kinobildern und Plakaten, was ihnen verrucht genug schien. Und das war ziemlich viel. Warum bloß blieben Rubensgemälde in den staatlichen Galerien verschont? Vielleicht aus

der Einsicht, die frömmelnden Militanten müßten dann ganze Kirchenfresken schwärzen, um lüsterne Blicke auf nackte Putten zu unterbinden. Wahrscheinlicher aber ist, daß die sauberen Guerilleros eine kleine Avantgarde blieben mit ihren Anschlägen wider die Sodom-und-Gomorrahisierung der Gesellschaft – als taktische Finesse im Kampf um die fleischfreie Leinwand wurden lieber Zeitungsredaktionen mit Leserbriefen bombardiert.

Derlei Treiben konnte nicht ohne Folgen bleiben für christfeste Familien. Und was beim Kino recht war, war beim Fernsehen nur billig. Unkontrollierbar trommelten schwarz-weiße Bilder auf Kinderhirne, verdarben und verführten. Waren die Kleinen nicht schon süchtig? Nannten sie nicht jeden Hund vom Nachbarn Lassie? Riefen sie nicht beim sonntäglichen Spaziergang auf dem Land leuchtaugig „Ein Fury!", kaum daß sie auf einer Wiese ein Pferd ausmachten?

Da half nur Entsagung, auch in meinem Elternhause. Keine dieser Bild-

Neuer gefährlicher Wohnzimmerfreund von Telefunken (Bj. 1955).

sendemaschinen sollte ins Haus kommen, ehe der Filius gereift und durch charakterliche Festigung geeignet schien, den Unbilden des Mediums zu trotzen. Dieser unheimliche Kasten mit seinen Röhren und Drähten im Innern! Zuerst war da inmitten einer Glasscheibe ein weißer Punkt, der zu einem Streifen wuchs und größer wurde und schließlich das ganze Bild ausfüllte – beim Ausschalten schrumpfte es und blieb schließlich als Glühwürmchen hängen, ehe es ganz verblaßte. Ein Wunder, das Furcht einflößte in jener Zeit.

Verdarb das Ding neben der Sittlichkeit nicht auch die Augen? Sandte das Monster nicht gefährliche Strahlen? Sprangen nicht womöglich Elektroden heraus und um die Couchgarnitur herum, warfen sich gar heimtückisch in die Ananasbowle – unsichtbar und nicht zu fassen? Hilfsweise wurden gelbe Plastikfolien angeboten, die mit Saugnäpfen an der Mattscheibe zu befestigen waren. Wehe dem Kind, das den Sicherheitsabstand von drei Metern nicht einhalten wollte! Auf diese Entfernung, so hoffte man, würden die magischen Kräfte ihre ärgste Wucht verlieren. Andere Pioniere unter den Zuschauern rieten zu Lichtquellen, deren idealer Ort heftigst diskutiert wurde: neben, hinter, auf dem Gerät? Und weil bei aller Funktionalität die Ästhetik nicht leiden sollte, schuf man spezielle Fernsehlampen, die vorzugsweise als nackte Negerin im Kahn oder als Segelboot daherkamen. Die Sorgen nahmen kein Ende: Schützen eigentlich Brillen, oder verstärkten sie die Strahlenkraft? Halfen Rauchverzehrer?

Der Fernseher, das unbekannte Wesen. Heute, da jeder Dreijährige behend durch zwei Dutzend Kanäle zu zappen versteht, lacht man darüber. Damals schrieben Zuschauer an den Sprecher der Tagesschau, er möge sich bitte nicht wundern, das Wohnzimmer sei frisch tapeziert; und wie ihm die neue Couchgarnitur

gefalle? Diese TV-Neandertaler dachten tatsächlich, der Gute könne ihnen vom Studio aus in die gute Stube blicken. Und es gab wirklich Leute, die sich nie, niemals im Bademantel vor die Guckapparatur gesetzt hätten. Köpcke hätte doch vor Schreck blind werden können.

Inzwischen hat jeder das Medium technisch durchschaut. Jetzt schreiben die Aufgeklärten der 90er Jahre an die Lindenstraße, Benni solle die Finger von der auch noch älteren Ost-Freundin lassen: „Das kann nichts werden." Schien der Fernseher in seinen Anfängen etwas Irreales, hält das Publikum heute die Serie für Realität.

Kein Fernseher also war bei uns im Haus, und die Eltern ahnten nicht, zu welchem Außenseiter sie einen damit machten. Kein Ivanhoe. Kein Beat-Club später. Nicht die Abenteuer am Fuß der blauen Berge und auch nicht Flipper, den guten Delphin, der alleine schon für den elterlichen Index gereicht hätte.

Was für ein Stigma! Während die Schulfreunde morgens über Figuren tratschten, die ihnen vertraut waren wie Spielkameraden, blieb der pädagogisch Geschützte alleine im Abseits. Niemand fragte ihn. Was wußte er schon, dieser Dummi? Nichts. Die anderen lebten in einer fremden Welt, in die einzudringen ihm nur bei gelegentlichen Besuchen nachbarlicher Wohnungen gelang. Eine Demütigung war das, ähnlich schamtreibend wie wildblühende Akne.

Da blieb nur Flucht. Unten im Haus lag die private Leihbücherei der Frau Lutz. Ein Buch kostete fünf Pfennige den Tag, und der Laden ging nicht schlecht, obwohl er genau gegenüber der städtischen Bibliothek lag, wo es alles kostenlos gab. Oder besser: fast alles. Schließlich folgte die öffentliche Institution einem Bildungsauftrag: Goethe, Böll, technische Fachbücher und bestenfalls Sherlock Holmes.

Frau Lutz aber hatte, was wirklich interessierte: „Schund"- und Trivialliteratur. Liebesromane, Cowboygeschichten, Herz und Schmerz und Piff und Paff. Bücher mit weißkittligen Ärzten drin und Königinnen, die ihren Schimmel mehr liebten als den gekrönten Gatten, und denen beim Ritt durch düstere Wälder finstere Schurken auflauerten.

Die alte Dame erbarmte sich des fernsehlosen Kindes. Unentgeltlich durfte es in den Regalen stöbern, die in durchsichtiges Zellophan eingeschlagenen Schmöker unterm Hemd verborgen in die Wohnung schmuggeln. Was war schon Fury, dieser Gaul, gegen Rih und Hatatitla, auf denen Kara Ben Nemsi und Old Shatterhand durch Wüsten und Savannen streiften? Was für langweiliger Kram geschah am Fuß der

Einstiegsdroge zu schwerer TV-Sucht und irreparablem Realitätsverlust? Für manche Kinder blieben selbst Flippers Luftsprünge tabu.

blauen Berge, während Wyatt Earp auf wenigen Seiten revolversicher eine Horde Pferdediebe in den Staub schickte? Doc Holliday, das war ein Held, der allein ganze Meter Regal füllte. Wegen seiner angegriffenen Lungen war der Arzt in den trockenen Westen gezogen, ein Zocker, ein Kartenhai, immer ein As im Ärmel – und die kleine Derringer immer dabei, um jeden Falschspieler zu durchlöchern.

Die Eltern ahnten nichts von den Verirrungen ihres Kindes ins Reich der Phantasie, den Ausflügen in den Wilden Westen. War ja kein Fernseher da, war ja alles in Ordnung, dachten sie. Und der Bub erzählte nichts. Es gab ja auch keinen, mit dem er seine Abenteuer hätte teilen können. Seine Freunde zogen ihre Erlebnisse aus dem elektrischen Kasten, nicht aus Papier, das nach Staub und alten Kleidern roch. Strauchdiebe, entführte Burgjungfrauen, Tyrannen, treue Weggefährten, Bären mit abscheulich stinkendem Atem – schauerliche Geschichten wurden ruckzuck weggelesen, unter der Bettdecke mit der Taschenlampe.

Später dann, als die gröbste seelische Gefahr für den Filius gebannt schien, stand ein Fernseher im Wohnzimmer. Ein gutes Stück, damals mehr als nur ein Mittel zur Unterhaltung und Information. Ein Möbel auf vier hölzernen Beinen, nußbaum-furniert mit imitierten Messingbeschlägen und zwei Türen zum abschließen. Ein Zeichen, daß man dabei war beim Wirtschaftswunder – geschafft!

Heute lacht man drüber und blättert zufällig in einem Micky-Maus-Heftchen vom vergangenen Jahr. Tick, Trick und Track sind wie die anderen Kinder aus Entenhausen im Katzenfieber. Maskman terrorisiert die Stadt, wird die schwarze Superkatze ihm wieder einmal Paroli bieten können?

Ehe sie es erfahren, schaltet Onkel Donald den Fernseher aus und schickt das Trio nach draußen: Geht spielen, macht was vernünftiges ... Nach einiger Verwirrung durch einen Einbrecher landet Donald im Knast, und die drei Kids gucken ihre Lieblingsserie – ungestört von jeder pädagogischen Einmischung des Erwachsenen.

Von so einer Lösung hat vor 30 Jahren schon einmal jemand geträumt.

Zeitgenössische Hilfsangebote und elektronischer Transformator.

MICHAEL MIERSCH

HELDEN AUS HOLZ

DIE AUGSBURGER PUPPENKISTE

Vorher war er ein ganz normaler Kollege für mich. Er war Kameramann und ich ein frisch gebackener Reporter beim Hessischen Rundfunk. Dann kam der Tag, als er mir auf einer langen Autofahrt erzählte, daß er früher die Fernseh-Aufführungen der Augsburger Puppenkiste gefilmt hatte. Vor meinem inneren Auge klappten die Deckel der Holzkiste auf, der rote Vorhang wurde geteilt, die Musik schepperte los und Lummerland erschien am Horizont.

Aus dem ganz normalen Kollegen wurde für einen Moment eine Ehrfurcht gebietende Au-

torität, ein Insider, ein Eingeweihter. Er kannte sie persönlich, die Helden meiner Kindheit, der kleine dicke Ritter, Lukas, Jim Knopf, Lok Emma. Ich zerschmolz in Erinnerungen, doch der Kollege blieb gelassen. Alle Vertreter meiner Generation würden so reagieren, klärte er mich auf. Die Marionetten der Augsburger Puppenkiste umgibt eine Aura, wie sonst nur Popstars oder große Künstler.

Ich habe sie so geliebt, diese Holzköpfe. Selbst in der Pubertät, wo ich alles Kindliche verachtete, gab ich mich ohne Scham als Urmel-Fan zu erkennen. Viele meiner Wertvor-

Typisch für die Augs-
burger Puppenkiste:
Der Löwe ist los.

stellungen wurden durch die Marionetten geprägt.

In den Stücken der Puppenkiste waren die
Kleinen ganz groß, die Schwachen stark und
die Könige Knallköpfe. Wer weiß, vielleicht hat
die Augsburger Puppenkiste einen wichtigeren
Beitrag zur Autoritätskritik geleistet als die
Frankfurter Schule. Immer waren die Polizisten
leicht vertrottelt, die Herrscher unfähig, Leh-
rer- und Elternfiguren mehr Objekte des Spot-
tes als der Bewunderung. Doch wenn die
mächtigen Popanze in typischer Puppenkisten-
manier ihren Kopf schief legten, dann war mir
klar, daß sie so durch und durch böse gar nicht
sein konnten. Vielleicht waren sie nur beleidigt. Macht war immer etwas Komisches, das
man am besten ignorierte. Die dummen Auto-
ritäten bestrafte das Leben dadurch, daß sie
immer den Ereignissen hinterherhinken
mußten und nie so recht wußten, was eigentlich los war.

Gerechtigkeit wurde großgeschrieben,
wenn das Fernsehen in der Adventszeit die
modernen Märchen von Michael Ende, Max
Kruse oder Ellis Kaut zeigte. Unvergeßlich ist

mir der Chor der Unterdrückten, die sich bei
dem gutherzigen Ritter Oblong Fitz Oblong
über den bösen Herzog Boligru beklagten:
„Der böse Boligru, er quält uns immerzu!"
Kampf den Unterdrückern! Der kleine dicke
Ritter erkämpft das Menschenrecht! Ein paar
Jahre später war mir klar, daß Che Guevara
und Rudi Dutschke die Oblongs im richtigen
Leben waren und Boligru in Wirklichkeit Ri-
chard Nixon hieß.

Nie haben die Augsburger versucht, ihre
jungen Zuschauer zu pädagogisieren. Das taten viele Kinderserien der 70er Jahre, wo Soli-
darität, Emanzipation und sonstige segensrei-
che Einrichtungen den Kindern mit der Brech-
stange eingeimpft werden sollten. Die Puppenkiste setzte auf sanfte Ironie und hatte Erfolg damit. „Wir haben nie den erhobenen
Zeigefinger gezeigt. Wir haben die Kinder immer ernst genommen und wollten sie ganz
einfach gut unterhalten", sagte Walter Oeh-
michen, der verstorbene Gründer der Puppenkiste. Die Kinder haben es gedankt.

Die Sendung des Hessischen Rundfunks war
eine der ersten deutschen Fernsehserien für

Kinder. „Ungeheuer fortschrittlich in einer Zeit, als Fernsehen für Kinder unter zehn Jahren als schädlich galt", sagt die damals verantwortliche HR-Redakteurin.

Über 60 Produktionen liefen seit 1953 über den Bildschirm. Die kindlichen Puppenkistenfans von einst sind heute längst Eltern, was sie nicht davon abhält, weiter einzuschalten. Die Hälfte der Zuschauer sind Erwachsene. Doch auch bei den Kindern kommen die Holzköpfe heute noch gut an. Und das, obwohl in der

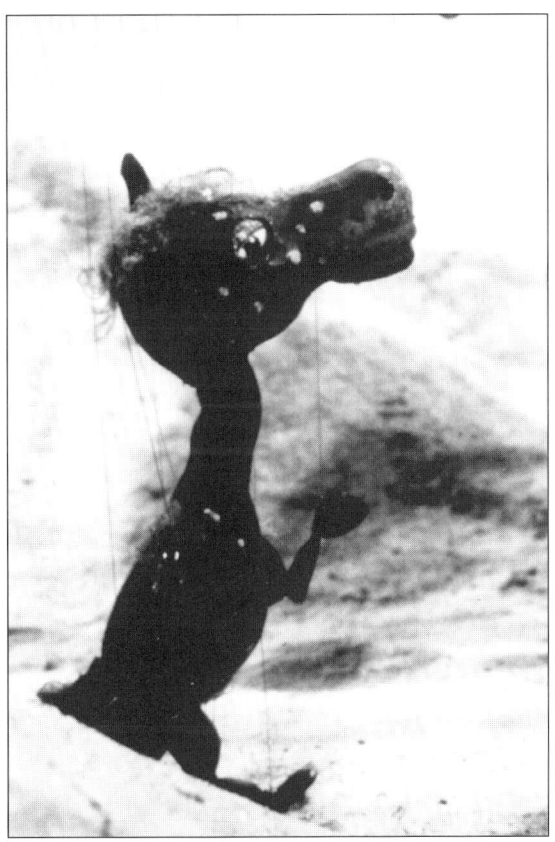

Unglücklich über's Nichtvolldrachendasein: Halbdrache Nepomuk.

Puppenkiste kaum geschossen und geprügelt wird, kein Blut fließt, keine Köpfe rollen, keine Leiber aufgeschlitzt werden. Und der böse Wolf kommt schlimmstenfalls in den Zoo.

HALBRIESE JIM TIBATONG

UNVERGESSENE FIGUREN AUS DER AUGSBURGER PUPPENKISTE

Lukas der Lokomotivführer; Frau Waas; Herr Ärmel, der Hobbyfotograf („Hallo, hier ist das Vögelchen ..."); König Alfons, der Viertel-vor-zwölfte (am Telefon: „Ja, hier spricht der Dings, äh, der Dings, äh ... der König!"); der namenlose Briefträger (zu Herrn Ärmel: „Ich habe einen Brief von China. An alle Lummerländer, steht drauf. Sind Sie das ...?"); Jim Knopf; Prinzessin Li Si und Bruder Ping Pong; Scheinriese Tur Tur; der unglückliche, weil nicht furchterregende Halbdrache Nepomuk („Meine Mutter war ein Nilpferd, aber mein Vater ein richtiger Drrrache ..."); Volldrachin Frau Mahlzahn; Oberhofkoch Herr Schu Fu Lu Pi Plu; Meerkönig Gurumusch; Meerprinzessin Sursulapitschi; die 12 von der Wilden 13.

... und das alles in den Ländern Lummerland mit Bahnhof ‚Lummerland Hbf' („Eine Insel mit zwei Bergen und 'nem tiefen, tiefen Tal ...") und Kummerland.

Spätere Stars: Oblong Fitz Oblong, Kommandant Blechbüchsenarmee; das Urmel mit Haushälterin Mama Wutz und dem Seelefanten mit däm aigentömlichen Sprochfähler; Kater Mikesch, der kleine König Kalle Wirsch, der lispelnde Pinguin Ping aus der Mupfel sowie der unver-gessene Professor Haberguck-Tibatong u.v.a.m.

Thomas Gsella

Oh Lydia!

Orion: Weltraumgefühle mit Aachener Eierkohle

1966, ein willkürlich herausgegriffenes Jahr: der amerikanische Imperialismus in Vietnam. Auf dem 23. Parteitag der KPdSU droht Breschnew mit dem Gegenschlag. Der finnische Sozialdemokrat Paasio etabliert eine Volksfrontregierung. In Holland stürzt die Regierung Cals. Spanische Priester und Studenten demonstrieren gegen Franco. In Südjemen sind die Großgrundbesitzer enteignet. 1,7 Prozent der bundesrepublikanischen Haushalte verfügen über 31 Prozent des nationalen Gesamt-, über 74 Prozent des nationalen Produktivvermögens. Ernst Jandl schreibt seine „etüde in f": „eile mit feile/auf den fellen/feiter meere." In den indischen Provinzen Nagaland, Bengalen und Kerala kommt es zu Hungerunruhen; desgleichen in mehreren Winkeln Ostpakistans. Barbados wird frei, aber Putsch in Ghana, Nigeria und Obervolta. England gewinnt, dank einer staubblinden Pfeife, letztendlich 4:2 gegen Deutschand. Basutoland heißt jetzt Lesotho. Mama holt Eierkohlen aus dem Keller. Papa hockt mit einer Ernte 23 am anderen Ende der rotschwarz gemusterten Holzeckbank und blättert in den Ruhrnachrichten –

– und ich darf heute, zum zweiten Mal in meinem Leben, bis viertel nach neun aufbleiben! Im blauweißgestreiften Schlafanzug (100 Prozent Baumwolle, das hab ich durchgesetzt, der aus Nylon hat viel zuviel gejuckt!) sitze ich, den fast zimmerhohen Kohlenkachelofen im Rücken, Papa an unserem stahlrohrbeinigen Kunstmarmortisch gegenüber und zappel wie ein erstickender Hering: Gleich kommt Orion!

Folge 2, Planet außer Kurs. „Von einem irdischen Beobachtungsposten im Weltraum wird eine furchtbare Nachricht zur Erde gefunkt: Die froschartigen Feinde aus unbekannten Regionen des Alls sind erneut in Aktion getreten." Ja, lesen kann ich schon ziemlich, ich bin acht und in der dritten Klasse Volksschule, aber ach du Scheiße: „Diesmal haben sie einen Planeten aus seiner Bahn gedrängt! Mit rasender Geschwindigkeit jagt der glühende Gigant jetzt auf den Erdball zu. Es gibt nur noch eine Chance ..." – und die Hör Zu flattert mit, jetzt ist das Zappeln auch bei den Zehen angekommen, außerdem geht's jeden Moment los; die breitfußig geschwungene Wohnzimmeruhr auf dem Schrank zeigt 13 nach acht, Papa hat sie auf einer Auktion gesehen und für sieben Mark gekauft, weil sie wie der Schrank aus schwarzbraunem Holz und Messing ist und einen „Westminsterschlag" hat. Herr Köpcke ist schon fast beim Wetter, uah, ich halt's nicht aus. „Moni, beeil dich, ich muß aufn Klo!"

Bei „Klo" wußte unsere Familie nicht so genau. Es hieß sowohl „das Klo" als auch „aufn Klo". Ich benutze beides noch heute.

Aber Moni beeilt sich nicht. Jeden Samstag werden wir Blagen gebadet, Maria, Luci, Moni, Peter und ich, ein Durchgang für die Mädchen, einer für die Jungen, und Moni müße eigentlich bald fertig sein, denn so richtig warm ist ihr Badewasser ja auch nicht. In meins geht vorher der Peter, mein größerer Bruder. Wenn er fertig ist, komm ich rein. Die Mädchen sind jünger als wir und dürfen noch kein Orion gucken, sondern müssen nach dem Baden sofort nach oben ins Bett. Gemischtes Wasser, das habe ich übrigens schon eingesehen, geht nicht. Wenn nämlich Mädchen in das Badewasser von Jungen steigen, stecken sie sich irgendwie an und müssen praktisch nochmal gebadet und vielleicht sogar geschrubbt werden.

Aber jetzt muß ich total nötig. Zwar ist oben auch noch ein Klo, aber dann würde ich verpassen, wie die Orion gleichzeitig mit der spannenden Anfangsmusik aus dem Meer steigt. Töö-töö-tötötööö! Tö-tö-tö-tötötötöö-tööö! Den Text habe ich mir schon bei der ersten Folge genau gemerkt: Was heute noch wie ein Märchen klingt, kann morgen Wirklichkeit sein. Hier ist ein Märchen von übermorgen. – „Und nun das Wetter von morgen, Sonntag, den 2. Oktober": Köpcke. Noch höchstens eine Minute!

Während ich mir beide Unterarme in den Magen drücke, flenzt sich der Peter seelenruhig auf dem kindersicherdick lackierten Holzboden rum, und seine Füße reichen fast bis zum schwarzbraunen Gelsenkirchener Barock-Wohnkleiderschrank mit den goldenen Messinggriffen. Früher war in der Mitte eine verzierte Glastür, aber als vor zwei Jahren der höl-

Meinungsverschiedenheiten im All. Von links: Helga Legrelle, Hasso Sigbjörnsen, Dr. Heine, Cliff Allister McLane und Mario de Monti.

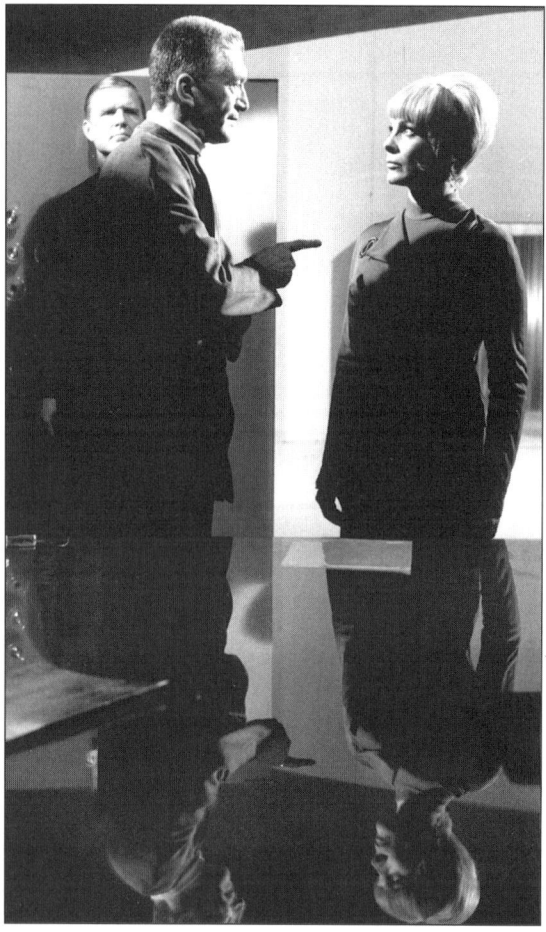

Leutnant Tamara Jagellovsk (r.) im Disput mit Oberst Henryk Villa.

macht er es sich auf dem kleinen Drehhocker gemütlich und spielt auf den schwarzen Tasten sehr geschickt *Für Elise* oder holt Ölfarben, stellt eine Leinwand auf das Notenbrett und malt Postkarten ab. Der arme Poet über dem Klavier ist auch von ihm. Wenn er so dasitzt, die Farben mischt und Ernte-Schachteln raucht, will er ungestört bleiben und vor seinen Kindern Ruhe haben.

Brooaach!! Das muß Mama sein, die die Kohlen immer mit Karacho in den Hauptkohlenofen in der Diele schüttet. Hoffentlich ist Uschi nicht wach geworden, meine neue Schwester. Rund einmal im Jahr geht Mama ins Knappschaftskrankenhaus, bleibt acht Tage weg und bringt dann ein neues Kind mit. Uschi ist ein halbes Jahr und schläft wie alle Neuen unten im Kinderzimmer. Wenn sie schreit, müssen wir still sein und das Fernsehen leise drehen oder ausschalten.

„Thomas, mach mal das Licht aus, es ist hell genug." Papa faltet die Zeitung zusammen und rückt sich jetzt auch für Orion zurecht. Ein Lichtschalter ist für die ersten drei Birnen unseres Holzkronleuchters, der andere für die anderen. Die schwarze, kratzfeste Ledercouch am Fenster kann ich jetzt kaum noch sehen, nur noch der Plattenspielerschrank und die goldgelben Seitenvorhänge werden vom Fernseher angestrahlt, und –

„Töö-töö-tötötööö!!   Tö-tö-tö-tötötötöötööö!! Was heute noch wie ein Märchen klingt, kann morgen Wirklichkeit sein. Hier ist ein Märchen von übermorgen!"

„Booiing" macht die Westminsteruhr, und wahrhaftig, ist es soweit: Cliff Allister McLane hockt mit Tamara Jagellovsk vorm Haifischfenster der Tiefseebodenstation und trinkt ein grünes Zukunftssprudel. Dann aber Durchsage des Oberst Villa von der Obersten Raumbehörde: Die Frogs vom Planeten AC-1000 haben eine Supernova in Richtung Erde umge-

zerne Graetz-Fernseher kam, sägte Papa ein riesengroßes Viereck heraus und stellte den Kasten da rein. Direkt neben Peters Kopf sind die drei goldenen Pedalen von Papas schwarzem Klavier. Papa kann keine Noten, aber manchmal, wenn er mittags in seinem schwarzweiß gefleckten Stoffmantel und dem grauen Lederhut aus der Hilfsschule kommt, lenkt! Mein Zittern geht in ein veritables Rappeln über, das ich zu unterdrücken versuche, damit mich Papa nicht ins Bett schickt.

Mama hat die zweite Kohlentüte im Ofen. Ich höre, wie sie ins Badezimmer geht; jetzt kriegt Moni die Haare gewaschen. Cliff und Tamara lassen das grüne Wasser stehen und hechten los; Schnitt. Im superschnellen Raumkreuzer an den Schalttischen: Cliff McLane, Tamara Jagellovsk (seine Vorgesetzte!!), Mario de Monti, Hasso Sigbjörnsen und – und Lydia van Dyke, meine Geliebte. Bzw. es ist komplizierter.

Tamara, soviel habe ich schon bei der ersten Folge mitgekriegt, ist erstens vergeben: an Dietmar „Cliff" Schönherr. Zwar stritten sich die beiden gehörig im Raumschiff, aber auf dem abschließenden Treff in der Bodenstation hieß es „Schwamm drüber", und diese eckigen Tanzübungen von übermorgen sahen beide ineinander verhakt. Aber zweitens ist es auch gut so. Tamara ist, obwohl immerhin Frau, der Bordchef, außerdem zu geschminkt und leicht dick. Ich will die dünne, untergeordnete, schwarzhaarige und traurige. Ich will Lydia van Dyke. Statt Frau Peters!

Frau Peters ist meine Lehrerin. Sie trägt immer schwarze Kleider und gelegentlich einen völlig blöden Hut mit Schleier und riesigem Rand, und wenn ich was nicht weiß, nimmt sie meine Wangenhaut zwischen Daumen und Zeigefinger und rüttelt, bis es wehtut. Ab und zu ist sie auch ganz lieb, aber gern würde ich sie töten. Dann würde ich ans Fernsehen schreiben und Lydia van Dyke als Nachfolgerin vorschlagen.

Cliff Allister McLane sprengt die von den Frogs geschickte Supernova mit der Orion in Stücke. Zur selben Zeit springt in der Diele mit Bramborium die Ofentür auf, es stinkt nach Glut und Feuer, und überall ist feiner schwarzer Staub. Mama hat zu viele Kohlen in den Ofen geschüttet, die Aachener Eierkohle ist sehr schwefelhaltig. Uschi wird wach und fängt an zu krähen. Papa schaltet den Fernseher aus und macht den Kronleuchter wieder an, Mama holt Tücher aus der Küche und rennt völlig nervös ins Kinderzimmer. Papa reißt die Fenster auf, und Peter, die gebadete Monika und ich müssen ins Bett. Hat sich was mit dem Ende von Orion.

Im Hausflur ist es dunkel, aber das in einer Wandnische hängende Kreuz ist noch ganz gut zu sehen. Moni schleicht in die Mädchenabteilung, wo Luci und Maria schon schlafen, Peter und ich zwängen uns an unseren grünen Schreibtischen vorbei ins Doppelbett. Über den Schreibtischen stehen auf Regalen, die Papa gesägt hat, für jeden ein Segelschiff. Damit fahren wir morgen, wie jeden Sonntag, nach Kirche und Mittagessen mit Papas neuem Ford 12m Kombi in den Grugapark und lassen sie schwimmen. Damit alle Kinder samt unserem gelben Korbkinderwagen ins Auto passen, hat Papa aus einem schrottigen GoGo die Rückbank ausgebaut und so in den Ford verpflanzt, daß drei Kinder ganz hinten drinsitzen und hinten rausgucken können. Meistens ist der Sonntagsausflug ganz schön. Nur die breitkragigen Matrosenpullover und die Wollstrumpfhosen unter der Knickerbocker kratzen. Und unsere Segelschiffe sind zwar größer als die meisten anderen. Aber ohne Motor.

In dieser Nacht bin ich Cliff Allister McLane. Von Aachener Eierkohle angetrieben, jagt die Orion hinter den Froschfeinden her. Die dicke Jagellovsk und meine Schwester Moni werden als Spione entlarvt und per Sonderkapsel in die hintere Milchstraße verbannt. Unter Aufsicht des Trauzeugen Oberst Villa heirate ich, im schwarzweißen Meßdienergewand, Lydia van Dyke, leide aber unter dem bestimmten Gefühl, all dem nicht gewachsen zu sein. Unsere Heiratsurkunde sieht aus wie ein Zeugnis.

BERND MÜLLENDER

ZURÜCK AN BORD DER ORION

IM KINO: VIERMAL FÜNNEF MIT COMMANDER DIETMAR

„Was heute noch wie ein Märchen klingt, kann morgen Wirklichkeit sein. Hier ist ein Märchen von übermorgen." Einleitende Worte, die von kreuzlogischer Tiefe sind und immerwährender Wahrheit, auch nach über einem Vierteljahrhundert. „Raumpatrouille", die Abenteuer des schnellen Raumkreuzers Orion, ist bis heute ein Hit geblieben. „Taa-taa-tata-ta—ta-ta-taa-tatatata-taaaa."

Auch heute noch, wo auf dem Weg vom gestrigen Heute zum Übermorgen schon ein kleiner Abschnitt Richtung Morgen gegangen ist. Freitagabend, 23 Uhr, im Aachener Programmkino Movie: Die Folgen 1,3,5,7 werden noch einmal gezeigt. Viermal kreuz und quer durch die Galaxien, immer „am Rande der Unendlichkeit". Das Kino ist voll. Schnell noch ein

starker Kaffee, die Kondition muß bis viertel vor vier am Morgen reichen. Das Publikum ist gemischt: viele, die zu Orions TV-Zeiten noch in die Windeln machten und auch etliche, die ihre Jugend noch mal sequenzweise nachleben wollen.

Der Countdown zum ersten Start beginnt, es gilt einen „Angriff aus dem All" (Titel Folge 1) abzuwehren: Zehn, neun, acht, sieben, sechs, fünnef, ... Warum heißt es eigentlich „fünnef"? Kurzes Gemurmel, Gekicher während der „vier". Einer im Kino wiederholt laut dieses knarrende, knarzende, leicht rheinisch klingende „fünnef" und erntet tosende Lachsalven. Als das erste Lancet, jenes Babyraumschiff aus dem Bauch der großen Orionmutter, zur Taxifahrt auf einen fremden Planeten loshüpfen will, braucht es auch einen Geburtscountdown: „... fünnef" choralt der Saal, „vier, drei, zwei, eins"... und schwupp, hüpft es los.

Raumschiff Orion – haben wir damals eigentlich auch fortwährend gekichert? Dietmar Schönherr als Commander Major Cliff Allister McLane – eine Witzfigur? Eva Pflug als Leutnantin des Galaktischen Sicherheitsdienstes GSD mit Spitzelauftrag per Alphaorder beim aufmüpfigen Kommandanten – War sie auch damals schon die Karikatur einer Emanze? Haben wir damals auch schallend gelacht, als der Befehl hieß „Ma-

Die Orion-Crew im außerplanetarischen Plausch.

DIE DARSTELLER:

- Major (später Oberst) Commander Cliff Allister McLane (Dietmar Schönherr)
- Leutnant Tamara Jagellovsk vom Galaktischen Sicherheitsdienst GSD (Eva Pflug)
- Raumüberwachungsoffizier Leutnant Helga Legrelle (Ursula Lillig)
- Armierungsoffizier Leutnant Mario de Monti (Wolfgang Völz)
- Astrogator Leutnant Atan Shubashi (Friedrich G. Beckhaus)
- Bordingenieur Leutnant Hasso Sigbjörnsen (Claus Holm)
- Befehlshaberin der Schnellen Raumverbände General Lydia van Dyke (Charlotte Kerr)
- Chef der Terristrischen Raumaufklärungsverbände T.R.A.V. General Winston Woodrov Wamsler (Benno Sterzenbach)
- Oberbefehlshaber der Streitkräfte Marschall Kublai-Krim (Hans Cossy)
- Oberst Henryk Villa (Friedrich Joloff)
- Vorsitzender der Obersten Raumbehörde ORB Sir Arthur (Franz Schafheitlin)
- Ordonnanz-Leutnant Michael Spring-Brauner (Thomas Reiner)
- in Folge 6, der Science fiction-Schriftsteller Pieter-Paul Ibsen (Reinhard Glemnitz)
- und Schönherr-Gattin Vivi Bach als Ordonnanz auf Chroma

gnetkissen fluten!", und als „schnellwechselnde gravitionelle Felder" analysiert und bekämpft werden wollten? Nein: Kälteschlafkammern und Visiophone, malten wir uns aus, wollten wir doch selbst noch erleben genauso wie den Niemandsraum und die Roboter, die „Konservenknilche" heißen und bisweilen an einem „kybernetischen Defekt" litten.

Raumschiff Orion war in unserer Jugend Spannung mit durchaus integriertem, pfiffigem Witz. Aber ohne jene liebenswerte Lächerlichkeit, mit der die Sendung heute daherkommt. Allein diese als Zukunftstänze verkauften Verrenkungen im „Starlight-Casino", jener Sixtees-Disco, in denen Schönherr und Crew herumzappeln zum „Lancet Bossa Nova" und zu „Bolero on the moon rocks" linkisch flirten. Damals war das galaktisch witzig, heute gröhlt der ganze Kinosaal, wie man sich damals das Übermorgen vorgestellt hat. Und so eine Szene im Orion-Casino ist anstrengend: Zum einen die Dialoge, die trivial sind,

die man aber auch nicht verpassen will. Dazu das Herumgetänzel im Hintergrund und dazu noch die überdimensioniert großen Heringsschwärme, die – wir befinden uns gut tausend Jahre nach den beiden stellaren Kriegen auf dem besiedelten Meeresgrund – über der Szenerie hinter Glas vorbeiflosseln. Und gleich ist wieder Schluß mit lustig – im All gibt's allerlei zu regeln, und das Orion-Team startet wieder los: „... sieben ... sechs ... fünnef ..."

Eine Fernsehserie, die zum Kinoklassiker wird – auch nicht alltäglich. Orion konnte Legende werden, weil es nie – angeblich aus Geldmangel – Fortsetzungen gab, und wegen des klugen Geschäftsgebahrens der Verleihfirma. Statt Raumpatrouille ständig im Fernsehen abnudeln zu lassen, läuft die Serie seit Mitte der achtziger nur im Kino und war eben nicht omnipräsent. „Damit", schrieb die Berliner taz, „folgt der Orion-Kult den Regeln, denen auch der Marilyn-Monroe-, der James-Dean- und der Elvis Presley-Mythos folgt: Stirb früh und du lebst ewig." Seit Oktober 1993 hat Sat1 die Rechte – und nudelt die Serie ab (mit Werbeunterbrechungen mitten im Tiefseestart). Diese Wiederauferstehung wird Orion dem Tod näher bringen.

Die Kinobesucher haben ihren Spaß an den gezielt internationalistisch klingenden Namen (siehe Kasten), wie sie auf Erden werkeln, dabei mal gemeinsam die Fäden ziehen, mal aber auch rücksichtslos gegeneinander intregieren – wie es Militärs, Regierungsfuzzies und Geheimdienstgestalten damals taten, heute tun und im wirklichen Übermorgen, auch wenn es keine Nationalstaaten wie im Orionzeitalter mehr gibt, sicher auch noch tun werden.

Folge 5 behandelt den „Kampf um die Sonne". Kommen jetzt endlich die Frogs? Dieses Sinnbild des Bösen bei Orion, die meist nur vorbeifliegende Dreiecke. Nein, statt der Frösche kommt „Elisabeth Troger als SIE" (Nachspanntext). SIE ist Chefin auf Chroma, wo Männer nur noch für niedere Arbeiten nützlich sind und Frauen das Sagen haben. Der Zivilisation auf Chroma, von den Erdlingen unbeach-

tet, geht der Saft aus, so zapfen sie aufheizend die Sonne an, was der Erde gar nicht guttut: Das Klima ist überhitzt, die Polkappen drohen zu schmelzen, Staudämme zu bersten. McLanes Charme rettet trotz wunderbar plumpem Vokabular („Weiberkolonie!", „Amazonenzirkus!") die Erde nach knapp 60 Minuten, nicht zuletzt, weil er sich, wie SIE anerkennend bemerkt, „sehr gut in präatomarer Literatur auskennt". Glück gehabt, Cliff.

Am Ende der langen Kinonacht, gut die Hälfte hat durchgehalten, gibt es reichlich Applaus. McLane ist vom Major, einen Dienstgrad überspringend, zum Oberst befördert worden und hat es gewagt Tamara Jagellovsk im Sitzungssaal der Obersten Raumbehörde zu küssen. Alle gönnen es ihm. „Taa-taa-tatata …" Wir setzen uns ins Lancet und starten nach hause. „Fünnef – vier – drei – zwei – eins …" – das Licht geht an. Draußen erwacht langsam der Planet Erde zu einem neuerlich heißen Sommertag, wieder mit schrecklich hohen Ozonwerten. Diesmal liegt es nicht an Chroma. „Fünf..."

McLane, wie ihn nur wenige kennen. In der Mitte SIE, die Chefin von Chroma (Margot Trooger). Über McLane's Kopf Gattin Vivi Bach.

LUDGER CLASSEN

CLIFF UND SEIN BÜGELEISEN

DIE TECHNIK DES SCHNELLEN RAUMKREUZERS ORION

Der schnelle Raumkreuzer Orion durchmißt im Jahr 3000 mit Hyperspacegeschwindigkeit das Universum. Es gibt keine Nationalstaaten mehr auf der Erde, die Mannschaft der Orion kämpft gegen außerirdische Mächte, wildgewordene Roboter, größenwahnsinnige Wissenschaftler, den Frauenplaneten Chroma – und gegen starre Prinzipienreiterei und Behördenwillkür der Obersten Raumbehörde (ORB), der Terristrischen Raumaufklärungsverbände (T.R.A.V.) und des Galaktischen Sicherheitsdienstes (GSD).

Wenn die Fernmeldestation MZ 4 nicht mehr antwortet, die Erde von einer Supernova bedroht ist, von den Frogs per Telenose-Strahlen ferngelenkte Besatzungsmitglieder AC/1000 ansteuern oder die Stationen OLAF 1 und H 5 ausgefallen sind, kann nur noch Cliff McLane mit entschlossenem Blick und unter Mißachtung einschlägiger Vorschriften die Menschheit retten. Den wackeren Recken stehen unter anderem elektromagnetische Kraftfelder, ein Overkill-Projektor und Lichtwerfer zur Verfügung. Darüber hinaus sind die Mitglieder der Crew natürlich Meister ihres Fachs – manches Abenteuer wäre weniger glimpflich abgelaufen, hätte Bordingenieur Hasso Sigbjörnsen nicht das Letzte aus seinen Wandlern herauszuholen gewußt.

Im Herbst und der Vorweihnachtszeit des Jahres 1966 elektrisierte Orion die Fernsehnation als erste Science-Fiction-Fernsehproduktion der ARD. Als technikbegeisterter und außerdem lesesüchtiger Dreizehnjähriger war

ich regelmäßiger Kunde der Stadtbücherei, die in ihrem Angebot auch die Zeitschrift „Hobby" führte. Hobby berichtete ausführlich von den Orion-Dreharbeiten, schließlich befanden sich die USA und die UdSSR gerade in einem Wettlauf zum Mond, die utopischen Möglichkeiten und konkreten technischen Perspektiven der Raumfahrt waren von besonderem Interesse, da der Griff nach den Sternen in der Gegenwart zumindest die Phantasie anregte, über die Aussichten einer interplanetaren Zivilisation nachzudenken.

Das Jahr 3000 rückte per Apollo näher, Hobby beschäftigte sich daher sowohl mit der Wahrscheinlichkeit von künstlichen Schwerefeldern, der Fortbewegung mit Überlichtgeschwindigkeit und was die Orion-Crew an sonstigen technischen Kunststückchen den Fernsehzuschauern in die heimische Stube schickte. Von ebensolchem Interesse waren seinerzeit aber auch die Mittel, mit denen die Filmemacher den Arbeitsplatz der Raumfahrer und ihre Abenteuer inszenierten – neben Eifersucht und Behördenärger hatten Cliff McLane und seine Helden auch sonst durchaus mit vertrauten irdischen Dingen zu tun.

Als Startplatz von Orion diente im Film der Königsplatz in München. Die umliegenden Häuser deckte das Filmteam, wie Hobby zu berichten wußte, mit Folien ab, um aus dem Platz filmisch die unterseeische Startbasis des Raumschiffs zu machen. In einem kleinen Wasserbecken der Technischen Universität simulierte man den Meeresstrudel, der beim

Die Studio-Orion – aufgehängt wie eine Marionette.

Orion-Start die Wasseroberfläche bewegte. Die aufsteigenden Gasblasen einer Alka-Selzer-Tablette, in den Orion-Start vom Meeresboden filmisch hineinkopiert, sorgten für zusätzliche Dramatik. Kampfstand und Maschinenraum des Raumschiffs waren mit Bedienungselementen wie Bleistiftanspitzern, Garnrollen, Plastikbechern, Wasserhähnen, Lüftungsrohren, Bügeleisen und Lötkolben ausgerüstet. Die Roboter trugen als Greifwerkzeuge Teelöffel und Wurstgabeln.

Die Oberfläche ferner Himmelskörper suchten und fanden die Filmemacher auf Abraumhalden von bayrischen Bergwerken. Die Chefin des Frauenplaneten Chroma residierte auf Schloß Tutzing am Starnberger See. Das Kasino in der Meeresbasis, wo sich die Helden nach bestandenen Abenteuern mit den seltsam zuckenden Tanzbewegungen entspannten, entstand im Film mittels hineinmontierten Aufnahmen aus einem Berliner Aquarium. Per Overkill einen Planeten „zerstäuben"? Kein Problem: Man nehme Druckluft und puste damit eine Mischung aus Reis, Bohnen und Kaffee auseinander.

Irgendwie machte die hausbackene Ausstattung wie auch die überaus irdischen Konfikte die Sternenkämpfer nicht zu erdfernen Himmelsstürmern. Im Gegenteil: Die Vertrautheit mit ihrem Arbeitsgerät verlieh der Zukunft des

Jahres 3000 zusätzliche Glaubwürdigkeit. Natürlich war die Serie ein Märchen, sogar eines von übermorgen. Insofern interessierte es den Betrachter natürlich auch, ob es technisch irgendwann möglich sein würde, in Hyperspace durch die Galaxis zu rasen, per magnetischer Kraftfelder Raumschiffe abzuschirmen oder den Meeresboden zu besiedeln. Wesentlich bestätigte Orion aber einen damals noch weitgehend ungebrochenen Zukunftsoptimismus. Technik und Raumfahrt schienen noch unbegrenzte Möglichkeiten zur Gestaltung der Zukunft zu bieten.

Orions Rückstürze zur Erde mit „voller Energie plus Schlafende" fanden vor dem Schock der Energiekrise mit Sonntagsfahrverbot statt, die Atomenergie verhieß noch unbegrenzte Energiereserven, vor einem drohenden Umweltkollaps durch ungehemmtes Wirtschaftswachstum und Energieverbrauch warnte niemand.

Krönung und gleichzeitig Endpunkt des Fortschrittsoptimismus war in gewisser Weise die Mondlandung der Amerikaner am 21. Juli 1969. Der Spaziergang von Neill Armstrong machte die Besiedelung anderer Himmelskörper von der Utopie zur greifbaren Realität: Science Fiction war Realität geworden.

Die Nacht der Mondladung vom 21. zum 22. Juli 1969 versammelte unter Zuhilfenahme eines Bierkastens zwei Generationen vor dem Bildschirm, mein Vater und ich verfolgten mit dem gleichen Enthusiasmus das Geschehen. Über die Bedeutung waren wir uns vollkommen einig: einen großen Schritt der Menschheit miterlebt zu haben, obwohl wir uns ansonsten über die Zukunft sicher genauso vollkommen uneins waren. In meine noch ziemlich unklaren Vorstellungen von einer neuen Gesellschaftsordnung ließen sich Raumfahrt und ein unbegrenzter Technikoptimismus jedenfalls bruchlos einfügen, für meinen Vater

Ein Lancet bei Aufnahmen im Voralpenland.

war die Mondlandung Beweis für die Leistungsfähigkeit deutscher (Wernher von Braun!) und amerikanischer Technik und gab ihm die Sicherheit, daß wir es einmal besser haben würden.

Innerhalb der Unterprima, die ich nach den Sommerferien besuchte, war die Begeisterung ebenfalls ziemlich einhellig, ich erinnere mich aber an einen Klassenkameraden, dem die Mondlandung nichts anderes zu sein schien als ein gutgemachtes Fernsehspiel à la Orion: Er war – und ist es vielleicht heute noch – felsenfest davon überzeugt, eine amerikanische Inszenierung irgendwo in der Wüste von Nevada gesehen zu haben – Cliff McLane und sein Bügeleisen lassen grüßen!

»Ein Kind, das spielen wollte«

Peter Frankenfelds Witwe Lonny Kellner-Frankenfeld erzählt

Er begann als „Quizmaster", als noch keiner so genau wußte, was das war, hatte schon die Bunten Nachmittage und Abende des Radios mit Fragespielen modernisiert und schließlich auf das neue Medium Fernsehen übertragen. Die Ansage „... von und mit Peter Frankenfeld" fesselte seit den 50er Jahren Millionen Zuschauer bis zu einem später nie mehr erreichten Rekord von 86 Prozent Einschaltquote für Shows wie „Viel Vergnügen" oder „Heute abend Peter Frankenfeld", in denen er als „Mann mit der karierten Jacke" mit einem Kinder-Propeller Saalkandidaten auf die Bühne holte, sie warnend fragte „Machen Sie alles mit?" und sie dann kaputte Liegestühle aufstellen oder Luftballons rasieren ließ. Multitalent und Autodidakt Frankenfeld, Sohn eines Berliner Mechanikers, der schon als Kind zum Zirkus durchgebrannt war und als Page, Zauberer, Werbemaler, Kabarettist und Karikaturist gearbeitet hatte, sammelte ungezählte Triumphe und zum Ende der 60er Jahre eine große Niederlage: das unerwartete Absetzen seiner ZDF-Show „Vergißmeinnicht". Erst nach seinem plötzlichen Tod – er starb nach einem grandiosen Comeback mit „Musik ist Trumpf" 1979 nach kurzer, sehr quälender Krankheit – konnten auch Kritiker (an)erkennen, was das Fernsehen mit ihm verloren hatte: Einen Pionier, der dem Medium seine vielleicht wichtigste, neue, große Unterhaltungsform entwickelt hatte – die „Fernsehspielshow".

Rolf Mecke sprach mit Frankenfelds Witwe Lonny Kellner-Frankenfeld.

Vergißmeinnicht war 1964, zehn Monate nach der Gründung der erste große Show-Erfolg des ZDF. War es damals ein Risiko, zum jungen ZDF zu wechseln?

Lonny Kellner-Frankenfeld: „Nicht für Peter. Die Spannung, was neues aufzubauen, hat er eigentlich immer geliebt. Hinzu kam, daß pikanterweise der WDR die Vergißmeinnicht-Idee nicht hatte haben wollen. Diese Idee, Spiele mit Wohltätigkeit zu verbinden und das Fernsehpublikum mitspielen zu lassen, indem es Wohlfahrtsbriefmarken auf Postkartenfelder klebte – diese Idee ist ja dann auch sofort

Seine Shows prägten die TV-Frühzeit: Peter Frankenfeld, hier mit Lonny Kellner-Frankenfeld.

Mit „1:0 für Sie" landete Frankenfeld in
den 50er Jahren gleich einen Volltreffer.
Markenzeichen: Kariertes Sakko und
großes Bühnen-Spektakel.

bombig eingeschlagen. Im
Grunde hat mein Mann das
zweite deutsche Fernsehen mit
großgemacht wie zehn Jahre
vorher das erste. Max Grundig
hat ihm das später mal gesagt:
„Herr Frankenfeld, Sie haben
uns mit ihren Shows die ersten
Millionen Geräte verkauft!" Es
war fast eine Wiederholung der
legendären frühen Frankenfeld-Erfolge."

**Es wiederholten sich aber, wenn auch
schwächer, kritische Stimmen: Das Publikum
mochte seine selbstbewußte Art und die Spiele mit der Schadenfreude, die Kritik weniger ...**

„Im Grunde waren das alte Vorurteile aus
den 50er Jahren. „Seelischer Striptease" hieß
damals der Vorwurf. Dabei ging es um plat-
zende Luftballons, herunterfallende Bretter
und ähnlich harmlose Spiele. Peter war in vie-
lem der erste, der Dinge machte, die heute
selbstverständlich sind, und so war er auch der
erste, der von der Kritik geprügelt wurde.
Wichtig war, daß die Leute freiwillig auf die
Bühne kamen. Bei Vergißmeinnicht waren die
Propeller zwar nicht mehr dabei, aber das
Prinzip hatte er beibehalten und fragte direkt
in den Saal: „Ich brauche zwei mutige Ehepaa-
re, die alles mitmachen!" Daß er mit Kandidaten aus dem Publikum spielte, Leute auf die
Bühne holte, die er nicht kannte, darauf wollte
er nicht verzichten. Das macht heute keiner
mehr, weil es als viel zu unberechenbar und
gefährlich gilt. Es war in der Tat auch ein Sport
von Leuten, Peter zu provozieren. Sie schwie-
gen oder sagten, sie hätten vergessen, wie sie

heißen. Wenn einer ganz besonders fies war,
hielt Peter dagegen: „Wissen Sie, daß uns jetzt
20 Millionen Menschen zugucken?" Das half
meistens. Die Spiele basierten oft auf Schadenfreude, die ja die reinste Freude ist, das
stimmt. Aber Peter wußte genau, wie weit er
gehen konnte. Dieses berühmte Auto-Versen-
ken, Jahre später in Schönherrs Wünsch Dir
Was, das haben wir auf dem Bildschirm gesehen, hier zuhause, und Peter sagte nur: „Sind
die verrückt?!" Das hätte er nie gemacht. Er
hatte eine ganz genaue Vorstellung, worüber
im Fernsehen gelacht werden sollte ..."

Wo hatte er die her?

„Nicht aus Amerika, wie viele meinen und
wie Carrell das später immer erzählte: „Ja, der
Frankenfeld, der hat's richtig gemacht, der war
so umsichtig und gescheit, der hat früh alles
aus Amerika geklaut." Das stimmte überhaupt
nicht. Im Gegenteil, Peter war in seinem Leben
nur dreimal in den USA und kam mit allen An-
zeichen des Entsetzens zurück: „Die machen
da ja Dinger in ihren Shows!" Nein, es steckte
in ihm, er hatte eine fast kindliche Spielfreude.
Und er hatte einen un-deutschen Humor,
schon immer. Er war in amerikanischer Kriegsgefangenschaft gewesen, sprach amerikanisch

wie ein GI, vielleicht hat er da eine gewisse Leichtigkeit kennengelernt. Und dann saß er hier, nächtelang, hat gebastelt, gebrütet und getüftelt. Sieht zum Beispiel plötzlich auf unserem Tisch einen kleinen, fahrbaren Zigarettenwagen stehen und sagt: „Mensch, man müßte die Räder sechseckig machen! Ein Karren, der ständig rumpelt und wackelt und die Kandidaten müssen damit Kisten über die Bühne transportieren ... "

Wie sah ein privater Fernseh-Abend bei Frankenfelds aus?

„Fußball und Boxen, da hat er alles gesehen. Er hatte als Kind Boxen gelernt. Und wenn Cassius Clay boxte, sind wir beide nachts aufgestanden. Und natürlich jede Fußballweltmeisterschaft. Dann saß er da, guckte – und ich setzte mich daneben, obwohl ich überhaupt nichts davon verstand. Aber sonst? Nachrichten, Tagesschau, dann die Frage: Gibt's was besonderes? – Nö! Mal eine Somerset-Maugham-Komödie oder Konkurrenz von Peter. Aber auch da nicht jede Sendung. Wir hatten ein Gerät im Schlafzimmer und eines in der Halle, aber versteckt, mein Mann wollte die schönen alten Möbel nicht entweihen durch ein modernes Gerät. Wir haben wenig gesehen und was das Fernsehen angeht, waren wir wohl nicht besonders typisch für die 60er. Anders bei der Häuslichkeit, die haben wir genüßlich zelebriert. Wir hatten in den 50er Jahren endlose Tourneen zusammen gemacht, unter ganz einfachen Umständen. Wir kannten jede Stadt in Deutschland und jedes Hotel. Und aus Protest gegen die kleinen Hotelzimmer, meist wohnten wir ja in den Bahnhofshotels und wurden morgens um 5 durch die Schranken geweckt, hatten wir draußen am Rand von Hamburg unser Nest in die Einsamkeit gebaut. Hier konnte Peter wunderbar abschalten. Wir waren beide keine Schicky-Micky-Typen. Ein paar gute Freunde durften

herein, dann habe ich gekocht, Peter hat mit ihnen Billard gespielt oder rumgesponnen. Aber ansonsten waren wir auch sehr gerne alleine. Wir hatten wenige gute Freunde. Die Alexanders, Gert Froebe. Heinz Erhard war einer der besten und engsten Freunde. Ich sehe sie noch im Garten stehen. Heinz hat am Ende kein Wort mehr sprechen können, und die beiden Männer stehen da, umarmen sich und weinen ...“

Ihr Mann war sehr viel ernster, als er in seinen Sendungen wirkte?

„Er war Zwilling. Er war beides. Er war selbstsicher und verletzlich, robust und rührbar. In Konzerte von Ella Fitzgerald gingen wir nur mit Sonnenbrille, weil es uns so den Rücken runterlief, daß wir beide heulten. Und dann gab es wieder dieses Kind in ihm, das spielen wollte. Er mochte zum Beispiel nicht einfach so spazierengehen, ohne Ziel lief er nicht los. Und dann hat er sich die Einzugsmusik der Münchner Olympiade – diese schreckliche, die Kurt Edelhagen gemacht hat, die ihm aber besonders gefiel –, die hatte er auf Band mitgeschnitten, schulterte ein Bandgerät, was damals noch sehr schwer war. Und dann mußten wir in dem Rhythmus bis zur Elbe und wieder zurücklaufen. Dann konnte er urplötzlich wieder ernst werden. „Ich weiß doch nicht, warum die Leute von mir erwarten, daß ich im quergestreiften Badeanzug oder mit ner Antenne auf dem Kopf daherkomme und Witze erzähle ... “ Er mochte Klatsch nicht, hat nie über Kollegen hergezogen und er war doppelt verletzt, wenn es umgekehrt geschah. Da war er verwundbar. Er wußte, daß er den Erfolg nicht umsonst bekam und hat mal scherzhaft geklagt: „Der Kulenkampff kommt raus auf die Bühne und schon jubeln alle Schwiegermütter. Ich mit meinem ostischen Gefries“, so nannte er sein Gesicht, „muß erst mal 'ne halbe Stunde hart arbeiten dafür.“ Er kam ja vom

Zirkus und vom Varieté her, war ein Perfektio-
nist, hat sich selbst hochgerappelt und sich alles hart erarbeitet, glaubte an Fleiß und Disziplin und erwartete das auch von anderen.
Wenn in der Fernsehredaktion etwas absolut
daneben gegangen war, was er probieren
wollte, oder der Archiekt hatte was versaut –
da wurde er laut: „Das mache ich nicht mit,
ich komme hier auch gelernt an und weiß meinen Kram!" Und er konnte sich wehren, wenn
sich jemand einmischen wollte, der dazu nicht
berufen war, ganz wurscht, ob er hinterher Ärger bekam ... Da war er sehr selbstbewußt,
das gefiel nicht jedem. Vielleicht war es diese
Mischung, die ihn ausmachte. Er war arglos
und ernst zugleich, hatte Grundsätze und Prin-
zipien für seinen Beruf. Er hat zum Beispiel
auch nie Werbung gemacht, keine größere je-

denfalls. Mal im Kino, aber Fernsehwerbung
hat er nicht gemacht. Er hat damals zum Kulenkampff gesagt: „Kuli, ich finde es nicht gut.
Da kommt Volkswagen an und bietet mir wer-
weißwas für Summen ... Aber ich hab das Gefühl, die Leute können gar nicht so umdenken,
wenn Du dann mit Deiner Tabakreklame
kommst ..." Peter hat es aus Prinzip nicht gemacht. Die Angebote kamen, aber er wollte es
nicht."

**Mit einer Ausnahme, und einer damals
sehr mutigen: Wahlwerbung für Willy Brandt
und die SPD ...**

„Ja, es war sehr mutig. „Die ideale Partei
gibt es für mich nicht, aber von allen Übeln ist
das kleinste die SPD", so in etwa war der Tenor. Danach kamen dann sogar Bombendro-
hungen: Sie verdammtes Kommunisten-

Ausgerechnet „Vergißmeinnicht" wurde für Frankenfeld zur unvergeßlichen Enttäuschung.

schwein, wir sprengen Ihre ganze Familie in die Luft, samt Ihrer Villa! Peter hat dann später gesagt: „Nie wieder würde ich sowas machen. Ist doch gar nicht mein Beruf. Wie komme ich dazu?"

Das war im Sommer 1969 – und ein Jahr später wurde Vergißmeinnicht plötzlich aus dem Programm genommen. Warum?

„Das war schon sehr zynisch. Es gab keinen Anlaß. Das heißt: Vielleicht gab es ja einen – aber wir haben ihn nie erfahren. Also: Wir waren nach Mainz bestellt, der Programmdirektor möchte Sie sprechen, hieß es. Wir sitzen also da, um uns herum lauter graue Mäuse, und wir denken: Was ist denn hier für eine komische Stimmung? Wir waren von unglaublicher Naivität. Und da sagt er Programmdirektor: „Tja, Herr Frankenfeld, ich wollte Ihnen nur eröffnen, daß wir aufhören mit Vergißmeinnicht. Wir wollen mal was anderes machen und hören mit der 47. Sendung auf." Mein Mann war nicht imstande, etwas zu sagen, als wenn ihm das Herz stehengeblieben wäre und fragt nach 'ner ganzen Weile: „Können wir nicht wenigstens bis zur 50. Sendung weitermachen?" – „Ach wissen Sie, das läppert dann so über die Sommerpause weg. Nee, nee, wir wollen dann schon was anderes machen." Und als ich dann sagte: „Ja, wie stellen Sie sich das weiter vor?", da hatte Peter schon die Hand auf meiner. „Meine Herren, war's das, was Sie mir sagen wollten?" – „Ja, das war's!" – „Danke." Er ist aufgestanden, hat während der Fahrt zum Flughafen kein Wort gesagt, hat im Flugzeug zwei doppelte Whisky getrunken und kein Wort gesagt und zuhause hat er immer noch nichts gesagt. Dafür hab ich um so lauter geschrien. Er hat keine silbernen Löffel geklaut, die Einschaltquoten stimmten, es war nichts, nichts, nichts. Keinen Grund gab's ..."

Stattdessen bekam Sportstudio-Mann Wim

Thoelke eine neue Show für die „Aktion Sorgenkind".

„Nichts gegen Wim, den kannten wir als Sportreporter und fanden ihn da fabelhaft. Irgendwann waren wir zusammen in einer Silvestersendung, sahen ihn um uns herumschleichen, bis Peter sagte: „Herr Thoelke, wollen Sie nicht Platz nehmen, wollen wir nicht ein Bierchen zusammen trinken?" Er kam ganz verlegen an. „Na, nun setzen Sie sich doch ..." Und dann saß der Thoelke ne Weile da und sagte: „Das könnte ich nicht. Jemandem gegenübersitzen, der mir die Sendung weggenommen hat. Das könnte ich nicht ... " Und da hat mein Mann gesagt: „Ach, Herr Thoelke, das sind doch nicht Sie gewesen. Ihnen hat man die Möglichkeit gegeben, und Sie haben die Chance beim Schopf ergriffen ... Das hätte aber wohl jeder von uns getan, aber ich kann Ihnen deshalb nicht böse sein, die Fäden sind doch ganz woanders gezogen worden. Nee, jetzt trinken wir einen, lassen Sie uns das vergessen ..." Thoelke war wie befreit. Aber in Peter hat es lange Jahre gebohrt. Er war absolut hilflos, weil er das gar nicht begriffen hat. Er war tief verletzt."

Es hat eine späte Wiedergutmachung gegeben ...

„Als er tot war, sprachen die neuen ZDF-Chefs an seinem Grab selbstkritisch von einem Irrweg der politisierten Unterhaltung in den siebziger Jahren, fälschlicherweise hätte man ihn dafür fallengelassen ... Wichtiger aber war sein Riesen-Comeback mit Musik ist Trumpf. Er ist als King abgegangen und beim Publikum bis heute unvergessen. Das zählt und das bleibt. Das Traurige ist: Es sind bis auf drei Vergißmeinnicht-Folgen keine Video-Bänder mehr da, die haben doch tatsächlich alle Urbänder gelöscht! Ich bin darauf erst jetzt gestoßen, als ich Ausschnitte für Gedenksendungen suchte. Peter hat das gottseidank nie erfahren."

MANFRED RIEPE

WALTER SPAHRBIER SUPERSTAR

EINE FRÜHE KULTFIGUR: VERGESSTUNSNICHT DEN POSTBOTEN

Walter Spahrbier (1905-1982) ist eine der merkwürdigsten Kunstfiguren, die das deutsche Fernsehen je hervorbrachte. Seine Entwicklung war Authentizität pur. Dieses Flair beruhte darauf, daß er sich seiner Funktion(slosigkeit) nicht im mindesten bewußt war. Als Inbegriff des pflichtbewußten Briefträgers stellte Spahrbier während der Anfangstage des elektronischen Bildmediums so etwas wie einen kommunikativen Antagonismus dar. Während der Bote Spahrbier signalisierte, daß und wie er die Botschaft zuverlässig zu Fuß überbrachte, fand sich diese Nachricht längst via Telekommunikation in den Köpfen aller Zuschauer. Damit die Zuschauer das auch verstehen konnten, mußte diese Übermittlung erst bestätigt werden, als eine Art virtuelles Einschreiben. Spahrbier ist der optische Garant dafür gewesen, daß alles noch mit rechten Dingen zuging. Autotechnisch ausgedrückt wäre das Verfahren, Spahrbier als Realitätszeichen televisueller Nachrichtenübermittlung einzusetzen, vergleichbar einem Porsche, den man mit einem stark gedrosselten Mofa-Motor verkauft, damit der Kunde sich an die Geschwindigkeit gewöhnen kann. Wo man das Posthorn nicht mehr hört, trägt Herr Spahrbier den Schall zu Fuß hin.

Spahrbier hätte passender nicht erfunden werden können. Er war Platzhalter für einen Typen, der rundherum funktioniert (deutsche Wertarbeit im Bereich des Charakters) und der deswegen so besonders ist, weil es ihn empirisch gar nicht gibt. So gesehen ist selbst Donald Duck eine realistischere Figur als Walter Spahrbier. Das Besondere an ihm war, daß er, was seine gesamte Aura anbelangte, samt dem Outfit (hoch erigierte Postlermütze) wie kein zweiter des Amtes waltete, für das er beamtet war. Strukturanalytisch gesehen verkörperte er einen Signifikanten ohne Signifikat.

Die Ingredienzen, die ihn zum Statthalter einer reinen Idealität machten, sind ihm bereits in den Namen geschrieben: Sparen war die Nationaltugend der 50er und 60er, und Bier ist das nationale Betäubungsmittel. Das ominöse „Spar-Bier" ist nun exakt jene im Sinne des Wirtschaftswunders wirksame Verknüpfung zwischen Triebverzicht (Sparen, Maßhalten – siehe Ludwig Erhard) und dem maßvollen, domestizierten (Bier-)Rausch zwecks Wiederherstellung der Arbeitskraft.

Walter Spahrbier starb am Freitag, 31. Juli 1982. Die letzten Tage waren dramatisch. Er verbrachte sie gemeinsam mit seiner Frau, die eine Hüftoperation erwartete, im Hamburger Marienkrankenhaus, wo er seine „Herzgeschichten" auskurieren wollte. Am Dienstag noch wollte er nach Berlin zur 100. Sendung von „Der große Preis" fliegen. Darauf hatte sich Spahrbier so gefreut. Seine Frau redete es

ihm aus. Am Donnerstagabend rief Spahrbier gegen 23.00 Uhr seinen Sohn an:

„Es geht mir nicht gut, komme."

„Was sagt denn der Arzt, Vati?"

„Nichts."

„Gut, ich komme."

„Ach", hat Walter Spahrbier gesagt, „komme morgen früh, das reicht." In der Nacht entdeckte die Schwester den vermeintlich Schlafenden ...

Vom Fernsehen entdeckt wurde Spahrbier erst mit 49 Jahren. Er arbeitete als Geldzusteller im Zustellbereich Hamburg-Lokstedt, worunter auch das Fernsehstudio Hamburg zählte. Als Peter Frankenfeld für seine Show „1:0 für Sie" (1954-1955), mit der der großkarierte Showmaster zum Aushängeschild deutscher TV-Unterhaltung avancierte, jemanden suchte, der den Spielgewinnern zwei Briefumschläge zum Auswählen überreichen sollte, sah er den nur scheinbar unscheinbaren Beamten Spahrbier und engagierte ihn vom Platz weg. Anfangsgage: 60 Mark im Monat.

Weil er ein wünschenswertes Bild des deutschen Beamten im Inland vermittelte, verfügte das Bundespostministerium 1964, daß Spahrbier für seine allmonatlichen Fernsehauftritte künftig vier Tage freigestellt wurde. 1980 erlitt Spahrbier einen Hörsturz.

1954 war das Jahr, in dem es nach der deutschen Kapitulation endlich wieder etwas zu gewinnen gab (Rahns 3:2 für Deutschland). Walter Spahrbier verkörperte jenen Boten, den

man nicht mehr wegen einer schlechten Botschaft umzubringen brauchte. Mit seinem schlichten Auftreten avancierte Spahrbier rasch zum festen Bestandteil der Spielshows: „1:0 für Sie" (1954-55), „Bitte recht freundlich" (1956-57), „Guten Abend" (1960-61) und „Vergißmeinnicht" (1964-70). Nach Frankenfelds Tod übernahm ihn Thoelke, zunächst in „Drei mal neun" (1970-74) und dann in „Der große Preis" (seit 1974), dessen 100. Jubiläumssendung Spahrbier nicht mehr erlebte.

Spahrbiers urdeutsche Redlichkeit, die seine ganze Haltung ausstrahlte (er bügelte sich sogar die Hosen der Postuniform selbst), spiegelte sich auch darin, daß er finanziell ausgenutzt wurde wie wohl kein zweiter Fernsehstar. Für jemanden, der sich laut Umfrage eines Bekanntheitsgrades von über 80 Prozent erfreut (das gilt noch heute, über zehn Jahre nach seinem Tod), waren 1.000 Mark Rente plus 1.000 Mark Fernsehgage ein Almosen. Dafür, daß er aus seinem höchst lukrativen Bekanntheitsgrad nicht das geringste Kapital schlug, wurde „der letzte Postillon" (so Frankenfelds Witwe Lonny Kellner über ihn) von Wim Thoelke als „Inbegriff der Zuverlässigkeit" und als „ein über die Maßen gütiger Mensch" bezeichnet.

Durch Autogrammstunden und Wohltätigkeitsveranstaltungen sammelte Spahrbier 1980 insgesamt 100.000 Mark – nicht für sich, nein – für die Aktion Sorgenkind. Zu seinem 75. Geburtstag wurde er dafür mit dem Bundesverdienstkreuz am Bande ausgezeichnet. Das ZDF gab in Berlin eine 2.500 Mark teure Spahrbier-Party und schenkte ihm eine Reise bis nach Norderney. Die spärlichen Angaben über Spahrbier in der Regenbogenpresse differieren. Pensioniert wurde er einmal 1968, ein andermal 1970. Er soll plattfüßig gewesen sein, verriet ein Jahr nach seinem Tod ein Fachbuch. Wir werden ihn nie vergessen.

Walter Spahrbier überbringt eine wichtige Glücksbotschaft, hier bei Frankenfeld mit Assistentin und Glückspilz-Kandidatin.

BERND MÜLLENDER

DER FERNSEHDINO

KULI, »EIN HERZENSJUNGE FÜR DIE WEIBLICHKEIT«

Muß man zu ihm noch viel sagen? Zum erfolgreichsten Showmaster und unangefochtenen Liebling der deutschen TV-Geschichte, zum „Dinosaurier der Fernsehunterhaltung", wie die Süddeutsche einmal schrieb?

„Wer gegen wen?" war, nach seinem Schaffen als Conferencier beim Hörfunk, Hans-Joachim Kulenkampffs erstes Fernseh-Quiz (1953). Später folgte Einer wird gewinnen (das legendäre EWG), 82mal mit Unterbrechungen seit 1964 (bis 1987). Wer würde sich nicht erinnern: an die scheinbar spontanen Abschlußdispute mit Butler Martin, an die schier endlosen Überziehungskredite bei den Sendern. Und an den Oberchauvi Hans-Joachim Kulenkampff, der seine Kandidatinnen gern süffisant verspottelte, auf ihre Kosten kleine Anzüglichkeiten machte und ihnen auch schonmal demonstrativ in den Ausschnitt schielte. Damals hieß das noch Scharme (wie man in den 50ern tatsächlich schrieb) oder Ritterlichkeit, wenn er zu einer Mitspielerin, die zögerte, eine Brille aufzusetzen, sagte: „Sie sehen so hübsch aus, daß Sie mit Brille gar nicht weniger hübsch aussehen können."

Kuli war und ist eine pralle Mischung aus Arroganz und Charme. Auch seine überzeugtesten Kritiker waren mitunter fasziniert (und grinsten – vielleicht, weil er das sagte, was sie sich gern getraut hätten). Er ist immer ein großartiger Plauderer gewesen und rechthaberisch im Übermaß, verpackt in Ironie und dauernder Koketterie – mal mit seinem Alter, seiner (scheinbaren) Unbildung, seiner Eitelkeit. Wenn ein englischer EWG-Kandidat nicht weiterwußte, tröstete ihn Kuli: „Aber Englisch sprechen Sie wirklich klasse!" Gespieltes Mitgefühl bei einer anderen: „Sie haben gar nicht verloren, Sie haben nur Pech gehabt." Ein Kritiker aus den frühen siebziger Jahren attestiert ihm, er sei „von imposanter Figur, leutselig und mit einem fast jungenhaften Charme. Er erweckte fast nie den Eindruck eines arrivierten, eingebildeten Stars, sondern eher eines erfolgreichen Sohnes aus der Nachbarschaft, mit dem man früher Fangen gespielt hat und

Hans Joachim „Kuli" Kulenkampff, Gesinnungs-Charmeur. Hier mit Assistentin Uschi Siebert.

dem man, träfe man ihn heute wieder, getrost auf die Schulterklopfen könnte: ‚Hallo, wie geht's?'"

In den Anfangsjahren seines Mattscheibenschaffens wurde Kulenkampff gern mit dem zweiten Topstar Peter Frankenfeld verglichen. Ein Beobachter nannte ihn 1965, kurz nach den ersten EWG-Sendungen, „stets dürftiger und unoriginneller" als Frankenfeld. „Daß Frankenfeld in Ungnade fiel, liegt vor allem am Geschmack der Frauen, den Zuschauerinnen. Kulenkampff, stets voll Charme, wippender Unsicherheit, reizender Verlegenheit, zurückhaltendem Stottern, ist so recht ein Herzensjunge für die Weiblichkeit. Auch Männer erliegen seinem Charme, sein Publikum aber sind vor allem die Frauen. Frankenfeld dagegen ist nicht ‚lieb'. Seine Scherze sind gelassen, den Frauen war er eher unheimlich. Dazu kam, daß Frankenfeld in seinen Sendungen mit ausgefallenen Scherzen und Spielen experimentierte. Er versuchte, nicht immerzu das gleiche zu machen. In Kulenkampffs Sendereihen herrscht unter wechselnden Titeln stets das gleiche, erprobte, ausgezeichnete Programmschema."

Kuli, so ließe sich heute ergänzen, setzte, obwohl bekennender Sozialdemokrat, im Fernsehen Konrad Adenauers Diktum um: „Keine Experimente!" Und hatte gegenüber der Konkurrenz alle Vorteile der skandalfreien Gutbürgerlichkeit: Er war weder geschieden wie Lou van Burg, noch war er bissig, großkariert und kinderlos wie Peter Frankenfeld und – auch nicht Ausländer wie Rudi Carrell. Gleichzeitig aber sorgte er für harmonisierende Völkerverständigung im 90-Minuten-Takt (plus Nachspielzeit). Dazu sagte Kulenkampff 1969: „Die Leute im Saal sind auch immer besonders nett zu Menschen aus solchen Ländern, die sonst seltener hier zu Gast sind. Es macht ihnen Spaß zu zeigen, wie tolerant sie

sind." Deutschland damals multikulti? Kuli weiter: „Wenn sie im Saal sitzen und klatschen, da kostet Toleranz ja nicht viel." Und zur Melodie von My Fair Lady sang damals der Fernsehchor: „Ja, ja, man kommt nur weiter – durch Gastarbeiter; so strebsam, so fleißig, so still..."

Seinen (wirklich endgültigen?) Abschied von der Fernsehshow nahm Kuli 72jährig im Sommer 1993, als das ZDF statt seiner lieber Carolin Rrrreiber den Großen Preis (bis zum endgültigen Aus) moderieren ließ. Nachher schimpfte er über die Sendung: „Ich habe mir erlaubt, eine gutbezahlte Sendung zurückzugeben. Immer diese stereotype Fragerei, stinklangweilig, seit 19 Jahren das gleiche. Nicht zu retten!"

Seitdem fröhnt Kulenkampff wieder seinem eigentlichen Metier: der Schauspielerei; der auf der Bühne.

... und im Nachkriegstanga mit Franz Muxeneder im 1959er Spielfilm „Kein Mann zum Heiraten".

DIETER HILDEBRANDT

LACHEN ÜBER LÜBKE?

ALS DER SENDER FREIES BERLIN ZEHN WURDE

Am 6.6.64, so hatte es die ARD beschlossen, sollte der Geburtstag des Sender Freies Berlin feierlich begangen werden. Einige festaktverdrossene Herren aus den oberen Etagen hatten nun den kühnen Einfall, zwei Kabarettensembles, die „Berliner Stachelschweine" und die „Münchner Lach- und Schießgesellschaft" mit der Gestaltung des Abends zu betrauen. Beide hatten ein paar Monate zuvor ein Gemeinschaftsprogramm mit gutem Erfolg und einer Einschaltquote von nahezu 60 Prozent gesendet, was die Skrupel einiger notorischer Bedenkenträger mühelos zerstreute.

Der Kalte Krieg war zu dieser Zeit gerade besonders kalt. Pointen, die Walter Ulbricht zum Ziel hatten, knallten besonders laut. Das Programm war volkstümlich.

Das Festhaus, es kann die Deutschlandhalle gewesen sein, war ausverkauft, in der ersten Reihe saß Willy Brandt mit Frau Rut, saßen die Senatoren, die Chefredakteure, saß Walter Steigner, der Intendant des SFB.

Wir oben auf der Bühne waren nicht übermäßig aufgeregt, denn das Programm war ja schon einmal über die Bretter gelaufen. Nur ich hatte Lampenfieber. Man hatte mir die Aufgabe übertragen, ganz offiziell dem SFB zum Geburtstag zu gratulieren. Schön, ein kleiner Einschub, eine hommage, eine lilaverpackte Aufmerksamkeit, die ich, als Telegrammbote verkleidet, präsentieren sollte. Aber immer hatte ich das Gefühl, daß es dabei nicht bleiben könne, daß ich meine Sekunden nutzen müsse, um etwas ganz andres, was in unserem Programm nicht berücksichtigt war, unterzubringen. Es handelte sich um unseren Bundespräsidenten Heinrich Lübke. Mir war zu Ohren gekommen, daß dieser Mann, diese für ihn tragische Fehlbesetzung, für fünf weitere Jahre gewählt werden sollte. Einige Jahre hatten wir uns an ihm gewetzt, waren aber dann übereingekommen, den Mann in Ruhe zu lassen, weil er nicht mehr in der Lage war, sich zu wehren. Es war nicht mehr lustig, ihn zu zitieren, er würde ohnehin gehen.

Daß dem nun nicht so war, daß Herbert Wehner die Sozialdemokraten vergattert hatte, ihn wiederzuwählen, weil Lübke die Bereitschaft erkennen ließ, einer großen Koalition das Wort zu reden, verlängerte an diesem Abend mein Kurzsolo. Um zehn Minuten.

Die nachfolgenden Sendungen verschoben sich. Es gab keine Probleme. Die den Bundespräsidenten betreffenden Passagen waren nicht sehr freundlich, veranlaßten aber keine ARD-Anstalt, sich auszuschalten.

Der einzige, der Ärger hatte, war Willy Brandt, denn er hatte zu spontan darüber gelacht. Wehner soll gemurrt haben.

Als der SFB-Intendant Steigner nach der Sendung auf mich zu kam, fragte ich: „Herr Steigner, wie sieht es denn aus? Am nächsten Sonnabend wird diese Sendung ausgestrahlt werden. Wird noch ein Wort von meinen Improvisationen dabei sein?"

Steigner sagte: „Ich versichere Ihnen: jedes Wort."

Es fehlte kein einziges.

Kabarett, Humor, Witz: Links oben das frühe Ensemble des Kommödchens, daneben Paukenmann Wolfgang Neuss. In der Mitte die Münchner Lach- und Schießgesellschaft, daneben die Stachelschweine. Links unten Vicco v. Bülow alias Loriot auf dem damals noch nicht legendären Sofa.

JOACHIM ROERING

EINE SCHÖNE BESCHERUNG

HALLO NACHBARN — EIN SATIRE-PIONIER ERINNERT SICH

Die erste Hallo-Nachbarn-Sendung gab es im Oktober 1963, die letzte im Juni 1966. Die „Televisionen eines Untertanen", so der Untertitel der Reihe, hatten viele Freunde, aber die meisten Reaktionen erreichten uns nach einer Folge, die bis heute kein normaler Zuschauer gesehen hat. Denn da die 17. Sendung nach Meinung der NDR-Intendanz „in toto unsendbar" war, wurde ihre Ausstrahlung kurzfristig untersagt. Die Texte – soweit ohne Bild verständlich – konnten unsere Fans etwas später in Spiegel und Stern nachlesen oder von einer Schallplatte hören, auf deren Hülle viele Zeitungsartikel über den „Fernsehskandal" Hallo Nachbarn dokumentiert waren. Da der NDR die Verwendung des Titels „Hallo Nachbarn" untersagt hatte, hieß die Platte: „Für Deutsche verboten."

Das Kabarett der 50er Jahre war im Fernsehprogramm durch live-übertragene Bühnenproduktionen zu einer erfolgreichen Institution geworden. Mit Hallo Nachbarn hatten wir versucht, für Satire eine andere, speziell bildschirmorientierte Form zu finden, äußerlich angelehnt an politische Magazinsendungen. Richard Münch saß wie ein Moderator an einem schlichten Schreibtisch vor der Kamera, René Franke sang letzte Nachrichten zur Big Band, und dazwischen gab es Szenen, Glossen, Blackouts, Zeichentricks und Parodien. Obwohl wir auf 35-mm-Film produzierten, waren wir fast tagesaktuell.

Unser Tenor war eher ironisch als böse. Humor war gefragt, – besonders bei denen, die wir angriffen. Wenn möglich, blieben wir mit den Texten dicht an den Quellen. So wurden Zeitgenossen nur durch das genüßliche Zitieren ihrer eigenen Worte (oder Schwülste) gezaust, was mitunter als besonders infam empfunden wurde, rechtlich aber unangreifbar war. Es gab öfter Strafanträge gegen die Sendereihe, meist von Bürgern mit erigiertem Nationalbewußtsein, aber der für uns zuständige Staatsanwalt („unser" Staatsanwalt) sah trotz gründlicher Prüfung nie eine Möglichkeit, gegen uns vorzugehen. Bei Bistums- und Vertriebenenblättern, bei Bild, Bams und Wams konnten wir natürlich keine Elogen ernten, aber auch die seriös-konservative Presse war in das Programm nicht sonderlich verliebt.

Ab der zweiten Sendung ließ die Intendanz des Hauses eine gewisse Fürsorge für unsere Arbeit spüren, die man leicht als Gängelungsversuch mißverstehen konnte. Das war schmeichelhaft und lästig zugleich, aber man konnte damit leben, wenn man im NDR einen so flapsig-wurschtigen Partner und Schutzpatron hatte wie Henri Regnier. Der konnte wunderbar fintieren und taktieren, entwaffnen und hinhalten, und es machte ihm Spaß, das für Hallo Nachbarn zu tun – trotz der vielen Nerven, die er dabei geopfert hat.

Natürlich hatte der NDR auch bei diesem Programm ein ganz normales Redaktionsrecht. Jede Folge wurde durch Intendanz und Programmdirektion vor der Ausstrahlung abgenommen. Oder auch nicht. Und wenn wir uns über Beiträge nicht einigen konnten, dann fiel die Sendung eben ein bißchen kürzer aus. Einmal fehlte sogar eine Viertelstunde, was bei einer versprochenen Sendelänge von 45 Minuten auch von den Zuschauern bemerkt wurde.

Dabei war ich keineswegs so puristisch, wie damals behauptet wurde. Als wir zum Beispiel 1964 eine Szene über das Bauen in Deutschland machten, bat der NDR um Rücksicht: Gerade jetzt verhandele man über einen größeren Posten Wohnungen für Betriebsangehörige des Senders. Und zwar just mit jenem Unternehmen, das in meinem Text namentlich angegriffen werde. Na Mahlzeit. – Da saßen wir nun in der alten Lokstedter Kantine und sahen um uns herum die vielen netten Leute, die sich eigene oder bessere Vier Wände wünschten, und wir sollten ihre Hoffnungen mit einer einzigen Pointe zunichte machen? Mein Gewissen schlug sich und mich auf die Seite der Bedürftigen, und ich habe die beanstandete Passage über die Neue Heimat großzügig gestrichen. Ob mein Streichopfer etwas bewirkt hat, habe ich jedoch nie erfahren. Aber ich habe mich wenigstens bemüht, durch die Unterlassung von Bösem auch Gutes zu tun.

Der Druck, der uns ernstlich zu schaffen machte, war von diffuserer Art: Immer wieder kam die Bitte um Mäßigung, meist aus Sorge um die Belastbarkeit der Zuschauer, die man schon damals für besonders dämlich hielt, und dann die Forderung nach der „Ausgewogenheit", die aus dem Staatsvertrag und den Programmgrundsätzen des Hauses hergeleitet wurde. Einerseits war man stolz auf eine umstrittene Sendereihe im Programm, andererseits hatte man Angst vor der eigenen Courage. Denn die Parteien hatten mit der Unterwanderung des öffentlich-rechtlichen Systems längst begonnen.

Satire – man kennt ja seinen Tucholsky – darf alles, auch im Fernsehen, wenn man alles,

was die Satire darf, proportional wichtet. Deshalb sollten alle Parteien in jeder Sendung möglichst gleich stark kritisiert werden. Aber dieser Wunsch des Intendanten überforderte unsere Absichten erheblich, wir konnten ihn einfach nicht ernst nehmen. Es blieb also bei einem ungezwungenen Wechsel von CDU-lastigen und SPD-lastigen Sendungen, je nach Nachrichtenlage, und da die Schwarzen an der Regierung waren und demzufolge mehr anrichteten, wurden sie insgesamt wohl etwas öfter bedacht.

Dennoch hatten die Parteien selbdritt schon nach kurzer Zeit den Eindruck, sie würden allesamt mit Unrat bekübelt, so daß der Intendant sich zur Umdefinition der Ausgewogenheit entschloß: Nun möge von Sendung zu Sendung jeweils eine der Parteien geschont werden, auf daß in den Aufsichtsgremien nicht die Vertreter aller Parteien gleichzeitig über ihn herfallen könnten. Und „zum Trost" der Wink mit dem präventiven Zaunpfahl: Gerade diese Sendereihe sei so wichtig, daß man sie entschärfen müsse, um sie zu erhalten. – So

Wenn Richard Münch auf dem Bildschirm erschien, gab's Satire pur.

schwierig war das mit den Programmgrundsätzen.

Also, daß die Arbeit an Hallo Nachbarn angesichts solcher Bedingungen nur ein zeitlich begrenztes Vergnügen werden würde, war uns ziemlich bald klar; ein Krug geht bekanntlich nur so lange zum Brunnen, bis er bricht. Es brach aber nicht der Krug, sondern der Brunnen. Vielleicht lag es an der Nachweihnachtsstimmung oder an dem Maß, das angeblich schon längst voll, jedenfalls verlor der NDR am 27.12.65 seine öffentlich-rechtlichen Nerven und verbot die Sendung XVII – „in toto unsendbar".

Dabei war ausgerechnet diese Folge relativ milde ausgefallen. Sie mußte noch vor Heiligabend fertig werden und konnte deshalb nicht in gewohnter Weise aktuell sein. Also hatten wir allgemeinere Themen beim Wickel: Menschenhandel beim Fußball, Erhards „Formierte Gesellschaft", DDR-Probleme. Und ausgerechnet diese Folge wurde verboten, ohne Diskussion und ohne Begründung. In toto, wie gesagt. Ein Gespräch über die Entscheidung, zu dem man vertraglich verpflichtet gewesen wäre, habe ich vergeblich angemahnt.

Nach einem wirklich gewaltigen Protest der Zuschauer wollten sich die NDR-Aufsichtsgremien (Fernsehrat und Programmbeirat) gern ein eigenes Bild von der Unsendbarkeit machen, aber das war gar nicht so leicht zu vermitteln, denn in der ganzen Sendung fand sich, bei Lichte besehen, nun doch keine richtig schlimme Stelle. Da half man sich, indem man die Sendung um ein Stückchen Film aus der Arbeitskopie bereicherte, das auf Geheiß der Intendanz in die ansonsten schnittfreie Sendekopie ohne mein Wissen hineingeklebt wurde. Dieses Dokument „journalistischer Redlichkeit" – also eine zum Zwecke der Täuschung von Aufsichtsgremien manipulierte Sendekopie – wurde im NDR-Archiv bis vor kurzer Zeit sogar noch aufbewahrt.

Der Druck von Zuschauern und liberaler Presse ermutigte die Intendanz, sich umzuentscheiden und die frisch verbotene Sendereihe doch weiter fortzusetzen. Ich wollte dabei nur mitmachen, wenn in Zukunft nachträgliche Umklebungen meiner Werke ausgeschlossen würden und bestand deshalb auf Live-Ausstrahlung des Programms. So wurden zwei neue Folgen 1966 in Anwesenheit von Publikum aus dem Besenbinderhof-Theater direkt übertragen. Aber die Vertrauensbasis zwischen dem Sender und den Hallo-Nachbarn-Machern war doch so gründlich zerstört, daß es danach nicht mehr weiterging. Hinzu kam, daß Richard Münch wegen seiner Theaterverpflichtungen für Live-Auftritte bei uns nicht zur Verfügung stand, und so kam das endgültige Ende.

Ich habe für diesen späten Nachruf in den Manuskripten und Bändern der 19 Folgen gestöbert und dabei den folgenden – längst schon wieder aktuellen – Text gefunden:

Richard Münch: „Der 33jährige CDU-Bundestagsabgeordnete „Didi" Rollmann kommentierte die Brandstiftungen in Berlin, von denen die Herren Günter Gras und Karl Silex betroffen waren, so:

„Auch das gehört zur Demokratie, daß man anbrennen kann, was man will."

Ich möchte die Pyromanen unter Euch auf eine sprachliche Feinheit hinweisen, die ich für außerordentlich bedeutungsvoll halte. Herr Rollmann hat gesagt, man könne anbrennen, was man will, nicht – oder noch nicht, wen man will. Das ist zwar nur ein kleiner, aber immerhin ein Unterschied."

So also hätte Richard Münch am 29.12.1965 gesprochen, wenn die nachweihnachtliche Bescherung nicht dazwischengekommen wäre.

Hallo Nachbarn!

Wegweiser

Gesendet am 18. II. 196!

RICHARD MÜNCH *(mit Straßenschild)*: Hallo Nachbarn, eir Wegweiser, der ungefähr *so* aussieht, beschäftigt nur schon seit mehr als einem Vierteljahr die Gemüter in de: schwäbischen Universitätsstadt Tübingen. Der Gemeinde rat hatte gegen die Stimmen der SPD beschlossen, diese: kunsthandwerkliche Mahnmal als Bekenntnis zur alter Heimat und zur deutschen Geschichte aufzustellen; geger diesen Beschluß protestierten die Tübinger Studenten, ge gen diese Studenten protestierten andere Tübinger Stu denten, und unabhängig davon, *ob* dieser Wegweiser nun aufgestellt werden wird oder nicht, bleibt die grundsätz liche Frage: Warum sollen wir uns als Deutsche eigentlich nicht zur deutschen Vergangenheit bekennen? Schließlich *war* Berlin einstmals die Hauptstadt eines Reiches, Danzig und Breslau *waren* deutsche Städte und in Eger lebten im merhin jahrhundertelang eine ganze Menge Deutscher.

Unsere Meinung: Wir sollten solche Wegweiser in *allen* deutschen Städten aufstellen und wir sollten sie nach dem Vorschlag Professor Eschenburgs sogar noch vervollstän digen:

Er enthüllt die Schilder: Treblinka, Auschwitz und Lidice Dann wird jeder ausländische Tourist sofort begreifen warum er die deutschen Städte Danzig und Breslau nicht besuchen kann.

Aus: Hallo Nachbarn, Televisionen schwarz auf weiß, Merlin Verlag, Hamburg 1966, S. 15/16.

Jutta Emcke

Karriereende im Babydoll

Sittenwächter, Skandale, Tabus —
und die erste nackte Frau

„Die ist beim Fernsehen." 1964 drückte diese Feststellung gleichermaßen Bewunderung und Irritation aus. Ein „anständiger Beruf" war es damals nicht.

Auch für mich war Fernsehmachen etwas Verwirrendes, ich besaß nicht einmal einen Fernseher. Ich ging als Ungelernte in dieses Metier. „Learning by doing" ersetzte die Ausbildung. Es gab nur wenige Frauen unter den Machern in den Anstalten, wie man die Fernsehsender nannte. Die Schönen durften vor die Kamera, die anderen versuchten, den weiblichen Zuschauern zu erklären, „Wie bekomme ich ein Kind", oder sie produzierten „Deutsch für Deutsche".

Mit Bildungs- und Kursusprogrammen wurde die neue Fernsehgemeinde überschüttet. Das Angebot wurde zunächst nicht nach marktwirtschaftlichen Gesetzen zusammengestellt. Über den Sender ging, was wir für gut, richtig und wichtig hielten. Wir wußten nicht, was die Leute wollten und gerieten daher nicht in Versuchung, ihre „trivialen Wünsche" zu erfüllen.

Das Private öffentlich zu machen, war unser Bestreben nicht. Allerdings wollte ich nicht nur die Welt erklären, ich wollte sie auch verändern. Und damit meine Gesprächspartner mich ernstnahmen, reiste ich im grauen Flanellkostüm zu den Dreharbeiten. Der Erfolg war gering: Während der Chefkameramann mich mit „Gnädige Frau" anredete, was ich auch nicht gern hatte, nahm der Herr Rechtsprofessor

mich trotz solch seriöser Gewandung nicht für voll.

Frauen wurden damals nur ernstgenommen, wenn sie vor, nicht hinter der Kamera saßen. Es gab zu jener Zeit beim NDR eine einzige Kamerafrau. Unmöglich! Schnell galt sie als maskulines Weib. Nur Männern wurde zugetraut, die schweren Kameras bewegen zu können.

Eine besonders junge, schöne Ansagerin saß im Rollstuhl vor der Kamera. Die Zuschauer bemerkten es natürlich nicht und „die von der Presse" wußten es zwar, hielten aber dicht, weil sie die Karriere der Petra Krause nicht gefährden wollten.

Fernsehen war als eine Art Lebenshilfe gedacht. Besonders emsig bewegte sich auf diesem Terrain der Pädagoge und Intendant des ZDF, Professor Karl Holzamer. Sein erklärtes Ziel war es, Programme für die „gesunde Entwicklung der jungen Generation" zu machen. Wer des Intendanten Weltbild trübte, wurde gefeuert. So der beliebte Quizmaster Lou van Burg, der seiner verheirateten Assistentin Marianne nicht nur beruflich zugetan war.

Aber die moralische Bannmeile umgab nicht nur die Anstalt, sie wurde auch um Haus, Hof und Partyzelte gezogen. Die ZDF-Ansagerin Edelgard Stössel war 1965 nicht mehr sendbar, weil sie auf einer Karnevals-Party in einem Babydoll-Hemd nicht nur erschienen, sondern auch fotografiert worden war. „So eine" konnte das ZDF seinen Zuschauern nicht länger zumuten. Es hieß: „Die Visitenkarte muß sauber bleiben."

Das sittliche Empfinden der Zuschauer durfte keineswegs verletzt werden. Ob sie sich verletzt fühlten, entschieden nicht sie selbst, sondern Intendanten und Programmdirektoren.

1961 waren sie sich sicher, daß Romy Schneider zu weit gegangen war. Die Schauspielerin erzählte von „brünstigen Männern", die ihr mit einem „achtzolligen Tröster" nahegekommen waren. Nicht auf der Leopoldstraße in München, nein, also sprach die Mimin in einer Fernseh-Inszenierung der Lysistrata, einer Komödie über den Ehestreik „antiker" Frauen. Der Höhepunkt ihres unmoralischen Tuns: für Sekunden läßt Romy eine Brust sichtbar werden.

Aber nicht nur das Frivole schockierte die Fernseh-Hierarchen. Fritz Kortner, der Regisseur, hatte in seiner Bearbeitung des Anti-Kriegsstücks nicht auf aktuelle Bezüge verzichtet. Sein Appell an die Vernunft und Moral gegen den Krieg, gegen die Aufrüstungsbefürworter war besonders für den ARD-Koordinator Dr. Clemens Münster Grund genug, die Ausstrahlung verhindern zu wollen: „Sowohl die Pazifisten wie ihre Gegner werden desavouiert. Die Verfechter einer Atomrüstung werden auf eine

Aufregungen unterschiedlicher Art um unterschiedliche Ehestreiks: Oben Romy Schneider als Myrrhine in Lysistrata (mit Peter Arens als Kinesias). Unten die Version des Bayerischen Fernsehens: Spielfilm „Der Ehestreik" mit Beppo Brem.

Weise karikiert, die einfach unfair ist." Auch Dr. Bausch vom Südwestfunk verkündete Empörung: „Ich halte die Aufzeichnung für ästhetisch unter der Grenze, sittlich anstößig und politisch einseitig." Letztlich verzichtete nur das Bayerische Fernsehen auf eine Ausstrahlung. Seit diesem Tag galt der Main als „Gürtellinie des sittlichen Empfindens".

Das Rundfunkgesetz verpflichtete die Macher, zum Frieden und zu sozialer Gerechtigkeit zu mahnen, und verlangte von uns, der Völkerverständigung zu dienen. Der letzteren nicht dienlich war es „unsere amerikanischen Freunde, die für uns in Vietnam die Freiheit Berlins verteidigen", zu fragen, ob das, was sie taten, nicht ein Verbrechen gegen die Menschlichkeit war. Als die Mütter und Väter von in Vietnam gefallenen Söhnen zum Trost eine Berliner Freiheitsglocke aus Porzellan erhielten, durfte über diesen „Akt der Verbundenheit mit unseren Verbündeten" in Form einer Satire nur zu mitternächtlicher Stunde berichtet werden.

Die erste Nackte – wenigstens ist die Blöße nicht deutsch.

Natürlich sorgten die „Gottesmänner" – das Wort war damals tabu – immer wieder für Absetzungen von Beiträgen oder zumindest dafür, daß bestimmte Passagen geschnitten werden mußten. So mußte Rosa von Praunheim in seinem Melodram „Axel von Auersperg" Schnitte vornehmen, weil er die rundliche Evelyn Künneke in ein Bischofskostüm gezwängt und damit „den religiösen Glauben verächtlich gemacht" hatte. Manchmal meldeten sich die Zuschauer auch selbst zu Wort und forderten: „Weg mit der neugierigen Kamera." Gemeint war Chris Howland mit seiner später abgesetzten Sendung: „Vorsicht Kamera." Howland ging mit seiner Kamera keineswegs an die Betten Liebender, er dokumentierte nur, wie ein Tankwart reagiert, wenn ein Auto vorfährt, das weder Tank noch Motor hat. Scherze mit der Sprachlosigkeit von Menschen zu machen, galt als Voyeurismus.

Und dann, 1967 der „Durchbruch". Zum ersten Mal im Deutschen Fernsehen: eine nackte Frau. Dieses Mal durften auch die Bayern zuschauen. Es handelte sich allerdings nicht um eine „deutsche Frau"; eine Holländerin saß in der Report-Sendung in einem Korbstuhl und las eine alles bedeckende Zeitung. Plötzlich fällt das Blatt und gibt „den ganzen Körper" frei. Das politische Magazin hatte den Beitrag vom holländischen Fernsehen übernommen. Eine Geschichte, die für deutsche Zuschauer eher uninteressant war. Die junge Dame hatte sich gegen eine Zeitung wehren wollen, die sie als Pornostar bezeichnet hatte. Ich gehe davon aus, daß Dagobert Lindlau den Beitrag nicht wegen seiner politischen Brisanz gesendet hat, obwohl er später behauptete: „Von Erotik keine Rede." Was wohl stimmen mußte, denn selbst bei der Hör Zu gingen keine empörten Leserbriefe ein.

Aber nicht nur nackte Frauen eroberten den Bildschirm. Schon ein Jahr nach diesem Spek-

Tabuverletzungen bei Wünsch Dir Was. Hier Schönherr mit Genschman und Pennbruder. Unten: Schülerin traut sich was.

takel durfte zum ersten Mal eine Frau die Wetterkarte erläutern. Dr. Karla Wege.

Als in Berlin der Teufel los war, die Studenten in Hamburg gegen den „Muff von 1000 Jahren unter den Talaren" protestierten, wurde in unseren Redaktionskonferenzen darüber diskutiert, ob Politik unterhaltsam sein darf und Unterhaltung politisch. Während wir uns nicht einigen konnten, beantwortete Dietmar Schönherr nebst Frau und Assistentin Vivi Bach die Frage mit seiner Show Wünsch Dir was. Mit dem Ziel, „die politische und gesellschaftliche Bedeutung von Unterhaltungssendungen bewußt zu machen", ließen sie die Kandidaten, vierköpfige Normal-Familien aus der Schweiz, Österreich und der Bundesrepublik, etwa mit verbundenen Augen und einer Python-Schlange vor der Nase Geldstücke aus einem Glaskasten herausholen oder mit Mitgliedern einer Münchner Kommune über deren Auffassung von Gruppensex diskutieren.

Den größten Wirbel löste allerdings die durchsichtige Bluse einer siebzehnjährigen Kandidatin aus. Frauenverbände und Kirchenvertreter protestierten: „Anstößig, geschmacklos, jugendgefährdend."

Die Fernseh-Nation spaltete sich. Aufhören riefen die einen, durchhalten, die anderen. Immerhin gab es mit dieser Show noch andere Probleme: Vivi Bach sprach als Dänin ein nicht akzentfreies Deutsch. Viele Zuschauer beschwerten sich: „Vivi soll doch endlich unsere Sprache lernen."

Und was tat ich zu jener Zeit? Ich reiste nicht mehr im Kostüm zu den Dreharbeiten, sondern in Hosen. Die Welt verändern wollte ich immer noch. Es war mir nicht vergönnt, aber es hat Spaß gemacht.

Werner Skrentny

Lebendige Visitenkarten

Als Ansagerinnen noch was zu sagen hatten

Fernseh-Ansagerinnen! – da tauchen sie in der Erinnerung allesamt wieder auf, so wie gute alte Freundinnen: Irene, die etwas streng-hanseatische, aber allemal liebenswerte jungenhafte Frau; Hilde, stets verschmitzt lächelnd, ob ihrer Grübchen damals „Telemieze" genannt; die schwarzhaarige Claudia, die man als bundesdeutsche Version von Gina Lollobrigida handelte; Dagmar, bildhübsch und freundlich, mit sanften Worten, weshalb sie „das Reh des Fernsehens" genannt wurde. Und dann war da noch Petra, sehr jung, sehr frisch, die das spätere Schönheitsideal der 60er Jahre auf der Mattscheibe vorwegnahm.

Als „Visitenkarten des Fernsehens" wurden sie eingeordnet, die TV-Ansagerinnen der frühen Jahre, für deren Nachfolgerinnen heute kaum noch Raum ist angesichts des von den Privat-Kanälen entfesselten gnadenlosen Quoten-Kampfes. Jetzt geht ein Film in den nächsten über, werden Nachspänne abgehackt und wenn sie denn wenigstens noch einige Sekunden laufen, überlagert sie bereits die Vorschau aufs nächste Ballermann-Spektakel, eine Werbung für Katzenfraß oder die aufdringliche Ansage aus dem Off für Herrn Meyer von SAT, der aus Diskussionsrunden verbale Kriegsschauplätze macht.

Fernsehen damals war weiß Gott anders, ein Ereignis für sich und die Ansage war die Ouvertüre dazu. Man denke an einen Sonntag Anfang der 60er Jahre: Da war bis 12 Uhr mittags nichts, wirklich: n i c h t s, ehe der Internationale Frühschoppen begann, danach die

stets interessante, sehr ausführliche Vorschau auf das Programm der kommenden Woche mit kleinen Filmausschnitten, für die heranwachsende Jugend insofern interessant, weil man ja meist spätestens nach der Tagesschau zu Bett mußte und das Abendprogramm einem in der Regel verschlossen blieb. Und dann kam wieder n i c h t s, nur das Testbild, bis um 14.30 Uhr die Serie *Corky und der Zirkus* begann, ein US-Import, im Original *Circus Boy* genannt (dessen blonder Hauptdarsteller später noch einmal in der Pop-Band The Monkees auftauchte). Und dann war wieder n i c h t s, um 17 Uhr erst belebte sich der Schirm erneut, wurde aber bereits nach 60 Minuten wieder schwarz, ehe um 19.30 Uhr das Abendprogramm mit der *Wochenschau* eröffnet wurde.

Schon diese Gewichtung also machte das Fernsehen zu etwas Außergewöhnlichem. Man wußte, kamen am Nachmittag die Türme der Münchner Frauenkirche ins Bild, traten Ruth Kappelsberger oder Maria-Adelheid von Aretin, besser bekannt unter dem Vornamen „Annette", auf, dann war *Sport – Spiel – Spannung* angesagt, mit dem freundlichen Heinrich Fischer, einem älteren Herrn, Sammy Drechsel als rasendem Sportreporter und Klaus Havenstein in der Abteilung Spaß. Die altertümlichen Straßenlaternen der Hamburger Lombardsbrücke tauchten auf, und dann folgte natürlich Irene Koss, mit der ich bis heute Corky und Fury und Lassie, das Ohnsorg Theater und Peter Frankenfeld verbinde. Letzteres war schon Samstagabend-Unterhaltung,

Intendanten-Predigt für die ersten Ansagerinnen des ZDF 1963: V.l.n.r.: Holzamer, Mady Riehl, Anja Hauptmann, Victoria Voncampe, Edelgard Stössel, Ilse Zielsdorf, Renate Oelschläger.

da durfte man dann auch mal länger aufbleiben, weil man bei der Oma schlief, es gab Hagebuttentee und dazu die seltsame Kombination von Butter auf Brot und darüber Fleischsalat mit gekochten Eiern („Russische Eier" waren die einzige sowjetische Errungenschaft, wenn es denn eine ist, die damals im Adenauer-Deutschland akzeptiert wurde).

Baden-Baden, der Südwestfunk, meldete sich mit einem dampfenden Brunnen und Ursula von Manescul, die als Tochter eines rumänischen Großgrundbesitzers, geflüchtet vor der Roten Armee, so recht ins Kurstadt-Ambiente des Mini-Senders paßte. Lächelte Hilde Nocker vom Hessischen Rundfunk, so durfte

man den *Blauen Bock* mit Otto Höpfner erwarten, Kulenkampff samt Assistentin Uschi (Siebert) und den gewichtigen Willy Berking, der mit sparsamen Bewegungen das Tanzorchester des Hessischen Rundfunks anleitete.

Die Ansage schlechthin konnte nur noch übertroffen werden, wenn anschließend das Tedeum von Charpentier ertönte, die Melodie der Eurovision, dann gab es z.B. das englische Cup Final im Fußball oder die Ruderregatta Oxford gegen Cambridge.

Die Damen jener frühen Fernsehjahre waren, und dies auch ohne Teleprompter, in der Lage, fehlerfrei und gut vorzutragen. Diktion und Mienenspiel waren dem jeweiligen Ereig-

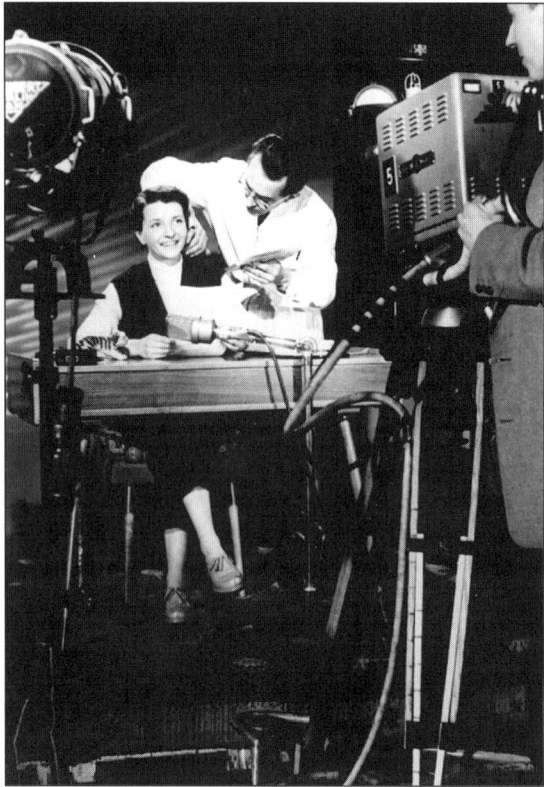

Irene Koss, die allererste Visitenkarte.

ner Opern-Übertragung den jeweils nächsten Akt ausführlich erläutern.

Hilde Nocker sagte 1960 über ihre Arbeit: „Mit dem Auswendiglernen fängt es an, denn man soll ja, möglichst ohne auf den Zettel sehen zu müssen, frei und sicher sprechen. Man muß auch den Inhalt der Sendung kennen, die man ansagt, ihren Gehalt, um sich in der Ansage schon darauf einzustellen. Deshalb lese ich mir meistens auch die Manuskripte der Sendungen, die ich ansage, vorher durch oder besuche die Proben. Denn wie soll ich die Zuschauer am Bildschirm ‚einstimmen‘, wenn ich mich vorher nicht selbst ‚eingestimmt‘ habe. Das ist überhaupt für eine Fernsehansagerin das Wichtigste: Zu versuchen, sich an Stelle des ‚toten‘ Objektivs der Fernsehkamera den Menschen vor dem Bildschirm vorzustellen, nicht irgendeinen, sondern jeden, der da allein, im Kreise der Familie oder gemeinsam mit Freunden und Bekannten dem Programm folgen will."

Fast alle waren sie vom Fach, die lebendigen Visitenkarten, vom Schauspiel nämlich. Hilde Nocker, die „Telemieze", waschechte Hessin aus einem Dorf bei Gießen genauso wie Claudia Doren in Oberhausen. Auch Ruth Kappelsberger sah man in bajuwarischen Komödienstadln in kleinen Rollen und Ursula von Manescul trat in Berlin und Baden-Baden auf. Irene Koss gab die Naiv-Sentimentale zu Hamburg in den Kammerspielen Ida Ehres und im Theater am Besenbinderhof, ehe sie fürs Fernsehen verpflichtet wurde. Dagmar Berghoff, nun „Miss Tagesschau" und Kind einer anderen Ansagerinnen-Generation, 1967 vom Südwestfunk verpflichtet, war nebenbei mit Tourneebühnen und der Landesbühne Rhein-Neckar unterwegs.

Sie allesamt waren Stars ihrer Zeit und hätte es damals schon die Sender-Inflation von heute gegeben, jede von ihnen hätte wohl irgend-

nis angemessen: Betroffen und ernst, ging es wieder einmal um ein weiteres „Notopfer" für die unersättliche ehemalige Reichshauptstadt („Berlin bleibt frei", „Berlin braucht uns", „...braucht unser Geld", „...braucht noch mehr Geld" etc. etc.). Sie waren vertraulich-lieb angesichts der folgenden Kinderstunde, und wenn die TV-Damen die große Samstagabend-Unterhaltung ankündigten, so stellte sich das Gefühl ein, daß selbst sie voller Erwartung und Freude waren. Und weil das „Fenster zur Welt" auch als Bildungsanstalt gedacht war, durfte Irene Koss in den Pausen eiwo irgendeine Show für sich allein bekommen. Immerhin, es gab schon derlei Anfänge damals, mit Hilde Nocker als Vorleserin des Sandmännchen, mit Annette von Aretin, die im Wunschkonzert „ernste und heitere Musikfilme" präsentierte. Angelika Feldmann vom damaligen NWDR wurde in „Selbst ist die Frau" allerdings nicht alleine gelassen, sondern arbeitete mit Wilfried Köhnemann „weiter an unserer Wohnungseinrichtung". Irene Koss hatte einen tragenden Part in der Kinderstunde.

Fräulein Koss, Jahrgang 1928, war die wohl populärste TV-Frau. Sie hatte seit 1950 schon die Testsendungen vom Bunker auf dem Hamburger Heiligengeistfeld mitgemacht – „selbst das Wort ‚Bildstörung' strahlte zu der Zeit Faszination aus!" – und wurde mit zunehmender Verbreitung des neuen Mediums ein Liebling der Fernseh-Gemeinde. Die Star-Revue verlieh ihr die „Goldene Rose", TV Hören und Sehen den „Goldenen Bildschirm", und von Bravo bekam sie den „Großen Otto". Die Norddeutsche hatte sogar einen Fan-Club im sauerländischen Letmathe (und Hilde Nocker einen im württembergischen Kornwestheim). „Knabenhaft zart, mit dunklem Pagenkopf", schlug sie schon in einer frühen Umfrage 1953 die gesamten Konkurrentinnen (und Konkurrenten, unter denen Sportmann Hugo Murero und Jürgen Roland waren). Als sie 1959 mit neuer Frisur überraschte – „es war doch nur ein Ideechen kürzer geschnitten" –, liefen beim NDR die Telefone heiß und die Hamburger Morgenpost rief ihre Leserschaft zur Abstimmung über Irenes Haarschnitt auf – erster Preis ein Nachmittag mit Irene Koss im Studio Lokstedt. Der Spiegel urteilte derweil über das „Fernseh-Seelchen" mit der sympathischen Ausstrahlung: „Sie ist eine Frau, die selbst gut bewachten Familienvätern kein unbilligeres Verlangen einflößt als das, mit ihr Pferde zu

stehlen." „Leichtbekömmlichen Sex" traute das Magazin da eher Mady Manstein, ehemals Mady Eichenauer, vom Kölner WDR zu.

Irene Koss sagte dem NDR und dem Fernsehen 1962 adieu: Bei der Fernsehlotterie *Ein Platz an der Sonne* hatten sie und der Sportreporter und Mitgründer der *Münchner Lach- und Schießgesellschaft* Sammy Drechsel sich kennengelernt und sodann geheiratet. „Diese Ansagerei ist doch keine Lebensaufgabe und ein Job ohne Weiterentwicklung", gestand sie

Telemiezen-Starparade der 50er Jahre: V.l.n.r.: Ursula v. Manescul, Irene Koss, Dagmar Bergmeister, Annette v. Aretin, Ruth Breitag, Hilde Nocker.

später. Ihre Nachfolgerin beim NDR hieß Petra Krause, eine 22jährige, stets gewinnend lächelnde Frau mit einem Geheimnis: Sie saß im Rollstuhl, was die Presse ausdauernd verschwieg. Mit 21 war sie in selbstmörderischer Absicht aus ihrem Münchner Appartment im 4. Stock gesprungen und schwer verletzt worden. Sammy Drechsel hatte sie als „Thronfolgerin" seiner Frau dem NDR empfohlen. 1965 von Bravo noch zur beliebtesten Ansagerin gekürt, kehrte auch sie dem NDR bald den Rücken: „Die Sache bereitete mir keinen Spaß mehr, und eine befriedigende Arbeit ist das für mich nie gewesen. Ich habe die ganze Ansagerei nur in der Hoffnung gemacht, daß sie andere Dinge nach sich ziehen könnte."

Nach und nach verschwanden all die Damen vom Schirm, mit denen wir groß geworden waren. Hilde Nocker verließ das Hessenland 1964, als ihr Ehemann als Dramaturg gen München wechselte. Annette von Aretin traf man später im TV-Altersheim „Was bin ich?" wieder. Ruth Kappelsberger, verheiratet mit dem „lachenden Vagabund" Fred Bertelmann, dem Schlagersänger, war bis 1969 Ansagerin und moderierte dann bayerische Regional-Sendungen wie Zwischen Spessart und Karwendel. Ursula von Manescul aus Baden-Baden blieb bis 1973 Chefansagerin des Südwestfunk, wurde anschließend im Besetzungsbüro und als Hörfunk-Moderatorin beschäftigt. 1991 ist sie im Alter von 59 Jahren an Krebs gestorben.

Wenig harmonisch gestaltete sich der TV-Abschied von Dagmar Bergmeister, dem Erkennungszeichen des Stuttgarter Südfunks, der im Werbefernsehen Unvergeßliches wie Inspektor Garrett oder Abenteuer unter Wasser (das *Mike Nelson* alias Lloyd Bridges zum Millionär machte) ausstrahlte. Ansagerin Bergmeister, geborene Lindemann, verheiratete Kloth und ehemals Mannequin, wurde 1966 von SDR-Fernsehdirektor Horst Jaedicke mit der Begründung, sie sei mit 36 Jahren zu alt, kurzerhand ausgebootet. Jaedicke (42) vertrat die Ansicht, Frau Bergmeister sei Ehefrau „eines ordentlich verdienenden Chemiekaufmanns" und solle sich mehr um ihre beiden Kinder kümmern. Bergmeister-Gatte Kloth fand derlei „sehr taktlos", seine nach wie vor in der Zuschauergunst hoch angesiedelte Ehefrau ging vors Arbeitsgericht, doch ihre Stelle wechselte an eine ehemalige Vorzimmer-Dame von SDR-Intendant Bausch.

Mady Manstein verabschiedete sich 1964 vom Bildschirm, während ihre WDR-Kollegin Claudia Doren, die einst beim damals noch privaten Sender Saarbrücken begonnen hatte, mit 31 Dienstjahren als Ansagerin unübertroffen blieb und wohl auch bleibt. Frau Doren verstarb 55 Jahre alt 1987 an einer Krebserkrankung.

Auch außerhalb der Ansage kamen Frauen in führende TV-Rollen, denken wir nur an Inge Meysel und Heidi Kabel und Caterina Valente, in deren Sendungen mit schöner Regelmäßigkeit immer wieder Bruder Silvio Francesco, Klaus Wunderlich samt seiner Hammond-Orgel, Helmut Zacharias, Vico Torriani und die Sunnies und das Cornel-Trio auftauchten. Daß Frauen ansonsten aber meist Assistentinnen-Rollen ausfüllten, allenfalls Preise überreichen durften und brav lächeln, aber ansonsten möglichst den Mund zu halten hatten, war eher die Bildschirm-Regel. Die erste Nachrichten-Sprecherin kam erst 1971, im 21. Fernseh-Nachkriegsjahr, zum Zuge, das war Wibke Bruhns beim ZDF.

Und, Ansagerinnen, tatsächlich, ab und an sieht man sie noch, unverhofft, bei den Öffentlich-Rechtlichen. Noch switchen wir nicht weiter, vielleicht stellt sich das gute Gefühl von damals noch einmal ein, daß Fernsehen etwas Besonderes ist. Denn eine alte Sitte aus den frühen Fernsehjahren habe ich mir sowieso bewahrt: Jenes Brot mit Fleischsalat und gekochten Eiern – allerdings nicht mehr am Samstagabend, das ist ja nun nicht mehr der große Fernsehabend wie ehemals, sondern Sonntagfrüh …

Lächeln für Millionen: Claudia Doren in Hier und Heute (1957).

UWE KELLERHOFF

ALS KLEINER PRINZ BEI TANTE LENE

PROTESTE IM GLANZ DES TESTBILDES

Tante Grete hatte die dickeren Eier zum Frühstück, hatte den Schrebergarten hinterm Haus, hatte Onkel Hermann mit seiner Pfeife, den Kaninchenställen und die Kohlrabis, die ich selber ausbuddeln durfte.

Da war Christa, schwarzhaarig, weißes Kleid und schon mit Busen, mindestens sieben Jahre älter als ich und die begehrenswerteste Frau der Welt. Es ging also um Sinnliches, um Sonnenschein, Büsche, in denen man im Holzfällerhemd dem Feind auflauerte, und natürlich um Fußball überall und mit allem, was sich treten ließ.

Auch die Eltern wollten sich amüsieren, hatten immer noch einen großen Nachholbedarf und langsam auch das nötige Kleingeld. So waren die Kleinen dann am Wochenende meistens bei den Großtanten, Tante Grete oder Tante Lene. Tante Lene hatte selber keine Kinder, im ganzen Haus gab's keine. Der Hinterhof war klein und düster, ich wurde verwöhnt wie ein kleiner Prinz und langweilte mich entsprechend. Das galt allerdings nur für den ersten Teil des Tages, denn Punkt fünf am Nachmittag wurden die Vorhänge zugezogen, der kleine Prinz nahm in dem riesengroßen Sessel Platz und das Leben nahm seinen Lauf.

Etwas Dunkles, Geheimnisvolles, wo man sich zusammenhockte. Etwas Erhabenes, wo das Kind nicht geneckt, ermahnt, gescholten, geküßt, hinausgeschickt, hereingeholt, oder alleingelassen wurde. Etwas, wo auch kleine Jungs zuhören durften. Ein Gottesdienst der Schweigsamkeit. Die Stunden der Einkehr. Im Sessel sitzen und die Welt bewegt sich. Ein Blick auf das bessere, schönere, wildere, edlere Leben, im Kreise der Verwandtschaft.

Alles wurde geguckt. Alles bis der Bub im fahlen Licht des Testbildes und unter dem im Familienkreis berühmt gewordenen Protest: „Aber wenn das doch so schön ist ... !", geweckt und ins Bett geschickt wurde.

Besonders beeindruckten mich Lassie, Fury, Bonanza, also einfach alles mit Holzfällerhemden und Pistolen. Abends die vielen Operetten und frühen Musicals („Es grünt so grün, wenn Spaniens Blüten blühen ... "), der nackte Busen und Charles Aznavour in „Schießen Sie nicht auf den Pianisten", die tiefe Sorge um die vom Schah verstoßene Soraya, und die Straßenfegerkrimis, die mich für alle Zeiten zum Klaus Kinski Fan und zum Liebhaber der Bösen machten. Little Joe dagegen konnte einpacken.

Zu Hause flimmerte nur einmal im Jahr der Weihnachtsbaum. Später, als wir uns ein altes, von Vaters Kollegen repariertes Gerät zulegten (meine Eltern amüsierten sich lieber), brauchte ich nicht mehr zu betteln, um bei den Nachbarn schauen zu dürfen. Und damit hatte die Lust auf Bolzen, Büsche und Holzfällerhemden, auf Bäume klettern, Nachbarn nerven, Mädchen ärgern und heimlich begehren, hatte die Lust auf all das gesiegt.

Doch etwas fehlte. Die anderen hatten den ganzen Himmel, das vollständige Wissen – ich dagegen nur das ERSTE! Oh, Bezaubernde Jeannie.

ACHIM NÖLLENHEIDT

IMMER AUF SCHMALEM GRAT

LUIS TRENKER:
AUSGEWÄHLTE FILMOGRAPHIE EINES TELE-ERZÄHLERS

Prächtig, erhaben, schweigsam und geheimnisvoll ist er, der Südtiroler Langkofel, in dessen Talniederungen der kleine Luis Trenker aufwuchs. Eine Nachbarschaft, die für den Sohn eines Oberinntaler Schnitzers und Bildhauers zum Urbild felsenfester Lebensliebe wurde und gleichsam von langer genetischer Hand geformt schien. Denn: Der Berg rief schon einen seiner Vorfahren, um sich auf den Höhen des Isels zusammen mit Andreas Hofer gegen keinen Geringeren als Napoleon hervorzutun.

Des ständigen Aufsehens überdrüssig, gelang Trenker die erste Grat-Berührung, als er, wegen Ungehorsams vom Lehrer vor die Tür und von den Eltern zum Bauern ins Nachbartal geschickt, das almheilige Amt des Schafhirten im Stich ließ und am Fuße des Sass Songher-Massivs düster-lockenden Steigrufen verfiel. „Den Fels einmal anrühren, zu sehen und zu fühlen, wie das eigentlich ist ... Bald stand ich auf einer Gratrippe. Verwundert und ängstlich zugleich, griff ich in die Felsen, suchte instinktiv Griff und Tritt, stieg höher und höher, bis ich ... sah, daß die Welt ein anderes Gesicht bekommen hatte." Nachhallende Worte eines Aufsteigers, dessen später gefilmte Gipfelstürme so manches Weltereignis mit nach oben nahmen.

Bereits als Schüler legte Trenker die als sehr schwierig bekannte Bergführerprüfung ab, erlebte den 1. Weltkrieg als Offizier einer Bergführerkompanie und protestierte Anfang der

Bild und Titel mit Ewigkeitswert: Luis Trenker in „Der Berg ruft".

zwanziger Jahre talabwärts gegen Mussolinis Unterdrückung der deutschsprachigen Südtiroler Bevölkerung. Sein Engagement gipfelte darin, daß er Faschisten verprügelte und von des Duces Schergen als angehender Architekt ein Zulassungsverbot erhielt. Wieder waren es lichte Höhen, die frohen Mut brachten: „Im eigenen Land als Fremdlinge behandelt und gerade noch geduldet – da waren wieder die Berge in ihrer ehernen Ruhe unser aller Trost."

Die eigentliche Entdeckung aber machte Trenker im Halbdunkeln, an einem regnerischen Märztag des Jahres 1923. Auf einem Kinostuhl wuchs schicksalsträchtig zusammen, was zusammen gehörte. Es war der damals laufende Streifen „Im Kampf mit dem Berge", der den ewig sonnengebräunten Südtiroler inspirierte, es gleichfalls in der Alm- und Gipfelfilm-Branche zu versuchen. Was Wunder, daß es auch hier steil aufwärts ging und der erprobte Kraxler schon bald die Hauptrollen in „Berg des Schicksals" und „Der heilige Berg" spielte.

Ab 1927 lief es in Eigenregie weiter mit allen erdenklichen Steilwandvariationen: „Berge in Flammen", „Der Kampf ums Matterhorn"

Immer auf Erfolgsspur: Trenker in „Liebesbriefe aus dem Engadin" (Achtung RTL: Leider Titelschutz!).

bis hin zum unsterblichen Idealtitel „Der Berg ruft". Und mit „Der verlorene Sohn" schaffte Trenker 1934 sogar den weiten Satz von den heimatlichen Berghöhen in den menschenverschlingenden Abgrund von New York. Darin verläßt ein junger Bergbauernbursch namens Tonio Feuersinger nach dem tödlichen Absturz eines Freundes verbittert die heimischen Grate, um in New York zu erfahren, wie hart und grausam das Leben inmitten von Millionen hungernder und frierender Arbeitsloser sein kann. Trenker, mit zerschlissenen Klamotten und bedenklichem Bartansatz, spielte die Rolle so täuschend echt, daß er von einem wirklichen Polizisten an der Ecke verhaftet wurde. Zum Schluß – und hier deutet sich schon der Titel der in den sechziger Jahren im Fernsehen gelaufenen Erzählreihe an – ist dann doch wieder alles gut gegangen: Tonio Trenker kehrt zurück zu den heimatlichen Bergen und Tälern von Barbls Busen, der treuen Liebe seines Südtiroler Herzens.

Trenker ging es in diesem Film nicht um die Vorwegnahme späterer Emigrantenschicksale. Das mit versteckter Kamera festgehaltene Weltstadt-Tippelbrüder-Milieu stellte vielmehr die Elendsfolie „zu einer glückhaften, mit Fahnen und Gesängen über die sanften Wiesen hinziehenden Prozession" in der Heimat dar. Dennoch kam Trenker auch mit ganz anderen Aufzügen zurecht. Aufgrund seiner urwüchsigen Naturthematik zunächst sehr wohlwollend behandelt, verlor der inzwischen populäre Steigeisen-Vertreter das Vertrauen der Nationalsozialisten erst, als er sich 1941 weigerte, in Sachen Südtirol für die Braunhemden zu optieren. In der problematischen Tradition des sogenannten inneren Emigratentums stehend, arrangierte er sich mit Mussolini, versprach diesem große italienische Filmepen, um dann in „Bayer 205" (später umgetauft in „Germanin") unter der Regie von Joseph Goebbels'

Schwager doch noch einmal urdeutschen Film-
interessen zu dienen. Ewig und geduldig sind
sie nun mal, die Felsen. Trenker blieb auch inmitten größter politischer Wirrnisse immer zuerst Südtiroler, und als solcher vor allem den
Bergen verpflichtet. Getreu dem Denkspruch
„Ein einziger Augenblick genügt, um für das
ganze Leben tot zu sein", gab es für den emsi-
gen Gletschervertrauten keinen echten Aus-
rutscher.

Mit zahllosen Dokumentarproduktionen sowie den Spielfilmen „Duell in den Bergen"
(1949), „Schicksal am Matterhorn" (1956)
und „Wetterleuchten um Maria" (1957) funk-
te Trenker denn auch in der Nachkriegszeit
konsequent weiter auf Heimatfrequenz. Doch
das Interesse an alpinen Abenteuern in Papas
Kinosesseln war allgemein gesunken, über-
spült von einer Lawine amerikanischer Impor-
te. Mit seinem fein ausgebildeten Riecher für
Höhenluft gelang dem mittlerweile über Sech-
zigjährigen der Lift zum Fernsehen. Unter den
Titeln „Luis Trenker erzählt" (ab 1959) und –
dem mehr als einmal geglückten Lebensmotto
– „Alles gut gegangen" (1962) lieferte er Berge von Lebensberichten ab. Auch bei den Seri-
en „Luftsprünge" (1969) und „Berge und Geschichten" (1971-73) nutzte er das Fernsehen
als trauten Heimatsender, um gleichzeitig den
zeitgenössischen Kinoproduktionen sexuelle
und gewalttätige Verrohtheit vorzuwerfen.

Doch nicht nur im Bereich der filmkritischen
Flurbereinigung schwang sich der Vitalitätsbol-
zen zum Trendsetter empor. In den 60er Jahren, als es im Gefolge einer aufkommenden
Bergwelt-Touristik zur Mode wurde, in der Ei-
ger-Nordwand abzustürzen, begann bei Trenker die Furcht um die Unversehrtheit der Heimat. Mit umfassender Ökologie hatte das
zwar wenig zu tun, dennoch erreichte Trenker
schon früh eine dringend notwendige Thema-
tisierung des Umweltschutzes. Folgerichtig ge-

„Der verlorene Sohn" vor unbekannten New Yorker Höhen
und Tiefen.

hörte er 1978 zu den Unterzeichnern einer
Wählerinitiative der „Grünen". Nur ein Jahr
später ließ er sich vom bayerischen Ministerpräsidenten Franz-Josef Strauß mit dem lan-
deseigenen Verdienstorden behängen. Die
Aufnahme in diese „illustre Bruderschaft", und
hier zeigt sich das Prinzip der lebenslangen
Trenkerschen Präsenz auf allen Hochebenen,
freute ihn so sehr, daß es ihm einen Augenblick dünkte, „als stünde ich auf dem Gipfel
des Langkofel".

Nein, bei Luis Trenker gab es niemals irgendwelche Hängepartien. Auch nicht nach
dem Tod seiner Frau Hilda, die ihm 1988 nach
60jähriger Ehe vier Kinder hinterließ. Trenker,
durch und durch ein unverwüstlicher Natur-
bursche, gab noch als 96jähriger allen konven-
tionsbeladenen Absteigern das Nachsehen
und verliebte sich in seine Privatsekretärin, die
auch seine Urenkelin hätte sein können. Ein
Jahr später rief ihn Gevatter Tod.

BERND MÜLLENDER

HÜHNCHEN VOM HAHN IN LUCULL

DIE KARRIERE DES ZUNGENFERTIGEN FERNSEHKOCHS CLEMENS WILMENROD

Mit einem italienischen Omelett fing alles an, am Abend des 20. Februar 1953, gefolgt von gebratener Kalbsniere an Konservengemüse gemischt und einem Mokka. Eine fast revolutionäre Speisefolge so kurz nach den Zeiten von Brennesselsuppe und falschem Kaffee. Der Fernsehkoch Clemens Wilmenrod war, ganze acht Wochen nach Sendestart des deutschen Fernsehens, erstmals auf dem Bildschirm erschienen. Von nun sollte der Mann, dessen Markenzeichen die Karikatur seines eigenen Schädels auf der Schürze war, sich reich und berühmt rühren, braten, dünsten und brutzeln. Und mitverantwortlich sein für die „Freßwelle" in der neuen Bundesrepublik.

Wilmenrod, Jahrgang 06, war eigentlich Schauspieler, mäßig erfolgreich. Und ihn kleidete ein ganz anderer Name: Carl Clemens Hahn. Doch sein Geburtsort, die Westerwaldgemeinde Willmenrod, erschien ihm deutlich würdiger für ein (um ein l leicht reduziertes) wohlklingendes Pseudonym. Wilmenrod präsentierte sich als Gourmet, der alles weiß und über jeden Zweifel erhaben ist. Eine unangefochtene Autorität halt – und das kam an in der Adenauer-Zeit. Die deutsche Hausfrau kochte nach, was immer er auftischte. Die FAZ jubilierte, er sei der „Star der Stars, Höhepunkt des deutschen Fernsehens", seine Erfolge seien „so heilig wie abenteuerlich".

Daß Wilmenrods Zubereitungsrituale bisweilen fern herkömmlicher Kochkunst angesiedelt waren, störte nur neidische Köche, deren Verköstigungskarrieren in profanen Restaurants geendet waren: Wilmenrod könne „nicht einmal einen Puter richtig tranchieren", knurrten sie. Andere Berufsköche erklärten sich angeekelt von diverserlei Merkwürdigkeiten im Wilmenrodschem „Venezianischen Weihnachtsschmauß" oder der „Blitzgulasch-Suppe": „Ich möchte nur wissen, wer das essen soll …", so ein Realokoch. Einen Don Clemente, wie sich Wilmenrod bald nannte, ließ Kritik jedoch kalt: Er verwies auf seine „gewisse kulinarische Narrenfreiheit" und daß er zungensensorisch ohnehin „einen sechsten Sinn" habe.

Wilmenrod war ein wahrhaft Kreativer. Er grub aus dem Irgendwo vergessene Rezepte aus, änderte sie sechstsinnig um Nuancen, taufte sie wortreich um und wies sie als eigene aus. Wieder kamen die Neider und meinten, er klaue. Wilmenrod legte nach und trumpfte mit einem spektakulären Novum auf: ein Giganto-Omelett aus einem Straußenei (für 80 Mark im Zoo erworben), von dem allein eine zehnköpfige Familie satt werden konnte. Und als der TV-Pfannenmann sein legendäres „arabisches Reiterfleisch" zusammenrührte, würzte er, für die weniger ferngereiste Fangemeinde, sein Rezept mit Detailkenntnissen über den Libanon, etwa daß es dort „mehr Spitzbuben als

Clemens Wilmenrod, Magier der Pfannen und Töpfe, in seinem Kochstudio. Das Einzige, das er nicht zubereiten konnte, waren Eisbecher (Studiohitze).

auf der gesamten Nordhalbkugel zusammen" gebe. Arabische Zuschauer schäumten und deckten den NDR mit empörten Briefen ein. Aber das kümmerte den Mann mit der eigenen Berufsbezeichnung „Bundesfeinschmekker" wenig, seine Gegenrede: die bis zu 15.000 brieflichen Dankesbezeugungen pro Sendung. Und er pries in der nächsten Sendung „Türkenblut": Ein „Damencocktail" aus süßem Rotwein mit Sekt.

Der deutsche Teil der Nordhalbkugel aß fortan arabisches Reiterfleisch und dazu ein Gericht, das der Vielgereiste bei einem Haremsbesuch aufstöberte: „Eier in grüner Soße, scharf und heiß wie die Hölle." Oder man delektierte sich an Wilmenrods „Zwiebelsuppe René". Über sie bekannte der Meister: „Diese Suppe ist ein Poem, sie inkarniert die Liebenswürdigkeit und die Kraft von ganz Frankreich." Wilmenrods Tip, die Kraft nachzuköcheln: „... bedecken Sie die Oberfläche der Suppe mit Weißbrotscheiben, so daß sie wie Eisschollen darauf schwimmen." (Aus: C.W.: „Es liegt mir auf der Zunge", 1954 – leider vergriffen).

Der Glotzenkoch mit den klobigen Viereckpfannen war Feinschmecker quasi qua Geburt. So berichtete er in einem seiner fernsehbegleitenden Bücher (Gesamtauflage nahe 200.000)

Schauspieler Wilmenrod 1967 in der Serie Hotel Victoria.

daß er schon als Hosenscheißer „die Flaschenmilch zurückwies, wenn sie – für keine noch so feine Zunge erkennbar – zu säuern begann".

Die fernbekochten Hausfrauen redete Charmeur Wilmenrod mit „Ihr lieben, goldigen Menschen" an. Später nannte sie der zungenfertige Topfmeister „Liebe Brüder und Schwestern in Lucullus." Da rebellierten katholische Geistliche – welche Gotteslästerung! Wilmenrod hätte sich mit einem neuen Hostienrezept anbiedern können, aber er steckte zurück und änderte in „Liebe Freunde in Lucull". Und später, nach Jahren harter Schule an Kochlöffel und Wiegemesser, hielt Meister Wilmenrod seine Schüler für würdig genug, mit einem vereinenden „Liebe Feinschmeckergemeinde" angesprochen zu werden.

Wilmenrods Tun hatte bald „marktbewegende Tendenzen". Das erkannte schon 1954 das Düsseldorfer Handelsblatt und schrieb: „Als Wilmenrod Kabeljau auf eine besonders schmackhafte Art darbot, war Kabeljau am nächsten Tag in Düsseldorf restlos ausverkauft." Die Lebensmittelzeitung schlußfolgerte: „Erfahrungsgemäß setzt für die Artikel, die Clemens Wilmenrod im Fernsehen für seine Rezepte verwendet, stoßartig Nachfrage beim Lebensmittel-Einzelhandel ein. Es empfiehlt sich daher, diese Artikel vorrätig zu halten." Und ein Hertie-Sprecher bemerkte 1959: „Die Hausfrauen denken, was Wilmenrod empfiehlt, muß gut sein." Und sie kauften – Zutaten wie Werkzeuge. „Auch Ladenhüter", so der Inhaber eines Geschäfts für Haushaltsgeräte, „die bei uns jahrelang herumstanden, werden plötzlich modern, wenn sie Wilmenrod bringt". Die Folge: „Mein Bestand wurde schon am Tag nach der Sendung ausverkauft. So ist das immer." Auch beim hypermodernen Grillgerät „Heinzelkoch" – über den verriet der Küchenmeister: „Infrarote Strahlen treffen direkt auf das Bratgut. Folge: Es trieft vor Saft."

BRENNENDE ÜBERRASCHUNG

WIE CLEMENS WILMENROD EINMAL
DIE FLAMBIERTEN SCHWARZEN BANANEN KREIERTE

„Zwei Bananen, die mir zu kalt waren, legte ich mit der Schale in das heiße Backrohr. Erst nach zehn Minuten fielen sie mir wieder ein. Als ich sie herausnahm, waren beide Bananen pechschwarz. Aber ich gab nicht auf. Die Vermutung, daß die dicke, feuchte Schale das Fleisch innen vor Verbrennung geschützt haben, bestätigten sich. Es war weichgegart und zart. Ich entblätterte die Banane bis zur Hälfte, streute ein wenig Zucker darüber und näßte sie mit Zitronensaft. Dann goß ich einen Schluck Rum über das Ganze und steckte ihn an. Die brennende Banane, scheinbar verkohlt, ist für den Gast eine doppelte Überraschung: eine optische und eine geschmackliche."

Der Zungenmensch Wilmenrod wurde zu einer Leitfigur für Schleichwerbung, er setzte die Puter-Welle in Gang (und kassierte), er bescherte den Deutschen den Rum-Topf (und kassierte). Niemals, beteuerte er, würde er ein Rezept mit Margarine liefern, und die „gute Butter" machte Karriere. Wilmenrods Konterfei zierte tantiementrächtig den „guten Pott", Schmierkäse-Werbung, Küchengeräte, später gar Abfalleimer (für Speisereste) und Wellensittich-Käfige (in denen sich allerdings, soweit bekannt, keine Zutaten für neue Rezepte befanden). Wilmenrod tischte auf und sahnte ab – und war somit ein Pionier jener Spezies, die ihre TV-Auftritte zu barer Münze außerhalb der normalen Honorare machten und denen das Medium letztlich nur Triebriemen für Folgegeschäfte dank ihrer Popularität war. Hätte es damals schon McDonalds in Deutschland gegeben, kein Zweifel, wir äßen bis heute den ClemBurger oder den Wilmwhopper.

Vergleichsweise billig waren zu dieser Zeit werbende TV-Stars wie Kulenkampff (für Waschmittel), Ilse Werner (für Seife), O.W. Fischer (für Tabak) – Wilmenrod aber zockte richtig ab: 3000 Mark einmal allein für die Präsentation eines milchreiches Gerichts: Die Milchwirtschaft hatte gerade darüber geklagt, daß sie die Eutersäfte nicht verkauft bekam. Ein andermal kam Wilmenrod zeitgleich mit einem typisch italienischen Mahl daher, als eine riesige Tomatenernte zu vergammeln drohte.

Der Spiegel nannte ihn den „Doppelkopf" und den „Kochspieler". 1959 wurden Wilmenrods lukullische wie lukrative Auftritte gar mit einer Titelgeschichte („Werbung in Gelee") geadelt. Bald danach wurde er ins Nachmittagsprogramm abgeschoben. Nach 185 Viertelstundenauftritten hatte Clemens Wilmenrod 1964 ausgekocht.

Wieder als Carl Clemens Hahn liegt er heute auf dem Gemeindefriedhof von Willmenrod im Westerwald begraben. 1967 hat sich der Kochkünstler erschossen – angeblich, so berichtet der heutige Willmenroder Bürgermeister, weil Ärzte bei ihm ein Krebsleiden diagnostiziert hatten.

Unter Verwendung des Spiegel, 24.6.1959.

TELEMANN: DURCH DIE WÜSTE

Die Nacht sank jäh hernieder. Ein kühler Wind blähte die Burnusse und brachte den Männern, die schweigend am Feuer saßen, Erfrischung. Irgendwo kicherte eine Hyäne.

„Ihr werdet hungrig sein, Sahib", unterbrach Almunuk, Sohn des Omar, das Schweigen und tat neuen Kamelmist auf die Glut. „Es

WERBUNG IN GELEE
Kochspieler Wilmenrod (siehe „Fernsehen")

Wilmenrod auf Spiegel-Titel 1959.

war aber auch ein scharfer Ritt, und, bei Allah, Ihr habt Euch wacker gehalten!"

Der weißhäutige Fremde achtete nicht des Lobes. „Ein Happen herzhafte Männerkost könnte uns beiden gut tun", sagte er leichthin – und während der Wüstensohn sich anschickte, das Mahl zu bereiten, verfolgte er aufmerksam jeden seiner Handgriffe, um ihn im Geiste zu notieren: 250 Gramm gehacktes Rindfleisch – notierte er – werden in eine Schüssel gegeben. In der Mitte macht man eine Vertiefung und schlägt ein rohes Ei hinein. Eine kleine Zwiebel, eine Gewürzgurke und eine Knoblauchzehe werden sehr fein gehackt und dazugegeben. Gewürzt wird mit Salz, Pfeffer, Paprika, Zucker, Tomaten-Ketchup, einem Eßlöffel Meerrettich und zwei bis drei Eßlöffel Joghurt. Das Ganze wird sehr gut gemischt und in einer heißen Pfanne in Butter oder Öl unter ständigem Umrühren ganz kurz gebraten. Dazu werden Bohnen gereicht.

„Freund in Lukull", rief der Weißhäutige, nachdem er den ersten Bissen geschmacklich hatte aufrauschen lassen. „Wie nennt Ihr dieses Gericht?" – Und Almunuk, Sohn des Omar, gab lächelnd zur Antwort: „Wenn dieser unwürdigsten aller Speisen das Glück zuteil wurde, Euren erhabenen Gaumen nicht zu beleidigen, so wisset denn: Sie heißt arabisches Reiterfleisch."

So ähnlich hat sich Telemann jene gastronomische Sternstunde vorgestellt, in der Clemens Wilmenrod das Kochrezept seines Lebens erfuhr. Leider sah die Wirklichkeit ein wenig anders aus. Nicht auf einem Ritt durch die Wüste, nein, an der libanesischen Küste hat Clemens die Köstlichkeit kennengelernt.

„An der Mündung des Hundeflusses", so steht in seinen Reise-Erinnerungen („Wie in Abrahams Schoß") geschrieben, „rasteten ... die Karawanen. Hier stehen die Pferde, es liegen die Kamele herum, die Feuer lohen, in den Pfannen bruzelt es. Ich hatte das Glück, zu einem Imbiß eingeladen zu werden, dessen Rezept ich im Fernsehen brachte und das einer der größten Schlager wurde..."

Wüste hin, Hundefluß her – auch die nackte Wahrheit entbehrt nicht des romantischen Reizes. Wenigstens wissen wir jetzt, wie die arabischen Reiter an das Tomaten-Ketchup kommen. Denn Wilmenrod-Sahib fährt fort: „Alle Zutaten werden ... als wohlverpackte, moderne Konserven mitgeführt."

Weil Telemann von klein auf eine Schwäche für das Abenteuerliche im Herzen trägt, vor allem aber, weil ihm der Gourmet Voyageur erst neulich wieder, beim Tomaten-Auflauf, erzählt hat, wie begeistert unsere Republik doch damals gewesen sei (15.000 Zuschriften), ging er in die Küche und tat desgleichen.

Das arabische Reiterfleisch, das unter seinen Händen willig Gestalt annahm, war ohne Zweifel das authentische arabische Reiterfleisch. Denn Telemann hat das Rezept ehrfürchtig befolgt. Sogar den Zucker hat er drangegeben. Und doch – als er die Frucht seiner Mühen vom Herd nahm und kostete, schmeckte sie nach, jawohl, Buletten.

Zuerst hielt Telemann es für eine Geschmacks-Halluzination. Schließlich können 15.000 Enthusiasten doch nicht so tragisch irren. Dann erinnerte er sich daran, was Wilmenrod vor Jahren von seinem Speckpfannekuchen gesagt hatte: Man muß ihn im Freien essen. Diese Vorschrift durfte wohl in noch höheren Maße für Karawanenkost gelten. Also ging Telemann in seinen Ziergarten, entzündete ein Lagerfeuer und kostete noch einmal. Es schmeckte wieder nach Buletten.

Nun sind Buletten – auch Frikadellen oder Pflanzl genannt – gewiß ein ehrbares Essen; und wenn man sie mit Weckmehl, eingeweichten Brötchen oder einer Mehlschwitze („Beamtenstippe") streckt, auch sehr preisgünstig. Doch daß sie der Wunderwelt Arabiens zuzurechnen seien, will nicht ohne weiteres einleuchten. Telemanns Zweifel nahmen allmählich Formen an, die es ihm ratsam erscheinen ließen, der Sache auf den Grund zu gehen. Dabei stieß er auf jemanden, dem der Schaukoch in einer Anwandlung von Freimut die noch nacktere Wahrheit gesagt hat.

Clemens Wilmenrod – so berichtet der Gewährsmann – bereiste im Jahre 1957 den Nahen Osten, bekam auf dem Rückweg von Kabul die Amöbenruhr und wurde ins Hospital von Beirut eingeliefert. Während man ihn dort pflegte, lernte er die Frau des deutschen Generalvertreters der Daimler-Benz-Werke kennen. Die Dame nahm sich des rekonvaleszenten Landsmannes mildtätig an, lud ihn in ihr Haus ein und bewirtete ihn mit jenem Fleischgericht, dessen Name den Fernsehern so romantisch im Ohr klang.

Das sind Tatsachen. Keine hingelagerten Kamele, keine stampfenden Vollblüter, kein Hundefluß. Nur ein paar Amöben.

Nun gibt es drei Möglichkeiten. Entweder die Frau Generalvertreter pflegt mit der arabischen Reiterei zu speisen, oder sie hat ihrem Gast etwas vorgeflunkert (weil sie Hackfleisch im Haus und Großmutters Kochzettel im Kopf hatte), oder der Nahost-Reisende hat, dem Beispiel Fatmehs folgend, beides erfunden: die Entdeckungsgeschichte und das Rezept.

Doch wie dem auch immer gewesen sein mag: Was rechte deutsche Hausmannskost ist, die schmeckt unter jedem Namen.

Merke: „Wo kein Kläger ißt, ißt auch kein Richter" (Römisches Recht)

Aus: Spiegel, Nr. 26/1959

MICHAELA SCHIESSL

TURMFRISUR
STATT SPITZOHREN

JEANNIE: BEZAUBERNDER
ZWINKER-GEIST MIT
IDEALFIGUR

Alles begann damit, daß Major Tony Nelson einmal zu oft zur Flasche griff. Aus purer Gier hob er sie vom Strand auf, schüttelte ein wenig, und öffnete schließlich den Korken. Ein Handgriff, der sein Leben veränderte – und das mehrerer Generationen junger Mädchen. Denn aus dem Flaschenhals quoll Jeannie. Ein weiblicher Geist mit Idealmaßen, die fortan die Seelen der Fernsehzuschauer besetzen und die Welt der Mode und Diätkuren jahrelang bestimmen sollte.

Alle Herzen nimmt die blonde Jeannie im Sturm – bis auf das ihres Finders Major Nelson. Ausgerechnet auf sein Herz aber hat sie es abgesehen. Und so geistert die üppige Freierin hartnäckig seit über drei Jahrzehnten über den Bildschirm, und versucht schamlos, die Gunst ihres „Meisters" zu erringen. Weniger vornehm ausgedrückt: Jeannie ist total verschossen in Major Nelson und rückt ihm nicht mehr von der Pelle – der endgültige Beweis, daß Jeannie wirklich vom anderen Stern sein muß, eine Art weiblicher Spock mit Turmfrisur statt Spitzohren. Ein anständiges amerikanisches Mädchen zumindest würde sich nie so gehenlassen, das steht fest.

Der verklemmte Uniformträger – sein Coming-Out als rücksichtsloser Frauenheld feierte er erst Jahre später als ein gewisser J.R. Ewing

in Dallas – ist überfordert. Denn dieses Kim-Basinger-Vorgängermodell bringt sein geordnetes Leben nicht nur durch ihre Zudringlichkeit aus der biederen Umlaufbahn. Jeannie kann zaubern. Ein Klimpern ihrer Rehwimpern genügt, um jeden vermeindlichen Wunsch von Major Nelson sofort, ungefragt und meistens unpassend zu vergegenständlichen. Was natürlich zu Verwirrungen führt. Zaubert sie ein paar wertvolle Kunstwerke für die Wohnungseinrichtung, klingelt mit Sicherheit kurz darauf der Steuerprüfer an der Tür und NASA-Astronaut Nelson kommt in Erklärungszwang. Flüchtet Nelson auf den Mond, erscheint Jeannie zu Mittag mit dem Picknickkorb und gefährdet die gesamte Expedition, weil sich ein Schaschlick-Spieß in der Antriebturbine verfängt.

Um ihren Helden da rauszuhauen, muß Jeannie einen Zauber-Gang zulegen: dann überkreuzt sie die Arme diagonal, Hände auf den Schultern, Ellenbogen nach vorne, klimpert heftig mit den Augen und nickt gleichzeitig mit dem Kopf. (Später wurde diese Technik vom Raumschiff Enterprise – „Spock: Beamen" – weiterentwickelt.)

Die Jeanniesche Abnicktechnik hat allen Anfechtungen der Moderne widerstanden. Auch

Astronaut und oft genervter Jeannie-Lover: Major Tony Nelson.

heute noch, im Zeitalter des Nintendo, wird sie heimlich in Kinderzimmern geübt. Denn das High-Tech-Produkt der frühen Fernsehjahre hat emotional mehr zu bieten als tote Bildschirme und chromkalte Disketten. Trägt Jeannie ihre bauchfreie Haremskluft, fliegt jeder Game-Boy in die Ecke. Kein Teenie damals, das kein Jeannie-Kostüm hatte, keine, die die Haare nicht blond färbte. Jahrelang glich Karneval der Jahrestagung bezaubernder, kurzsichtiger Zwinkergeister mit Armkrämpfen.

Doch nicht einmal die gewagte Geistergarderobe konnte Major Nelson für seinen Hausgeist erwärmen. Nichts anderes wünscht sich der Befehlsempfänger als ein ganz normales, kleines, mausgraues Frauchen für seinen Null-Acht-Fünfzig-Haushalt. Eine sozusagen wie er. Jeannie müht sich gänzlich unemanzipiert, ihm gleich zu sein. Artig bindet sie sich eine Schürze um, schaut dümmlich und stellt dämliche Fragen – umsonst. Ein echter Geist kann einfach kein Heimchen am Herd spielen. Zumal ihr Geduldsfaden kurz ist. Klappt etwas nicht, wird eben gezaubert, basta. Oder sie ruft ihre Verwandschaft zu Hilfe. Dann ist Geisterstunde im Astronautenheim.

Da jault er auf, der Major, denn nichts haßt er mehr als das, was er nicht versteht. Und was er nicht versteht, wird vorsichtshalber interniert. Oft mußte die wutschnaubende Fangemeinde ohnmächtig vor den Fernsehgeräten miterleben, wie Nelson in frauenfeindlichster Manier seinen Geist in die Flasche einsperrte – Korken drauf, aufatmen, Ruhe ist. Meist zog Jeannie dann beleidigt einen Riesenflunsch und flegelte sich empört auf dem bordellroten Bett vor bordellroten Stofftapeten neben bordellroten Plüschgardinen. Draußen hockt Nelson in seinem schmucklosen US-Standardhäuschen, manchmal froh, daß er den Plagegeist los ist, manchmal wütend, daß er nicht rein kann ins gläserne Etablissement. Doch gerade als sie so friedlich sitzen, er draußen wie die Katze, sie drinnen wie der Goldfisch, betritt Major Roger Healey, Nelsons treuer Freund und Raumfahrerkollege, die Seifenopernbühne. Und wenn der kommt, sind seine uniformierten, lärmenden Kollegen nicht weit, um die Träume vom Prinz und der Prinzessin zu stören. Aber ohne uns: Langsam die Arme heben, Hände an die Schultern, Ellenbogen nach vorne, und einmal kräftig zwinkern ... Und sollte das wirklich nicht klappen, bleibt immer noch der Griff zur Flasche.

Aber bitte: Nicht schütteln vor dem Öffnen. Sonst, wer weiß, kommt der leibhaftige Griesgram heraus: Major Tony Nelsons Nasa-Chef Dr. Bellows:

DIETRICH LEDER

GESPENSTISCHES IM LOUVRE

BELPHÉGOR: JULIETTE GRECO ALS EROTISCHES ZENTRUM

Es muß vor fünf oder sechs Jahren gewesen sein, als in einem kleinen Kreis das Gespräch auf die eigene Fernsehvergangenheit kam. Die Jüngeren unter den Anwesenden (heute auch schon Mitte bis Ende Dreißig) ärgerten die Älteren, in dem sie Serien und Mehrteiler priesen, die lange Zeit als „trivial" galten. Bald fiel der Name Belphégor, der sofort verschwommene Erinnerungen an bedrohliche Bilder und einen spannenden Plot weckte. Viele wußten noch, daß Juliette Greco mitgespielt hatte, und daß es um ein Gespenst im Louvre gegangen war. Aber dann war das Erinnerungsvermögen schon erschöpft. Bereits die Frage, wann die Serie wo gelaufen sei, konnte keiner so genau beantworten.

Ausgestrahlt wurde die dreizehnteilige Serie (jede Folge ca. 26 Minuten lang) zunächst in Frankreich im März 1965. Sie basiert auf dem Roman von Arthur Bernede (Drehbuch Jacques Armand und Claude Barma). In der Bundesrepublik wurde Belphégor anderthalb Jahre später zuerst vom Westdeutschen Werbefernsehen im Werberahmenprogramm, also im „Intermezzo" zwischen 18.00 und 20.00 Uhr, ausgestrahlt.

Das erste Mal sah ich Belphégor, da meine Familie aus pädagogischen Gründen damals noch kein Fernsehgerät besaß, in der Wohnküche unserer Nachbarin, die mir als „Heimatvertriebene", ein Wort das in den sechziger Jahren mehr Macht hatte als heute, fürchterlich fremd vorkam. Sie kam aus Ostpreußen, sprach auch so und aß rohen Knoblauch! Aber sie ließ mich sehen, was ich sehen wollte, wenn ich nur mit gutem Grund unsere Wohnung verlassen konnte und selbstverständlich die Schulaufgaben erledigt waren. Von dem, was ich damals sah, hat sich besonders die vorletzte Szene der Serie ins Gedächtnis gebrannt, in der sich die Protagonistin angesichts der Wahrheit zu Tode stürzt. Dann vor allem der gleichsam fließende Gang des statuengleichen Gespenstes namens Belphégor. Schließlich noch eine durchaus widersprüchliche Stimmung eines mir fremden Paris – mit dem Magneten einer verführerischen, verführenden Juliette Greco in schwarzem Rollkragenpullover, Stiefeln und weißem Trenchcoat.

Was entdeckte ich, als ich die Serie jetzt nach über 25 Jahren wiedersah? Zunächst eine wirkliche Trivial-Serie, die aus den unterschiedlichsten Bestandteilen populärer Erzählungen zusammengesetzt ist: Da haben wir zunächst das Gespenst selbst, das als Gottheit der Arglist und der Täuschung vorgestellt wird und den Louvre als Kulturheiligtum der französischen Nation unsicher macht. Dahinter verbirgt sich als nächstes Trivialelement eine Geschichte um die Geheimgesellschaft der Rosenkreuzler, die wiederum ein alchemistisches Geheimnis verbergen, das als „Metall des Parakleios" bezeichnet wird, das wiederum alle metallischen Formen – von Gold bis Radium – annehmen kann und hohe Energie freisetzt. Atomenergie – ick hör Dir strahlen! Dahinter verbirgt sich wiederum die triviale Story eines Verbrechers, der mit dem Metall nix als reich werden will und der sich zu diesem Zweck des Rosenkreuzer-Mythos wie Belphégors bedient. Dahinter verbirgt sich wiederum das höchst triviale Drama eines Mannes, der von seiner Mutter nicht anerkannt wurde, deshalb um gesellschaftliche Anerkennung mit allen Tricks inclusive Geisterbeschwörung, Hypnose und Verkleidung buhlt. Und der – schlimmer noch – einen schweren Unfall hatte und deshalb, wie eine weibliche Nebenfigur voller Mitgefühl sagen wird, nicht mehr richtig lieben kann: „Solche Männer sind eigenartig. Bei denen geht alles immer nur durch den Kopf."

Die Spannung der Serie ergibt sich daraus, daß ihre Helden diese Geschichten hinter den Geschichten nach und nach entdecken, sie gleichsam wie die Puppe in der Puppe Schritt für Schritt freilegen. Diese Detektive im Wortsinne sind ein junger Student und ein älterer Kommissar, beide zugleich in verwirrende amouröse Fälle verwickelt, die sie zudem auch noch familiär aneinandergekettet, weil der Student am Ende die Tochter des Kommissars heiraten wird, deretwegen der verwitwete Kommissar wiederum seine eigene Freundin fünf Jahre lang geheimhält.

Krimi-, Grusel- und Liebesgeschichte wechseln sich geschickt ab. Diese Abwechslung erlaubt die krudesten Sprünge. Das hellsichtige Klima eines aufgeklärten Zeitalters, das der Film in seinen Pariser Tagesszenen verbreitet, müßte der Gruselstory den Atem rauben. Und die Liebesgeschichte unter der ständigen Explikation des Gewollten und Angestrebten kräftig leiden. Aber nichts davon. Der stete Sujetwechsel hält das alles in der Balance, auch wenn man sich darob heute das Schmunzeln nicht immer enthalten kann. Durch weitere Motive, die bis in die Details hinein aus der Trivialliteratur des 19. und 20. Jahrhunderts stammen, wird die Serie angereichert: Das Gespenst aus dem Louvre hat mit dem „Phantom der Oper" nicht nur das Prinzip der Maske sondern auch den Hintergrund einer verfolgenden-verfolgten Unschuld gemein. Für die vermutete Verschwörung der Verbrecher, die sich ja des Louvre bedienen, als gehöre er ihnen und nicht der grande nation, lassen sich die „Geheimnisse von Paris" als Vorbild nennen. Die Mutter des Verbrechers wirkt wiederum so, als sei sie einem Durbridge-Krimi entflohen. Und der Darsteller des Kommissar ähnelt mitunter, wenn er über das Leben und die Liebe philosophiert, fatal Louis de Funes, was auch am Synchronsprecher liegen kann. Und das Zwillingsmotiv spielt ebenso tatkräftig eine Rolle wie der Alkoholismus, ohne daß das die Serie gleich zur Vorzeigeserie einer neuen Gesundheitswoche des ZDF promovierte.

Und die gesamte Zeit geht es um die Medien: Belphégor ist ein Medium, das von demjenigen, der es in Trance versetzt wird, benutzt wird, um an das ansonsten unsichtbare Geheimnis heranzukommen. Der Kommissar wird mit einem damals hochmodernen tragbaren

60er Jahre-Mysterium mit gruseligem Versteckspiel in Paris: Belphégor.

Tonbandgerät an einen geheimnisvollen Ort gelockt. Die Mutter des Verbrechers hatte die Stimme ihrer Jugend auf alten Schallplatten konserviert, die sie dem männlichen Helden am Ende testamentarisch vermacht. Telefone stellen geheimnisvolle Verbindungen her. Schreibmaschinen sind die wichtigsten Indizien. Und das Verbrechen wird erst durch ein altes Pergament in Gang gesetzt.

Daß die Serie wüst aus den unterschiedlichsten Bestandteilen zusammengesetzt ist, gibt sie selbst durch die Wahl ihrer Orte preis. Sie beginnt auf einem Flohmarkt, hat ihren Hauptort in einem Museum, in dem sich die Wärter darum streiten, wer die Venus von Milo abwaschen und damit streicheln darf, steigert ihre Spannung auf einem Schrottplatz und findet ihr Ende in dem Rohbau eines Hochhauses.

Ich denke, der Charme dieses mal augenzwinkernden, dann mal wieder bierernsten Eklektizismus hat sich auch heute noch nicht verloren. Wenn es die Serie heute zu bewerten gälte, dann ist es diese Mischung aus Souveränität und Naivität, mit der die unterschiedlichen Bestandteile bastelnd aneinandergefügt werden, was die Serie auszeichnet. Das Fernsehen als eklektizistisches Medium lebte, ohne es vermutlich zu wissen, lange von solcher genialen Bastelei, vielleicht mehr als von schwerfälliger Tiefgründelei. Die schöne 35mm-Schwarz-Weiß-Technik mit kontrastreichen Bildern und ihrer klassischen Auflösung der Räume und Figurationen tut wie die Musik von Antoine Duhamel das ihre zur Qualität hinzu. Von den französischen Schauspielern sowie den deutschen Synchronsprechern (ich nenne nur Ingeborg Grunewald, die die Laurence der Juliette Greco spricht; Fritz Wepper, der dem jungen Studenten die Stimme leiht; und Harald Leipnitz, der den Bösewicht stimmlich herausläßt) ganz zu schweigen.

Warum aber hat mich die Serie beim ersten Mal so begeistert? Die Antwort fällt leicht und schwer zugleich. Leicht insofern, als die wahre Geschichte von Belphégor, der Serie, heute jedem, der sie sieht, offen zutage liegt. Belphégor erzählt die Geschichte einer Initiation: Der junge Student André muß erst durch das Gespenst Belphégor erschreckt, durch die verwirrende Laurence verführt und durch den umtriebigen Williams umgarnt werden, ehe er sein anfängliches Hallodri-Leben aufgibt, zu einem wertvollen Glied der Gesellschaft und damit zum Ehemann der Kommissars-Tochter ernannt wird. An einer zentralen Stelle der Serie sagt die Braut: „Verzeih, ich bin nicht sehr gescheit, trotzdem liebe ich Dich."

Schwerer dagegen fällt die Erkenntnis, daß es die dunkle Seite der Serie war, die mich als pubertierenden 13jährigen so angezogen hat. Juliette Greco als das erotische Zentrum schlug nicht nur den Protagonisten in den Bann sondern auch den Zuschauer in der Wohnküche der Nachbarin. Wenn die Greco André verführt und diese Verführung auch noch demonstrativ ankündigt, dann bietet sie SEX statt LIEBE. Sie ist gleichsam nicht domestiziert. In ihr steckt, wie Williams sagen wird, eine Wildheit, von der sie selbst nichts ahnt. Die aber – fahre ich fort – wir damals wahrgenommen haben.

Daß das angesichts der Szenen, die die Greco zu spielen hat und wie sie sie spielt, heute weniger erotisch denn lächerlich wirkt, deutet nur an, wie sehr sich das öffentliche Bild des Sexes verändert hat. In der Figur von Belphégor ist dieser Sex zur überdimensionalen Figur entäußert worden, derer die Gesellschaft mit allen Mitteln der Technik und der Polizei habhaft werden will. Und genau das verrät viel über die psychischen Dispositionen der Produktions- und ersten Ausstrahlungszeit dieser „Trivial"-Serie.

DIE WELT IST RUND, KOMPLIZIERT UND ÜBERSCHAUBAR

„REPORTER DER WINDROSE": PETER VON ZAHN IM GESPRÄCH

Herr von Zahn, Sie sind im Jahre 1951 als Rundfunkjournalist des NWDR in die USA aufgebrochen, um von dort über die Entwicklungen in der Neuen Welt zu berichten. Die Arbeit für das Fernsehen kam später hinzu?

Peter v. Zahn: „Das Fernsehen kam 1955. Ich hatte bereits einige Zeit das amerikanische Fernsehen beobachtet und gesehen, was uns fehlte und was demnach zu tun war. Ich war Angestellter des NWDR und produzierte neben der Arbeit für den Rundfunk, vom Herbst 1955 an monatlich eine Fernsehsendung unter dem Titel „Bilder aus der neuen Welt". Der Kameramann Fritz Roland und ich versuchten, Fernsehjournalismus zu machen, bei dem das Bild nicht an erster Stelle stand. Das Wort war ebenso wichtig. Wir haben angefangen, in der Manier zu arbeiten, wie man heute Fernsehreportagen macht. Das war neu. „See it now" von Ed Murrow und Fred Friendly waren die Vorbilder, von denen ich mir viel abgeguckt habe."

Den persönlichen Auftritt als Reporter vor der Kamera?

„Ich habe den bewußt betrieben, um den Zuschauer ins Vertrauen zu ziehen, und ihn in Bezirke zu führen, die für CBS weniger wichtig waren – Murrow mußte ja auch den Amerikanern nicht Amerika erklären.

In Deutschland kannte man den Reporter nicht, der vor der Kamera steht und sagt: „Hallo Leute, hier bin ich. Wir sind im Polareis." Wir wollten unsere Signatur geben und eine persönliche Beziehung herstellen."

Sie schreiben in Ihren Erinnerungen, in den ersten Nachkriegsjahren hätten Sie es als Hauptaufgabe betrachtet, die Deutschen über sich selbst aufzuklären. Der folgende Schritt war also, die Deutschen ...

„... in die Welt zu führen. Und dabei mußte man zunächst Amerika als das wichtigste Land zeigen. Die Sendung „Bilder aus der Neuen Welt" war erfolgreich und brachte den Zuschauer erstmals mit dem Alltags-Amerika in Kontakt, das ihm die Hollywood-Filme nicht vermittelten; da bekam er nur einen sehr stilisierten Alltag, meist den geglätteten kalifornischen zu Gesicht, während wir durch alle Landesteile gingen und neben anderen Problemen – Verkehr, Wasser, Familie, Nahrungsmittel, Minderheiten, Rassentrennung – immer versuchten, zwischen Deutschland und der amerikanischen Art zu leben, eine Beziehung herzustellen. Nach zwei Jahren trennte ich mich von der amerikanischen Agentur, welche im Auftrage des NWDR die Serie finanzierte, und versuchte, vom Sender einen eigenen kleinen Etat zu bekommen.

Ich sagte dem Intendanten und den Aufsichtsbehörden in Hamburg, man könne die amerikanische Politik, weltweit wie sie ist, nicht immer nur auf Deutschland beziehen; man müsse sich auch mal angucken, wie andere Völker auf die Amerikaner reagieren und wie sie die Zivilisation, die aus Amerika in die Welt hinausgeht, verarbeiten. Darauf fielen die rein. Man ließ mich machen. So kamen dann

Peter von Zahn, rasender Reporter der TV-Frühzeit, hier vor dem Abflug von Hongkong nach Dehli/Indien.

zwei Dutzend Filme zustande, für die Amerika nur ein sehr weit hergeholter thematischer Anlaß war. Diese Bilder aus der übrigen Welt waren für uns besonders interessant, weil die Bundesrepublik Ende der fünfziger Jahre zum ersten Mal Touristen in die Welt schickte, Entwicklungshilfe leistete, Botschafter in alle Länder entsandte. Man traf in Übersee auf Neuland für den deutschen Fernsehzuschauer. Al-les war interessant, ob man in ein chilenisches Kupferbergwerk oder ein indisches Dorf ging, einen indonesischer Arzt besuchte oder nigerianische Stammestänze beobachtete."

Beugten die Berichte einer zu großen Selbstbezogenheit der Deutschen vor?

„Wir widerlegten das Vorurteil, das deutsche Fernsehen sei – auch heute noch – zu eurozentrisch. Das stimmt in meinem Fall keineswegs. Im Gegenteil. Wir versuchten, und das ist wichtig für die Entstehungsgeschichte der Windrose, wir versuchten alle möglichen Perspektiven der Welt darzustellen – nicht nur die deutsche, nicht nur die europäische und auch nicht nur die amerikanische. Wir versuchten die Welt mal durch die Augen Nehrus zu sehen, mal durch die Augen eines südamerikanischen Kommunisten.

Den Deutschen fehlte eine umfassende und kontinuierliche Auslandsberichterstattung. Im Hörfunk war sie da, die Rundfunkkorrespondenten deckten ja einen guten Teil der Welt ab – aber die wollten kein Fernsehen machen. Fernsehen galt als Mischung aus Kintopp und Wort zum Sonntag. Für gebildete Menschen galt es als unter ihrer Würde, in Bildern zu sehen, was man besser lesen konnte. Der Zuspruch, den wir hatten, kam durch die Akzeptanz in den unteren Mittelschichten zustande. Die kauften Fernsehapparate wie wild. Damals verdoppelte sich die Zuschauerschaft jedes Jahr einmal."

Fernsehen war unter der Würde des Bildungsbürgertums?

„Es war unter der Würde des Akademikers, des Bürgertums. Man genierte sich, so einen Apparat aufzustellen. Zum Teil guckten die Leute heimlich, weil die Nachbarn nicht wissen durften, daß sie so tief gesunken waren, sich die Familie Hesselbach anzugucken. Dementsprechend war die Ansicht der Welt nicht sehr verbreitet."

Dann kam irgendwann die Gründung der Reporter der Windrose?

„1960 sollte in Deutschland ein zweiter Fernsehkanal auf kommerzieller Basis gegründet werden – unter heftigem Anschub der Bundesregierung, die sich in den Fernsehsendungen der ARD nicht mehr gerecht behandelt fühlte. Ich kann nicht beurteilen, inwieweit das berechtigt war, jedenfalls hatte die Bundesregierung keinen Einfluß auf das Fernsehen, und das ist für eine Regierung ein fürchterlicher Gedanke. Zusammen mit Kräften der Industrie und der Banken wurde die „Gesellschaft Freies Fernsehen (FFG)" und das sogenannte „Deutschlandfernsehen" aus der Wiege gehoben. Das sah für meine Pläne recht vielversprechend aus.

Ich nahm Beziehungen zur FFG auf und versuchte, mit deren Leitung eine Übereinstimmung herzustellen darüber, was Auslandsberichterstattung sein sollte. Ich lancierte eine Programmidee, die dort Gefallen fand: „Reporter der Windrose". Die FFG wollte sich mit einer systematischen Auslandsberichterstattung, die es bei der ARD nicht gab, profilieren. Das versprach ich zu organisieren. Es führte zu erheblichen Konflikten mit dem heimischen Sender. Ein Teil der Aufsichträte wollte mich abschießen wegen unzuverlässiger Gesinnung. Die unzuverlässige Gesinnung hieß: Nicht genug SPD, zuviel für Adenauer.

Ich habe damals Adenauer auf einer Reise begleitet, die durch Amerika über Hawaii nach Japan führte. Es war eine witzige und lustige Reise vor einem ernsten Hintergrund. Die Berlin-Krise trieb ihrem Höhepunkt zu, man wußte nicht, wie Chruschtschow auf die Ablehnung seines Ultimatums reagieren würde. Adenauer bekniete die Allianz, um die Sicherheit der Bundesrepublik und Westberlins zu verteidigen. Ich berichtete über seine Amerika-Reise mit einem langen Film. Als ich ihn dem Sender präsentierte, sagte der Intendant: „Es tut mir leid, das können wir nicht senden, das ist Pro-Adenauer."

Ich war wütend und beschloß, beim NDR auszuscheiden und ein neues Programm zu versuchen. Das geschah dann auch im August 1960. Im Auftrag der FFG produzierte ich in Windeseile eine ganze Reihe Beiträge, die ab Frühjahr 1961 gesendet werden sollten. Man brauchte einen Programmpuffer. Ich mußte Sendungen aus dem Boden stampfen. Ich habe damals gleichzeitig den Aufbau von zehn Reporterteams der Windrose betrieben und Dokumentarserien auf den Weg gebracht, die den „Stand der Dinge" in der Welt zeigten: Eine Serie über die deutsche Diplomatie in der Welt, eine Reihe „Wie die Welt regiert wird". Ich versuchte damals bereits, die Querschnitte durch das Weltgeschehen zu legen, die dann das Kennzeichen der „Reporter der Windrose" wurden. Ich hatte ungefähr 30 Programme innerhalb von vier oder fünf Monaten fertiggestellt, als die FFG durch ein Urteil des Bundesverfassungsgerichts daran gehindert wurde zu senden. Ich saß nun zwischen den Stühlen. Die FFG konnte nicht mehr bezahlen. Ich hatte zehn Reporterteams draußen in der Welt, die ihre Frauen, ihre Kinder, ihre Möbel bereits dorthin verfrachtet hatten, wo sie stationiert werden sollten. Es war eine sehr unbehagliche Situation. Aus ihr rettete mich Herr von Bismarck, neuer Intendant des WDR. Er sicherte sich aus dem Trümmerhaufen der FFG den Talentschuppen der Windrose. Im Oktober 1961 wurden die „Reporter der Windrose" erstmalig ausgestrahlt."

Welche Idee lag den „Reportern der Windrose" zugrunde?

„Wir schufen mit dem Programm „Reporter der Windrose berichten" eine wöchentliche Sendung, welche jeweils ein politisch-soziales Problem durch sechs Reporter aus mehreren

Winkeln der Erde anpeilte. Einmal in der Woche wollten wir den Beweis erbringen, daß die Welt zwar groß, rund und kompliziert, aber überschaubar ist. Es wurden Querschnitte durch die gärende, hoffnungsvolle Welt der Kennedy-Jahre. Dergleichen ist vorher und nachher nicht versucht worden. Heute gibt es Videokameras und Satelliten, 1961 mußte der Reporter die Geschwindigkeit von Kamelen und Hundeschlitten einkalkulieren und ohne Fax auskommen. Schwierig war es auch deshalb, weil wir das gesamte Material zunächst nach Washington schicken mußten, in der herkömmlichen Art durch die Kopieranstalt brachten, dann Schnitt, Mischung, Sprachaufnahme und ab nach Köln. Doch dank der Hingabe und dem Enthusiasmus der Mitarbeiter fiel niemals eine Sendung aus."

Können Sie sich an Mitarbeiter und Themen erinnern?

„Aus Ostasien berichtete Peter Schmid, Hans-Adolf Seeberg aus Indien, Dieter Franck war im Vorderen Orient stationiert, Hans Germani in Afrika, Michael Vermehren in Südamerika. Es ging uns darum, ohne erhobenen Zeigefinger den Gesellschaftsaufbau in allen Teilen der Welt zu durchleuchten. Die verschiedenen Blickwinkel und Ansichten sollten sich gegenseitig erläutern und kommentieren. Das Spektrum der Themen im ersten Jahr reichte von den sich kreuzenden Völkerwanderungen des Jahres 1961 über die Funktion des Bürokraten in den verschiedenen Kontinenten bis zur Welt nach Feierabend und ihren unterschiedlichen Eckkneipen, die Bedeutung des Wassers, des Mittelstandes und über die so sehr unterschiedlichen Schönheitsideale der Völker."

Können Sie sich an Zuschauerreaktionen erinnern?

„Im Allgemeinen waren die Zuschriften dankbar, die Presse war eher kritisch."

Hat sich das Amerika-Bild der Deutschen durch Ihre Sendungen geändert?

„In den Zuschauer-Reaktionen kamen Ressentiments gegen die Amerikaner zum Ausdruck, das konnte nicht ausbleiben. Jedenfalls wird auch heute noch von Leuten, die mir kritisch gegenüberstehen, der Vorwurf erhoben, ich hätte ein geschöntes Amerika-Bild geprägt, das erstens unzutreffend und daher zweitens schädlich gewesen sei. Das sagten besonders die jüngeren, die sich zur 68er-Generation zählten. Sie hatten einen antiamerikanischen Affekt und gingen immer sehr schnell mit den Amerikanern ins Gericht. Sie bevorzugten aber Jeans und Cola, Rock und Blues im Privatleben. Nur in der Theorie waren sie dagegen."

Der Vertrag der Reporter ist nach den zwei Jahren nicht verlängert worden?

„Obwohl wir ein gutes Ergebnis hatten, stemmten sich die Sender der ARD erheblich dagegen, daß eine Firma, die der ARD untreu geworden war, vom WDR benutzt wurde. Dazu kam das Wettrennen der etablierten Redakteure um die besten Auslandsposten. Nach der Gründung des ZDF verschärfte sich der Wettbewerb. Man kündigte uns die Sendezeit, um mit den Windrose-Reportern die eigene Organisation auszustatten. Die Windrose saß zwischen den Stühlen und mußte für die Lücke büßen, die sie ausfindig gemacht hatte."

Das Gespräch führte Ludger Claßen am 27. September 1993 in Hamburg.

Harry Pross

Die Laufbilder entkommen der Marktpolizei

Die Beziehungskiste: Staatsfrequenzen und Konjunkturinteressen

I. Anfang der 60er Jahre unterrichtete ich an der Hochschule für Gestaltung der Geschwister-Scholl-Stiftung in Ulm Politologie, Soziologie und Publizistik. Dorthin kam ein Team von Panorama angereist, um mich nach Springers Bild-Zeitung auszufragen. Ich staunte über den Aufwand, den sie machten: Reporter, Toningenieur, Kameramann mit Assistent, Beleuchter. Zweimal brannte die Sicherung durch. Neue Steckdosen mußten gesucht werden. Geradezu lächerlich für die vier Minuten, die sie hören wollten. So etwas konnte doch keine Zukunft haben. Radio-Reporter arbeiteten damals ganz anders: Mit Uher-Tonbandgeräten, ziemlich schwer; aber eben doch leicht von einem Menschen zu handhaben. Noch mehr als über den Aufwand staunte ich über das Ergebnis des Fernseh-Interviews. Der Redakteur hatte meine wenigen Sätze über viele Bildfrequenzen verteilt, die ich weder gesehen noch angesprochen hatte; und hört, hört, sie klangen gleich ganz anders und hatten ein erstaunliches Gewicht. Ich begriff, daß die Konkurrenz von Sprache und Laufbild für das letztere ausgehen muß, weil der momentane Eindruck stärker ist als die Reflexion.

II. Die Ulmer Episode spielte vor einer historischen Kulisse. „Pressezar" Axel Springer hatte am 28.6.61 seine Standesherrn aufgefordert, die Mitglieder der Landesparlamente über das Interesse der Zeitungsverleger „aufzuklären", am Fernsehgeschäft beteiligt zu werden. Das sollte ihnen nicht schwer fallen, denn laut Gesetz bestimmen die Verleger, nicht die Redaktionen, die Tendenz ihrer Blätter.

Damit war die Kulturrevolution von rechts proklamiert, die nach zwanzig Jahren im „Dualen System" gesiegt hat. Die Öffentlich-Rechtlichen, die Verleger und der Staat spielten zusammen. Von letzterem forderte einer der Vordenker der „sozialen Marktwirtschaft", der Soziologe Alexander Rüstow, 1962: „Wir Neoliberalen unterscheiden uns grundsätzlich von ihnen (den Paläoliberalen) durch das Bewußtsein, daß der Bereich der Leistungskonkurrenz, innerhalb dessen man dem Bestreben jedes Wirtschaftsbeteiligten nach möglichst hohem Gewinn freien Lauf lassen kann, ein ganz bestimmt begrenzter Bereich ist. Es ist die Aufgabe des Staates, die Begrenzung dieses Bereichs anzugeben und seine Einhaltung sicherzustellen, Wirtschaftspolizei, Marktpolizei zu üben."

III. Ein dreiviertel Jahr später, im Juli 1963, war Rüstow tot, und ich Chefredakteur von Radio Bremen. Bremen hatte als kleinste Anstalt nur fünf Prozent zum Gesamtprogramm der ARD beizutragen. Klein aber fein war die Parole fürs Programm. Man hielt sie für hanseatisch; aber sie entsprach dem kleinen Portemonnaie. Die Fernsehminute brauchte nicht 10.000 oder 15.000 Mark zu kosten, auch nicht für Rudi Carrell, den Programmdirektor Hans Abich engagiert hatte. Es ging so sparsam zu, daß wir, wenn die benachbarten Bankangestellten in unserer Kantine am Nebentisch zu Mittag aßen, vorsichtshalber das billigste Essen bestellten. Etwas anderes hätten sie bei unseren Gehaltskonten auch nicht gebilligt.

Klein aber fein hieß auch, den Bildaufwand einzuschränken und sich auf Paar- und Einzelauftritte zu beschränken. Dialoge. Kommentare. Im Grunde Wortsendungen, deren Sprecher zu sehen waren. So brachte ich auch meine Kommentare ins Erste Programm. Die Kollegen Chefredakteure fanden meinen Anblick wohl traurig, denn sie betrauten mich immer wieder mit Nachrufen, wenn wieder einmal ein Großer das Zeitliche gesegnet hatte. Außer für Pietät und Takt kam ich in der Innen- und der beginnenden Umorientierung der Ostpolitik vor.

IV. Bei den vielfach verflochtenen Interessen der „Verbandsdemokratie" (Theodor Eschenburg) war selten auszumachen, wer sich über die Kommentare mokierte. Die drei Großmächte – Zeitungsverleger, ARD und Staat – waren verfilzt über die Aufsichtsgremien, die ursprünglich ja gerade dazu erfunden waren, dem Weimarer Filz in der neuen Ordnung keine Chancen mehr zu geben. In den Sechzigern aber wollten die Verleger beweisen, daß „das Fernsehmonopol" gebrochen werden mußte, und zwar von ihnen, von wem sonst. Die politischen Parteien mochten sich nicht bescheiden, „an der politischen Willensbildung mitzuwirken", wie das Gesetz ihnen befahl, und okkupierten die öffentlich-rechtlichen Medienpositionen von oben nach unten. „Der Fisch beginnt, am Kopf zu stinken."

Als ich nach einem „Sudetendeutschen Tag" die Rede des Bundesministers Seebohm (CDU) kritisiert hatte, klingelte bei meinem Intendanten das Telefon. Der kleine Sender aus Bremen war auf den Finanzausgleich mit den großen Anstalten angewiesen, weil sein Gebühreneinzugsgebiet, das Land Bremen, zum Leben zu wenig und zum Sterben zu viel einbrachte. Am anderen Ende meldete sich der Verwaltungsratsvorsitzende des reichen WDR, ein hoher Funktionär der CDU, man müsse wohl doch einmal über den Finanzausgleich reden ... Seebohm war einer der Minister, die Kanzler Adenauer 1957 bei den kleinen Rechtsparteien eingekauft hatte, um deren Klientel der Regierungspartei zuzuführen. Eine große staatsmännische Leistung, denn sie kehrte für die nachfolgenden Jahrzehnte die in- und ausländische Kritik restaurativer Tendenzen unter den großen Teppich christdemokratischer Nächstenliebe. Natürlich durfte daran nicht gerührt werden, und schon gar nicht im Fernsehen.

Als Jürgen Neven du Mont seine Reportage über den polnischen Wiederaufbau Breslaus sendete, fehlte nicht viel, und sie hätten ihn gelyncht. Ich kriegte mein Fett ab, weil ich sagte, man solle endlich die Oder-Neiße-Linie anerkennen. Wenn wir Schlesien behalten wollten, hätten wir den Krieg nicht anfangen sollen. „Dreckige Judensau!" und „Euch sollte man alle vergasen!" waren danach noch die frommsten Wünsche. Noch galt als Verräter, wer riet, mit Osteuropäern zu sprechen, auch wenn sie keine Verfolgten waren. Weil das Wirtschaftswunder schon verblaßte, mußten die Kommunisten, mochten sie sich drehen und wenden wie sie wollten, noch lange nach Stalin die Projektionsziele uneingestandener Ängste und Unsicherheiten bleiben: Für „Bildungskatastrophe" (Picht), Konjunkturschwankungen, Wohnungsnot usw.

Radio Bremen machte da nicht mit und veranstaltete lange vor „Helsinki" im Hörfunk „Europäische Wochen" mit Jugoslawien, Polen, Tschechoslowaken. Etwas davon kam immer ins Fernsehprogramm. „Geh doch rüber!" echote Volkes Stimme aus dem anonymen Telefon.

Ärgerlicher war die unvermeidliche Zeitungskritik, weil der Rundfunk keine Kritik an der Presse üben durfte, sondern nur eine im hermeneutischen Zirkel verbleibende „Presseschau". Die Polemik blieb immer einseitig. Als Radio Bremen im Vietnamkrieg als „Radio Hanoi" denunziert wurde, durften wir uns nicht wehren. Um den Anschluß an die Presse nicht zu verlieren, stießen manche Rundfunkratsmitglieder ins selbe Horn. Die „Marktpolizei" begann, den Meinungsmarkt zu observieren. In manchen Redaktionen schlich sich, wie SDR-Redakteur H.M. Enzensberger beobachtet hat, „Gratisangst" ein.

V. Noch war das Fernsehen weit von der schematischen Hektik entfernt, die seine „Talk shows" heute überwiegend beherrscht. Die Regie stopfte nicht so viele Personen in eine Sendung und ließ ihnen mehr Zeitanteile. Die Kamera achtete mehr auf den Diskurs im gestischen und mimischen Prozeß.

Im Gespräch „Politik aus erster Hand", das ich abwechselnd mit dem NDR zu zelebrieren hatte, fiel kein böses Wort. Die vier norddeutschen Ministerpräsidenten aus Schleswig-Holstein, Hamburg, Niedersachsen und Bremen, begegneten sich wie Landesfürsten. Wenn Wilhelm Kaisen das mächtige Haupt einmal wiegte, war das schon bedenklich, und Herbert Weichmann, Regierender Bürgermeister von Hamburg, konnte mit gehobenen Augenbrauen ganze Argumentationsflotten zum Beidrehen bringen. Slow motion war noch nicht verboten und die Hörer und Zuschauer konnten sich noch auf ihre „Programmkästchen" einstellen. Blieb auch die Funktion der Laufbilder als Überlaufbilder eigener Ängste auf die Gegner des Kalten Krieges unbewußt, so lebten doch noch Zeugen der 20er Jahre, Willy Haas von der „Literarischen Welt" zum Beispiel, der Brücken schlagen konnte.

VI. Das Auf und Ab der Wirtschaftskonjunktur verlangte mehr Konsumwerbung und diese ein „werbefreundliches Umfeld". Die Privatwirtschaft forderte durch ihre Presse „leichtere Kost" im Programm. Die Unterhaltungsbudgets wurden auf-, die anderen abgestockt. Noch klammerte sich das öffentlich-rechtliche System an seine Frequenzen; aber dann griff die staatliche Marktpolizei in Gestalt der Bundespost ein und setzte Milliarden öffentlicher Gelder für die Verkabelung in den Sand, um multinationalen Satellitengesellschaften den Zugriff auf das Laufbilder-Getriebe zu ermöglichen. Mit steigender Geschwindigkeit werden in immer weitere Räume immer kürzere Botschaften geschickt, um immer mehr Menschen zu erreichen, die den Signalaufwand rentabel machen.

Rüstows „Marktpolizei" hat kläglich versagt: „Es ist das entscheidende Kriterium einer richtig und organisch konstruierten Verfassung, daß sie den Menschen in seinem unzersetzten Kern trifft und integriert und nicht etwa den Interessenten im Menschen als Integrationselement verwendet." Heute ist es üblich, daß der Rundfunk sich wie ein Wirtschaftsunternehmen zu verkaufen und „Programme abzuwickeln" habe, wie es Politiker schon 1963 forderten. Um Milliarden-Investitionen mit dreistelligen Millionenumsätzen rentabel zu machen, wird man das Publikum 1995 auf Digital-Empfänger umstellen müssen.

Bernd Müllender

Mein heissgeliebter Bär

Was für ein Schwachsinn: Lila Kühe. Die Almen, die Berge, die scheinbar unberührte Natur, und dazwischen: angepinseltes Milchgetier. So was hat die Werbewirtschaft heute nötig, um Mischungen aus Industriezucker, Vollmilchpulver, Emulgatoren, Aromastoffen und Kakao als Schokolade zu verkaufen.

Früher, logo, war das ganz anders. Und vor allem einfacher: Wir Kinder wußten doch, die weißen Kühe geben Milch und die braunen den Kakao-Trunk. Fertig. Ganz natürlich, sehr logisch und eindeutig zuzuordnen. Daß es lila Kuh-Sorten geben könnte, dafür hätten wir unsere Eltern ausgelacht. Gibt ja auch keine lila Milch! Und auch zu Almen und Alpen und dem ganzen Jodelgebirge hatten wir ein völlig anderes Verhältnis. Da lebte nämlich ein Bär. Der Bär! Dieser schnuckelige, süße und vor allem lebendige Bärenmarke-Bär. Der kleine Kuschelkerl mit der großen Kanne war mein unumstrittener Star in den ersten Fernsehjahren.

Er hatte nur einen Nachteil. Wann der Hase César kam, das wußte Mutter aus dem Programmheft, und auch wann Adalbert Dickhut auftauchte, wann Flipper herumflipperte und wann sonntags die Lokomotive Emma von Augsburg aus nach Lummerland losdampfte. Nur, wann kommt der Bär? Ich muß meine Eltern zeitweise zum Wahnsinn getrieben haben. Dialog mit Mutter: „Wann kommt heute der Bär?" – „Das weiß ich nicht." – „Kommt der heute gar nicht?" – „Weiß ich nicht, Bernd." – „Warum nicht?" – „Weil es niemand weiß, wann der Bär kommt." – „Der Vater auch nicht?" – „Nein, der Vater auch nicht." – „Und der Bär, der muß doch wissen, wann er kommt..."

Heute glaube ich, daß die, wie bei jedem Kleinkind, anfangs bewunderte Allwissenheit der Eltern durch diese sehr monotonen Bären-Dialoge einen Knacks abbekamen und Vater wie Mutter in meiner Achtung eine Winzigkeit absackten. Meine Eltern müssen das geahnt haben. Oder sie wollten nur meine regelmäßigen Tobsuchtsanfälle vermeiden, wenn mir ein Freund, der den Bären ebenso liebte, am nächsten Tag erzählte, er habe ihn gesehen. Und ich nicht! Weil ich zu früh ins Bett mußte! Also gab es eine Abmachung: Meine Eltern versprachen mir, mich sofort zu rufen, sobald er käme, wenn ich nur schonmal ins Bett ginge. Ich vertraute ihnen. Und wirklich: Manchmal riefen sie auch. Aber ich konnte noch so rennen: Die Werbesekunde war damals schon teuer, der Auftritt des Bären nur kurz, und ich kam meistens zu spät. Was dann jedes Mal zunächst die Frage auslöste, warum sie mich nicht früher gerufen hätten, sie mit der Bemerkung, das ginge nicht, meinen puren Trotz auslösten und die ganze Szene dann regelmäßig in einem heftigen Wein- und Schreiausbruch eskalierte. Heute weiß ich, daß sich meine Eltern mit der Abmachung in eine klassische Falle begeben hatten.

Und was sehe ich neulich, ohne daß mich irgendein Elter ruft: Dieser eine Bär, mein Kindheits-Bärenmarke-Bär, wieder auf der Mattscheibe! Er lebt! Steht da mit der Kanne auf satt-grüner Wiese wie vor 30 Jahren. Und ohne jedes moderne Lila. Die blöde Kuh hat er wahrscheinlich gerade von der Alm gejagt.

MAINZELMÄNNCHEN, KÖLNELWEIBCHEN

Ute, Schnute, Kasimir sind Geschichte. Professor Balthasar auch. Manchmal versuchte es die ARD mit bunt wirbelnden geometrischen Mustern oder mit eingeblendeten Münzen aus aller Welt (die noch einen gewissen Sinn machten, schließlich war Konsum angesagt). Aber überlebt hat nur die Gang der harmlosen Sechs aus dem ZDF: Die Mainzelmännchen. Am 1. April 1993 wurden sie volle 30 Jahre alt, genau wie der Sender selbst. Fernseh-Pioniere der ersten Stunde.

Ihre Aufgabe war und ist, Werbung für die Werbung zu machen. Ebenso lustig wie banal wie kinderlockend die Zeit zu füllen zwischen Kühlschränken, HB- und Togal-Männlein, zwischen Krönungskaffee, dem Tschibo-Mann, dem Sarotti-Mohr und der Clementine, dem weißesten Weiß, der Unterscheidung zwischen sauber und rein und der sonorsten Stimme, seit es Asbach Uralt gibt. Überlebt haben sie alle Köpckes, Lembkes und Frankenfelder und teilen heute die Spots zwischen Steffi Grafs kochender Nudelleidenschaft und Rasierklingen für das Beste im/am Mann. Selbst sind sie Fernseh-Greise geworden, aber nie gealtert, wie es sich für Zeichentrickstars gehört.

Konkurrenten sind nicht in Sicht – Kölnelmännchen und Hamburgelweibchen hat noch niemand erfunden, selbst den Privatsendern fehlt dazu die Phantasie.   B.M.

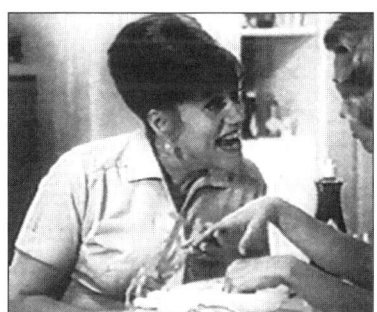

Legendäre Werbefiguren der 60er: Warum denn gleich in die Luft gehen, wenn bei einer guten Tasse vom Tschibo-Mann Tilly harte Hausfrauenhände „in Ge-schirr-spül-mittel!?" stecken läßt und Clementine selbst die Sarotti-„Mohren" weißgewaschen bekommt ...

JAN FEDDERSEN

VOLLGEDRÖHNT IN DEN ISARAUEN

KOMMISSAR KELLER — EIN VATER DES GUTEN

Es war ganz bestimmt Jahre vor der Szene, als meine Eltern völlig aufgelöst das Treppenhaus in die Wohnung heraufstiegen und hervorstießen: „Der Russe hat die Tschechei besetzt." Und sicher auch eine ganze Weile vor dem Auftritt unseres Deutschlehrers Herrn Jungnickel, der ein einziges Mal nicht mit dem Desinteresse der Klasse zu kämpfen hatte, damals nämlich, als er weinte und sagte: „Israel wird ausgelöscht." Das muß der Fünftagekrieg gewesen sein.

Was ging uns Kinder sonst die Welt an? Die meisten hatten kein „Fäänsehn" zuhause. Also gingen wir zu Frau Reißberg, als das für uns Vorstadtgören wichtigste TV-Ereignis der sechziger Jahre ausgestrahlt wurde: Der Besuch Königin Elisabeths II. in Hamburg. Perlen, Schmuck, eine Hochzeitskutsche, Winke-winke zum Volk und ein blöder Bürgermeister, wie wir später feststellten, der sich gegen Her Royal Majesty ausnahm wie der Bettler vor der Schönheitskönigin. Das war die Zeit, als die Augsburger Puppenkiste unsere Gemüter mit Beschlag legte.

Fernsehen war besser als Lesen. Wir verfolgten die Helden der Vorachtundsechzigerzeit. Und kein bißchen Pädagogik, nur Sport, Spiel, Spannung mit Klaus Havenstein, Yancy Derringer, Bonanza und Inge Meysel mit den Unverbesserlichen. Serien wie Al Mundy, Gauner gegen Gauner oder Mit Schirm, Charme und Melone existierten damals nicht – denn Sendeschluß für Kinder war knapp vor der Tagesschau.

Zu erzählen bleibt von einem, der, wäre er nicht tot, mit Recht für sich beanspruchen könnte, noch alle Generationen gemeinsam vor dem Bildschirm versammelt zu haben. Einer, dessen Spiel heute wie kleine Kunstwerke sich ausnehmen: Erik Ode, der „Kommissar". 97 Folgen lang mit der „Kraft einschläfernder Vitalität" (Frankfurter Allgemeine Zeitung) ließen er und sein Team (Grabert, Klein, Heines und Rehbeinchen) die TV-Nation Einblick nehmen in die Fährnisse gefährdeter Leben, heimlicher Verstrickungen, verhüllter Leidenschaften und tragischer Geschichten.

Das war etwas anderes als die Stories der Edgar-Wallace-Filme: Aktion und Hektik spielten keine Rolle, auf dem Programm stand eine meist unverständliche, unbegründbare, dennoch vom Ambiente her nachvollziehbare Tat. Und Kommissar Keller, ein nachdenklicher, entschiedener, heute würde man sagen: abgeklärter Vater des Guten und Vertreter von Recht, wurde nie handgreiflich. „Ich danke Euch", waren seine letzten Worte.

Ode, der in seiner Rolle, wie das Allgemeine Deutsche Sonntagsblatt im Winter 1976 zurecht erkannte, „an Popularität und Prominenz hierzulande von keinem Beckenbauer, Böll oder Baader übertroffen wird; dieser Ode, von Mainz gebürtig, wohnhaft gewesen in München, legitimer Sohn Herbert Reineckers, war nahezu 100 Sendungen lang der – hin und wieder auch geschmähte – Liebling des Fernsehpublikums." Geschmäht ward er, weil gelegentlich seine Ausflüge ins Maigretsche allzu

Blickten kriminologischen Realitäten kriminalistisch ins Auge: Der Kommissar und seine Mannen. Aufnahme: Rehbeinchen.

ionescoesk gerieten. Bizarre Dialoge waren es: „Das ist Ihr Auto", sagte Keller, was ganz offensichtlich war. „Auto", echote der irgendandere. „Ihr Auto ist es doch", Keller insistierend. „Ja, mein Auto. Auto", kam es zurück. Absurd? Kein bißchen: Gesprächsverläufe wie diese wirkten schwer authentisch, echt, weil ächzend zugleich.

Höhepunkt jugendlicher Kommissar-Manie war zweifellos jene Folge – es ging mal wieder um Drogen, wahrscheinlich hat wieder die damals unvermeidliche Sabine Sinjen „irgendeine Hascherin" (meine Tante) gespielt, Lilli Palmer gab die Mutter („Kind, was machst Du denn, sagte ich, ja, sagte ich") –, in der nicht die zackig-trompetige Erkennungsmelodie die Ohren verstopfte, sondern ein Lied einer später nie wieder zu ähnlicher Berühmtheit gelangten Sängerin namens Daisy Door: „Du lebst in Deiner Welt", schmachtete sie. Text? Vergessen. Der Inhalt entsprach dem des Kommissars schlechthin: Die Welt ist kompliziert, vor allem die Jugend, die in ihr lebt.

Die Serie, vom Fließbandschreiber Herbert Reinecker erfunden, war damals ein, wie heute kenntlich wird, getreues Spiegelbild der frühen Nachachtundsechzigergesellschaft: Nichts war mehr so wie früher, selbst die Villenbesitzer nichts als Gestrauchelte, sozial Verküm-

merte. Die Welt war unverständlich – und in Kommissar Kellers Büro knoteten sich die Fäden auf scheinbar unentwirrbare Weise wieder zusammen. Nie hat man Kommissar Keller moralisch ein Urteil aussprechen hören: Er spielte nur den Chronisten einer rotten Welt.

Zwar ist die Ode-Crew niemals in die Nähe einer Bravo-Otto-Verleihung gekommen, auch war ihre Popularität bei den Jugendlichen damals eine eher negative – die Klasseninteressen der unterschiedlichen Täter kämen nicht zum Vorschein, schrieben damals ernsthaft Kritiker –, doch als die Folge lief, in der Sabine Sinjen wie in einem Existentialistenkrimi die Isarauen vollgedröhnt entlangschlurft, die Gitarre unter dem Arm, Weltverschmerztes im Schleierblick, dann war ihr unsere Sympathie gewiß: Zumal sie ermordet wurde, von einem Täter sowieso und von den gesellschaftlichen Verhältnissen auch noch. So fühlten wir: Mit der schönen Einbildung, daß nur so etwas wie ein Selbstmord uns vor unseren Eltern, Lehrern und sonstigen Erziehungsberechtigten retten könnte.

Schaut man sich heute die Wiederholungen an, wirken die Posen nur noch peinlich: Alles in Schwarzweiß, aufgerissene Augen noch und noch, Schrecken in jeder Sekunde. Die Generationen sitzen längst nicht mehr beisammen.

SUSANNE SCHNEIDER

DER EWIGE ASSISTENT

„IST GUT, CHEF": WO ER AUCH AUFTRITT —
FRITZ WEPPER BLEIBT HARRY KLEIN

Die kleinen Dinge des Lebens: 1968 war ich zehn Jahre alt und Fritz Wepper 27. Freitag abends hieß er Harry Klein, war der jüngste von drei Assistenten des Kommissars und sagte hauptsächlich: „Ist gut, Chef." Heute bin ich 33 und Harry Klein ist immer noch da. Zwar ist Fritz Wepper inzwischen 50, hat den Chef vor 17 Jahren gewechselt, der heißt jetzt Derrick, die Rolle aber ist die gleiche geblieben: „Ist gut, Stephan." Fritz Wepper, der ewig zweite Mann, ist eine der Konstanten meines Lebens.

Manche Generationen müssen ohne wirkliche Helden aufwachsen. Wir Mitte-Dreißigjährigen gehören dazu. Als Rudi Dutschke auf die Straße ging, waren wir zu jung, um ihm zu folgen. Wir saßen statt dessen vor dem Fernseher und registrierten, daß auch Harry Klein nicht aufbegehrte, sondern seinem Chef beipflichtete.

Für die nächste große Jugendbewegung, den Punk, waren wir schon ein wenig zu alt, das Idol Sid Vicious zu kaputt. Harry Klein blieb auch in den Zeiten, in denen sich jeder Banklehrling eine Sicherheitsnadel durchs Ohr steckte, adrett gekleidet und gekämmt. Nicht, daß er wirklich zum Helden taugte, nur müssen wir uns mit dem Wenigen trösten, was man uns nicht nehmen kann: Wir Mittdreißiger sind die ersten, die in die Fernsehgeneration hineingeboren wurden. Deshalb gehört Harry Klein zu uns wie Little Joe. Doch der ist tot. Ist nicht gut, Stephan.

Das alles reichte nur zu einer persönlichen Randbemerkung über einen von hundert Seriendarstellern, wenn Fritz Wepper nicht zu der Handvoll Deutschen gehörte, die wirklich einmal millimeternah auf dem Absprung zum Weltstar gestanden hätten: 1972 spielte er in einem Film mit, der Geschichte geschrieben hat: Cabaret. Dieses Musical aus dem Berlin der dreißiger Jahre wurde in den Münchener Bavaria-Studios gedreht, ebenso wie der Kommissar. Fritz Wepper pendelte von Erik Ode, Reinhard Glemnitz und Günther Schramm zu Liza Minelli, Michael York und Marisa Berenson. Die Maskenbildner der Krimiserie knüpften ihm deshalb ein Langhaartoupet. Für das Berlin der dreißiger Jahre mußte er sich die Haare kurz schneiden. Für das München der siebziger Jahre brauchte er am nächsten Tag wieder Haare, die am Hemdkragen schabten.

Seine Rolle war nicht wirklich groß, und doch spielte er sie so eindringlich, daß er trotz des furiosen Aufmarsches an Weltstars in Erinnerung blieb: Der Katholik, der eine Jüdin liebt und sie nicht heiraten darf, bis er ihr unter Qualen und aus Liebe gesteht, auch Jude zu sein. Er hatte sich taufen lassen, um im aufkeimenden Nationalsozialismus seine Lebenschancen nicht zu zerstören.

Feiern und Triumphe folgen, als der Film in die Kinos kommt, die Krönung sollte der Besuch der Oscar-Verleihung im März 1972 sein. Aber Fritz Wepper bekommt keinen Urlaub.

Harry Klein muß dem Kommissar bei der Aufklärung eines Mordes behilflich sein: „Ich fahr
schon mal voraus, Chef." Ein paar Wochen
später, die Folge ist abgedreht, fliegt Wepper
für fünf Tage in die USA, wird von Fernseh-
Show zur Radio-Show gereicht und trifft seinen amerikanischen Filmagenten: „Okay,
Fritz", sagt der zu ihm, „wir machen mit dir
zwei Filme und ein Theaterstück am
Broadway. Stehst du noch irgendwo unter
Vertrag?"

„Ja", antwortet er wahrheitsgemäß, „noch
bis Ende des Jahres." Und mit zwei Worten
zerstört der Agent die mögliche Weltkarriere
des Fritz Wepper: „Forget it." Harry Klein ist
unbesiegbar.

Fast zwanzig Jahre und 200 Derrick-Folgen
später verteidigt Fritz Wepper den Harry Klein
mit Worten, die ein wenig zu eingeübt klingen: „Die Serie heißt nun mal Derrick und
nicht Harry Klein. Das wichtige ist doch, daß
die Geschichten dicht sind, daß die Zuschauer
die Serie nach so vielen Jahren immer noch
mögen; wir machen keine amerikanischen
Reißer, bei uns steht die Psychologie der Täter
im Vordergrund; es ist erstaunlich, in welcher
Vielfalt der Autor Herbert Reinecker die unterschiedlichen Charaktere zeichnet; die Serie
wird in 98 Ländern ausgestrahlt, das zeigt, wie
hoch die Glaubwürdigkeit ist; es ist nach wie
vor eine interessante Arbeit; zwischen Horst
Tappert, der den Derrick spielt, und mir gibt es
eine Absprache, die lautet: Wir machen so lange weiter, wie uns die Zuschauer sehen wollen ... "

Fritz Wepper verteidigt nicht Harry Klein,
sondern sein Leben. Er macht das gut, er ist
dabei nicht unglaubwürdig. Weder scheint er
zu sehr mit der Serienfigur verschmolzen zu
sein, noch versucht er den Eindruck, es gäbe
keine Ähnlichkeiten zwischen ihm und Harry
Klein, wegzuwischen.

Wepper vor der langen Assistentenkarriere: 1966 in Marcel
Mithois' „Wie wär's, Monsieur?"

In Wirklichkeit ist er kleiner und etwas fülli-
ger als auf dem Bildschirm. Seine Worte unter-
streicht er durch kleine Gesten: Ein kurzes Heben der Brauen beim Zuprosten mit dem Sekt-
glas, eine beiläufige Bewegung, um die rot-
blonden Haare glattzustreichen, ein konzen-
triertes Zusammenkneifen der tiefliegenden
Augen, wenn ihm ein Satz besonders wichtig
erscheint. Er hat ja eine angenehme, ruhige
Stimme und deshalb hört man ihm gerne zu.
Könnte er ernsthaft zugeben, daß 23 Jahre
Harry Klein ein Irrtum gewesen sind?

Gehört es wirklich in die Kategorie der Zu-
fälle, daß Fritz Wepper lange vor dem Kommissar, lange vor Cabaret schon einmal ziemlich berühmt war, nicht nur in Deutschland?
Als Achtzehnjähriger spielte er 1959 in Bernhard Wickis Antikriegsfilm Die Brücke einen
jungen Rekruten. Der Film war, das kann man
wohl so sagen, ein internationaler Erfolg. Für
seine Rolle in Unternehmen Reiher erhielt er

Ein Fall von vielen: Ist gut, Frau Flickenschildt.

fünf Jahre später immerhin den Bundesfilmpreis. 1968 kam das Angebot, im Kommissar den Assistenten Harry Klein zu spielen: „Der Vertrag galt zunächst für dreizehn Folgen, und ich unterschrieb, obwohl ich mir dachte, ich bin doch kein Kriminaler."

1974 übernahm Weppers Bruder Elmar seinen Part im Kommissar, er selbst wechselte, „wohl einmalig in der deutschen Fernsehgeschichte", mit der gleichen Rolle und demselben Namen in eine andere Serie: Derrick. Zwei Kleinigkeiten wurden geändert. Er durfte jetzt seinen Chef duzen und wurde vom Polizeihauptmeister zum Kriminalinspektor „befördert". „Und dabei wird es wohl auch bleiben."

Schauspieler sein: Sich Figuren annähern, Biographien transparent machen, Zwischentöne finden, Gefühle herstellen, Charaktere transportieren, Boxen lernen, Brüche erkennen, Glaubwürdigkeit vermitteln. Die Figur

Harry Klein hat nichts von alledem, was einen Schauspieler herausfordern könnte: Keinen Akzent, kein Vorleben, keine Freundin, kein Hobby, keine Wohnung, keine Eigenschaften, nicht einmal einen ganzen Vornamen hat man ihm gegeben. Er ist bestenfalls der Stichwortgeber für Derrick und muß drei Schritte hinter ihm hertapern, wie Prinz Philip der Queen. Nehmen wir zum Beispiel die Folge vom 26.4.1991. Sie hieß: Wer bist du, Vater? Harry Klein durfte 27 Sätze sagen. Darunter solche: „Verstehe", „Los", „Stephan" oder „Das ist sie doch?", „Ja." Und endlich der erlösende Satz von Derrick, ohne den der Drehbuchautor nicht auszukommen scheint: „Harry, fahr schon mal ins Büro, ich komm dann." Was antwortet Harry? „Gut, wir fahren gleich los." Wer bist du, Harry?

Fritz Wepper mag die Frage nicht mehr hören, wie man es denn aushalten könne, über zwanzig Jahre die gleiche, anspruchslose Figur zu spielen. Harry Klein ist eben sein Beruf geworden. Wenn er merkt, daß er sich nicht rechtfertigen muß, mischen sich kritische Töne in seine Verteidigungsrede: „Ich bin immer noch der Lehrjunge, der zwar zusammen mit Derrick älter geworden ist, aber den großen Gedankengang gefälligst nicht bringen soll. Es ist doch ein bißchen lächerlich, daß Harry oft den dümmlichen oder falschen Weg gehen muß, damit der Täter gefaßt wird. Ich ärgere mich, daß der Autor, Herr Reinecker, nach all den Jahren nicht mehr mit dem Harry Klein anzufangen weiß. Es ist ein bißchen unter meiner Würde, daß ich in vielen Szenen einfach dasitzen und zuschauen muß, aber keine Reaktion zeigen darf."

Während er diese Sätze sagt, läßt seine aufrechte Haltung ein wenig nach, greifen seine kurzen Finger häufiger zur filterlosen Zigarette. Und er erinnert sich an sein erstes Zeitungsinterview. Ein elfjähriger Münchener Bub war er damals, Sohn eines Juristen, der in seiner Glanzrolle als Peter Pan auf der Bühne des Residenztheaters stand. Eine Journalistin fragte ihn, welchen Beruf er später denn ergreifen möchte. Er antwortete, er wollte schon immer Schauspieler werden. Die Zeitung druckte die Worte „schon immer" in Anführungszeichen: „Das hat mich sehr verletzt damals, daß sie mich nicht ernst genommen haben."

Sein Leben heute: Jahr für Jahr zwölf Folgen Derrick mit je fünfzehn Drehtagen. Zeit für seine Hobbys Hochseefischen, Jagen, Pferderennen. Urlaub im August „eigentlich immer in den USA", drehfrei von Januar bis Mitte Februar. In dieser Zeit geht er regelmäßig auf Theatertournee. Manchmal die Wiederholung einer frühen Kommissar-Folge auf 3-Sat und die Worte seiner Tochter: „Papi, damals warst du aber noch dünn." „Es gibt immer Leute, die sagen, Fritz, wenn du in Hollywood bist,

geh doch mal zu einer Agentur und sag Hallo. Aber ich will keine Türklinken putzen."

Zusammen mit seiner Frau Angela ist er häufiger Gast in den Klatschspalten der Münchener Zeitungen. Erscheinen Geschichten in diesen Zeitungen über ihn, haben sie Überschriften wie: „Nach Kokain-Affäre kein neuer Jagdschein für Wepper" oder „18.000 Mark Strafe für Fritz Wepper. TV-Star vergaß, Honorare zu versteuern". Forget it, Fritz.

Wepper hat sich mit seinem Assisentendasein arrangiert. Und er tröstet sich gern damit, daß er sie alle kennt: den Sammy Davis jr., für den er mal ein Abendessen gegeben hat, die Audrey Hepburn, die ihm für Cabaret ein großes Kompliment machte, und die Liza Minelli. Die ruft ihn immer an, wenn sie in Europa ist. Dann fliegt er hin, egal, wo sie auftritt, auch wenn sein Bein in Gips ist, wie damals, als sie in Wien sang.

Und weil „die Liza" nicht täglich anrufen kann, bleiben ihm der Mecki und die Micki und der Mucki und wie sie alle heißen, die in München dazugehören. Und im Restaurant, da kennt man ihn, und der Giovanni kommt extra aus der Küche, um ihm die Spezialitäten zu empfehlen, die nicht auf der Karte stehen. So schlecht ist das alles nicht.

Harry Klein wird weiterleben, ein Ende ist nicht abzusehen: „Ich sage immer, wenn man den Harry Klein nicht mehr will, muß man mich erschießen."

Ich habe nicht gefragt, wen er damit meint. Den Harry Klein oder den Fritz Wepper.

Aus Süddeutsche Zeitung Magazin 32/91

PS: Mittlerweile hat Fritz Wepper, am 3. Januar 1994, ein Vierteljahrhundert Harry Klein vollendet. Wir gratulieren und wünschen alles Gute auf dem Weg zum Goldjubiläum. (Die Herausgeber)

Mathias Bröckers

Das TV-Ungeheuer von Loch Neuss

Vom Sprechen über das Schreiben zum Schweigen — Wolfgang Neuss, Halstuchverräter und Kabarettist

„Auf der Straße guckten sie mich an, als ob ich einen umgebracht hätte. Wenn ich durch die Straßen ging, wich man mir aus, und hinterm Rücken so'n Gebrummel. Da gehste dann schon ganz anders. Fühlste dich schon fast schuldig. So als ob du selber Mörder bist. Die Springerpresse schrieb ‚Spielverderber' und ‚Verräter der Nation'. Die Telefone waren blockiert, Drohbriefe körbeweise. Na, weißte. Geh mal über'n Kudamm und hinter dir sagt'n Arbeiter ernsthaft und ohne Spaß: Da geht ja die Verrätersau! Na, danke. Da biste satt."

Im Sommer 1962 war es, daß Wolfgang Neuss für 787 Mark 15 die Nation in Aufruhr gebracht hatte — mit einer Anzeige für seinen neuen Film „Genosse Münchhausen" im Berliner „Abend". Dank Francis Durbrigde's Fortsetzungs-Krimi „Das Halstuch" hatte das deutsche Fernsehen erstmals etwas im Programm, was als „Blockbuster" im amerikanischen Heimatland des TV schon länger Furore machte: einen Straßenfeger, der die gesamte Nation vor der Mattscheibe bannte. Und jetzt, einen Tag vor der letzten, entscheidenden Folge, das:

Ratschlag für Mittwoch abend:
Nicht zu Hause bleiben, denn was soll's,
der Halstuchmörder
ist Dieter Borsche ...
Also: Mittwoch abend ins Kino!
Ein Kinofan: Genosse Münchhausen"

Das Publikum liebt den Verrat, aber es haßt den Verräter — und entsprechend schnell breitete sich die Nachricht aus: die vorzeitige Entlarvung des Krimimörders wird über alle Agenturen verbreitet und steht am nächsten Tag in sämtlichen Zeitungen — neben bösen und bitteren Kommentaren über den „Verräter Wolfgang Neuss". Und ins Kino ging natürlich keiner. Als Ost-West-Komödie war „Genosse Münchhausen" den Kalten Kriegszeiten ohnehin um ein Jahrzehnt voraus, das Spielverderber-Image seines Machers machte das Unverständnis nun komplett: der Film wurde ein Flop.

Wolfgang Neuss: Der „Halstuchverräter". Das hat ihn bis ans Ende seiner großen Karriere begleitet, noch in den Nachrufen zu seinem Tod 1989 findet die Schandtat Erwähnung — auch nach 27 Jahren war der Verrat am billigen TV-Vergnügen nicht verjährt. Journalisten, die seinerzeit nachfragten, woher er denn überhaupt den streng geheimen Durbridge-Mörder gekannt habe, erzählte Neuss, das sei alles reiner Zufall gewesen, er hätte einfach geraten. Mir erzählte er Anfang der 80er Jahre die wahre Geschichte, wobei wahr bei einem solchen Genossen Münchhausen natürlich stets in Anführungszeichen stehen muß: Seine Mutter, mit der er damals in Berlin-Wilmersdorf zusammenwohnte — „direkt gegenüber vom Krematorium. Wenn jemand auf dem Balkon Staub wischen wollte, sagte ich immer: Hier nicht, da wirfst du jemanden runter" — seine Mutter also besuchte regelmäßig ein Fußpflege-Institut. Zufällig dasselbe, wie die

Frau von Dieter Borsche. Und nach einer gemeinsamen Pediküre war das strenge TV-Geheimnis durchgesickert. „Meine Mutter hat es mir erzählt, aber mich hat es gar nicht interessiert, ich kuckte wenig Fernsehn, schon gar nicht Krimis. Erst als wir ein paar Tage später in meinem Büro am Lützowplatz saßen und einen Anzeigentext für den Genossen Münchhausen suchten, fiel es mir wieder ein. Und dann haben wir es geschrieben und der Abend hat's gedruckt. Wenn ich geahnt hätte, was passiert, hätte ich es natürlich niemals gemacht."

Letzteres ist ihm unbedingt zu glauben, auch wenn man gerade solche Blauäugigkeit der Kabarett-Schnauze Nr.1 am wenigsten abnimmt. Aber so war er, der Neuss: „Wenn eine Pointe da war, mußte sie raus, erst hinterher habe ich gemerkt, was ich da gerade gesagt hatte." Die Gefährlichkeit eines solchen Arbeitsprinzips hatte der gelernte Schlachter, der im Lazarett auf Fronttheater-Komiker „umgeschult" hatte, schon 1947 erstmals erfahren: auch in der britischen Besatzungszone konnte Neuss es sich nicht verkneifen, Briten-Witze zu erzählen – und wird zu einem halben Jahr Haft verurteilt. Nach wenigen Tagen wieder freigekommen hatte er in der amerikanischen Zone mehr Glück: ein US-Kontrolloffizier erkannte das Talent dieses Witze-Erzählers („Sie sind ein Absurdist") und drückte ihm ein Buch von Tucholsky in die Hand. Die Initialzündung, die aus dem Witzbold einen politischen Kopf machte – der alsbald mit dem Geschmack von Freiheit und Adenauer ebenso aneinandergeriet wie mit der neu erwachten Fernsehseligkeit der Rumpfrepublik. 1951 schrieb der Texter Eckart Hachfeld ein Solo für Neuss, das nach einem Requisit verlangte – für 15 Mark ersteht Neuss eine Trommel und wird als „Mann mit der Pauke" zum Liebling der Frontstadt Berlin.

Wolfgang Neuss, Pauke mit Mann.

Und zum Schrecken der Fernsehintendanten. Der Südwestfunk, der ihn 1955 mit der Pauken-Nummer für eine Live-Sendung engagiert, verlangt Abstriche an dem Pointen-Feuerwerk gegen Adenauer, Militarismus und Neonazis („Die von der CDU werden noch so lange machen, bis der liebe Gott aus der Kirche austritt") – Neuss weigert sich und erhält Auftrittsverbot. Die Argumente des SWF-Intendanten Bischoff, der die Neuss-Texte als

„demoralisierend und zersetzend" und „neo-
defätistisch" bezeichnet, bringt die Presse in
Aufruhr: von „Maulkorb statt Pauke", „Zen-
sur" und neuem „Ungeist" ist die Rede. Wenig später soll Neuss im Rahmen eines „Berliner Abends" in Schöneberg vor versammelter
Bundestags-Prominenz auftreten, wieder ist
das Fernsehen live dabei und erneut kommt es
zum Skandal. Denn Neuss hat es sich nicht
nehmen lassen, dem SWF-Intendanten per Telegramm mitzuteilen, daß der von ihm im Süd-
westen abgewürgte Paukenschlag jetzt von

Als er noch sprechen wollte: Neuss als bissiger Pointen-
Spezialist.

Berlin aus übertragen wird: „Bringe heute die
Pauke vor den gesamten Bundestag. Bitte um
Genehmigung."

Bischoff interveniert beim SFB-Intendanten
Alfred Braun, doch der Auftritt des vom Berliner Senat offiziell engagierten Kabarettisten ist
nicht mehr zu verhindern. Aber so schnell wollen sich die Fernsehgewaltigen nicht geschlagen geben: zwar wird der „Berliner Abend"
live ausgestrahlt, doch als Neuss mit seiner
Pauke auf die Bühne kommt, läßt der SFB-Intendant Bild und Ton abschalten und täuscht
eine „technische Störung" vor. Als dieser Zen-
sur-Trick publik wird, kommt es zum Eklat: der
Rundfunkrat und sämtliche Berliner Parteien
mißbilligen die Fernseh-Zensur, der Intendan-
ten-Stuhl wackelt, im Senat kommt es zu einer
aufgeregten Sitzung, Bürgermeister Otto Suhr
spricht von einer „Nagelprobe für die Demokratie". Als Neuss zusammen mit Parlaments-
präsident Willy Brandt im Abgeordnetenhaus
erscheint, bittet man ihn, etwas zu sagen.
Neuss tritt ans Mikro, lächelt fernsehgerecht
und sagt: „Ich grüße meine Mutter in Wil-
mersdorf."

Im Duo mit seinem Partner Wolfgang Müller feiert er den folgenden Jahren einen Büh-
nen- und Leinwanderfolg nach dem anderen.
Nach dem großen Durchbruch als Räuber-Paar
in „Das Wirtshaus im Spessart" (1957) sind
die beiden Wolfgangs Deutschlands Komiker
Nr. 1., die FAZ lobt das Gespann als „Dick und
Doof auf intellektueller Ebene". Als Müller
1960 bei einem Flugzeugabsturz ums Leben
kommt, realisiert Neuss seinen ersten eigenen
Film „Wir Kellerkinder" – die Geschichte des
HJ-Trommlers Macke Prinz, der in seinem Keller zuerst einen Kommunisten vor den Nazis
und dann seiner Vater vor der Entnazifizierung
versteckt. Obwohl der „gesamtdeutsche Hei-
matfilm" bei den Berliner Filmfestspielen
großes Aufsehen erregt, weigert sich der Ver-

Neuss mit Co-Kabarettist Wolfgang Müller als Räuberduo im deutschen Epos „Das Wirtshaus im Spessart". Zwischen ihnen: Lilo Pulver.

band der Filmtheater, ihn in den Kinos aufzuführen. Neuss hatte sich einen Teil der Produktionskosten vom Fernsehen finanzieren lassen und der ARD das Recht der Erstsendung eingeräumt. Die heute allgemein übliche Praxis machte damals Skandal. Einmal mehr war das TV-Ungeheuer von Loch Neuss aufgetaucht und angeeckt – diesesmal nicht gegen das Fernsehen, sondern mit ihm – gegen das Kino. Um den Boykott der Kino-Industrie zu unterlaufen, reist er mit der Pauke durchs Land und führt den Film in gemieteten Kinos selbst vor.

Kurz darauf aber hat er die Fernseh-Industrie schon wieder am Hals: für 125.000 Mark hatte Neuss bei der Strumpffirma ‚Nur Die' einen Werbevertrag über mehrere Fernseh- und Kino-Spots unterzeichnet, die nach seinen Ideen gedreht werden sollten. Volker Kühn hat in seiner Neuss-Biographie beschrieben, wie diese Spots in etwa aussahen: „Neuss tritt einen Fernseher ein, neben sich eine fast nackte Schönheitskönigin. Die Mattscheibe geht zu Bruch, der Fuß bleibt unverletzt, Neuss, lächelnd, in die Kamera: ‚Das machen nur die

Der späte Wolfgang Neuss und sein Medienproblem: Wie werde ich unbekannt?

Strümpfe. Nur Die. Sonst ist das Gerät nicht kaputtzukriegen.' In der Folge: Protest des Verbands der Fernsehgerätehersteller, die Freiwillige Selbstkontrolle gibt den Spot nicht frei, der Auftraggeber verfügt Produktionsstop, verklagt Neuss auf Vertragsbruch (Streitwert: 250.000 DM)."

Eine Cannes-Rolle gab es Anfang der 60er nicht. TV-Werbung in Deutschland war, vielleicht abgesehen vom HB-Männchen, die alte biedermeierlicher „Reklame" in bewegten Bildern – mit Werbe-Ideen wie diesen war Neuss der Branche um Jahrzehnte voraus. Den ersten massenhaften Luxusartikel des Wirtschaftswunders, die Seidenstrümpfe, mit dem damals aktuellen Medienkrieg zwischen Kino und Fernsehen in einem Wortspiel zusammengezogen und mit Knalleffekt ins Bild gesetzt – diese Konzentration sprengte nicht nur den Horizont der werbetreibenden Wirtschaft, sondern auch den Rahmen des Mediums.

Dieser nie gesendete Spot bringt die Qualitäten des Medienkünstlers Wolfgang Neuss sehr früh auf den Punkt: im Fernsehen sein und gleichzeitig Fernseher kaputttreten, für etwas werben und jede „Werbung" vermeiden, völlig danebenliegen und genau treffen. Der Verrat des Halstuchmörders war nur ein weiteres dieser Medienkunststücke: völlig daneben und unmöglich und gleichzeitig exakt auf dem Punkt. Eine Kritik der Kulturindustrie, des dummmachenden Pantoffelkino-Idylls, die den Nerv traf.

Beautiful noise: „Man erwartet etwas, wenn man den Namen Neuss hört, Lärm oder Neues." Für beides war der „Verräter der Nation" fortan zuständig: der niedliche Räuber aus dem Spessart-Wirtshaus entwickelt sich in den 60ern zum Radikalen im öffentlichen Mediendienst. Der „Schrecken sämtlicher Selbstkontrollen" (TV Hören und Sehen) reizt nicht nur die Grenzen des Funks und des Fernsehens aus: mit den Soloprogrammen „Das jüngste Gerücht" und „Neuss Testament" setzt er für das Kabarett völlig neue Maßstäbe; mit dem Film „Wir Kellerkinder" bringt er die grauenhafte deutsche Vergangenheit auf absolut undeutsche Art auf den Punkt: komisch; als Theater-Star ist ihm die Rolle eines „Peter Lorre in dur" (Friedrich Luft) nicht genug, weil er 1967 von der Bühne aus kein Geld für den Vietkong sammeln darf, kündigt er die Mitarbeit. Die Ausstrahlung seiner Funk-Kommentare wird immer häufiger verweigert: wie Neuss in seinen Wortkaskaden Kalauer und Klassenkampf, Komik und Politik, APO-Aktivismus und pure Unterhaltung mixt, ist selbst für liberale Intendanten einfach zu brisant.

25 Jahre fast forward: 1982. Seit zehn Jahren sitzt Wolfgang Neuss in seiner Wohnung und arbeitet an einem neuen Programm: „Wie werde ich unbekannt." Das Rezept dazu lautete: Medienverweigerung. Keine Bühnen, keine Kameras, keine Mikrofone. Was der Neuss denn so mache, wo er stecke, das war, wie Die Zeit 1974 formulierte, „jahrelang die nationale Frage". Für Medienskandale sorgte während dieser Zeit allenfalls sein Aussehen, das die Journaille dann und wann unter „zahnloses altes Weib" oder „kaputter Keller-Guru" ausschlachtet. Wiederentdeckt und zurückgeholt in die Öffentlichkeit wurde Wolfgang Neuss von Leuten, die während der Hoch-Zeiten seiner Popularität in den 50ern und 60ern noch in den Kinderschuhen gesteckt hatten. 1979 erscheint ein langes Interview im „Humus"-Magazin (einer Zeitschrift, die „grün" war, lange bevor es die Bewegung gab), 1982 bringt ein Kreuzberger Szene-Verlag neue Neuss-Töne auf Cassetten heraus und in der taz erscheint eine wöchentliche Neuss-Kolumne. Anläßlich seines 60. Geburtstags im Dezember 1983 ließ sich Neuss zu seinem ersten TV-Auftritt seit über 10 Jahren breitschlagen

und kam zur „Leute"-Talkshow in's Café Kranzler. Sein fulminanter Auftritt, vor allem im Gespräch mit dem damals regierenden Bürgermeister v. Weizsäcker ließ die Presse von einer „Sternstunde des Fernsehens" jubeln.

Das TV-Ungeheuer von Loch Neuss war wieder aufgetaucht – „Auf deutschem Boden darf nie wieder ein Joint ausgehen!" – und brachte der „Leute"-Talkshow den Preis für die beste Livesendung des Jahres ein. Danach standen die Medienleute bei ihm wieder Schlange: mit Film-, Theater- und Fernseh-Angeboten. Doch alle Angebote lehnte er kategorisch ab, es sei denn, der Auftritt fand in seiner Wohnung statt. Kabarett machte er nur noch im Sitzen, zu Hause, die besten Witze erzählte er sich selbst und denen, die ihn besuchten. Nicht als „Aussteiger", sondern als „Aufsteiger" hat Neuss sich dabei gesehen, auf einer Treppe, die vom Sprechen über das Schreiben zum Schweigen führt. „Kann man so geschickt schweigen, daß man verstanden wird?" war seine Frage, und als Antwort (nicht nur darauf) galt bis zu seinem Tod 1989 das Motto des Kollegen Werner Finck: „Unsere Aufgabe kann nicht in unserer Aufgabe bestehen."

HERRJE

Vorige Woche habe ich unsern Herrn Jesus im Fernsehen gehört. Er hat gesagt: „Ich spreche nur im Fernsehen, wenn nichts geschnitten und nichts gekürzt wird oder falsch zusammengestellt."

Wurde auch nicht.

Schließlich hatte der Jesus nicht nur die Hauptrolle, sondern auch die Regie.

Und ein Hotel in Oberammergau.

BERND MÜLLENDER

AUF DAUERFLUCHT

RICHARD KIMBLE LIEF DAVON BIS ZUM UNGLAUBWÜRDIGEN ENDE

Er lief und lief und lief davon. Vor der Polizei, die ihn, natürlich fälschlicherweise, für den Mörder seiner werten Gattin hielt. Dr. Richard Kimble, alias David Janssen, war vier Jahre lang, von 1963 bis 1967 (mit Pausen), in 126 Episoden auf der Flucht. Kein leichtes Leben: Dauerflüchtling Kimble geriet in dreißig Schlägereien, wurde dabei zehnmal bewußtlos geschlagen und viermal niedergestochen. Dreimal erschütterte sich sein Gehirn, achtmal traf ihn herzfern eine Kugel, er mußte sich von einem Auto überfahren lassen und einmal erblindete er gar nach einer Explosion. Immer war die Polizei in der Nähe; nicht gezählt sind die Male, in denen die Serienfigur wegen anderer Delikte (Diebstahl, Kidnapping, Vergewaltigung) verhaftet oder fast verhaftet wurde. Natürlich unschuldigerweise. Immer wieder vertraute er sich Dritten an, die ihn dann prompt verrieten. Rund 126mal entkam er zu Episodenende um Haaresbreite den Sheriffs. Und eine Woche später ging es wieder von vorn los.

Im Oktober 1967 war ausgeflüchtet. Und alle waren enttäuscht über den unglaubwürdigen Schluß, als der legendäre Einarmige endlich gefunden war. Ein Pressedienst schrieb 1967 ganz empört:

„Vielleicht hätte man – wie mehrfach vorgeschlagen – doch noch den einfallsreichen englischen Krimi-Autor Francis Durbridge konsultieren sollen. Aber jetzt ist es dafür zu spät. Vor allem wunderte man sich über die ganz und gar unlogische ‚Lösung‘ des Mordfalles. Völlig unglaubwürdig, daß der Mörder den einzigen Tatzeugen damit erpreßt haben soll, daß er ihm drohte, zu verraten, er sei zu feige gewesen, den Mord an Frau Kimble zu verhindern und sich dann als Zeuge bei der Polizei zu melden. Und schließlich hatte sich der Tatzeuge bestimmt nicht dadurch, daß er eine Kaution stellte, um den wegen eines anderen Deliktes gefaßten Mörder wieder auf freien Fuß zu bekommen, unnötigerweise verdächtig gemacht. Und wo in aller Welt gibt es einen Mörder, der plötzlich von sich aus ohne jeden Zwang einen Mord gesteht, nachdem er doch bis dahin jahrelang bemüht war, zu vermeiden, daß ihm jemand auf die Schliche kam? Und die Unlogik wurde auf die Spitze getrieben, als der Einarmige schließlich unter größter physischer Anstrengung auf einen Turm kletterte – auf das einzige Bauwerk des weitläufigen Rummelplatzes, von dem es kein Entrinnen mehr geben konnte ...“

Wo es das gibt? In Hollywood. Wo David Janssen schon an die zehn Millionen als Richard Kimble verdient hatte und die von der Filmindustrie gewünschte Fortsetzung verweigerte. Aus gesundheitlichen Gründen: „Ich wäre zusammengeklappt.“

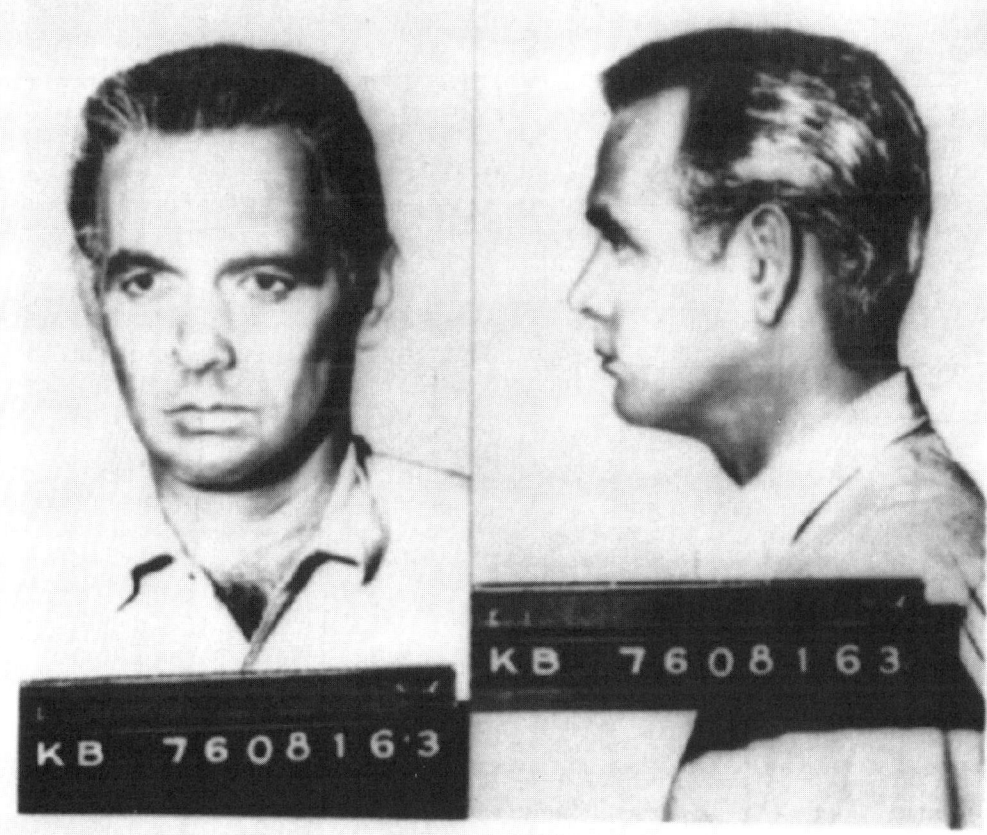

WANTED

INTERSTATE FLIGHT - MURDER

RICHARD KIMBLE

KB 7608163

KB 7608163

DESCRIPTION

Age:	35, born March 27, 1927, Stafford, Indiana	Complexion:	Medium
Height:	6 ft.	Race:	White
Weight:	175 pounds		

WERNER SKRENTNY

SOWEIT DIE FÜSSE TRAGEN

VERGANGENHEITSBEWÄLTIGUNG IM DEUTSCHEN WOHNZIMMER

Etliche Jahre, bevor Richard Kimble alias David Janssen regelmäßig am Freitagabend auf der Flucht war, verfolgte die Fernseh-Nation gebannt – Sehbeteiligung bei der Erstausstrahlung bis 90 Prozent – einen anderen Flüchtling: Den Wehrmachts-Offizier Clemens Forell, dargestellt von Heinz Weiss, der sich, verurteilt zu 25 Jahren Zwangsarbeit in Sibirien, aufmachte, Kriegsgefangenschaft und Sowjetunion hinter sich zu lassen.

Soweit die Füße tragen, hieß das Epos, ein sogenannter Fernsehroman in sechs Folgen nach dem Bestseller von Josef Martin Bauer, der über zwei Millionen mal verkauft wurde und von dem der Rowohlt Verlag behauptete, gegen Forells Flucht seien „die Abenteuer des Odysseus regelrecht harmlos."

Am 12. Februar 1959 war die Reihe gestartet, den Inhalt mögen Auszüge aus der Programmvorschau der Hör Zu wiedergeben:

1. Folge: „Aufseher treiben die 2000 Gefangenen im sibirischen Lager jeden Tag mit der reichen Kraft der Sprache und Überzeugungskraft der Peitsche in ein Bleibergwerk. Schon jeder Gedanke an Flucht ist tödlich. Und doch geht Clemens Forell hinaus in den tobenden, eisigen Schneesturm, läßt sich von ihm verschlucken."

2. Folge: „Tage-, wochenlang stapft er durch den Schnee. Er braucht keine Menschen zu meiden, weil dort keine Menschen leben."

3. Folge: „Was den Weg von Forell und den verwegenen russischen Waldläufern zusammenhält, ist nichts anderes als die Furcht vor den Flintenläufen russischer Soldaten, das gegenseitige Mißtrauen und der Machorka aus Forells Rucksack."

4. Folge: „Sibirien ist zu groß, Sibirien ist zu grausam. Forell weiß es nun ganz genau: Er wird die Heimat nie wiedersehen. Er muß an einer anderen Stelle aus dem grausamen Land herauskommen! Sein neues Zauberwort ist: Persien."

5. Folge: Forell wandert weiter durch die Schneewüste, und –

6. Folge: er erreicht Persien: „Macht mit mir, was ihr wollt! Nur liefert mich nicht den Russen aus."

So kehrt er schließlich heim nach Bayern, und so soll es auch im richtigen Leben des Forell, dies ein Pseudonym, gewesen sein: Dem Münchner Verleger Franz Ehrenwirth nämlich war das Schicksal eines seiner Repro-Photographen bekannt geworden, den man wegen Farbenblindheit entlassen hatte. Jener Beschäftigte, ein Oberleutnant der Bad Reichenhaller Gebirgsjäger, litt an einer Bleivergiftung aus der Zeit im sibirischen Bergwerk und berichtete nun dem Verleger seine drei Jahre und zwei Monate währende Flucht, woraufhin Autor Bauer die Erzählungen auf Tonband festhielt, zu einem Buch und zu einem achtteiligen Hörspiel verarbeitete. Fritz Umgelter (1922-1981), selbst Ex-Oberleutnant und einer der routiniertesten TV-Regisseure, verfaßte daraufhin ein Drehbuch; WDR und NDR ließen das Werk in Szene setzen, im Münchner Studio, in Lappland, 400 Kilometer nördlich von

Rovaniemi, und am Jungfraujoch in der Schweiz – ein Fernsehroman in sechs Teilen, gesamte Sendezeit 400 Minuten.

Der Publikumserfolg war erklärbar: Der 2. Weltkrieg war noch nah, auch das Deutsche Fernsehen hatte in seinen Anfängen Vermißten-Suchmeldungen ausgestrahlt, und die letzten Gefangenen aus der UdSSR waren gerade erst heimgekehrt. Aber hätte sich jemand für das Schicksal eines KZ-Gefangenen in sechs Teilen im Fernsehen interessiert?

Der deutsche Landser, so die Botschaft von Soweit die Füße tragen, war gut, abgesehen von einem potentiellen Verräter namens Hägelin im Lager, den dann glücklicherweise „ein Stück Stollenplafond von einigen Tonnen Gewicht", das ein Mitgefangener loshackte, ums Leben brachte. Weshalb die Eindringlinge in der UdSSR in Gefangenschaft waren, blieb ungesagt, ebenso, welche Verbrechen die deutsche Wehrmacht, SS, Waffen-SS, Polizei u.a.m. beim Feldzug im Osten zu verantworten hatten. Die Sowjetunion war in Westdeutschland längst wieder als Reich des Bösen reinstalliert, und wie grausam erschien Sibirien im TV doch gegenüber Schwarzwald, Alpenland oder Lüneburger Heide.

Tatsächlich kroch die Kälte regelrecht ins Wohnzimmer, wenn Forell im 14 Tage-Abstand wieder durch Schnee und Eis wanderte: Man fröstelte förmlich mit, der Wind im Fernsehen schien ums Haus zu pfeifen und jeder wußte: Weit ist Russland, eisig kalt und grausam. So wurden Weltbilder gefestigt und geschaffen.

„Der Film spricht all jene Menschen an, die direkt oder indirekt mit dem Problem Kriegsgefangenschaft belastet sind", hieß es. „Ich war in russischer Gefangenschaft und die schon halb vergessenen Eindrücke waren wieder da, als sei es gestern gewesen", meldete sich ein Zuschauer.

Fußgänger Forell (Heinz Weiss) im sibirischen Winter.

Die Kritik konnte die allgemeine Euphorie nicht teilen. „Sibirische Karl May-Geschichte", schrieb die Münchener Abendzeitung. Vor allem erschien der Fernsehroman in Fortsetzungen umstritten: „Es wird auch wohl nur Leuten möglich sein, dies zu sehen, die abends aber auch wirklich keine anderen Interessen haben als vor ihrem Bildschirm zu sitzen!" „Die Serienfilm-Mode der Stummfilmzeit kehrt im

Fernsehen wieder", befand die FAZ. Der „Televisor" von Hör Zu mäkelte: „Der Fernseh-Film schleppte sich mühsam über die Runden, die Füße ermüdeten." Ein Grund wurde darin gesehen, daß die ersten vier Folgen bereits ausgestrahlt wurden, als Umgelter noch mit den Dreharbeiten für den Rest beschäftigt war (Hör Zu: „Daher die ermüdenden Längen der dritten bis fünften Folge, daher die hektische Eile der sechsten"). Und dieselbe Zeitschrift grundsätzlich: „Den Beweis, daß das Fernsehen ein geeignetes Medium ist, Film in Fortsetzungen über viele Wochen zu zeigen, hat dieser Versuch nicht erbracht. Wir meinen, die Verantwortlichen sollten sich mehr auf ihre eigentliche Aufgabe konzentrieren. Die aber heißt nicht Film, sondern Fern-sehen, nicht Konserve, sondern Aktualität." Ansonsten hielt man sich an Nebensächlichkeiten auf: „Eines der dramatischsten Kapitel des Buches wurde zur Farce: Der Kampf Forells mit dem Wolfsrudel. Man kann Wölfe nicht durch Schäferhunde darstellen lassen. Die Szene wäre besser gestrichen worden!"

„Heimkehrer" Heinz Weiss übrigens, der den Forell spielte und selbst auch viereinhalb Jahre Soldat gewesen war, wurde nahtlos in die BRD-Nachkriegsgesellschaft integriert: Zwar mußte er noch in der *Division Brandenburg* und dem *Strafbataillon 999* (auf der Leinwand) nachdienen, fand dann aber u.a. Beschäftigung als *Bewährungshelfer Berger* (TV-Serie 1963), als Jerry Cotton-Assistent Phil Decker (im Kino ab 1965) und avancierte schließlich, wie jedermann weiß, zum ZDF-*Traumschiff*-Kapitän.

Regisseur Fritz Umgelter ging, was die Gattung Fernsehroman betraf, bereits 1960 wieder in die Vollen: Diesmal mit *Am grünen Strand der Spree* von Hans Scholz, der für den Roman den Fontane-Preis erhalten hatte, ein Fünfteiler im Jahre 1960, produziert mit einem zwei Millionen Mark-Etat (nur wenig mehr als eine deutsche Spielfilm-Produktion), mit 180 Schauspielern, 4.500 Komparsen und 100 alten Wehrmachts-Fahrzeugen. Der Telemann des Spiegel urteilte: „Das Fernsehen kann Romane erzählen: Ausführlicher, werktreuer als die Filmindustrie. Es kann sich Zeit nehmen: Ein Jahr für die Vorbereitung, zehn Wochen (mit 14tägigen Pausen) fürs Senden. Vor allem aber kann das Fernsehen billiger arbeiten als der kommerzielle Film."

Auch in *Am grünen Strand der Spree*, das eine Sehbeteiligung von 80 Prozent erreichte, waren Krieg und NS-Zeit ein Thema. In der Berliner Jockey-Bar trafen 1954 die Romanfiguren, dargestellt von Werner

Kein Ort für Lagerfeuer-Romantik! Forell (r.) trifft auf russische Verbrecher.

„Das Dritte Reich": Dringend benötigter
Geschichtsunterricht via Bildschirm.

Lieven, Bum Krüger, Peter Pa-
setti, Malte Jäger und Günter
Pfitzmann, zusammen, um sich
Reminiszenzen aus der älteren
und jüngsten Vergangenheit zu
erzählen. Besondere Bedeutung hatte dabei die 1. Folge:
„Das Tagebuch des Jürgen
Wilms", für das die Massener-
schießung polnischer Juden
nachgestellt wurde. Dies erscheint im Rückblick bemer-
kenswert, verdrängte man
doch die NS-Vergangenheit im
Westen soweit es nur ging, waren zahllose
Alt-Nazis längst wieder in Politik, Verwal-
tungs-, Militär-, Justizapparat integriert. Die
Hör Zu fand die Absicht Umgelters ehrenwert,
„der zeigen wollte, daß nichts vergeben und
vergessen ist; er wollte denen, die sich selber
vergeben hatten, ihre Mitschuld an den Verbrechen ins Gesicht schleudern." Allerdings
bemängelte die Illustrierte, man habe sich
nicht „zwischen Kunst und Dokumentation"
entscheiden können: „Damit kann man Bös-
willige und Zweifler und jene, die das alles
längst vergessen haben, nicht überzeugen" –
Klartext: Es waren noch genug da, die die Ju-
denvernichtung leugneten, nicht glauben
wollten, verdrängten. Anscheinend schien der
Massenmord erst glaubhaft, nachdem 1979
die US-Serie *Holocaust* ausgestrahlt wurde.

Der Fernseh-Romane gab's in den 60ern
noch mehr, so 1961 *Schiffer im Strom*, 1962
Die Revolution entläßt ihre Kinder (nach
Wolfgang Leonhard) und *Wer einmal aus dem
Blechnapf frißt* (nach Hans Fallada), letzteres
ebenso von Fritz Umgelter in Szene gesetzt

wie auch 1969 *Wie eine Träne im Ozean*
(Manés Sperber).

Die erste umfassende Aufarbeitung der
Nazi-Zeit im Fernsehen leistete die 14teilige
Reihe *Das Dritte Reich*, die am 2. Dezember
1960 begann. WDR und SDR hatten sich für
die 700 Minuten-Dokumentation zusammen-
getan, im Redaktionsteam wirkte auch Gerd
Ruge mit. Der Spiegel lobte „den bestbesuch-
ten Geschichtsunterricht der deutschen Geschichte" und sein Telemann urteilte: „Sie haben endlich gezeigt, daß Fernsehen, wenn es
will, gesellschaftliche Aufgaben zu erfüllen
mag, die kein anderes Instrument der Publizistik meistert."

Sechs bis acht Millionen Zuschauer hatte
Das Dritte Reich pro Sendung. Einer von ihnen, der Landrat von Vechta im Oldenburgi-
schen, war von der Sendung am Vorabend offensichtlich so beeindruckt, daß er 1961 bei
der Einweihung der Kolping-Berufsschule in
Lohne den Wunsch äußerte, „daß die Jugend
an dieser Stätte im Geiste unseres Vorbildes
Adolf Hitler herangebildet werden möge".

ULRICH HOMANN

SOVIEL DIE SÄCKE TRAGEN

GEDENKEN AN DIE GENTLEMEN, DIE ZUR KASSE BATEN

Die Helden meiner Kindheit hießen Huckleberry Finn, Stan Libuda und Michael Donegan. Während erstere bekannt sein dürften, besteht für den Dritten Erklärungsbedarf. Denn Donegan war weder ein Dribbelkönig am Schalker Markt, noch wohnte er in einem Zuckerfaß am Mississippi. Er war ein Gentleman, lebte in London und hatte ganz andere Talente.

In den 60er Jahren verließ jeden Abend um 18.50 Uhr ein Postzug Ihrer Majestät der Königin von England den Bahnhof von Glasgow, um in London am nächsten Morgen pünktlich um 3.41 Uhr einzutreffen. Am Morgen des 8. August 1963 erreichte der Postzug jedoch nicht sein Ziel. 31 Meilen vor London überfällt eine Bande maskierter Männer den Zug, um

Geldtaschen zu rauben und mit 2.631.784 Pfund Sterling (ca. 30 Mio. Mark) spurlos zu verschwinden.

Der Anführer der legendären Gang war der fuchsschlaue Michael Donegan – der „Major". Und ich erfuhr von seiner Existenz durch den Dreiteiler „Die Gentlemen bitten zur Kasse".

Der Film von Henry Kolarz war eine Sensation, ein Straßenfeger, wie man ihn bei ca. 70 Prozent Einschaltquote wohl mit Recht nennen konnte. Später hieß es, er habe Fernsehgeschichte geschrieben. Die Leute redeten überall nur von dem sagenhaften Raubzug. Dabei gab es wahrlich genug Gesprächsthemen. Im August 1963 wird die Bundesliga gegründet, der Profumo-Skandal erschüttert England. Kennedy sagt: „Ich bin ein Berliner" und wird fünf Monate später in Dallas erschossen. Adenauer tritt zurück, der dicke Erhard wird neuer Kanzler und in Lengede werden nach einem Zechenunglück 14 Kumpel nach sieben Tagen aus 79 Meter Tiefe geborgen. Aber der Postraub drängte Weltpolitik und Unglücke in den Hintergrund.

Drei Jahre später, als der Dreiteiler gesendet war, saßen wir Kids in unseren selbstgebauten Buden und spielten selbst Posträuber. Michael Donegan durfte der sein, der die Dialoge am sichersten parat hatte. Mir waren sie wie eingemeißelt. Auch die Rollen der anderen Gentlemen waren sehr begehrt. Archibald Arrow beispielsweise, eine Kultfigur, allein wegen seiner trockenen Sprüche. Als einer der Räuber beim Abladen der Geldsäcke stöhnte, noch nie

Stilgerecht: Archibald Arrow (l.) und Michael Donegan, die Anführer des Gentlemen-Coups.

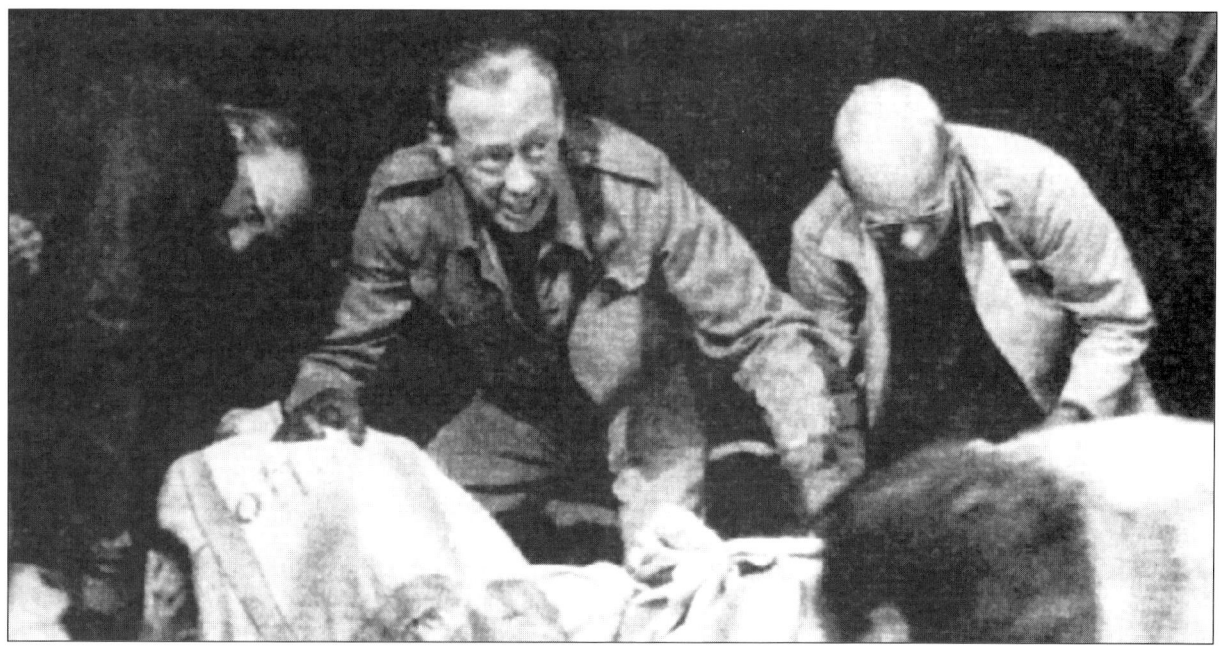

Jede Menge Geld-Postsäcke (in Echt: 120) und gekränkte Eitelkeiten: Während Tappert & Co. ackerten, lehnten sowohl die englischen Behörden als auch Scotland Yard jede Hilfe bei den Dreharbeiten ab.

so viel gearbeitet zu haben, meinte Archie nur: „Dafür ist es auch das letzte Mal." Mit solcher Schlagfertigkeit schart man die Jugend der Welt natürlich hinter sich. Patrick Kinnsay war der Traum von einem Großvater. Geoffrey Black, Donegans bester Freund und Schwager, bestach durch Korrektheit und Treue. Allein die Fulham-Boys zu verkörpern, kam einer Strafe gleich. Der Elektriker Loyd mußte angeheuert werden, um das Signal auf Rot zu stellen und brachte gleich noch zwei Kumpane mit, für die der Postraub-Job ersichtlich eine Nummer zu groß war. Sie waren auch die ersten, die in einem verlassenen Badeort mit zwei großen Koffern, aus denen die Geldscheine lugten, aufgegriffen wurden. Für diese Prolos hatten wir nur Verachtung über. Auch

Twinky war ein Halunke. Erst gibt er Archibald Arrow den Tip, dann verpfeift er die Räuber bei Scotland Yard. Immerhin prägte er den Begriff „Hühnerdiebe". Damit meinte er kleine Ganoven, die keinen Postzug überfallen konnten.

Hühnerdiebe wollten wir nicht sein. Aber Züge fuhren auch nicht durch unsere Gegend, schon gar keine, die säckeweise Geldscheine transportierten. Nur welche mit Koks und Kohle waren zu entern. Zum Einstieg in unsere Posträuber-Karriere klauten wir Lehrgut bei der Getränkehandlung Hartmann. Über die Dächer (Räuberleiter) in den Hof, die Flaschen in Taschen gepackt und vorne wieder umgetauscht („Große Familienfeier gehabt"). Das brachte immer ein paar Mark „Stammkapital".

Die Gentlemen hatten sich dies durch einen Überfall im Flughafen Heathrow beschafft, wobei sie die Geldboten mit Stockschirmen überwältigten, die dann bei uns schwer in Mode kamen. Wir 13jährigen stöckelten fortan zumindest sonntags mit schwarzen Regenschirmen durch die Gegend. Immer waren wir auf der Suche nach Kindern, denen wir die Posträuber-Geschichte ellenlang nacherzählen konnten. Wenn möglich sollten auch Mädchen dabei sein, denn ein bißchen wollten wir auch davon haben, daß wir den Film auswendig kannten. Die Erfolge waren aber mäßig, die frechsten Girls, die in der Pettycoat-Zeit überhaupt für Übertretungen ansprechbar waren, widmeten sich Typen wie Elvis Presley. Heute müssen sie zugeben, daß wir uns den beständigeren Figuren zugewandt haben. Während Posträuber Ronald Biggs in Brasilien ein feines Leben führt, liegt Elvis mit Pfannkuchen-Vergiftung schon lange unter der Erde.

Sicher wird es nicht mehr sehr viele Krimis im Fernsehen gegeben haben, wo die Sympathie der Zuseher so eindeutig bei den Gesetzesbrechern lag. Heiß und innig wünschten alle, daß sie Chief-Superintendent Butler von Scotland Yard (Diese herrlichen Namen!) immer wieder entwischen konnten. Die Königin von England so genial und gewaltfrei (!) zu beklauen, wurde europaweit und von allen Schichten einmütig begrüßt. Zum Ende verliert das Heldenlied freilich an Romantik. Bis auf den oben erwähnten Biggs saßen und sitzen alle Gentlemen im Knast. 30 Jahre hatte der Staatsanwalt gefordert und auch der Richterspruch gelautet – zur Abschreckung.

Auch wir Jung-Posträuber mußten Rückschläge hinnehmen. Klaus Feider, fraglos ein sehr veranlagtes Talent, das bei Karstadt auf Bestellung Waren günstig beschaffte, wurde vom Jugendamt aus dem Verkehr gezogen, landete in Besserungsanstalten und sonstwo noch. Meine persönliche Karriere erlitt den entscheidenden Knick just an dem Tag, als der Dreiteiler wiederholt wurde. Monatelang hatte ich dem Termin entgegengefiebert. Dann passierte ein Mißgeschick: Ich wurde in der Kepa mit einem Kumpel beim Klauen erwischt. Meine Mutter mußte uns von der Polizeiwache abholen. Es gab ein Heidentheater und am Abend die Posträuber gucken – das konnte ich mir abschminken.

Später wurde ich Juso und entfremdete mich von der Geldgier und dem Feine-Leute-Ambiente der Posträuber. Manchmal dachte ich schon daran, den Fulham-Boys schwer Unrecht getan zu haben. Es waren halt einfache Leute, die gar nicht wußten, was sie mit dem vielen Geld machen sollten.

Auch nach fast 30 Jahren wird man mindestens einmal im Monat zwangsläufig an die Posträuber erinnert. Dann kommt freitags Derrick. Und Horst Tappert wird natürlich nie ein Münchener Kommissar sein können, sondern immer Michael Donegan bleiben. An dieser Unglaubwürdigkeit hat er jetzt für immer zu knabbern. Superintendent Butler (Siegfried Lowitz) hatte es da einfacher. Er konnte sich als Der Alte ins ZDF einschmuggeln. So kommt es weiter vor, daß ich von den Posträubern träume. Vor allem dann, wenn ich am nächsten Tag einen Termin habe, zu dem ich mit der Bahn fahre und bei dem es um Geld geht. Dann sehe ich den Zug, der in London nicht ankommen wird, aus dem Bahnhof von Glasgow fahren, höre die Geldsäcke vom Bahndamm auf die Straße plumpsen, sehe die Posträuber im Triumpfgefühl mit stattlichen Pfundnoten ihre Zigarren anzünden und sehe Archibald Arrow vor mir, der am Vorabend des Raubes zum Major, der Radiomeldungen hört, sagt: „Morgen werden die Nachrichten interessanter sein!"

SABINE JASPERS

»MACH UNS NOCHMAL DEN VETTERLI«

EDUARD ZIMMERMANNS AKTENZEICHEN XY

Glücklich sind die unbeschwerten Kindertage, als sich Zebulons Zauberkarussell im Kreise drehte und die Colts ausschließlich im Western rauchten. Am 20. Oktober 1967, 20 Uhr, machte Eduard Zimmermann im Auftrag des ZDF Schluß mit der Kinderstunde. Der (an-) gelernte Vermessungstechniker aus München, zur Tatzeit 38 Jahre alt, untersetzt, schütternes, zurückgekämmtes Haar, machte mich (Jahrgang 1963) und meine Altersgenossen zur traumatisierten XY-Generation. Er trägt die Schuld daran, daß wir mit der irrigen Meinung aufwuchsen, fernsehen könne man nur unter einem Sessel. Für uns als unschuldige Opfer trug das Grauen fortan einen Namen: „Aktenzeichen: XY ... ungelöst."

Zugegeben, meine Seherfahrung beschränkte sich in meinen allerersten Lebensjahren auf eine überschaubare, von meiner Mutter zensierte Auswahl von Programmereignissen. Dennoch war immer wieder mal etwas Unheimliches aus der Fernsehruhe gekommen. In diesem Fall pflegte ich wahlweise Hände oder Sofakissen vor die Augen zu pressen und in kurzen Abständen bei der übrigen Familie nachzufragen: „Ist es vorbei?" Gerne legte mich mein älterer Bruder bei solchen Gelegenheiten mit falschen Aussagen herein. Meine Eltern jedoch trösteten mich: „Das ist doch alles erfunden!" Dieses Argument zeigte bei mir stets beruhigende Wirkung. Das Böse existierte allein im Reich der Phantasie und hatte in unserem Mönchengladbacher Eigenheim nichts zu suchen.

Doch Aktenzeichen XY war anders als alles, was ich bis dahin gesehen hatte. Wie sollte ich auf eine Sendung reagieren, die auf so grausige Art und Weise den Anspruch erhob, „wahr" zu sein? Und was das erst für eine „Wahrheit" war, die der Urahn des Reality-TV zehnmal im Jahr zu uns nach Hause brachte ... Wer nur einmal dabei gewesen war, wußte:

Zimmermann und die Nummer für alle Hobby-Kommissare und Wohnzimmer-Denunzianten.

Draußen vor der Tür lauerte das Verbrechen. Da half kein Sicherheitsschloß, Eduard Zimmermann brachte den Feind in unser Wohnzimmer. Während die Schurken in seiner älteren Sendung „Vorsicht Falle! Nepper, Schlepper, Bauernfänger" nach Bargeld, echten Teppichen, Audi 60 und allem anderen trachteten, was meine Eltern erreicht hatten, gaben sie sich damit in XY nicht mehr zufrieden. Hier ging es um „besonders brutale", unaufgeklärte Gewaltverbrechen, um Morde, die sich „wirklich" in Korschenbroich oder Bad Oeynhausen zugetragen hatten, und Täter, die noch Jahre später frei auf unserer Straße herumfuhren.

Zum Ritual des Grauens gehörten die kurzen Spielszenen (mit diesen gnadenlos dilettantischen Schauspielern), die den Verlauf des Verbrechens rekonstruierten. Weil Zimmermann von Sendung zu Sendung die immergleiche Geschichte erzählte, ließ das Wissen um ihr tödliches Ende schon bei jedem unspektakulären Beginn schaudern. Mitten im Alltag brach das Unheil über die Opfer herein. Kein Detail unscheinbar genug, um nicht von uns als Vorbote abscheulichster Bluttaten gedeutet zu werden. Der Schrecken haftete am Kartoffelschäler in der Haushaltswarenabteilung, er lauerte im Halbdunkel der Garageneinfahrt. Wenn eine Frau fünf Kilometer entfernt in einen Mittelklassewagen stieg, war dies „das letzte Mal, daß Frau Mustermann gesehen wurde". Schnitt, und schon entdeckte ein Spaziergänger mit Hund die Leiche in einem Waldstück.

Im Studio blickte uns Ede Zimmermann, dem von der Internationalen Polizei Assoziation immerhin der Ehrentitel „Sheriff h.c." verliehen wurde, ungerührt in die Augen. Auch wenn unser Fernseher nur schwarz-weiße Bilder zeigte: Daß seine Umgebung nur in Schrankwandbraun gehalten sein konnte, wußten wir. Ebenso, daß wir „Bleistift und Papier bereithalten" sollten. Denn jetzt waren wir „daheim an den Bildschirmen" gefragt, die Bösen „aufzuspüren". Die „Treibjagd mit moralischem Alibi ist eröffnet", notierte der Spiegel zum Sendestart der öffentlich-rechtlichen Fahndung. Der Fernsehsessel, ein Hochsitz. Wen die Schilderung der Tat nicht ausreichend motivierte, Meldung zu machen, lockte Zimmermann auf andere Weise: „Für die Ergreifung des Täters ist eine Belohnung von 1.000 Mark ausgesetzt."

Fester Bestandteil war auch Zimmermanns Führung durch sein XY-Panoptikum. Er präsentierte die Mordwaffe. Er betonte, wie stumpf der Schraubenzieher gewesen sei, der in den Körper des Opfers gerammt wurde. Die stummen Zeugen, die das Verbrechen beglaubigten, focussierten das Entsetzen. Wenn der glattrasierte Anzug-Biedermann die Fahndungsfotos und Phantomzeichnungen der Freizeitkleidungs-Brandstifter erläuterte, bestand kein Zweifel: So sahen Mörder aus.

Seit 1969 war Aktenzeichen XY eine Eurovisionssendung: Der österreichische Rundfunk (ORF) übernahm es 1968, das Schweizer Fernsehen (SRG) ein Jahr später. Fortan gab es Schaltungen nach Wien und Zürich und auch dort Telefonistinnen hinter Glaswänden. Kurzer Anflug von Komik, wenn Werner Vetterli auftrat und in unverwechselbarem Tonfall von „20 Anrufern und mindestens zwei wertvollen Hinweisen im Sendegebiet" meldete. Bei manchem Mittagessen mußte mein Bruder herhalten: „Mach doch mal den Werner Vetterli!" Dann lachten alle.

Die meisten der in XY auftretenden Kriminalbeamten, all diese hölzernen Wachtmeister aus Winsen an der Luhe, agierten so schwerfällig, daß man sich kaum wunderte, daß Fälle unaufgeklärt in den Akten blieben. Wenn ihnen die eifrigen Hilfssheriffs der Bürgerwehr

XY und die glorreichen Vier: v.l.n.r. Werner Vetterli, Ede Zimmermann, Peter Hohl und Peter Nidetzky.

zur Seite standen, konnte es schon mal vorkommen, daß ein Unschuldiger vom Moped gerissen wurde („Sie habe ich doch gestern im Fernsehen gesehen!"). Der erste per Tele-Steckbrief gesuchte Original-Mörder ging am 7. Juni 1968, zwölf Stunden nach der Sendung, in „das unsichtbare Netz", das Zimmermann so gerne auslegte.

Was mich betrifft, blieben die Fälle jedoch ungelöst. Ich hatte mich noch nie an eine Herrenarmbanduhr mit der Gravierung „Doppelt stoßgesichert" erinnert oder mir vor Jahren das Hollandfahrrad gemerkt, das zur fragli-

chen Zeit an einer Hauswand in Pulheim gelehnt hatte. Außerdem kam belastend hinzu: Bis zum zweiten Teil von Aktenzeichen XY, der stets am selben Abend zu später Stunde gezeigt wurde, durfte ich nicht aufbleiben. So gab es für mich nicht einmal eine „heiße Spur", die Mörder blieben unter uns. Doch Eduard Zimmermanns Sprache der Angst wirkte: Wer mich nach dem Weg fragte, stieß auf Mißtrauen, immer. Und als ich einmal beim Waldspaziergang einen Gummistiefel aus einem Laubhaufen hervorlugen sah, lief ich schreiend davon.

MALOCHEN MIT STAN UND OLLI

HANNS DIETER HÜSCH –
STIMMVATER DER KLAMOTTE

Der „ewige Brettl-Student" und „philosophische Clown", der „notorische Kritiker und Bitterböse", die „moralinsaure Erscheinung" und der „stoppelbärtige Nörgler"...: Die Liste der Etikettierungen für Hanns Dieter Hüsch ist ungefähr genauso lang wie die seiner Kabarettprogramme. „Zwischen schwarzweißen Kühen, Windmühlen und altersschwachen Bauernhäusern" (Hüsch) aufgewachsen, ist der bekennende Niederrheiner („alles, was ich bin, ist niederrheinisch") als nuancierter Silbenartist und Kosmopolit hintergründiger Nichtigkeiten in die Bretter-Geschichte der deutschen Kleinkunst eingegangen. Doch mindestens ebenso wie für seine Kabarett-Helden Ditz Atrops, Johannes Kleinheisterkamp und Hagenbuch steht Hüschs Stimme seit den späten 60er Jahren für jene Lachparaden der Fernsehgeschichte, in denen er unsichtbar, aber sprachgewand „Dick und Doof", „Pat und Patachon" oder die „Männer ohne Nerven" durch ihren unnachahmlich-chaotischen Slapstick-Alltag begleitete. Mit dem Stimmvater der Klamotte unterhielt sich Achim Nöllenheidt über die TV-Anfänge der Stummfilmsynchronisation.

Wie ist das damals mit Ihren Stummfilm-einsätzen gewesen: Viele behaupten heute, der Hüsch wäre Dick, andere sagen, er wäre Doof gewesen, natürlich nur stimmlich!

Hanns Dieter Hüsch: „Ich habe alles und jeden gesprochen. Nicht nur Dick und Doof, Pat und Patachon, Charlie Chaplin, Charly Chase, Buster Keaton, Harry Langdon, Ben Turpin und all die anderen Stummfilmhelden, sondern auch den Erzähler im Off („Heute erleben Sie, wie ..."), die hysterische alte Dame, den Schutzmann, der um die Ecke kommt („na warte, Dich krieg ich noch"), verquaste Professoren und junge, hübsche Mädchen. Später ist man ja dazu übergegangen, die Nebengeräusche artifiziell draufzusetzen. Am Anfang war auch das Husten, Quietschen, Flöten, Prusten und das Hundegebell von mir. Sozusagen eine ganzkörperliche Arbeit."

Stans Fispelstimmchen, der dröhnende Polizistenbass, Schienbeintritte und Kötergekläff: Sie müssen für das ZDF doch ein Stimm- und Geräuschewunder-Einkauf gewesen sein?

„Nein, überhaupt nicht. Ich hatte für das ZDF in den 60er Jahren schon fünf bis sechs kabarettistisch-ironisch-liebenswürdige Reiseführer gemacht, wo es von Amerika über Venedig bis nach Heidelberg ging. Als diese kleine Reihe eingestellt wurde, wollte mich der Sender wahrscheinlich nur irgendwie weiterbeschäftigen. Auf jeden Fall kam plötzlich das Stummfilmangebot ..."

... der Anfang einer sprechenden Leidenschaft?

„Nee, nee, so schnell ging das nicht. Zunächst einmal mußte ich noch eine Menge lernen und das in jeder Beziehung. Denn gleich am Anfang gab es ziemliche Honorarschwie-rigkeiten, ein Gefilde, in dem ich eigentlich gar nicht tüchtig bin. Zuständig für Geldfragen war nicht das ZDF, sondern die Firma Beta-Film, und die meinte, daß Spesen nicht extra zu bezahlen seien. Da ich für das Sprechen je-desmal extra nach München reisen mußte, schlug ich vor, die Arbeit doch von einem Münchener Kollegen machen zu lassen. Erst dann haben sie gezahlt, nicht aber ohne Heinz Caloué, der sowohl die Stummfilmtexte ver-faßt hatte als auch mein Synchronregisseur war, die Warnung zukommen zu lassen: ‚Also bei dem Hüsch müssen Sie aufpassen, der setzt sich ganz hart auseinander und schmeißt Ihnen womöglich alles hin.'

Das war so 1967/68, die Stummfilm-Syn-chronisationen habe ich dann noch zwölf Jah-re lang gemacht, Heinz Caloué und ich wur-den schnell Freunde – aber der Job war der schwerste in meiner 45jährigen Laufbahn und der schlechtbezahlteste!"

Was gab's denn für den guten Ton zur ko-mischen Klamotte?

„Pro Film 300 Mark, was aber zunächst ein-mal gar nichts heißt. Am Anfang kam ich in das Studio und wußte ja überhaupt nicht, wie das geht. Daß zu Beginn einer Schleife immer erst ‚1, 2, 3, Achtung läuft', daß das Komman-do dann heißt ‚auf Vier anfangen' oder auf drei oder dreieinhalb, all diese Dinge habe ich Stück für Stück lernen müssen. Der Heinz Ca-loué, der die Texte bei sich zuhause im Keller-studio verfaßte, hat mir eigentlich fast alles beigebracht: Die vielfältigen Techniken, die verschiedenen Stimmen, sie nicht nur zu spre-chen, sondern auch abzusetzen, zu färben, was besonders wichtig ist, wenn zum Beispiel nach der hochtönenden Oma in Not der tiefe Bass des nahenden Gesetzeshüters kommen sollte. Da haben wir nicht jede Schleife gleich auf Anhieb herunterrasseln können."

Der spätere Publikumsbrüller als kompli-ziertes Sprecherlebnis?

„Das war ganz harte Arbeit. Morgens um neun ging's ins Studio, Mittagspause eine dreiviertel Stunde, und dann weiter bis abends um sechs. Ich saß den ganzen Tag über alleine im abgedunkelten Studio, vor mir ein Textpult und eine kleine Leinwand, hinter mir, durch eine Glasscheibe getrennt, Heinz Caloué. Jeder Film war in unterschiedlich lange Einzelse-quenzen, die sogenannten Schleifen, aufge-teilt, in denen mal mehr und mal weniger Text zu sprechen war. Das besondere Merkmal die-ser Schleifen war, daß sie, nach einer kleinen Pause, immer wieder von vorne anliefen. Wenn der Heinz mir also durchgab: ‚Du mußt an der einen Stelle, da wo der Stan um die Ecke kommt, ein bißchen eher anfangen zu sprechen', lief nach dem ‚1 ‚2 ‚3 ‚Achtung' sofort die Wiederholung."

Witzmaloche am Fließband!

„Solange, bis die Szene perfekt war. Es gab Tage, an denen ich insgesamt 220 von diesen Schleifen besprochen habe. Und da ging's nicht nur, wie bei den großen Lippensynchron-filmen, um ein paar Silben wie ‚Halt, Hilfe', sondern um halbe Textseiten mit vier oder fünf Stimmen. Nicht selten bin ich abends sofort ins Hotel gefahren und bis zum nächsten Morgen in den Kissen versunken."

Die Leute lachen noch heute über Ihre Schwerarbeit!

„Das konnten wir sogar auch. Es muß diese, heute leider ausgestorbene Mischung aus Slapstick und Artistik gewesen sein, die uns selbst nach 53 Pat und Patachon-Folgen im Jahr noch immer Vergnügen bereitete. Oder die philosophische Zerstörungswut bei Dick und Doof, wenn Olli den Kotflügel eines Wagens abriß und der andere ihm dafür den Schlips abschnitt, und das alles ganz ruhig ab- und weiterlief, so ganz normal eben, bis das

Stan, Olli und Slapstick-Kollege James Finlayson: Seelenruhig zur Eskalation.

Auto völlig zerlegt und Olli halbnackt auf der Straße stand. Was da auf diese Weise systematisch in Schutt und Asche gelegt wurde, blieb auch nachher noch irrsinnig komisch.

Als Sprecher war es für mich andererseits ein Vorteil, daß nicht alles lippensynchron gesprochen werden mußte. Der Heinz Caloué hatte sich da eine ganz spezielle und auch erfolgreiche Technik ausgedacht. Im Gegensatz zu den später fast vollständig synchronisierten Stummfilmen haben wir eigentlich nur die Geschichte erzählt und manchmal die Protagonisten im Dialog sprechen lassen. Unsere Filmchen wurden mehr durch den berühmten Erzähler zusammengehalten: ‚Heute befinden wir uns im Garten des Grafen von Dunkhase ...‘ “

Nach dem Motto: Dem Zuschauer wird nicht jeder Stummfilmwitz eingeredet!

„Ja, genau. Man kann leicht erkennen, wie fatal es ist, die alten Streifen von vorne bis hinten zu besprechen. Da geht eine Menge an Charme und Komik verloren."

Wie war das denn überhaupt mit den Stummfilm-Komikern zum Ende der 60er Jahre. Immerhin war es eine sehr politische Zeit und gerade das Fernsehen bot doch jede Menge Neues, Unbekanntes?

„Schon recht merkwürdig. Filme wie Dick und Doof oder Pat und Patachon waren eigentlich überall beliebt. Von meinen linken Freunden aber, die mich sowieso schon ziemlich auf dem Kieker hatten, weil ich ihnen als Kabarettist nicht links genug war, bekam ich zu hören: Jetzt macht er auch noch das! Sie hielten mir vor, daß es mir doch – welch ein Hohn – nur um die Kohle ginge."

Mußte damals ein Witz politisch sein?

„Nein, schließlich ist doch zu dieser Zeit ein Quartett wie Insterburg & Co mit reinem Nonsens groß geworden. Nur denen hat man das nicht übel genommen. Bei mir hieß das: Aber Hüsch, Du hast doch den politischen Anspruch ... ! Klar, den hatte ich auch, aber warum sollte ich deshalb auf Dick und Doof verzichten?"

Später galten gerade die alten Stummfilme als latent gesellschaftskritisch!

„Da ist ja auch was dran, obwohl man das nicht übertreiben sollte. Dick und Doof, Pat und Patachon, Chaplin und all die anderen: Es sind die Armen, Gestrauchelten, die sich in feiner Gesellschaft immer daneben benehmen, eigentlich ein Protest gegen das Leben. Auch hinter den infantilen Zerstörungsorgien kann man kleine Macht- und Klassenkämpfe sehen. Doch in der Realität der späten 60er Jahre ist das völlig untergegangen. Da galt erstmal: Wenn irgendwo geschmunzelt wird, ist das verdächtig. Lachen war ja damals schon kapitalistisch."

Europäische Lachnummer: Carl Schenström als Pat und Harald Madsen als Patachon.

KLEINE CHRONOLOGIE

SAMMLUNG WICHTIGER UND UNWICHTIGER DATEN, SKANDALE UND AUFREGUNGEN DER FRÜHEN DEUTSCHEN FERNSEHGESCHICHTE 1952-1970

1952

Weihnachtsgeschenk: Am 25.12. ist offizieller Beginn des bundesdeutschen Fernsehzeitalters. Der Nordwestdeutsche Rundfunk Hamburg (NWDR) sendet jetzt täglich von 20 bis 22 (oder 22 Uhr 30). Nach der unvermeidlichen Intendanten-Ansprache folgt das Fernsehspiel Stille Nacht. Es gibt ganze 800 angemeldete Bildempfangsgeräte bundesweit.

Erst einen Tag später, am 26.12., läuft die erste Tagesschau, danach zunächst nur dreimal wöchentlich als eine Art Wochenschau. Der Gründer der Tagesschau, Martin S. Svoboda, erzählt später: „Kaum hatten wir mit dem Fernsehen begonnen, kam aus Bonn vom da-

Weihnachten 1952 ward den Deutschen die Glotze geboren: Aufnahmen zu Stille Nacht, Heilige Nacht, der ersten Sendung.

maligen Bundestagspräsidenten Ehlers ein Telegramm: ‚Bedaure, daß die Technik uns kein Mittel gibt, auf das Programm zu schießen.'"

Einen verwundert das Fernsehen bald darauf schon sehr, Robert Lembke: „Es wird immer ein Rätsel bleiben, wie jemand das Fernsehen erfinden konnte, obwohl es doch damals gar kein Programm gab."

1953

Am 18.2. das erste Quiz: Kennst Du Europa? heißt es und verspricht „Fröhliches Raten mit jungen Menschen".

Am 1.4. sind gut 1.500 Fernsehgeräte angemeldet, davon steht die Hälfte in Wirtshäusern und Rundfunkgeschäften. Eine Philips-Fernseh-Truhe (incl. Möbelumrahmung) kostet fast unerschwingliche 2.100 Mark. Die Fernsehgebühr: Mit fünf Mark ist man dabei.

Am 2.6. läuft live die Krönung der englischen Queen. Diese Sendung, mit reichlich unscharfen Bildern, wird heute als Generalprobe für die Eurovision angesehen.

Die Herren Hans-Joachim Kulenkampff und Peter Frankenfeld, bis dahin nur aus dem Hörfunk bekannt, erscheinen erstmals auf dem Schirm. Ende des Jahres hat eine Frau, Showmasterin Dagmar Späth, die größten Erfolge: ‚Ich seh' etwas, was du nicht siehst' heißt ihr Ratespiel. Ein Kritiker lobt, die Sendung sei „psychologisch klug aufgebaut". Das finden auch die Zuschauer. Obwohl es erst 7.000 Fernsehteilnehmer gibt, gehen 11.500 Quizlösungen in Hamburg ein.

Werner Höfers Internationaler Frühschoppen läuft an: „Heute mit 6 Journalisten aus 5 Ländern ..."

1954

Tooooor: Am 4.7. schießt Rahn richtig, und Deutschland wird Fußball-Weltmeister. Ein Boom auf Fernsehgeräte schließt sich an.

Die Kinderstunde wird eingeführt – die indes nur eine halbe Stunde dauert: wochentags von 16.30 bis 17 Uhr.

Am 1.11. startet die ARD ihr Gemeinschaftsprogramm. Umschaltpausen dauern bis zu zwanzig Minuten.

Frankenfeld, stets im großkarierten Sakko, ist auf dem Weg zum ersten Unterhaltungsstar mit 1:0 für Sie. Erstmals tritt Postler Walter Spahrbier auf.

1955

84.000 Fernsehgeräte sind angemeldet, damit hat sich ihre Zahl in zwei Jahren mehr als verfünfzigfacht.

Erstmals wird Fernseh-Karneval gegeben: Mainz – wie es singt und lacht. Die Sehbeteiligung an der bald legendären Zoten- und Pappnasen-Revue fortan ist gigantisch: jedes Jahr wollen über 90 Prozent Ja brüllen, wenn es wieder einmal heißt: „Draußen steht einer, wolle mer den roilasse?" Das Mainzer ZDF will die Sendung ab 1964 trotz tiefroter Zahlen für gigantische 100.000 Mark wegkaufen, die Mainzer Schunkelfreunde indes bleiben der ARD treu. Später bekommt das ZDF die Konkurrenz-Büttenschau Mainz bleibt Mainz. Bis in den Siebzigern alles zu Mainz bleibt Mainz – wie es singt und lacht verquirlt wird.

Karnevalistische (und andere) Sünden sind jetzt televisionär sühnbar. Pfarrer Sommerauer macht sich an die Antwort.

Am 21.12. zieht die DDR nach: Offizieller Fernsehbeginn im Osten.

Die erste große Familienserie läuft an: Die Schölermanns (bis 1959).

Erste Familienserie: Die Schölermanns. V.l.n.r.: Heinz (Charles Brauer), Jockeli (Harald Martens), Matthias (Willy Krüger), Evchen (Margit Argill) und Trudchen (Lotte Rausch).

1956

Beeindruckendes Vokabular für die neuen Bilderkästen: „Zauberschale" sagt der NWDR-Generaldirektor Adolf Grimme zum Fernsehgerät, „Zauberspiegel" nennt die erste Fernsehzeitung das Programm und „Gefäß" sagt der Postminister Schubert. Allgemein spricht man vom „Fenster zur Welt". Unter „Fernseher" versteht man zu dieser Zeit noch nicht das Gerät, sondern das Publikum selbst. Der Schriftsteller Günter Anders schreibt 1956: „Daß Fußballmatches, Gottesdienste, Atomexplosionen uns besuchen, daß der Berg zum Propheten, die Welt zum Menschen, statt er zu ihr kommt, das ist, neben der Herstellung von Masseneremiten und der Verwandlung der Familie in ein Miniaturpublikum, die eigentlich umwälzende Leistung, die Radio und TV gebracht haben."

Hans-Joachim Kulenkampff fragt in seiner Show „Wer gegen wen?" die Kandidaten nach dem Text der Dritten Strophe der Nationalhymne. Keiner weiß sie, der Saal lacht. Ein CDU-Landtagsabgeordneter fordert Kulis Demission wegen „Verunglimpfung der Hymne"...

Frühes Nachrichten-Logo.

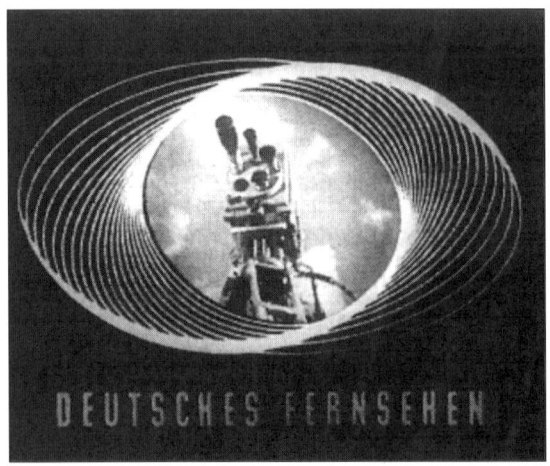

Rin-Tin-Tin legt los, der erste ganz große, erfolgreiche US-Import.

Im November sind die ersten Werbeeinblendungen im Bayerischen Rundfunk zu sehen.

1957

Im Februar erreicht Brechts Dreigroschenoper sensationelle 81 Prozent Sehbeteiligung.

Mitte Mai erscheint mit der TV-Fernseh-Woche die erste deutsche ausschließliche Fernseh-Programmzeitschrift.

Das Regionalprogramm Hier und Heute (Leitung damals: Werner Höfer) läuft im WDR an („Der Westen in Bildern, Berichten und Begegnungen"). Die Sendung wird bis Frühjahr 1993 zum Dauerbrenner. Dekorateur Alfred Bütow erinnert sich: „Der Hintergrund (im Studio) zeigte eine große Landkarte Nordrhein-Westfalens mit mehr als 1.000 kleinen Glühbirnen, die jeweils bei den angesprochenen Orten aufleuchteten. Allein die Installation war ein kleines Wunderwerk."

1958

Die erste Million war die schwerste: Jetzt sind 1,2 Millionen Fernsehgeräte angemeldet.

Die DDR geht am 2.2. mit 2:1 in Führung: Das 2. Programm in der ‚Sowjetisch Besetzten Zone' nimmt den Sendebetrieb auf. Das Westfernsehen kontert mit der Erstausstrahlung von Otto Höpfner im Blauen Bock.

Sandspionage: Einer der großen Hits des DDR-Fernsehens ist bald die knopfäugige Puppe namens Sandmann, derer sich, so der Empfang des „Zonenfernsehens" möglich ist, auch so manche Westeltern als Einschlafhilfe für ihre Junioren bedienen. Später versucht der Westen mit einem Gegensandmann, dem Sandmännchen, nachzulegen. Doch Kritiker sind sich einig: Der sandwerfende Ostknilch blieb immer der bessere, auch wenn Miterfinder und Puppenspieler aus dem Osten mittler-

Wer ich bin? Guido B., Robert L., 1955er Ehrengast Ruth Leuwerik (geraten!) und Marianne K. Unten Schweinderl-Stilleben mit Gong.

weile republikflüchtig geworden waren und ihr Knowhow dem Klassenfeind verrieten.

Ausgeschweinderlt: Robert Lembke gibt am 21.3. in „Was bin ich?" bekannt, daß die Sendung, die im Untertitel noch nicht „heiteres Beruferaten" heißt sondern „psychologisches Extemporale mit sieben unbekannten Grössen", vorläufig beendet sei! Eine grobe Fehleinschätzung. Beendet wird sie erst 1989 nach Lembkes Tod.

1959

Am 2.3. die erste Tagesschau mit einem Sprecher vor der Kamera: Karl-Heinz Köpcke. Er besitzt 12 verschiedene Dienstanzüge („Ich trage nie zwei Tage hintereinander denselben") und 40 Krawatten. Bald bekommt er wöchentlich 150 Fan-Briefe.

Die ersten Werbespots laufen jetzt auch in WDR, NDR und Radio Bremen. Kosten pro Minute: ab 7.000 Mark.

Im Juli jammert Hör Zu: „In puncto Unterhaltung fällt dem Fernsehen nichts mehr ein. Der Feierabend des Bundesbürgers wird genormt. Das Einheitsvergnügen des Jahres 1959 heißt: Quiz."

1960

20.4. Abends läuft die Reportage „Autogerechte Stadt", die „Wege aus dem Verkehrschaos" zeigen will. Ihrer Zeit voraus, indes mit wenig Wirkung bis heute.

Erst knapp ein Viertel der Haushalte ist mit einem Empfänger gesegnet. Lassie, Am Fuß der blauen Berge und Stahlnetz, die sogenannten Straßenfeger, werden auch zu Wohnungsfegern der restlichen drei Viertel. Man trifft sich bei Oma, Onkel, Freunden, Verwandten zum Glotzen – Fernsehen mit Sozial- und Gemeinschaftsfunktion.

Die Firma Hesselbach: Die zweite große Familienserie des Deutschen Fernsehens nach den Schölermanns. Papa Hesselbach lehrt alle Nicht-Hessen hessisch.

Papa Hesselbach im Disput mit Fräulein Flockenbusch.

1961

Erst acht Jahre nach Sendestart gibt es jetzt auch sonntags eine Tagesschau. Und das Fernsehgericht beginnt im März zu tagen. Vorsitzender Richter ist Amtsgerichtsdirektor a. D. Sommerkamp, bald schon „Papa Gnädig" genannt.

Der Bayerische Rundfunk schaltet sich erstmals wegen der Gefahr der Unsittlichkeit aus dem ARD-Gemeinschaftsprogramm aus. Grund der Verweigerung: Das Verweigerungs-Epos Lysistrata mit Romy Schneider. Dabei war das Stück schon so entschärft worden, daß es, wie sogar Bild meinte, „wie Gulaschsuppe aus der Diätküche" schmeckte.

Das Bundesverfassungsgericht verbietet das „Adenauer-Fernsehen". Das kläglich gescheiterte Kanzler-Projekt „Freies Fernsehen" kostet die Steuerzahler 35 Millionen Mark.

Chris Howland, der sich Heinrich Pumpernickel nennen läßt, begeistert erstmals mit Musik aus Studio B. Regisseur Rainer Bertram erklärt später über Vitamin B in Studio B: Die Musikschau sei „eine reine PR-Sendung der Industrie" gewesen.

1962

Eine Umfrage ergibt, daß immerhin jeder 16. Deutsche (rund sechs Prozent) bislang noch nie ferngesehen hat.

Entscheidungshilfe für Erziehungsberechtigte. Auf Vorschautafeln werden die Sendungen gekennzeichnet: Für Kinder (K), für Jugendliche (J) und für Jugendliche nicht geeignet (nJ).

(nJ) ist der erste Durbridge-Krimi: Das Halstuch.

Ende 1962 (ein Vierteljahr vor Sendestart) steht das ZDF in den Startlöchern. Über 1.000 der anvisierten 1.800 Mitarbeiter sind schon in Lohn und Brot, für über eine Million Mark ist ein Fuhrpark zusammengekauft, für 1,4 Millionen Mark sind Schreib- und Büromaschinen angeschafft, dazu im Etat eine halbe Million Mark für Konferenzkaffee und Sitzunggebäck bereitgestellt.

Und das erste Stück Programmgeschichte des ZDF ist auch schon geschrieben: Für 10 Millionen Mark erwirbt der Sender Konservenmaterial – davon stellt sich bald nur ein Drittel als sendefähig heraus. Branchenspott: „ZDF – Die Müllschlucker des deutschen Fernsehens."

1963

Vor Sendestart hat das ZDF noch ein großes Problem: Die Nachrichten-Reporter müssen üben, können aber noch nichts senden. Insbesondere bei Prominenten, speziell Politikern, wird das heikel. So machen sie Interviews mit kurzgeschlossenen Kabeln. Die deutschen Politiker wissen bald Bescheid: „Sind Sie vom Ersten oder vom ZDF?", heißt die Eingangsgegenfrage. Einer aber fällt rein: US-Außenminister G.W. Ball wähnt sich beim Live-Interview

Durbridges Halstuch: Noch ist Dieter Borsche (r.) weder von Wolfgang Neuss noch den Fernsehzuschauern als Mörder entlarvt.

des ZDF auf dem Frankfurter Flughafen vor Millionen von Zuschauern.

Am 1.4. um 19.30 Uhr nimmt das ZDF endlich seinen Sendebetrieb auf. Allerdings können aus technischen Gründen nur rund 60 Prozent der Bevölkerung das ZDF überhaupt empfangen. Die Werbeminute kostet bundesweit 24.000 Mark.

ZDF-Intendant Holzamer bei der Premierenansprache am 1. April 1963.

„Ehe und Familie dürfen als Institution nicht infrage gestellt, herabgewürdigt oder verhöhnt werden." Aus: Richtlinien für die Sendungen des ZDF, Jahrbuch 1962/64.

Bei der Filmvorprüfung in den Funkhäusern fallen allein 1963 38 Kino-Filme durch. Sie tragen unanständige Titel wie „Frühstück im Doppelbett" oder „Ein fast anständiges Mädchen". Begründung des HR-Intendanten Werner Hess, gleichzeitig Pfarrer: „Die Herren sind völlig impotent hinterher."

Ärger um Schau-Zeit: Die Deutschen mucken auf gegen die ARD-Sendung show time. Grund: Es wird in Englisch gesungen statt in der Muttersprache; selbst Liebchen Conny Froboess trällert vom ‚banana-tree'. Die FDP schimpft über „die fortschreitende Amerikanisierung". Leserbriefe empfehlen: „Wir werden unsere Fernsehgebühren demnächst in Dollar bezahlen!" und „Der Ansager sollte nicht mehr ‚Deutsches Fernsehen' sagen!" Der Spiegel kommentiert: „Dabei ist es doch eine Gnade, Schlagertexte nicht zu verstehen!"

1964

Ende des Jahres wird das 10millionste Fernsehgerät angemeldet.

Erstmals läuft Kulis Einer wird gewinnen (EWG).

Der erste „video recorder" wird von der Firma Philips angeboten. Kosten: fast 7000 Mark. Ein Band (Spielzeit: ganze 45 Minuten) kostet 300 Mark. Die Nachfrage ist entsprechend bescheiden.

1965

Zum ersten mal geht im Januar die Tele-Armbrust-Schau Der Goldene Schuß los. Mit Onkel Lou beginnt die TV-Invasion der Holländer.

Uschi Nerke startet am 25.9. den Beat Club. Und Rudi Carrell seine erste Show, die noch Schau heißt.

Millionen Deutsche sind entsetzt über Tofik Bachramov, den russischen Linienrichter beim Weltmeisterschaftsendspiel England-Deutschland am 30. Juli. Er deutet Schiedsrichter Dienst (Schweiz), das „Wembley-Tor" anzuerkennen. In München wirft ein Fußballfan seinen Fernseher durchs Fenster auf die Straße.

In Absprache mit dem Bundesverband Deutscher Zeitungsverleger verlangt die CDU/CSU-Bundestagsfraktion ein völliges Verbot von Fernseh-Werbesendungen.

Contra, Re und Bock: Im ZDF wird jetzt unter dem Titel ... 18, 20, nur nicht passen allen Ernstes und ernsthaft Skat gespielt. 1 Moderator, 1 Zuschauer und 1 Prominenter dreschen die folgenden sieben Jahre um die Wette. Moderator Hanns Heinz Röll, ansonsten zuständig für das Magazin Drehscheibe, kreierte die Sendung aus Verlegenheit, weil es eine Programmlücke gab. Der Erfolg ist riesig.

Ausgetrickst: Der Sender Freies Berlin präsentiert den Westdeutschen kurz vor Weihnachten erstmals eine Feindsendung. Titel der DDR-Produktion: Musik – unsere gemeinsame Sprache. So harmonisch die Klänge von Leipzigs Thomanerchor und Ostberlins Staatsoper klingen, so schrill ist das Nachspiel. Stand doch im Vertrag „Gerichtsstand für beide Parteien ist Berlin, Hauptstadt der DDR." Bild schäumt: „Die Kommunisten werden diese Gelegenheit nicht versäumen und schlußfolgern: Der Sender Freies Berlin erkennt die ‚DDR' an."

1966

Trööööt-Ratsch: Der Kinder bester Freund wird eingesungen – Start der Serie Flipper („Die Abenteuer eines klugen Delphins") zu Neujahr mit seinen Freunden Bud und Sandy Ricks.

17.9., 20.15 Uhr: Raumschiff Orion startet erstmals an den Rand der Unendlichkeit. Über die Dreharbeiten sagt Eva Pflug (Leutnant Tamara Jagellovsk) später: „Der Text war wegen der vielen fremdartigen Worte viel schwieriger zu lernen als ein Klassiker. Und ich hatte noch nicht einmal eine Ahnung, was überhaupt Galaxien sind."

Hoffnungslos: Im Dezember startet die Kriminalserie Vorsicht, Falle. Eduard Zimmermann warnt vor Neppern, Schleppern, Bauernfängern. Der junge ZDF-Mann, damals zarte 38, sagt: „Ich bin einer der wenigen Journalisten, die hoffen, daß ihnen der Stoff ausgeht." Es sollte ihm bis heute nicht gelingen.

Leichtathletik-EM in Budapest: Wenn DDR-Sportler siegen und die DDR-Nationalhymne „Auferstanden aus Ruinen" zur Siegerehrung erklingt, dreht die ARD den Ton ab und täuscht mit dem Schild „Tonstörung" eine Panne vor.

Mit der Verfilmung des Falles Vera Brühne gibt die ZDF-Dokumentarspiel-Redaktion ein frühes Beispiel für die Vermischung von TV-Wirklichkeit und tatsächlicher Authentizität. Der bis dahin wohl aufsehenerregendste Schwurgerichtsprozeß der Nachkriegszeit (Sommer 1962) soll trotz eines noch schwebenden Wiederaufnahmeantrags der Verteidigung nachgespielt werden. Kühl heißt es von ZDF-Abteilungsleiter Bruhn: „Wir enthalten uns jeder Meinung. Das Publikum soll sich ein objektives Urteil bilden können." Die tatsächliche Wirkung von Fernsehen spricht der Brühne-Anwalt Dr. Moser an: „Wenn es zur Wiederaufnahme kommt, dann sitzen sechs Geschworene droben, die den Film auch gesehen haben."

Skat als Medienereignis. Bei „18 … 20 nur nicht passen" reizt „Moderator" Hanns Heinz Röll (Mitte) mit Wolfgang Gruner (l.) und Kloppergast.

Nach dem „Halstuch", „Tim Frazer" und „Das Messer" zittern die Deutschen in einem neuen Durbridge: Melissa. In der Titelrolle Ruth-Maria Kubitschek (links). In einem Duisburger Partykeller dient sie derweil als Dekorationsstück zu Karneval.

1967

Leichenschau: Adenauers Beerdigungszeremonie inclusive einer schier endlosen Schiffsreise des Sarges über den Rhein wird am 25.4. geschlagene sieben Stunden ohne Pause übertragen. Es ist die mit Abstand kostspieligste und umfangreichste Live-Show: 800 Redakteure, Techniker und Helfer sind beschäftigt. 57 Kameras an 18 Standorten entlang des Rheins dokumentieren den Abgang des Alten von Rhöndorf. Zuschauer weltweit nach ZDF-Schätzungen: 400 Millionen.

Alles so schön bunt hier: Willy Brandt läutet auf der 25. Berliner Funkausstellung am 25.8. offiziell per Knopfdruck das Farbfernsehzeitalter ein.

Am gleichen Abend wird es für viele, ausgerechnet in der ersten Farb-Show, gleich wieder trist: Der Goldene Schuß kommt erstmals ohne den gefeuerten Onkel Lou. Es übernimmt der Schweizer Konditor, Koch, Kellner, Liftboy, Tenor und Skilehrer Vico Torriani, der über die neue Buntheit sagt: „Die Farbe fürchte ich nicht."

Loriots Fernsehpremiere mit Knollennasen-
männlein und deftigen Parodien in der Sendung Cartoon.

Richard Kimble startet seine Flucht. Regisseur Jürgen Roland präsentiert erstmals (bis
1973) Dem Täter auf der Spur, eine spannende wie anspruchsvolle Krimiserie, bei der die
Zuschauer mitraten, wen Kommissar Bernard
(Günther Neutze) und Inspektor Janot (Karl
Lieffen) als Bösewichte entlarven würden. „Für
mich ist der Fall klar – und für Sie ...?"

1968

Längst wurde 1968 über die „sexuelle Revolution" geredet, nacktbadeten die Deutschen hie auf Sylt oder da auf Rügen, hatte
Oswalt Kolle mit seinen Aufklärungsfilmen riesige Kino-Erfolge, doch der Bayerische Rundfunk belegt selbst zeitgeschichtliche Aufnahmen mit Mattscheiben-Bann. US-Korrespon-
dent Dagobert Lindlau hatte in einen Bericht
über eine Vietnam-Demonstration in Manhat-
tan einige Szenen eingebaut, wie sich drei
Amis nackert auf der US-Fahne räkelten und
sich sogar anmalten. In München wurde der
Schweinkram rausgeschnitten.

Nicht immer nur die Bayern: Der Bremer Intendant Heinz Kerneck erregt sich über den
Dokumentarfilm Die Berlinerin. Begründung:
„Zuviel Schmus, bißchen viel Sex." Nacktsze-
nen, weder allein noch im Duett, kommen
nicht vor. Bißchen viel sind schon: Junge Frau-
en, die sich in der U-Bahn über die Pille unterhalten, Miniberockte Arm in Arm mit männlichen Wesen und sogar ein leibhaftiger BH.
Das war zuviel: Der sittenstrenge Herr Intendant setzt den Film zwei Tage vor der geplan-
ten Ausstrahlung ab.

Mit der Hans Fallada-Verfilmung „Wolf unter Wölfen" kommt erstmals nach dem Mauerbau ein DDR-Streifen ins BRD-Fernsehpro-
gramm. Noch im gleichen Jahr zieht ausge-

rechnet der Bayerische Rundfunk nach – mit
dem beziehungsreichen Titel „Der geteilte
Himmel" nach einem Roman von Christa
Wolf.

Leere bei Robert Lembke. Nach Struppi
geht jetzt Foxl II, genannt Jacky, todeshalber
in Pension.

Kennen Sie Kino? fragt Moderator Werner
Schwier, ab 1970 Hellmut Lange. Die Kino-
wirtschaft freute sich über die Werbung im
Konkurrenzmedium. Der Regisseur ist der
Sohn eines Frankfurter Kinobesitzers.

Dr. Karla Wege beginnt, als erste Faru überhaupt, uns in die geheimnisvollen Hochs und
Tiefs des Wetters einzuführen. Hoimar v. Dit-
furth geht weiter als das Wetter: Wir und der
Kosmos lautet seine Wissenschaftsserie.

Erste Gebührenerhöhung: Statt fünf Mark,
so beschließen ARD und ZDF, kostet das offizi-
elle Glotzen ab dem 1.1.1970 sechs.

1969

Karin Tietze-Ludwig läßt erstmalig die Lot-
tozahlen ziehen, und erstmals entführt uns
Kommissar Erik Ode in die Verbrechenswelt
der Münchener Schickeria.

Im Januar startet Gerhard Löwenthal sein
ZDF-Magazin. Mit auf den Weg bekommt er
von seinem Chefredakteur: „Polemik ist ein
Wort, das ich nicht gern höre."

Am 21.7. landet Apollo live auf dem Mond.
Hinterher hagelt es heftig Kritik, weil die Sender zuviele Standbilder und Schautafeln zeigen, statt einfach mal den Mond Mond sein
zu lassen und Armstrong Armstrong.

In der Vorweihnachtswoche läuft erstmals
die später Skandal-geschüttelte Show Wünsch
Dir Was mit Dietmar Schönherr und Vivi Bach.
Als Schönherr („Unser Familienspiel soll alte
Zöpfe abschneiden") einmal mit Vollbart mo-
derierte, fragt Hör Zu: „Quizmaster oder
Pennbruder?"

1970

Der erste Mann, der seit Heinz Rühmann wieder durch die Wände geht: Geheimagent Stanley Beamish. Er nimmt im deutschen Fernsehen erstmals seine Pillen.

Endlich, ab Januar, gibt es Aufklärung im TV. Geschlechtsleben à la Anstalt allerdings. Zwei Jahre hatte die Vorbereitung gedauert. „Informationen zur Geschlechtserziehung" heißt die ZDF-Sendereihe. Sie ist als „Lebenshilfe-Beitrag" konzipiert, und, so Intendant Holzamer, „ganzmenschlich". Autor ist der Hausbiologe Dr. Karl-Erich Gräbner (Bild unten Mitte), der sich durch Beiträge wie „Gefiederte Freunde" und „Natur im Heim" qualifiziert hatte. Moderator ist der ZDF-Kirchenredakteur. Es gibt viel zu sehen: Gipsmodelle von Mann und Frau und echte Samenzellen unter dem Mikroskop. Die Zuschauer lernen, daß das Liebesspiel „sehr viele Kenntnisse erfordert", weil Frauen „eine Art Bremse haben". Vor dem Unaussprechlichen, so eine unermüdliche Anstaltspsychologin, „machen sich beide bereit füreinander, der eine im Warten und Bereitsein, der andere im Kommen und Bereitwerden." Angesichts solcher Lebenshilfe bleibt ungeklärt, wieso die Deutschen noch nicht ausgestorben sind.

Ulrike Meinhofs TV-Spiel „Bambule" wird kurzfristig abgesetzt. Sie wird als Terroristin gesucht und gilt als nicht mehr zumutbar.

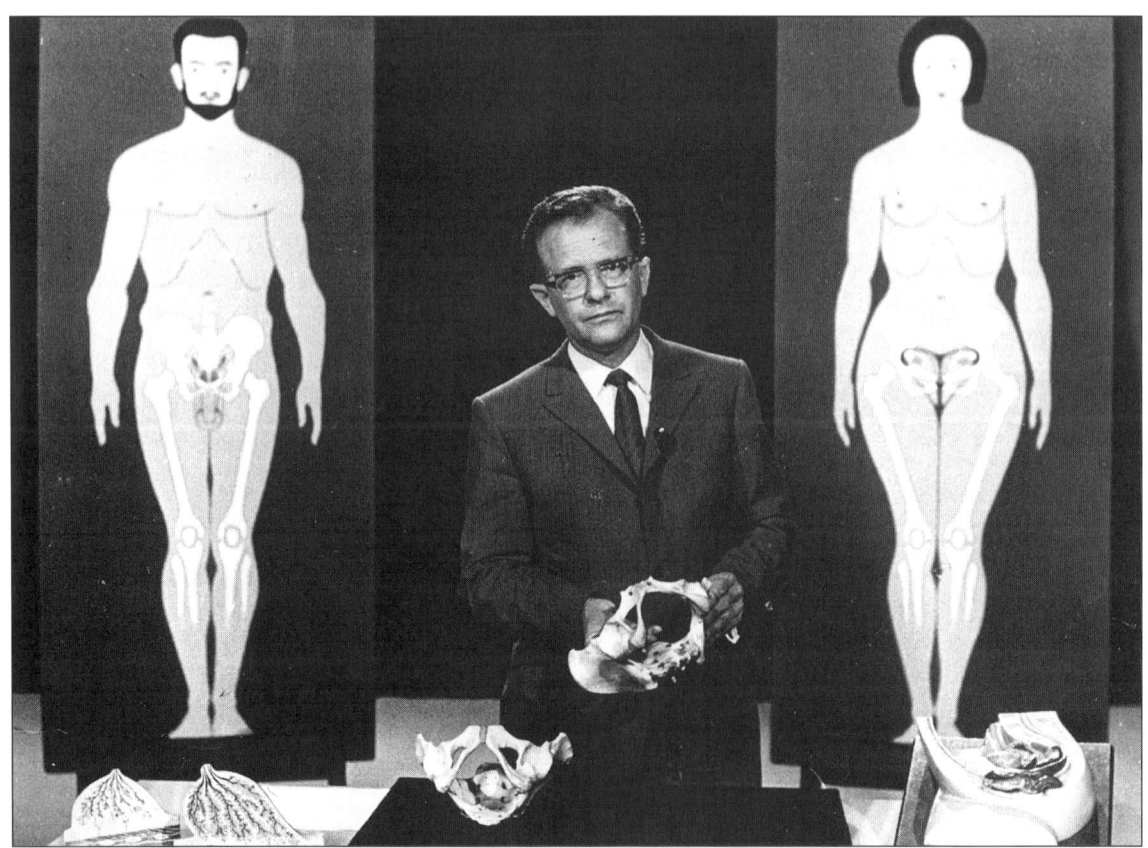

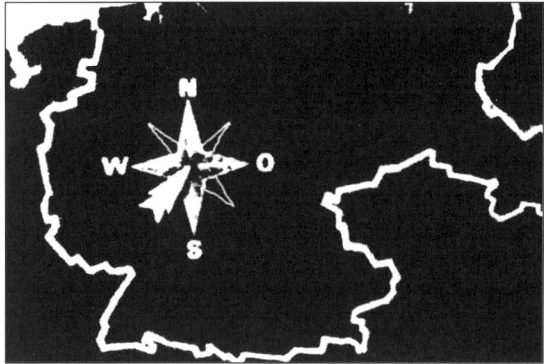

Das Wetter bis Anfang 1970 – in den Grenzen von 1937. Grenzenlos allerdings der Schwachsinn der Wetterkarten-Lobby (l.) ...

Die ARD-Wetterkarte zeigt deutschen Regen und Schnee nicht mehr in den Grenzen von 1937, sondern, welch politischer Fortschritt: ab Mitte 1970 nur noch für die BRD und die DDR gemeinsam. Keine Infos mehr über das Wetter in Schlesien, da protestiert der Bund der Vertriebenen: „Die Wetterkarte soll so bleiben, wie sie ist."

Tatort legt los. In einer der ersten Episoden treffen Kommissar Trimmel aus Hamburg und die vielumschwärmte Schmalzvisage Zollfahnder Kressin aus Köln aufeinander. Trimmel: „Drogenschmuggel? Das kann ich überhaupt nicht leiden. Haschisch! Marihuana!" Antwort Kressin: „Was regen wir uns auf? Die Wissenschaftler wissen doch noch nicht mal, ob das Zeug gefährlicher ist als Alkohol. Ich sauf sowieso lieber." Großmaul Kressin, der frühe Schimanski, ist seiner Zeit voraus. Bald wird er abgesägt.

Es gibt circa 15 Millionen Fernsehgeräte: Davon allerdings erst rund fünf Prozent bunte Guckkästen. Bleibt noch viel zu kaufen und noch viel mehr zu glotzen. Bis endlich in den 90er Jahren 98 Prozent der Haushalte mindestens ein TV-Gerät besitzt.

JÜRGEN W. BRAUN

FEEL HAPPY!

FERNSEHDESIGN UND KULTURVORSPRUNG BEI EDEKA

Ich kann mir auf Geschäftsreisen nichts Schöneres vorstellen, als an einem Sonntagmorgen irgendwo in den USA in einem sauberen Hotelbett aufzuwachen und mich mit der Fernbedienung in der Hand auf die Suche nach einer Sonntagspredigt im multikulturellen TV-Angebot zu begeben.

Und wenn er dann erscheint, der Prediger, ein amerikanischer Nachfolger der Apostel, zwischen 40 und 50 Jahre alt, frisch frisiert, mit klarem Blick, frecher Krawatte, breitem Revers und unglaublicher Gestik, so fühle ich mich schlagartig einfach happy. Vielleicht bin ich nur über die persönliche Ansprache begeistert. Trotz der uns trennenden Mattscheibe ist der Kerl sofort per „Du" mit mir. Der kennt sich einfach aus in meinem Seelenleben.

Und dann ist da am Schluß immer das gleiche Ritual. Mit eindringlicher Stimme und klarer Gestik kommt der Ausruf: „Give me a green buck, now, and feel happy." Unwillkürlich greift man zum Telefonhörer, um die angegebene „toll-free number" anzuwählen; es reicht, wenn die „credit card number" abgegeben wird. Nur habe ich die leider gerade vergessen ...

Nun weiß ich nicht so genau, ob es diese Prediger in den 50er und 60er Jahren bereits in den USA gegeben hat. Damals kannte ich nämlich noch niemanden, der mich hätte in die USA reisen lassen, damit ich dort am Fuß irgendwelcher blauer Berge hätte prüfen können, ob es die Damen und Herren, meist Herren, von Bonanza, der Shiloh Ranch oder von Union Pacific in ihrer immer adretten Kleidung wirklich gibt. Ich besuchte vielmehr im tiefsten Schwarzwald eine religiös orientierte Internatsschule. Meine Mitschülerinnen und Mitschüler wohnten dort nach Geschlechtern getrennt in unterschiedlichen Gebäuden. Ich dagegen hatte das große Los gezogen. Im letzten Schuljahr war ich

Alles spricht für Nordmende ...

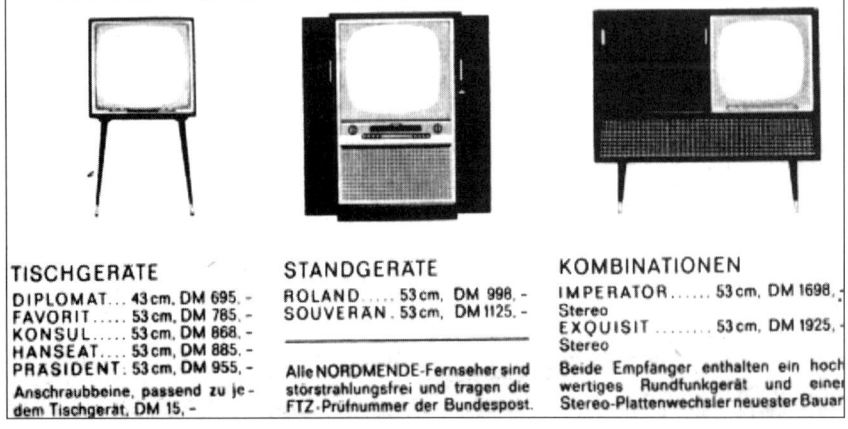

TISCHGERÄTE
DIPLOMAT... 43 cm, DM 695,-
FAVORIT.... 53 cm, DM 785,-
KONSUL..... 53 cm, DM 868,-
HANSEAT.... 53 cm, DM 885,-
PRÄSIDENT. 53 cm, DM 955,-
Anschraubbeine, passend zu jedem Tischgerät, DM 15,-

STANDGERÄTE
ROLAND ..... 53 cm, DM 998,-
SOUVERÄN. 53 cm, DM 1125,-

Alle NORDMENDE-Fernseher sind störstrahlungsfrei und tragen die FTZ-Prüfnummer der Bundespost.

KOMBINATIONEN
IMPERATOR...... 53 cm, DM 1698,-
Stereo
EXQUISIT .... 53 cm, DM 1925,-
Stereo
Beide Empfänger enthalten ein hochwertiges Rundfunkgerät und einen Stereo-Plattenwechsler neuester Bauart.

„Freigänger". Nur 200 Meter von meinen Schulgefährten entfernt, hatte ich oberhalb eines Edeka-Ladens ein Zimmer gefunden. Meine Herbergsmutter war die Inhaberin des Ladens. Der große Vorzug dieser Herbergsmutter bestand darin, daß sie in ihrem Wohnzimmer eine riesige Flimmerkiste besonderer Art besaß. Statt des röhrenden Hirschen hing eine Leinwand mit den Maßen 100 x 200 Zentimeter an der Wand. Davor stand eine Art Nähmaschine mit einem runden Guckloch. Wenn man diese Nähmaschine richtig behandelte, warf sie unter kaum zu überhörendem Summen und Knacken Bilder an die Leinwand.

Damals, das war in der zweiten Hälfte der 50er Jahre, besaß ich mit diesem Heimkino einen ungeheuren Kulturvorsprung. Bei meinen Schulkameraden ging spätestens um 21 Uhr das Licht aus. In meinem Edeka-Laden aber begann um diese Zeit erst das richtige Leben. Allabendlich nach dem Essen versammelte man sich im großen Wohnzimmer. Die gesamte Verkaufsmannschaft war anwesend. Wenn dann die Erkennungsmelodie der Abendschau ertönte und die Wellenringe um die stilisierte Sendeantenne der Nachrichtensendung die Ereignisse ankündigten, trat Stille ein. Jedermann wartete auf „den Regierungssprecher" aus Bonn, der Adenauers neueste Nachrichten verlas. Allabendlich war unser liebes Königsfeld im Schwarzwald ein Vorort der mondänen Weltstadt Bonn. Man sah die Gesichter der Großen und hörte ihre Stimmen. Man war einfach dabei.

Schon damals ging es nicht ohne Ritual: Meine Herbergsmutter saß in einem roten Biedermeiersessel und ihr Ladenchef rechts daneben auf einem bequemen Stuhl. Ich durfte mich gleich neben ihn auf ein rundes Federkissen hocken. Allerdings nicht sehr lange, denn eines Tages bot mir der Ladenchef einen entfernter stehenden, wiewohl bequemeren Stuhl

an. Meinen Platz nahm ab diesem Tag ein schwarzlockiges, hübsches Lehrlingsmädchen ein.

Gut erinnern kann ich mich an Ratesendungen, bei denen es unter uns stets zu einem Wettstreit kam und „unser angehender Akademiker" – gemeint war ich – für gewöhnlich zum Schweigen verdonnert wurde. Wenn ich dann doch das eine oder andere Stichwort fallen ließ, war ich eines Zimmerverweises sicher.

Ernster waren die kulturellen Geisterbeschwörungen mit der Hausherrin. Ab und zu durfte ich meine Klassenkameraden offiziell einladen, und wir konnten sicher sein, daß dann ein berühmtes Theaterstück auf dem Programm stand. Bevor das Gerät eingeschaltet wurde, erhielten wir aus irgendeinem schlauen Buch zunächst eine Vorlesung, und anschließend mußten wir den Abend mit Dorfrichter Adam, dem Käthchen von Heilbronn oder gar Faust und Mephisto verbringen. Al-

... oder doch für Graetz: Klobige Lyrik follows form ...

lerdings durfte wie im echten Theater gelacht, geweint und geklatscht werden. Es gab sogar etwas zum Knabbern, Salzletten natürlich. An Getränken nur Orangensaft.

Viele Jahre später, ich hatte bereits das Studium aufgenommen, schafften sich meine Eltern ihren ersten Fernsehapparat an, und zwar gleich ein Farbgerät. Eigentlich sollte man meinen, daß damit eine neue Dimension erschlossen wurde. Mag sein. Meine Eltern jedenfalls waren begeistert. Ich zog es damals jedoch vor, mich in irgendeine Ecke zurückzuziehen und zu schmökern. Meine Pionierzeit war ganz offensichtlich vorbei. Ich hatte sie am Fuße der blauen Berge verträumt. Ich erkannte schon nach den ersten Takten die Erkennungsmelodien aller Filme. Das war doch damals in Königsfeld ...

Und so geht es mir – ehrlich gesagt – sehr oft auch heute noch. Die ungeheure Faszination der ersten Jahre ist verflogen – was auch am Fehlen schwarzlockiger, hübscher Lehrlingsmädchen liegen kann. Nur selten stellt

sich die Faszination noch ein. Etwa dann, wenn heute ein ganz mutiger Sender auf die Idee kommt, sich mit Grundformen und Primärfarben ein neues Erscheinungsbild zu geben. Dann schaut und horcht man als Geschäftsführer eines designorientierten Unternehmens einen Augenblick auf.

Es wäre im übrigen sicherlich einmal äußerst interessant, sich mit der Morphologie und Semantik der Fernsehgehäuse zu beschäftigen. In meiner Pionierzeit als Fernsehzuschauer waren die Geräte noch echte Möbelstücke. Ich sprach bereits von der verkleideten Nähmaschine. Wenn ich mich nicht täusche, bestand die Hülle der Maschinerie aus Wurzelholz. Für jede Einrichtung gab es in den ersten Jahren das passende Fernseh-Dessin. Das Design war präsent und sichtbar. Man konnte es anfassen und bedienen. Schaut man dagegen heute in die Verkaufsräume eines dieser Multimedia-Stores, so fühlt man sich bis zur Illusionslosigkeit ernüchtert. Heute sind die Hüllen gefallen und verschwunden. Die nackte Kommunikation steht im Vordergrund. Die Plaste-Gehäuse verstecken sich schamhaft hinter den übergroßen gläsernen Kommunikationsflächen. Man ist anscheinend nicht mehr stolz auf seine „Glotze". Selbst das analoge Drehen an den Knöpfen ist weggefallen. Das Informationsmittel wird versteckt. Die digitale Fernbedienung versetzt uns in designlos-virtuelle Welten.

Aber, was solls, es gibt da ja noch die USA. Mindestens zweimal im Jahr habe ich die Chance, an einem Sonntag in einem amerikanischen Hotelbett aufzuwachen.

... oder doch für Blaupunkt (links). Oder (rechts) für Telefunken mit seiner formschönen Fernbedienung der Extraklasse.

REINHARD LÜKE

»DIE CARTWRIGHTS WAREN OKAY«

BONANZA –
EINE MÄNNER-WG AUF DEM SIEGESRITT UM DIE WELT

Man schreibt das Jahr 1963. Sam und Tilley, beide Vertreter für Aluminium-Fassaden, gleiten in einem klapprigen Caddi durch die Vororte von Baltimore. Den eine plagen große Probleme mit seinem Job und den Frauen, der andere hat's auch nicht leicht: „Als ich neulich Bonanza im Fernsehen sah, da fiel mir etwas auf. Da leben also diese vier Burschen auf der Ponderosa, und nicht ein einziges Mal wird über Sex geredet. Nicht ein Wort über Frauengeschichten! Ist doch ganz egal, ob man auf der Ponderosa lebt oder hier in Baltimore, Männer reden nunmal über Sex. Langsam glaube ich, daß diese Serie nicht besonders realistisch ist."

Was den Alu-Dealer Sam hier in Barry Levinsons Komödie „Tin Men" (1987) an der Lebenstauglichkeit seiner Idole zweifeln läßt, ist fraglos richtig, hat unsereinen aber, ehrlich gesagt, damals nicht die Bohne interessiert. Als die Cartwrights 1962 erstmal in unsere gute Stube galoppierten (ein jahrelang peinlich staubfrei gehaltener Raum, der erst durch die Anschaffung einer Fernsehtruhe einige Wochen zuvor überhaupt erst zum Wohnzimmer avanciert war), hatte die Sache mit dem Geschlechterkampf noch ein paar Jährchen Zeit. Mädchen waren noch vorwiegend doof, weil zu nichts zu gebrauchen, es sei denn als Deko-Squaw beim Indianer-Spielen.

Zugegeben, daß Vater Ben gleich drei Ehefrauen nacheinander auf tragische Weise verloren haben sollte, war eine reichlich kühne

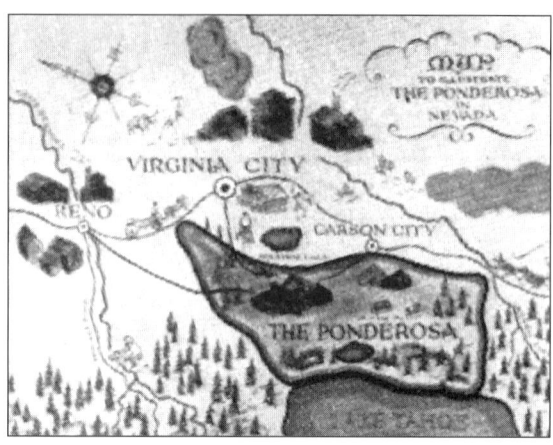

Idee des Bonanza-Erfinders David Dortort. Aber immerhin hatte jede von ihnen einen strammen Burschen hinterlassen, und – wenn man die Ponderosa schon frauenfrei halten wollte – irgendwo mußten Adam, Hoss und Little Joe ja schließlich herkommen. Drei Bilderbuch-Cowboys, die man damals irgendwie ganz gern als Freunde gehabt hätte. Und auch ihr Vater – streng, aber gerecht – hielt dem Vergleich mit dem eigenen locker stand. Nur daß sie ihn „Pa" nennen durften, machte einen irgendwie neidisch.

Daß die glorreichen Vier einmal weltweit Fernsehgeschichte schreiben sollten, war anfangs kaum abzusehen. Auch für die ARD-Oberen nicht. Denn nachdem sie die ersten 13 Folgen ausgestrahlt hatten, überließen sie Bonanza schlafmützig-generös der Mainzer Konkurrenz. So ritten die Cartwrights ab 1967 Sonntag für Sonntag 43 Minuten lang im ZDF. Und wie 400 Millionen andere Erdenbürger waren wir regelmäßig dabei, wenn der smarte Adam Weidezäune reparierte, der tollpatschige Hoss von Gaunern aufs Kreuz gelegt wurde, der leichtsinnige Little Joe in eine handfeste Keilerei geriet oder Koch Hop Sing (der running gag vom Dienst) wieder einmal so redete, wie Chinesen unserer Vorstellung nach nunmal zu reden haben: „Mistel Catlight, Essen is feltig!" Bonanza war Fernsehen für die ganze Familie. Jeder hatte seinen ganz persönlichen Liebling, und was pädagogische Bedenken angeht, hielten es die Erziehungsberechtigten mit Dwight D. Eisenhower: „Die Cartwrights sind okay, die schießen nur von vorn." Wenn überhaupt. Denn meistens blieb der Colt im Halfter.

Als das ZDF 1969 in der verwegenen Annahme, nun sei es aber genug, die Serie trotz anhaltenden Erfolges kurzerhand absetzte (bei dem Begriff Quote dachte man damals noch in

erster Linie an den Lottoschein), sorgten wütende Zuschauerproteste dafür, daß die Nation ihre sonntagnachmittäglichen Lieblinge aus der Gegend von Virginia City wiederbekam und die Cartwrights wieder um die Kaffeetafel galoppieren durften. Insgesamt 234 mal. In

Die Cartwrights, müde vom Ordnung stiften.

Hoss sinniert, Joe (hier sehr little) bei der Arbeit.

den USA brachte es Bonanza bis zur Einstellung der Serie 1973 auf stolze 453 Folgen.

Aber unsereins hatte bereits Ende der 60er eigentlich andere Sorgen als kaputte Zäune und versprengte Rinder. Wenn die inzwischen heißbegehrten Mädchen ihre Partykeller (jene Abstellkammern, aus denen man mit ein paar ausrangierten Matratzen, einem Plattenspieler und einer bunten Glühbirne einen schummrigen Knutschtempel machte) mit einem Michael-Landon-Starschnitt aus der Bravo dekorierten, fanden wir das doch eher kindisch. Schließlich hatte man selbst längst ein Che-Guevara-Poster im Jugendzimmer hängen. Von Che wußte man zwar auch nicht mehr, als daß er irgendwie irgendwo für die Revolution gewesen war, aber Hauptsache, man lag im Trend, und Vater und Mutter fanden den Typ entschieden unsympathischer als die netten Jungs von der Ponderosa. Und irgendwie konnte man jetzt auch Pernell Roberts (Adam) verstehen, der 1966 mit den Worten vom Serien-Pferd gestiegen war: „Drei Erwachsene,

die sich von ihrem Vater alles sagen lassen, das ist mir einfach zu blöd." Daß Roberts heute der einzige Überlebende der Ponderosa ist, während Dan Blocker (Hoss), Lorne Greene (Ben), Michael Landon (Little Joe) und selbst Victor Sen Yung (Hop Sing) unter mehr oder minder tragischen Umständen ins Gras gebissen haben, entbehrt nicht einer gewissen Tragikomik, beweist aber eine grundsätzlich höhere Lebenserwartung von Aussteigern auch nicht zwingend.

Auch wenn sich kaum ermessen läßt, wieviel Pionierarbeit Ben Cartwright für die Akzeptanz alleinerziehender Väter geleistet hat, daß uns Bonanza ordentlich auf das Leben vorbereitet hätte, kann man beim besten Willen nicht behaupten. Was die Frauen angeht, sowieso nicht. Und daß im richtigen Leben nicht immer nur von vorn geschossen wird, haben wir irgendwann schmerzlichst erfahren müssen.

Und was die Cartwrights 1993 auf Sat 1 betrifft, kann man es 30 Jahre nach dem ersten Hufgetrappel auch nur mit Barry Levinsons Fassaden-Dealer halten: „Neulich hab ich Bonanza in Farbe gesehen – sah irgendwie unecht aus."

GOLDENE WORTE VON DER PONDEROSA:

Vater Ben zu Little Joe: „Geh zum Frisör. Ich will nicht, daß einer meiner Söhne wie ein Mode-Affe herumläuft." – „Ja, Pa!"

Nicht weit von der Ponderosa eine Gruppe besoffener Kuhjungen, die davon lallen, wer alles aufgehängt gehört. Little Joe zu Adam: „Warum müssen Männer so sein? Manchmal schäme ich mich, ein Mann zu sein."

Bascha Mika

Rübenernte statt Büffeljagd

Hier und heute: Modernes aus dem Wilden Westen?

Wissen Sie, wo Komprachcice liegt oder Suchy Bór? Nich? Macht nix, aber da sind wir hergekommen. Aus Schläsien, wie meine Oma sagen würde, und dann sind wir in den Westen rübergemacht und nach Aachen gezogen. Das Haus war neu und ein Sozialbau gleich neben dem Depot vom O-Bus (Oberleitungsbus), hatte zwölf Mietparteien und einen zementierten Hof, und alle kamen wir von drieben. Nur die Hexe nicht, die unterm Dach wohnte. Sie war die Tante des Vermieters, schikanierte vor allem uns Kinder, und wenn sie schimpfte, konnten wir kein Wort verstehen, denn sie hatte einen Wolfsrachen, weswegen sie uns manchmal auch wieder leid tat.

Zum Einzug, das war 1960, kauften meine Eltern fürs Wohnzimmer einen Glastisch, bei dem man die Platte mit einer kleinen Kurbel in die Höhe schrauben konnte, und einen Buderus-Kohleofen mit brauner Glasur. Wir waren die größte Familie im Haus. Mama, Papa und drei Kinder. Allerdings war die Pille noch nicht erfunden, und so kamen ziemlich schnell noch zwei dazu. Zu siebt wohnten wir in drei Zimmern mit Küche und Bad; im Kinderzimmer wurden die Betten übereinandergestapelt, aber der Flur war lang genug zum Nachlaufen und Ballspielen. Außerdem gab's den Hof, wo im Sommer die Wäsche hing und wo, wenn man hinfiel, der grobe Zement das Knie halbfingertief aufriß und sich Steinchen in die Wunde fraßen. Wir fielen oft, und das Geschrei war groß.

Ich war acht, da kam 1962 der erste Fernse-

her ins Haus. Nicht zu uns. Wir hatten ein Radio mit Kindersendung sonntags um zwei und außerdem einen Vater, der seine Schar abends um sich versammelte und Geschichten erzählte. Das konnte er so gut wie früher der Opa in Polen, obwohl er doch erst Mitte dreißig war.

Der Fernseher kam zur Frau Böttcher. Die stammte aus Brandenburg und wohnte jetzt im selben Stock gegenüber. Ihr Mann war Fleischer und sie hatten nur ein Kind. Das nannten sie Mausel. Es war so alt wie der jüngere meiner beiden Brüder, also noch ziemlich klein. Mausel, die eigentlich Birgit hieß, war eine Mischung aus Alete-Baby und Spitzmaus und ganz schön verwöhnt. Wie alle Einzelkinder verheimlichte sie ihre Bonbons und futterte sie alleine, während wir eine Rolle Pez-Drops oder eine Tafel Schokolade immer fünfteln mußten.

Alle Nachbarn waren neidisch auf den Fernseher. Nur meine Mutter nicht. Die hatte zu wenig Zeit für Neid. Weil es so schön ist, die begehrlichen Blicke der anderen zu spüren und weil wir doch alle Vertriebene waren, lud Frau Böttcher gelegentlich ein. Nicht zu oft und nicht alle Nachbarn, denn schließlich schenkt einem ja auch niemand was. Manchmal, wenn ich durchs Schlüsselloch unserer Wohnungstür linste, sah ich sogar die Hexe bei ihr verschwinden.

Meine Mutter verstand sich gut mit der Nachbarin und sah am liebsten Operetten. Die liefen zwar oft, aber noch öfter hielten wir und der Haushalt sie von morgens bis abends auf Trab, so daß es für sie ein seltenes Vergnügen wurde. Außerdem ist meine Mutter eine schüchterne Frau, schon bei dem Gedanken, aufdringlich zu erscheinen, bekäme sie Ausschlag. Nimm von niemandem, dann bist du auch niemandem etwas schuldig, war die Devise bei uns daheim. Schon deswegen sah es meine Mutter nicht gern, wenn wir nachmittags wie zufällig durchs Treppenhaus tobten, um von Frau Böttcher zur Kinderstunde geladen zu werden.

Meine Chancen standen sowieso nicht zum besten: Ich war ein altkluges, uncharmantes Kind, winzig und dünn wie ein Zahnholz, so daß mich das Rote Kreuz immer zum Mästen ins Ferienlager schickte. Meine überlastete Mutter hatte mich zu früh auf verantwortungsvolle, große Schwester gedrillt, da blieb von kindlicher Niedlichkeit nicht viel übrig. Außerdem konnte ich Mausel nicht leiden.

Doch ab und zu siegte bei mir die Begierde und ich ließ mich zu Kleinkinderspielen mit Mausel herab, um dann um fünf – wenn das Geflimmer losging – ganz zufällig in Böttchers Wohnzimmer sitzen zu bleiben. Mausel jedoch war schon mit drei, vier Jahren ausgekocht genug, um die Situation perfide auszunutzen. Nicht selten brach sie das Spiel kurz vor der ersehnten Zeit ab, und ich guckte in die Röhre. Beziehungsweise eben nicht.

Einmal hatte ich es glücklich geschafft. Lassie lief. Er war zwar nur ein kümmerlicher Ersatz für die zwei Hunde, mit denen ich in Polen aufgewachsen war – mit ihnen hatte ich als Krabbelkind den Freßnapf geteilt, wenn meine Mutter nicht hinsah, das verbindet – aber dafür war er so unglaublich klug.

Lassie hatte mal wieder alle gerettet. Ich stierte weiter auf den Schirm. Noch nie hatte ich es über die Kinderstunde hinaus gebracht. Frau Böttcher kam ins Zimmer. „Na, Beerbel", – wie ich diesen Namen hasse, nur meiner Familie verzeih ich, wenn sie ihn in den Mund

nimmt – „mußte nich nach Hause? Wat jetze kommt, is doch nüscht für dich!" meinte sie scheinheilig. Halb stand ich schon, halb glotzte ich weiter. „Der Westen in Bildern, Berichten und Begegnungen", flimmerte ins Bild. Was? Cowboys, Indianer, Winnetou, Old Shatterhand! Kein Abenteuerbuch in der Kinderbücherei war mir zu dick, von Karl May hatte ich natürlich schon alles gelesen. Und jetzt – der Wilde Westen im Fernsehen! Und diese Ziege wollte mich nach Hause schicken.

„Hier und Heute", verkündete die Mattscheibe in dicker Schrift. Also eine moderne Geschichte aus'm Wilden Westen. Auch gut. „Das klingt aber interessant", sagte ich hochgestochen und setzte mich wieder hin. Frau Böttcher schüttelte den Kopf und sagte nichts. War auch nicht nötig. Statt Prärie kam westfälischer Acker, statt Büffeljagd Rübenernte im Raum Heinsberg, statt skalpierter Trapper am Marterpfahl ein gescheitelter Moderator vor der Nordrhein-Westfalen-Karte. – Statt Wilder Westen so ein blödes Regionalmagazin vom WDR.

Frau Böttcher war gut zwanzig Jahre älter als ihre Tochter Mausel, aber keinen Deut besser. Einmal spitz gekriegt, wie wild wir Kinder auf Fernsehen waren – inzwischen hatten fast alle Familien einen, nur wir immer noch nicht – nutzte sie es erpresserisch. An einem Tag lud sie uns zur Kinderstunde ein, am nächsten klingelte sie bei meiner Mutter an der Tür. Im Morgenmantel, Wickler im Haar, erklärte sie, daß sie jetzt überhaupt keine Zeit habe, einkaufen zu gehen und ob denn nicht eines der älteren Kinder das mal erledigen könne. Sie selbst sei ja so gestreßt.

Kaum war Frau Böttcher verschwunden, ging die Zankerei los. Wir moserten und meckerten. Schließlich mußten wir ohnehin ständig im Haushalt helfen. Meine Mutter schäumte. Leise, wie es so ihre Art ist. Da hat-

Für Cowboys und Prärie-Büffel ungeeignet: Nordrhein-Westfalen. 50er Jahre-Studiokarte aus Hier und Heute.

te sie fünf Blagen, die Nachbarin nur eines und nun sollten ihre Kinder noch den Dienstboten spielen. Aber hatten wir nicht erst gestern bei Böttchers ferngesehen? Wir heulten, meine Mutter knirschte mit den Zähnen und schickte uns los.

So ging es nicht weiter. Das Fernsehvirus fing an, meiner Mutter zuzusetzen. Von fünf Kindern waren drei infiziert. Verschiedene Desinfektionsmittel – sie schimpfte, predigte, bot als Ersatz Comics und Kino an – waren wirkungslos. Wir wollten glotzen! Wie alle anderen Kinder auch. Meine Mutter fing an zu rechnen. 575 Mark verdiente mein Vater. Ein

neuer Fernseher kostete fast 1.000. Unmöglich zu machen. Aber dann gab es dieses ausgesprochen günstige Angebot im Radioladen um die Ecke. Eine Musik- und Fernsehtruhe – auf Raten von irgendwem erstanden, und dann vom Geschäft wieder konfisziert, weil der Käufer seine Raten nicht abstottern konnte – wurde billig in Einzelteilen angeboten. Der Fernseher für 490 Mark. Er sah zwar ein bißchen komisch aus, so nackt rundherum ohne die Truhe, aber er lief.

Es war 1964, ich war zehn und wir hatten – hurra – eine Glotze. Endlich im Westen angekommen!

MANFRED OTZELBERGER

HIGHNOON MIT SPÄTLESE

WERNER HÖFER:
VOM SCHREIBTISCHTÄTER ZUM FERNSEHDENKMAL

Wenn sich seine Sekretärinnen an den alten Mann mit der Hornbrille erinnern, werden sie wehmütig: „Er war ein Ausbeuter", sagen sie, „aber ein liebenswerter". Und, so fügen sie hinzu, ein Besessener, der Informationen gierig aufsog: „Um halb und Punkt durften wir ihn nie stören, dann hörte er Nachrichten."

Werner Höfer hielt sich für einen der bestinformierten Männer der Republik, und das mußte er sich und anderen immer wieder beweisen: 20 bis 40 Zeitungen aus aller Welt ließ er sich täglich vom Kiosk kommen, drei Monitore flimmerten gleichzeitig in seinem WDR-Dienstzimmer, dazwischen diktierte oder telefonierte er. Wenn eine(r) aus seinem Büro so unvorsichtig war, von einer anstehenden Reise zu sprechen, wurde Höfer zum wandelnden Reiseführer: Dies mußt du sehen, und in dieser Straße ist das und jenes. Das Eigenartige daran: Der Weltmann im mausgrauen Zweireiher war nie dort gewesen, er haßte Reisen, hatte nicht einmal einen Führerschein. Sein Wissen war angelesen, seine Tips aus zweiter Hand. Da inszenierte einer seine Weltläufigkeit und Allgegenwärtigkeit. „Er kannte und konnte alles", erinnert sich seine Sekretärin Helga Funken.

Das „strebsame Kerlchen, das es mit den Musen treiben wollte" (Höfers Selbsteinschätzung), hielt sich für unersetzlich. Genau über diese Eitelkeit, dieses berstende Ego ist er am Abend seiner einmaligen TV-Karriere gestolpert. Nach 1875 Ausgaben seines Internatio

nalen Frühschoppens, 74 Jahre war er damals schon, wurde er 1987 vom Schirm genötigt: Seine NS-Vergangenheit hatte ihn im 35. Sendejahr eingeholt, selbst der WDR hielt ihn dem deutschen Fernsehvolk nicht mehr für zumutbar. Dem Mann, der sein ruhmreiches Journalistenleben am liebsten während der Sendung mit dem Weinglas in der Hand ausgehaucht hätte, wurde der Stuhl vor die Tür gesetzt. Höfer ließ den Frühschoppen, den er immer als das „Kind meiner Lenden" betrachtete, aus dem Programm nehmen. Der Medien-Methusalem wurde bitter, versteinerte, vereiste. Den WDR, seinen Kölner Heimatsender, betrat er nie mehr. Höfer zog sich zurück: In seine Kölner Rheinblickwohnung und in sein Sylter Ferienhaus, das ihm eine jüdische Freundin nach dem Krieg vererbt hatte. Das Thema NS-Zeit blieb bis heute für ihn tabu, gelernt hat der Mann, den Der Spiegel ungestraft „Schreibtischtäter" nennen durfte, nichts aus dem Fluch der späten Enthüllung als „Durchhalte-Feuilletonist". „Ich neige nicht zur unnötigen Selbstkritik", sagte der altersstarrsinnige Greis über die nötige.

Rückblick: Die ersten Vorwürfe gegen den geläuterten NS-Propagandisten kamen pikanterweise zu Beginn der sechziger Jahre, als Höfer zum großen Aufstieg ansetzte. Sein Internationaler Frühschoppen, ursprünglich als Radiosendung konzipiert und am 30. August 1953 erstmals open-air von der Tanzfläche der Düsseldorfer Rheinterrassen gesendet, war so

Werner Höfer (1 Journalist mit 1 Glas).

etabliert wie die Tagesschau und Robert Lembkes Was bin ich. Die erste deutsche Talkshow (damals kannte man das Wort noch nicht) wurde zum Sonntagsritual und hatte traumhafte Einschaltquoten: Fast jeder fünfte schaute zu. Ein echtes Familienprogramm wollte Höfer machen: „Ich muß Urahne, Ahne, Mutter und Kind unterhalten und informieren und die Männer noch dazu. Politik nicht als Geheimwissenschaft für die Eingeweihten, die Wissenden, sondern für alle."

Das Renommee der Sendung, die auch in der DDR ihre Fangemeinde hatte, war den

Kalten Kriegern in Ost-Berlin ein Dorn im Auge. Sie hatten eifrig Material gegen Höfer gesammelt und präsentierten es 1962 stolz: SED-Chefideologe Albert Norden enthüllte, daß Höfer 1943 die Hinrichtung des „defaitistischen" Klavierspielers Karlrobert Kreiten gelobt hatte, der Zweifel am „Endsieg" geäußert hatte. Originalton des 30jährigen Höfer: „Wie unnachsichtig jedoch mit einem Künstler verfahren wird, der statt Glauben Zweifel, statt Zuversicht Verleumdung und statt Haltung Verzweiflung stiftet, ging aus einer Meldung der letzten Tage hervor, die von der strengen

Bestrafung eines ehrvergessenen Künstlers berichtete. Es dürfte heute niemand mehr Verständnis dafür haben, wenn einem Künstler, der fehlte, eher verziehen würde als dem letzten gestrauchelten Volksgenossen."

Daß Nordens Attacke an Höfer abprallte, provozierte die gelenkten DDR-Medien umso mehr: „Gealtertes Babygesicht, brauner Rufmörder, Goebbelsjournalist, Kriegshysteriker, journalistischer Leichenfledderer" waren nur einige Etiketten. Die Deutsche Nationalzeitung feuerte von der anderen Seite schrille Verbalinjurien gegen das WDR-Fernsehdenkmal: „Umerzieher, Reue-Höfer, Prophet der Volksverdummung, fleischgewordener Opportunismus."

Merkwürdig: Dieses maßlose Sperrfeuer nützte Höfer. Man glaubte ihm seine billige Ausflucht: Die schlimmen Stellen in seinen Artikeln habe man ihm, dem arglosen Pflichterfüller, hineinredigiert. Und mit dieser unüberprüfbaren Schutzbehauptung ging die gnädige deutsche Intelligenz wieder zur Tagesordnung über: Höfer wurde 1964 Programmdirektor beim WDR, nur als Intendant scheiterte er 1975. Dazwischen hatte er sich als liberaler und kreativer Fernsehmacher profiliert: „Selbstkritisches, offenes Fernsehen, damals völlig unüblich" attestiert ihm Reportergenius Gerd Ruge, der bei Höfer sein Handwerk gelernt hatte. Die Starmoderatoren Wibke Bruhns und Hajo Friedrichs, beide ebenfalls Höfer-Schützlinge, meinen übereinstimmend, „keinen besseren Vorgesetzten erlebt zu haben".

So ein Ruf kommt nicht von ungefähr. Höfer spendete Zuspruch und gab sich sozial. Er verteilte Aufträge gerne an junge Ehemänner und Häuslebauer, kümmerte sich um Alkoholkranke und „Frauen mit Schicksal" im Kollegenkreis, stellte sich vor unbequeme Mitarbeiter. Aber der TV-Gewaltige erwartete dafür auch eine mitunter nervensägende Loyalität und ein „wilhelminisches Verständnis von Korpsgeist" (Hajo Friedrichs): Der Mann, der eher mit dem WDR als mit seiner Frau verheiratet war, nötigte seine Mitarbeiter zu Gelagen bis tief in die Nacht, bei denen er im Gutsherrenstil die Conferenciersrolle spielte. „Er brauchte Publikum, das ihm zuhörte. Manchmal", erinnert sich seine Sekretärin Helga Funken, „erfanden wir Friseurtermine, damit wir nicht hinmußten. Höfer wollte, daß wir ihm ständig zur Verfügung standen. Deshalb sollten Sekretärinnen möglichst unverheiratet sein. Meine Verlobung habe ich ihm lange verschwiegen."

Der Frühschoppen lief neben Höfers Managertätigkeit im Sender munter weiter. Höfer, ein Wunder an Beständigkeit, moderierte Woche für Woche, fuhr nie längere Zeit in Urlaub, ließ sich nie vertreten. Pedantisch, autoritär und ausgleichend führte der Adolf-Grimme-Preisträger durch die Sendung. Er war der Star, seine Gäste die Statisten. Als ihn einmal eine Sturmflut abhielt, wie üblich am Samstag mit dem Nachtzug von Sylt nach Köln zu fahren, leitete er den TV-Dauerbrenner als Geisterstimme aus der Telefonzelle. Ein Pünktlichkeits- und Ordnungsfanatiker, der früh um sieben Uhr der erste am Schreibtisch war und der letzte, der das Funkhaus verließ.

Die „sechs Journalisten aus fünf Ländern", von Höfer mal dompteurartig, mal onkelhaft dirigiert und mit wogenglättenden Trinksprüchen (der billige Wein kam aus der WDR-Kantine) betäubt, kamen meist gerne zu Höfer. Er behandelte sie, wenn sie nicht gerade aufmüpfige Araber oder freche Frauen waren, salbungsvoll und gab ihnen höchstens übervaterliche Nachhilfe.

Ein Eiferer, ein Missionar, ein Anheizer war Höfer nie. Er hatte eher die Gabe, heiße Eisen schnell abzukühlen. Seine Moderation wirkte

Highnoonschoppen von März 1966. Als Gast (ganz links) Spiegel-Chef Rudolf Augstein, dessen Blatt den Gastgeber dann 1989 absägte.

entschärfend, war eher floskelhaft, maniriert und voller gedrechselter Bandwurmsätze. Ohne Blatt in der Hand, aber manchmal mit einem Blatt vor dem Mund sollten sie sich äußern, etwa wenn Stern-Chef Henri Nannen, von Höfer beschworen, partout nichts über den armen Heinrich Lübke äußern sollte. Einen „abstrahierenden, barockisierenden Umweg" wollte Höfer gehen, indem er Nannen das Wort abschnitt, wenn dieser anhub, den Bundespräsidenten eine „kleinkarierte, bedauernswerte Figur" zu nennen.

Auch der nicht weniger scharfsinnige Spiegel-Herausgeber Rudolf Augstein war oft in Höfers Runde. „Mögen Sie noch im Jahr 2000 den Frühschoppen moderieren", wünschte er Höfer einmal.

Derselbe Augstein schickte seinem Sylter Nachbarn zwar 1987 vor der Spiegel-Reportage, über die Höfer stürzte, eine Art Beileidstelegramm, aber er verhinderte die Geschichte gegen seinen vermeintlich so honorigen Sylter Nachbarn nicht. Dafür war Augstein viel zu sehr Journalist.

Düsseldorfer Rheinterrassen: Der allererste Frühschoppen 1953.

Heute tröstet sich der 80jährige Höfer mit einem journalistischen Gnadenbrot: Im Nobelhotel Bühler Höhe im Hochschwarzwald darf er vor betuchtem Hotelpublikum mit Prominenten talken: Wolfgang Menge und Ex-Postminister Christian Schwarz-Schilling gaben dem „Grandsigneur des deutschen Journalismus" (Süddeutsche Zeitung) die Ehre. Höfers Sitzgelegenheit bei diesen Gesprächen ist standesgemäß: Der Gustav Gründgens des deutschen Journalismus thront auf dem Stuhl von Konrad Adenauer.

Auch Hajo Friedrichs kam in Gewissenskonflikte, weil er den angeschlagenen Höfer nach der gnadenlosen Indizienkette im Spiegel in den Tagesthemen befragen mußte. „Die schwierigste Situation meines journalistischen Lebens", sagt Friedrichs, der pikanterweise sowohl Höfer als auch Harald Wieser, den Autor der rasiermesserscharfen Spiegel-Story, zu seinen besten Freunden zählt.

DER FRÜHSCHOPPEN BEGANN SPORTLICH

„1953 hatte Werner Höfer Premiere auf dem Bildschirm. Sein Internationaler Frühschoppen, seit langer Zeit fester Bestandteil des Hörfunkprogramms, wurde während der ersten großen deutschen Rundfunk-, Phono- und Fernseh-Ausstellung in Düsseldorf Ende August vom Fernsehen übernommen und danach regelmäßig jeden Sonntag ausgestrahlt. Da wir nur einen Ü-Wagen hatten und am Sonntagnachmittag meistens eine Sport-Übertragung senden mußten, blieb Höfer nichts anderes übrig, als mit der Technik „mitzuziehen". Ganz gleich, wo wir waren, auf irgendeinem Sportplatz, auf der Rad-Rennbahn, auf den Rhein-Terrassen in Düsseldorf, immer fanden wir eine Räumlichkeit in unmittelbarer Nähe unseres Übertragungsortes, in der Höfer mit seinen in- und ausländischen Journalistenkollegen tagen konnte. Nur so war es möglich, diese Sendung auszustrahlen. Ein Umbau des Ü-Wagens innerhalb von zwei Stunden – wir begannen mit den Sportübertragungen gewöhnlich um 15.00 Uhr – wäre technisch nicht machbar gewesen. Soweit ich mich entsinne, hat es aber nie eine Panne gegeben."
Walter Pindter, Jahrgang 1911, Filmemacher und Fernsehproduzent, baute das erste provisorische NWDR-Studio in Köln auf.

Aus: Walter Pindter, Wie es wirklich war, in: Walter Först (Hg.): Nach 25 Jahren, Köln 1980.

I R M E L A S C H N E I D E R

G R O S S E B I L D E R — K L E I N E R S C H I R M

D E R T V - S P I E L F I L M — N U R K A U G U M M I F Ü R S A U G E ?

Spielfilme gehören heute zum Fernsehprogramm wie Werbespot und Wetterbericht. Der Zuschauer zählt den Spielfilm wie Serien, Mehrteiler oder Fernsehfilme zur Unterhaltung. Sie sind kein Ereignis mehr, sondern durchschnittlich im alltäglichen Programmfluß. Ein Erlebnis ist es, wenn man ins Kino geht und zwar nicht, weil man dort ganz andere Filme sieht, sondern weil der Kinobesuch ein Unternehmen ist, das man plant, für das man zahlt, bei dem man das Haus verläßt. In Kino-Kreisen beklagt man die Lage. Vieles spricht dafür, daß nicht Spielfilme, die im Fernsehen gezeigt werden, an der Misere des Kinos, die in den 60er Jahren begann, schuld sind, sondern die sich verändernden Lebens- und Freizeitgewohnheiten der Bevölkerung. Hier vollzog sich ein Wandel der Bedürfnisse, Wünsche und Interessen, der durch das Fernsehen zwar verstärkt, aber nicht allein verursacht worden war.

Solche Behauptungen, in den 60er Jahren ausgesprochen, hätten unisono heftigen Widerspruch hervorgerufen bei den Vertretern der Filmwirtschaft – bei Kinobesitzern, Verleihern und Produzenten von Spielfilmen. Seit Spielfilme im Fernsehen gezeigt werden – und dies geschieht, seit es das Fernsehen gibt –, protestiert die Filmwirtschaft dagegen. Das Kino, so ein Argument, müsse der exklusive Ort für Spielfilme bleiben. Dieser Meinung waren auch die Vertreter des Fernsehens, als sie in den ersten Jahren über das Programm nachdachten: live sollte es sein, dem Nachbarn von nebenan sollten die Akteure des Fernsehens eher gleichen als der schönen, weiten und fremden Welt von Spielfilmen. Spielfilme im Fernsehen – das sollte eine Notlösung der ersten Stunde sein, keine Sache von Dauer. Doch schon nach wenigen Jahren gab es Intendanten, die die Sache pragmatischer sahen. Sie erkannten vor allem drei Vorzüge, die Spielfilme im Programm haben: sie waren in Hülle und Fülle verfügbar; sie gehörten zu den vergleichsweise preiswerten Programmen und drittens gefielen sie den Zuschauern (was damals noch nicht ganz so wichtig war). Die 60er Jahre gehören in mancherlei Hinsicht zu den richtig fetten Jahren: Aus den Archiven konnte man auswählen und auch an neuen Filmen gab es keinen Mangel. Die Zahl der verkauften Fernsehgeräte und damit der Zuschauer stieg ständig an. Um die Aufmerksamkeit des Zuschauers mußte man sich (noch) keine großen Sorgen machen. Fernsehen war ein junges Medium, von dem die Zuschauer noch keine präzisen Erwartungen hatten.

Sorgen machen mußten sich in jenen Jahren die Kinobesitzer. In den 60er Jahren begann das große Kinosterben: von 1960 bis 1969 hatte sich die Zahl der Kinos fast halbiert. Für die Kinobesitzer und Verleiher war die Frage nach dem Schuldigen klar: Für sie bedeuteten die Unterhaltungs- und Action-Filme, die im Fernsehen (und dort vor allem am Wochenende) ausgestrahlt wurden, „vorsätzlicher Kino-Mord". Als 1961, bedingt durch das ARD II-Programm, im Vergleich zum Vorjahr insge-

Einer der frühen Höhepunkte in der Auseinandersetzung zwischen Kino und Fernsehen: Die TV-Ausstrahlung von Fellinis „Die Nächte der Cabiria" (hier mit Guiletta Masina).

samt doppelt soviele Spielfilme ausgestrahlt wurden, sprach man von einer „Film-Schwemme im Deutschen Fernsehen". Auf heftige Kritik stieß vor allem, wenn ein Film ausgestrahlt wurde, der noch nicht in den Archiven verstaubt war. So erregte man sich, als Fellinis Film „Die Nächte der Cabiria", der 1957 in den Kinos angelaufen war, am 22. August 1961 im Fernsehen lief: „Die Wiederaufführung dieses vergleichsweise neuen, bedeutenden Lichtspiels auf des deutschen Heimkinos Schrumpfscheibe bildet den vorläufigen Höhepunkt einer ebenso plötzlichen wie bedenklichen Entwicklung: Das offenbar wahllose Massenschlachten von deutschen und ausländischen Spielfilmen durch das Fernsehen – denn dieses Programm umfaßt ebenso frische und kunstvolle wie verstaubte und hundsmiserable Kinospiele aller möglichen Genres ... " Worüber man sich hier aufregte, das gehörte in den USA schon seit mehreren Jahren zur Normalität: bereits 1956 hatten die Major Companies ihre großen Filmarchive für das Fernsehen geöffnet, und das folgende Jahr wurde die erste Heimkino-Saison des amerikanischen Fernsehens. Das Fazit über diese Entwicklung hieß aus deutscher Perspektive: „Der gigantische Kampf der amerikanischen Filmindustrie gegen das Fernsehen hat ungeheure Opfer gekostet und wurde verloren. In zunehmendem Maße beteiligen sich amerikanische Filmkonzerne jetzt an Televisions-Gesellschaften." Daß der Einstieg ins Fernsehgeschäft zu den Bedingungen gehörte, unter denen die Filmwirtschaft in den USA überlebte, vermittelte sich den bundesdeutschen Produzenten nur äußerst schleppend.

Mit kriegerischem Vokabular und polemischen Kategorien wie „Heim"- oder „Pantoffel"-Kino und der Fixierung des Bildschirms als „Schrumpfscheibe" konnte man vielleicht seinen Ärger loswerden, kaum aber die Probleme lösen. Ein im Fernsehen nicht gezeigter Film füllte keineswegs die Kinokassen. Als Fellinis Film 1957 in den Kinos lief, gehörte er nicht zu den erfolgreichen Filmen. Kassenschlager waren in jenem Jahr „Die Trapp-Familie" und „Der Hauptmann von Köpenick". Und dieses eine Beispiel zeigt ein Kernproblem der 60er Jahre: Neue europäische Filme fristeten in den Kinos ein Dasein am Rande oder fanden gar keinen Verleih mehr. Immer häufiger wurden sie zuerst im Fernsehen gezeigt.

Und für rund ein Jahrzehnt wurde das Fernsehen in den Augen der Filmkritiker sogar zum wichtigsten Multiplikator von ästhetisch innovativen Spielfilmen. Als ARD und ZDF bereits vor Festival-Beginn 10 der 1969 auf den Internationalen Filmfestspielen in Berlin gezeigten Filme erworben hatten, kommentierte Wolf Donner in der Zeit: „Neue internationale Filmkunst (...) findet nicht mehr im Kino statt, sondern höchstens noch bei Festivals, in der Fachpresse, in Ministerreden, bei den großen Retrospektiven im Ausland – und jetzt im Deutschen Fernsehen. Hier hat sich ein Dauerfestival etabliert, das die Reise nach Cannes, Venedig oder Berlin überflüssig macht." Und die Hör Zu schrieb 1966: „Das ARD-Fernsehen – so scheint es – hat kein rechtes Gespür für Filme, die dem Publikum gefallen. Die Liste der jetzt eingekauften Titel würde jedem Film-

kunsttheater zur Ehre gereichen. Nur: Längst nicht alle Zuschauer bevorzugen das Filmkunsttheater."

Der Umbruch in der Einschätzung des Fernsehens bei der professionellen Filmkritik vollzog sich in einer Phase, als das Spielfilm-Programm in den Fernsehanstalten zunehmend von Film-Profis zusammengestellt wurde und nicht, wie in den Anfangsjahren des Deutschen Fernsehens, von Programmachern, die bei Zeitung oder Hörfunk gelernt hatten.

Diese Film-Profis verliehen dem Spielfilm-Programm ein vielfältiges, europäisches, junges Profil. In den 50er Jahren dominierte die Tradition des Kinoprogramms aus den 30er und 40er Jahren. Bekannte Kinostars der damaligen Zeit prägten das Spielfilm-Programm im Fernsehen: Hans Moser, Zarah Leander, Attila Hörbiger, Hans Albers, Brigitte Horney, Paul Dahlke ... Das änderte sich nicht zuletzt dadurch, daß 1963 mit dem ZDF ein Konkurrenzprogramm entstand. Die für das ZDF-Programm Verantwortlichen konnten auf die Pionierjahre des Fernsehens zurückschauen und das Zweite Programm gewissermaßen mit den Erfahrungen des Ersten beginnen. Zugleich hatte sich die Ausgangssituation in zehn Jahren geändert: Das Fernsehen war auf dem besten Wege, das neue Leitmedium zu werden. Das Kino verlor immer stärker an Prestige.

Nicht defensiv, wie anfangs im Ersten Programm, sondern offensiv wollte man im ZDF Spielfilme präsentieren. Programmatisch hieß es 1968: „Der Spielfilm soll nicht Lückenbüßer, nicht Kaugummi fürs Auge sein, er gehört zu den *Möglichkeiten der Information und der Bildung.*" Nicht alte deutsche Filme, sondern Unbekanntes, Neues, Experimentelles standen am Beginn. Das ZDF eröffnete sein Spielfilmprogramm mit dem holländischen Film „Kirmes im Regen". Die Reihe „Der besondere Film", mit der sich das ZDF als risikofreudig, offen für Experimente profilieren sollte, startete im August 1963 mit der Erstaufführung des norwegischen Films „Die Jagd". Das Spielfilmprogramm des Fernsehens sollte fortan das bessere und feinere Kino, das Kino für Kenner sein: „Karl May und James Bond gehören den Kinogängern. Erfolge mit Spielfilmen gedeihen für eine Fernsehanstalt zumeist in der Landschaft des Experiments" – so Klaus Brüne, der Leiter der Spielfilm-Redaktion im ZDF, Mitte der 60er Jahre, als Karl May-Filme zu den Kassenschlagern des Kinos gehörten. (Edgar Wallace und Karl May gehörten dann 1973 dem Fernsehen; zur besten Sendezeit um 19.30 Uhr strahlte das ZDF zwei entsprechende Film-Serien aus, und beide zählten zu den großen Zuschauererfolgen in den 70er Jahren.)

Die Absicht war eindeutig, die Praxis des Programms vielschichtiger. Es gab nicht nur Erstaufführungen, nicht nur Experimentelles, sondern auch Konventionelles und Bekanntes, und solche Filme fanden auch ihre Zuschauer. Während man aber in späteren Jahren das Ausgefallene, Exzeptionelle eher zurückhaltend ins Programm nehmen wird, hob man es in den 60er Jahren hervor und schämte sich eher des Konventionellen. Die Zuschauer sollten nicht nur bedient, sondern auch provoziert werden. Die fürs Programm Zuständigen hatten mit den Zuschauern etwas vor, wollten ihnen zeigen, welche Filme zu sehen für sie informativ und bildend sei. Man sah in den Zuschauern nicht in erster Linie eine anonyme Masse, die man zu unterhalten hatte, sondern ein Publikum, das sich formen läßt. Als in der ARD 1968 Howards Hawks Western „Red River" auf dem Programm stand, nahm man mögliche Einwände der Zuschauer vorweg und belehrte sie über das, was zeitgemäß ist: „Auch ein Publikum, das vielleicht nicht von selbst den Western am Samstagabend ein-

schaltet, soll mit einem herausragenden Beispiel der Gattung konfrontiert und womöglich auf den Geschmack gebracht werden. Andererseits soll deutlich werden, daß Western und Gangsterfilme kein notwendiges Übel im Programm sind, sondern ein fester Bestandteil der Gesamtkonzeption, dem besondere Sorgfalt in Auswahl und Einsatz gilt."

In jenen Jahren entdeckten Filmhistoriker, -kritiker und junge europäische Filmemacher, daß Hollywood nicht nur eine Film-Fabrik war, sondern daß dort Filme entstanden waren, die eine individuelle Handschrift zeigten, die zur Filmkunst gehören und Filmgeschichte gemacht haben. Diese Neu-Entdeckung von Regisseuren wie John Ford oder eben auch Howard Hawks und von Genre-Filmen wie dem Western fügte sich ein in das Konzept der Spielfilm-Redakteure, filmgeschichtlich Bedeutendes ins Programm zu heben. Der amerikanische Film fand in den 60er Jahren Eingang ins Fernsehprogramm, weil er als filmhistorisch und künstlerisch wichtig und bedeutend galt. In den 70er Jahren eroberte er sich dann zunehmend seinen ersten Platz, weil er bei den Zuschauern großes Interesse fand.

In den 60er Jahren stellten amerikanische Filme noch eine Herausforderung dar. In den folgenden Jahrzehnten wurde daraus Gewöhnung: Erwartungen an Spielfilme bildeten sich vor allem an Hollywood-Filmen und zu bestimmten Terminen erwarteten immer mehr Zuschauer einen Hollywood-Film und sonst nichts. Bereits Ende der 60er Jahre änderte sich der Tenor, in dem Redakteure ihr Programm erläuterten. Dies galt insbesondere für die publikumsintensiven Termine am Wochenende. Hier akzeptierten die Programmverantwortlichen und, wie diese meinten, auch die Zuschauer, zunehmend weniger Anspruchsvolles und Fremdes, hier wollte man Bekanntes, spannende Unterhaltung. Man pries aufseiten der Programmverantwortlichen jetzt nicht mehr, daß schwierige Neu- oder Wiederentdeckungen liefen, sondern entschuldigte sich eher dafür: „Leider ist es nämlich immer noch nicht möglich, den Samstagtermin von anderen Filmen ganz frei zu halten. Einige aus alten Beständen vorhandene Filme, die sich anderweitig nicht plazieren ließen, mußten samstags ausgestrahlt werden ... Wurden gleichrangige Filme früher in einem gemischten Samstag-Programm durchaus toleriert, so reagiert das Publikum heute ablehnend ... Die Profilierung des Termins hat offensichtlich dazu beigetragen, bestimmte Erwartungen im Zuschauer zu verfestigen. So wie er freitags um 21 Uhr seinen Serien-Krimi wünscht, richtet er sich am späten Samstag auf Action ein. Wird Spannung nicht geliefert, so reagiert er mit vollem Recht böse.“

Die Flexibilität der 60er Jahre schwand zunehmend, und es bildeten sich feste Rituale. Gewohnheiten wurden geschaffen, die man nicht mehr so einfach durchbrechen konnte, wenn man viele Zuschauer erreichen wollte. Und um große Zuschauerzahlen ging es zunehmend. Die fetten Jahre waren Anfang der 70er Jahre in mehrfacher Hinsicht vorbei: Filme wurden knapper und teurer, die Zuschauerzahlen nicht mehr automatisch größer und das Geld weniger.

Man kann nicht über Spielfilme im Fernsehen schreiben, ohne Leo Kirch zu erwähnen, der die Haltbarkeit der Symbiose von Fernsehen und Spielfilm lange vor anderen erkannt und für sich, sein Haus, sein Fortkommen genutzt hat. Er kaufte seit Mitte der 50er Jahre

auf Kredit Filmrechte und ging anfangs ins Risiko. Nach wenigen Jahren bereits war klar, daß sich im Geschäft mit dem Fernsehen das Risiko in Gewinn verwandeln läßt. Für die Rechte an „Casablanca“ hat Kirch 1959 ganze 3.000 Dollar bezahlt. Der Film war 1952 in einer verstümmelten Synchronfassung ohne beachtenswerten Publikumserfolg in den Kinos gelaufen. Als er 1975 in einer neusynchronisierten Originalfassung in der ARD lief, sahen ihn fast die Hälfte aller Fernsehzuschauer. Seitdem ist er mehr als ein dutzendmal wiederholt worden, und das heißt: die Rechte mußten immer neu bei Kirch erworben werden.

Längst sind Filme weniger im Saal als auf dem kleinen Bildschirm das große Geschäft.

Heute nicht wegzudenken, damals unüblich: Western-Filme gehörten bis Ende der 60er Jahre einfach nicht ins Samstagabend-Programm. Für eine Handvoll Zuschauer agieren hier John Wayne und Angie Dickinson in Howard Hawks „Rio Bravo“.

JOHANNES TAUBERT

DAS SCHWEIGEN DER NIVEA-DAME

MÖRDERISCHE HÜFTHALTER ZU SPÄTER STUNDE

Es fängt schon damit an, daß sich keiner erinnern kann. Da hat man nun sieben Geschwister und zwei zurechnungsfähige ehemals Erziehungsberechtigte, aber niemand weiß mehr genau, wann genau das Ding ins Haus gekommen ist. Ich übrigens auch nicht. Es muß ungefähr 1967 gewesen sein, und es war ein Objekt auf hölzernen Füßen, ich glaube mal Nußbaum. Nordmende ist noch verbürgt und natürlich, er hatte so eine Art Holzgardine. Man konnte ihn vorne zuziehen und abschließen. Diese erzieherische Hilfe konnten die Altvorderen allerdings nicht lange nutzen, denn mit kollektiver Anstrengung hatten wir dem Schloß schon nach wenigen Tagen ein Ende gesetzt.

Wie immer spät, drang also auch diese Errungenschaft zu uns, und es begann die Ära des katholischen Fernsehens.

Dazu ein kurzer kulturhistorischer Exkurs: Allein für – sagen wir – 25 Sekunden einer – sagen wir – „Nivea"-Dame von heute bei der Körperpflege zuschauen zu dürfen, wären wir damals glatt zwei Wochen am Stück aufgeblieben, und ich schwöre, ein solcher Werbespot hätte 1967 jede einzelne Biographie dieser Familie zerlegt. Ohne Wenn und Aber. Dutschke war ein Scheiß dagegen.

Meine Mutter wäre unvermittelt in langwährendes Koma verfallen, mein Vater hätte unablässig mit seinen Pantoffeln nach uns geworfen, damit wir endlich dieses infantile Glucksen und Kichern einstellten. Tja, und wir? Ich glaube, irreparable Verwirrung wäre das mindeste gewesen, was uns gedroht hätte.

Nun, wir wissen heute, zum Glück ist nix passiert. Die öffentlich-rechtlichen Nebenerzieher (Holzamer sei es gepriesen und gepfiffen) blieben sehr behutsam mit der Berichterstattung über den weiblichen Körper. Wir waren da noch lange auf den Quelle-Katalog, das Fernsehballett und gelegentliche Highlights angewiesen, etwa beim Raumschiff Orion, wo es ja doch irgendwie immer nur um Reißverschlüsse ging.

Bei Gelegenheiten dieser Art pflegte meine Mutter ihren Sessel zu verlassen, zum Fenster zu treten, und sinnlos Rolläden zu bewegen. Entweder wieder hoch, oder runter, abends oder nachmittags, Sommer oder Winter. Meistens räusperte sie sich dabei, und dann und wann preßte sie Sätze wie diesen in den Raum: „Eigentlich ist das ja nichts für Kinder." Wobei es sich um Szenen handelte, die kaum länger liefen als die Klospülung.

Es war ja auch aufregend, wie wir regelmäßig über mörderische Hüfthalter einerseits und Zauberkreuze andererseits ins Licht gesetzt wurden. Leider wurden in dem Gerät aber auch immer wieder falsche Hoffnungen geweckt. So haben wir die waagerecht montierten Alessi-Kessel unter den Blusen und Kleidern dieser klasse Durbridge-Krimi-Frauen später am Busen der Natur nie wiedergefunden. Sei's drum.

Einmal allerdings sind wir den Rolladenbewegungen entgangen. Und das kam so: Es

Das Schweigen: Weniger zu sehen als erhofft – und befürchtet.

sollte Ingmar Bergmanns Spielfilm „Das Schweigen" geben. Natürlich zu sehr später Stunde. Und irgendwie hatten wir spitzgekriegt, daß es da saumäßig zur Sache gehen sollte, obwohl wir von solchen Vorgängen konkret weniger als nur vage Vorstellungen hatten.

Mein Bruder und ich schlichen uns nächtens runter ins Wohnzimmer, schalteten den Kollegen Nordmende ein, aber leise, sehr leise, schließlich wären wir ja mindestens in die Hölle gekommen, wenn wir erwischt worden wären. Daß wir doch noch Chancen aufs Fege-feuer haben, lag daran (Ingmar Bergmann möge Nachsicht üben), daß unsere cineastischen Ambitionen gegen null gingen, die primitiven allerdings heftig entwickelt waren. Doch was jene betraf, wurden wir nur sehr langatmig bedient, so daß mein Bruder und ich wechselseitig auf dem Teppich einschliefen. Und später haben wir uns dann, ohne des vielversprochenen Schweinkrams angesichtig worden zu sein, schwer enttäuscht wieder die Treppe rauf in die Betten getrollt. Einstweilen blieben unsere Helden Flipper, Oblong Fitz Oblong und Ernst Huberty.

JACKY LEMBKE

»JETZT REDE ICH!«

QUALVOLLE STUNDEN NEBEN DEN SCHWEINDERLN

„Soll ich erzählen, wie es wirklich war?! Also gut: Der Herr Lembke, mein Herrchen, den ich immer mit Robert anbellen durfte, wußte mal wieder nicht, was er mit mir machen sollte, wenn er zum Fernsehen mußte. So kam er auf die Idee, mich mit ins Studio zu schleppen. Anfangs war ich neugierig, dachte, vielleicht findet sich unter den Zuschauern eine nette Foxterrierin, so ein nettes Rüdinfoxl …

Aber dann war es nur furchtbar. Da war so ein Monstrum, Kamera heißt das wohl, das kam gleich am Anfang immer angefahren, ganz kurz vor meine Schnauze und Robert sagte irgendwas von wegen „Unser Jacky ist auch wieder da." Und dann mußte ich stilliegen in meinem Körbchen. Nichts als stilliegen. Durfte nicht bellen, gar ninichts machen, und zu essen gab es auch nichts. 45 Minuten lang bei einem Schälchen Wasser – schrecklich, ich kann Ihnen sagen.

Ich wurde zum Fernsehstar, Liebling von Millionen, aber ich habe diese Rolle gehaßt. Und was habe ich meine Hunde-Kollegen bewundert: Rin-Tin-Tin durfte ein Abenteuer nach dem anderen bestehen. Und erst Lassie – durfte Menschen retten, Verbrecher ins Bein beißen, Timmy durchs Gesicht lecken. Der war Held aller Kinder. Toll! Und meine Fans? Waren, wie ich den Briefen entnehmen durfte, meistens ältere Damen. Was hätte ich mit Lassie ein Gespann bilden können, eine Art Kleinrudel gegen alles Böse dieser Welt. Stattdessen: nichts als liegen wie eine Schaufensterpuppe. Überhaupt: Was waren zu meiner Zeit

noch Tiere auf dem Bildschirm. Flipper – herrje. Und Clarence und Judy. Skippy das Buschkänguruh – den zu treffen wäre ich gleich nach Australien gereist. Oder all die Pferde, da werde ich immer ganz neidisch: Fury oder Mr. Ed, der konnte sogar sprechen. Und Star, das Polizeipferd – zusammen hätten wir alle Gauner und Schurken der Welt in die Flucht geschlagen.

Und ich? Mußte immer zusehen, wie die schrecklichen Vier da raten. Ein Hundeleben, sag ich Ihnen! Und kein Tierschutzverein trat jemals für mich ein – trotz dieser grausamen Studiohitze. Guido Baumann – Ratefuchs nannten sie den. Warum nicht Ratefoxl? Oder dieser scheußliche Oberstaatsanwalt aus Nürnberg, Hans Sachs: „Gehe ich recht in der Annahme, daß…" Da ist meine Kläfferei ja abwechslungsreicher. Oder diese Marianne Koch, die hat ja nie recht was gewußt, aber immer so kokett gelächelt. Später, hörte ich, hat sie Medizin studiert und Gardinen mit ihrer typischen Handbewegung hin- und hergeschoben. Ob selbständig oder unselbständig weiß ich nicht.

Liselotte Pulver war früher mal da als Raterin und einmal als Ehrengast. Erst wollte ich ja ganz laut winseln und sie dadurch verraten. Ich wäre doch mal ein toller Ehrengast gewesen! Aber auf die Idee ist keiner gekommen. Das hätte nicht mal der Guido Baumann rausbekommen. Es sei denn, der Wolfgang Neuss hätte vorher davon erfahren und es überall herumgepaukt.

Oder diese Annette. Irgendeine von, so wie ich, aber viel gespreizter in ihrer Art. Richtig: Annette von Aretin hieß die, und die wußte immer alle Ehrengäste, vor allem, wenn's Schauspieler waren. Kein Wunder – ich will Ihnen verraten warum: Die war Besetzungschefin beim Bayerischen Rundfunk, also dafür verantwortlich, die Schauspielerrollen zu verteilen. Kein Wunder, daß die alle kannte. Alles Betrug also. Zumindest Pfusch. Aber keiner wußte das, und all die dummen Zuschauer haben begeistert applaudiert. Genauso dumm, als würde ich dafür gefeiert, wenn ich mit irgendeiner albernen Augenbinde prominente Speisen wie Chappi und Frolic auseinanderhalten könnte.

Aber neulich bin ich erst so richtig wütend geworden, über eine Zeitung – taz heißt sie, kommt aus Berlin. Da stand doch, im Juni 1993 war's, ein Nachruf, als nach meinem Herrchen (1989) und dem Guido Baumann (1992) auch der Hans Sachs gestorben war: „Gevatter Tod hat sein drittes Kreuz auf der Ratewand gemacht." Eine Unverschämtheit! Nur drei Kreuze! Wie tierfeindlich! Was ist mir mir? Kriege ich kein Kreuz?

Wobei, um genau zu sein, bei Jacky gleich drei Kreuze gemacht werden müßten. Schließlich gab es mich in all den Jahren dreimal. Einmal als Struppi und dann zweimal als Jacky. Genau wie bei meinem großen Freund Lassie: Den gab's gleich achtmal. Und der Ur-Lassie namens Pal war ein Star, war in 'Time' auf dem Titelfoto. Und der heutige Lassie VIII, lese ich gerade in der Zeitung, hat in den USA sogar einen Fanclub und wird zu Presse-Termi-

Was bin ich: Rechts Herrchen Robert, links unser Autor Jacky.

nen und Talkshows eingeladen. Wirklich wahr! Und was ist mit uns? Das Mindeste wären drei plus drei Kreuzerln auf der Ratewand.

Heute wünschte ich, ich hätte einmal diese häßlichen Schweinderl alle umgestupst im Studio. Das wäre eine Mordsgaudi geworden: Nirgends hätten's mehr ihre Fünferl reinstecken können. Aber ich kam nie richtig dran an die Schweinderln, die dammischen.

Robert, mein Herrchen, sagte mal, wer seine originellsten Studiogäste in den fast drei Jahrzehnten ‚Was bin ich?' gewesen seien, und ihm fiel eine saubere Liste ein: „Die männliche Putzfrau, der Bergputzer und der Bader." So ein Schmarrn: Wenn einer wirklich originell war, dann doch wohl ich."

Mitgehört: Bernd Müllender

ANDREA SCHÄPERMEIER

AUSGESCHIELT UM 6

ANHALTENDE GEMEINHEITEN BEI DAKTARI

Es war immer so furchtbar ungerecht und gemein. Vor allem ungerecht. Ich war gerade im Schulalter, und es passierte immer am späten Samstagnachmittag.

Wir haben Daktari geguckt, eine meiner Lieblingssendungen. Da war dieser Clarence. Den fand ich als Kind so richtig klasse, weil der so schön geschielt hat. Und der war zwar Löwe, aber immer ziemlich lahm und immer so etwas unberechenbar – wenn man den nicht kannte, konnte man vor dem auch so ein bißchen Schiß haben. Und da war Chita, nein Judy, diese Schimpansin, die hat immer so ein Spektakel gemacht, hat rumgeschrien, jeman-

den wohingezerrt oder jemandem was gezeigt, oder einem Großwildjäger das Gewehr geklaut, mit den Menschen im Bett geschlafen, konnte Feuer geben mit dem Feuerzeug. Immer mußten irgendwelche Tiere gerettet werden oder Menschen ... in, ich glaube die Buschstation hieß Wameru. Und der Buschdoc Daktari war Tracy Marsh.

Aber gerade, wenn es spannend wurde - zack.

Zack. Jedes mal.

Daktari fing ja immer um viertel vor sechs an; wir haben gut eine Viertelstunde geguckt, und dann stand mein ältester Bruder auf und schaltete -zack- um. Dann kam im anderen Programm dieser weißhaarige Herr, der immer so komisch gegrinst hat, als wollte er mich auslachen. Sportschau! Fußball! Daktari konnte ich nie zuende sehen, außer im Sommer, wenn diese Bundesliga Pause hatte.

Meine beiden älteren Brüder und mein Vater bestanden auf Fußball. Und ich konnte dann abziehen zusammen mit meinem kleinen Bruder. Wir haben immer rumgemault: gemein, das ist eine riesige Ungerechtigkeit, Scheiß Sport, die Ergebnisse kannste doch nachher noch gucken. Wir haben vorgeschlagen, abwechselnd zu gucken, die eine Woche Daktari, die andere Fußball, aber das war nicht drin.

Bei Schäpermeiers zuhause, kurz vor 18 Uhr.

Mein ältester Bruder wußte immer auf die Minute, wann das losgeht, als hätte er einen sechsten Sinn für Sportschau um sechs. Mein Vater hat nie etwas gesagt, Hauptsache es wurde geguckt, und Mutter hat sich brav rausgehalten, die hat eh Abendessen gemacht. Das war so unfair, manchmal hab ich die alle dafür richtig gehaßt.

Judy fand ich immer am besten. Die war stark, ganz anders als dieser scheinbar mächtige, große Löwe. Ich hab dann auch versucht, bei uns zuhause Judy zu sein, aber meine Brüder haben gar nicht dran gedacht, den schwachen Clarence zu spielen. Es war nichts zu machen. Die waren älter und stärker. Ich als kleines Mädchen hatte da keine Chance. Das war typisch für meine gesamte Erziehung: Mädchen haben eher still zu sein und sich zu fügen. Ich habe sehr früh gelernt: Männer können erschreckend rücksichtslos sein, wenn es um Fernsehsport geht, insbesondere Fußball – so als sei ihnen allen in das Y-Chromosom ein spezielles Sportschau-Gen eingebastelt.

Wievielen Mädchen oder Frauen mag es damals ähnlich gegangen sein?! Später habe ich von manchen Frauen gehört, wie sehr sie unter dieser Fußball-Besessenheit der Männer leiden. Es ist ziemlich hoffnungslos: Die Männer wollen ja nicht mit dieser Sucht aufhören; manche glauben, daß die Welt untergeht, wenn sie Fußball nicht sehen können und sind heute noch genauso rücksichtslos wie meine beiden Brüder damals. Vielleicht brauchen die sowas, weil sie sich untereinander nichts zu sagen haben. Und über Fußball können sie ja stundenlang philosophieren. Stundenlang, egal wie alt sie sind oder wie kindisch sie geblieben sind.

Sicher ist es gut, daß heute kein Daktari mehr läuft, oder besser gesagt: keine Sendung, die mich samstags um die Zeit besonders interessieren würde. Heute würde ich

Musik-Freundin Judy mit Paula oben, Wameru-Crew unten (mit v.l. Mike, Dr. Tracy Marsh und Assistent Jack Dane).

mich durchsetzen: Hälfte-Hälfte. Mal darfst du gucken, mal ich. Und wenn mein Partner sich auf stur stellen würde und trotzdem immer gucken wollte, ich glaube, ich würde solange rumschreien, daß der kein Wort versteht. So

laut, daß selbst Judy sich die Ohren zuhalten würde, Clarence augenblicklich geheilt wäre vor Schreck. Und vor allem ... —— ..., oh nein, nicht schon wieder ... ——

MATTI LIESKE

VERGISS NIE — HUBERTY!

DIE SPORTSCHAU — EIN BEKENNTNIS ÜBER JAHRZEHNTE

Er ist so unscheinbar, so lieb, so bieder, so langweilig, so vertraut, daß es der Öffentlichkeit weithin verborgen geblieben ist, daß dieser bescheidene Mann, zumindest, seit Robert Lembke endgültig das Schweinderl abgegeben hat, die personifizierte Kontinuität der deutschen Fernsehlandschaft darstellt: Gestatten, Adolf Furler, seine Freunde, und das sind wir alle, nennen ihn Adi. Seit mehr als dreißig Jahren pflegt der kleine Herr mit der Pferdeseele an jedem Wochenende die Sportfreunde des Landes in Angst und Schrecken zu versetzen, denn sein Erscheinen signalisiert Entsetzliches: Reitsport. Die fliegenden Hufe waren bereits sein Metier, als noch mythische Gestalten wie Hugo Murero, Sammy Drechsel oder Heinz Maegerlein, der freundliche Typ mit dem unbarmherzig an den Schädel geklatschten Pseudohaarwuchs und dem blumigen Sprachschatz („Sie standen an den Hängen und Pisten"), die Szenerie beherrschten. Und schon damals sah Adi Furler genauso aus wie heute, tat dasselbe wie heute, war derselbe wie heute. Urgestein des TV-Sportes, der letzte Tyrannosaurier des rösserhassenden Sportschauguckers.

Doch dann kam die Bundesliga, wenig später die Samstagssportschau und Adi verlor ein

wenig von seiner furchteinflößenden Wirkung. Am Samstag konnte selbst er es nicht wagen, Sättel statt Bälle zu servieren und mußte den Ruhm als Mr. Sportschau einem Jünger des runden Leders überlassen, der noch heute unbeachtet und sicher verschlüsselt seiner eigenen Legende hinterhetzt. „Was, Sie kennen mich nicht?", herrschte er unlängst eine Jungreporterin auf der Pressetribüne des Berliner Olympiastadions an: „Mein Name ist Huberty!"

„Vergiß nie Huberty" lautete der Slogan einer Initiative, die sich die Wiedererweckung ihres Idols nach dessem unrühmlichen Abgang auf die Fahnen geschrieben hatte und die Republik mit entsprechenden Aufklebern überschwemmte. Eine unnötige Kampagne. Wer könnte ihn je vergessen, jenen Mann mit der Stimme eines geölten Blitzes, der sein halbes Leben damit zubrachte, die Frisur von Heinz Maegerlein hinzukriegen und die andere Hälfte damit, die Fußballfans mit seinen Endlos-Anmoderationen in den Wahnsinn zu treiben? Die Spesenaffäre, die ihn seinen Sportschau-Job kostete, habe, so behaupten Eingeweihte, lediglich zur Finanzierung seines immensen Pomadebedarfs gedient, und noch heute sind die Nervenkliniken voll von Menschen, die darauf warten, daß endlich der Spielbericht beginnt, beim Anblick eines Huberty-Fotos in Tränen ausbrechen und jeden Besucher mit der Frage konfrontieren: „Wie hat denn nun Borussia Neunkirchen gegen den Meidericher SV gespielt?"

Ein Gutes hatte er allerdings, der Redefluß des Ernst Huberty. Wenn er moderierte, schaffte man es bequem vom Stadion auf die Fernsehcouch. Die Zeit zwischen dem Ende der Spiele bis zum Sportschaubeginn war damals knapp bemessen, die Frage, ob es wohl mit der Straßenbahn oder zu Fuß schneller gehen würde, besaß geradezu existenzielle Bedeutung. Besonders für einen Fan von Eintracht Braunschweig, wenn der bei einem der gewohnt sensationell gewonnenen Heimspiele die berühmte Sportschaukamera im Stadion erblickt hatte. Übertragungen aus Braunschweig waren zu jener Zeit so selten wie Gegentore von Inter Mailand, selbst als die Eintracht 1967 Meister wurde, merkte das die Sportschau erst kurz nach Saisonende. Umso kostbarer waren die seltenen Fernsehbesuche im Eintracht-Stadion, und den Abgrund an Frustration, der sich auftat, wenn man nach Hause kam und gerade das allesentscheidende Fallrückzieher-Hackentrick-Flugkopfball-Tor des unvergleichlichen Lothar Ulsaß verpaßt hatte, des besten Mittelfeldspielers, der nie Wimbledon gewann, kann nur ein Braunschweiger ermessen.

Urheber allen Unglücks war der Deutsche Fußball-Bund (DFB), der zu jener Zeit, als der Ball noch fleckenlos, der grüne Rasen grau und die Torlatte ein kantiges Stück Holz war, nicht nur heftig gegen zuschauerraubende Live-Übertragungen von Fußballspielen kämpfte, sondern sich nur äußerst zögerlich bereit fand, der Sportschau Senderechte für die Bundesliga einzuräumen. Drei Spiele waren

das höchste der Gefühle, die Auswahl orientierte sich meist an Image und Tabellenstand der Vereine. So war die Mattscheibe in der Regel den Großen der Zeit vorbehalten: 1. FC Köln, 1. FC Nürnberg, HSV und, man glaubt es kaum, 1860 München, später dann Gladbach und Bayern. Drei Spiele waren nicht viel, aber dennoch, trotz Hubertys chinesischer Plauderfolter, ein Höhepunkt jeder Woche. Jegliche anderweitige Beschäftigung endete kurz vor sechs, wie im Raubtierhaus zur Fütterungszeit stieg die Nervosität, je weiter der Zeiger der Uhr vorrückte, und bei denen, die noch nicht im Radio gespickt hatten, wuchs der Klumpen im Bauch zu einem Felsbrocken aus Spannung und Besorgnis: „Die werden doch wohl nicht ausgerechnet in Dortmund einen Punkt...?"

Ernst Huberty – Mr. Sportschau.

Und dann kam, zuerst als Sendbote der Befreiung freudig begrüßt, dann als Quelle des schwatzhaften Elends verflucht, Ernst Huberty und redete und redete und redete, als gehöre der ganze Abend einschließlich Kulenkampffs EWG ausschließlich ihm. Mit dem süßlichen Grinsen des Sadisten referierte er ausgiebig über die Gemütszustände diverser Balltreter, mit der Hingabe des passionierten Statistikers

Redaktionsfohlen Furler (links), der wie hier in den frühen 60er Jahren noch Adolf Furler hieß, bevor er zu Adi und heute zu Addi wurde. Rechts Hugo Murero.

berechnete er akkurat und erbarmungslos sämtliche tabellarischen Möglichkeiten und Unmöglichkeiten, die das Ergebnis des zu erwartenden Matches in sich bergen könnte, um dann, als alle glaubten, jetzt gehe es endlich los, flugs in die Rolle eines fußballverrückten Teiresias zu schlüpfen und düstere Prophezeiungen über die nähere Zukunft gewisser Trainer abzugeben.

Aber irgendwann hatte die verbale Tortur ein Ende und natürlich waren im Stadion Rote Erde zu Dortmund nicht nur einer, sondern beide Punkte draufgegangen, und natürlich hatte Uwe Seeler die obligatorische Charly-Dörfel-Flanke ins Netz gedonnert und dennoch nicht verhindern können, daß der kahlste Sturm der Welt wieder nicht Meister wurde. Und natürlich hatte der jugendliche Beckenbauer den damals noch beliebten Bayern einen weiteren glanzvollen Sieg herbeigezaubert, und natürlich hatte Max Merkel unflätig Petar Radi Radenkovic beschimpft, weil der sich wieder völlig desorientiert in der gegnerischen Hälfte herumtrieb, Fischken Multhaup wieder ungereimtes Zeug geredet, Tschik Cajkowski seinen Bauch geplustert und Günter Netzer derart wehende Pässe und Haare vorgeführt, daß die ältere Generation langsam begann, am erzieherischen Wert des Sports zu zweifeln. Schließlich befand man sich in einer Zeit, deren Schönheitsideal vom amerikanischen Astronauten John Glenn geprägt war und in der eine Gestalt mit Frisur und Barttracht von, sagen wir, Rudolf Scharping, auf der Stelle ins Gefängnis gesteckt worden wäre.

Doch Netzer schoß, im Gegensatz zu Scharping, wenigstens Tore, was unbestreitbar ehrliche und gesellschaftlich wertvolle Arbeit war, gegen die auch die reaktionärsten Kryptofaschisten nichts einwenden konnten.

Danach kam dann sowieso gleich Ernst Huberty und redete alles wieder glatt und glätter und wollte nicht aufhören, und redete und redete, bis hinter ihm Heribert Faßbender und seine Gang auftauchten, ihm einen Knebel ins Maul stopften, ihn fesselten, die Taschen voller Spesen stopften und aus dem Studio trugen. Aber da waren die Kameras längst ausgeschaltet.

Und dann kam der Sonntag. Und wieder erschien das Sportschau-Symbol auf dem Bildschirm. Und die Sportschau-Fanfare ertönte. Und auftrat Adi Furler. Aaarrgghh ....

Mitte: Wim Thoelke mit der Sportstudio-Reliquie Litfaßsäule. Für Muhammad Ali (rechts unten noch als Cassius Clay) stellten sich Millionen nachts den Wecker. Links daneben die Black-Power-Demonstration bei der Olympiade 1968. Oben links: Die allererste TV-Livesendung war eine Fußballübertragung (1952), daneben Marika Kilius und Hans-Jürgen Bäumler. Rechts der Beweis zu Wembley 1966: Nicht drin!

BERND MÜLLENDER

MAL SEHEN, OB ER ANSPRINGT

RAINER GÜNZLER:
PS-VERKÜNDIGUNGEN IN DER KÄLTEKAMMER

Was Autotests in einem „Sportspiegel" zu suchen hatten, ist eigentlich unerklärlich. Ob die Deutschen zum Rennsport auf den Autobahnen ermuntert werden sollten? Falls ja, muß ein derart hinterfotziges ZDF-Vorhaben, bei der bis auf den heutigen Tag existierenden Tempopathologie der freien Bürger, als gelungen betrachtet werden.

Rainer Günzler dürfte das ferngelegen haben, schließlich hat er auch verkehrskritische Sendungen etwa des Titels „Blechlawine" thematisiert. Er klärte uns lediglich so unprätentiös wie noncharlant über die einzelnen Fähigkeiten seiner Testwagen auf. Hochwichtige Fähigkeiten! Unvergessen zum Beispiel Günzlers tollkühne Fahrten bei Seitenwind. Riesige Blasemaschinen, zuvor groß ins Bild gesetzt zum Beweis der windigen Wahrhaftigkeit, versuchten die vorbeibrausenden Wagen wegzupu-

sten, was indes, soweit die Erinnerung nicht trügt, nie gelang. Aber Günzler, der stets versicherte, keineswegs gegenzusteuern, kam immer etwas vom geraden Weg ab und fegte meistens einige der rot-weißen Pylone weg. Die Abweichung wurde dann in einer Art früher Animation mit dickem Filzstift oder ähnlichem nachgezeichnet und gab mit der stets eindrucksvollen Optik einer aufgeklappten Schere das ganze Ausmaß der Seitenwindempfindlichkeit wieder.

Großartig auch Günzlers Vollgas-Parforceritte durchs Wasser, eine Art Flachteich, der das Wasser hochfontänig zu beiden Seiten hochwellte und die Aufgabe hatte, die Dichtigkeit des Selbstbewegers zu testen. Und war es nicht ein DS der Firma Citroen, dessen Amphibienfähigkeit durch einen angenäßten Teppichbodenbelag so gnadenlos widerlegt werden konnte? Was in Günzlers Schlußkommentar, predigthaft verkündet meistens aus dem fahrenden Wagen durchs lässig geöffnete Seitenfenster, gar keine gute Gesamtnote brachte.

Doch was war das alles gegen Günzlers rituelle Auftritte in der Kältekammer (von der leider kein Foto trotz heftigster Recherche aufzutreiben war)! Allein der zottelige weiße Mantel, vermutlich Lammfell, jedenfalls wadenlang, mit dem der viel zu früh verstorbene Günzler in jene gefrorene Garage trat. Und zuerst die Motorhaube öffnete. Und die Kamera auf das dort zuvor plazierte Thermome-

Immer auf Kotflügelhöhe, auch wenn's um Oldtimer ging: Rainer Günzler während des Aktuellen Sportstudios am 12.11.1966.

ter schwenkte: minus 20 Grad! Oder waren es gar minus 25!? Jedenfalls stieg die Spannung ins Durbridgehafte, wenn Günzler sich dann ins Wageninnere wand und den Zündschlüssel drehte. Und? Und? Manchmal orgelte er und orgelte – doch meistens sprangen die Frostmobile an. Das gab stets ein großes Extralob! Der Ro 80 indes zierte sich erheblich, bis er sich endlich zum Starten durchwankeln konnte. Einmal aber, in einer der letzten Folgen, kam der Tag für die italienischen Momente im Leben der Kältekammer: ein silberner Alphasud fröstelte vor sich hin. Günzler orgelte und drehte und nichts tat sich. Denn der sonnenverwöhnte Italiener hatte keine Lust und streikte.

Aber, soweit erinnerlich, konnte der arme Tiefkühlsud, nachdem ihn ein Mitarbeiter wieder aufgetaut hatte, diese Schmach durch einen voll überzeugenden Wendekreis wiedergutmachen.

BERND MÜLLENDER

DU-ISS-BURG UND BOCH-HUMM

WALTER BARESEL: EIN ZUSPÄTGEKOMMENER

Ob es am Vornamen liegt? Jedenfalls hieß Walter Baresel wirklich Walter Baresel, genauso wie Walter Spahrbier, der Fernseh-Postbote bei Frankenfeld und Thoelke, wirklich Walter Spahrbier hieß und sogar wirklich Postbote war. Was immer wieder als sehr lustig empfunden wurde. Im Gegensatz zu Walter Baresel: Der war immer sehr ernst. Was seinen Grund hatte: Walter Baresel hatte auch sehr Wichtiges, Entscheidendes, ja Wegweisendes zu tun, weshalb sein Name jedem Fußballfreund ein Begriff ist wie alle Fritz Walters, Gerd Müllers und Helmut Rahns zusammen. Walter Baresel war in den sechziger Jahren Spielleiter der Fußballbundesliga. Schon damals hatte er so manchen (noch wenig beachteten) TV-Auftritt, der ihn für eine steile Karriere qualifizierte: Er wurde Spielausschußvorsitzender. Und damit endgültig zum Medienstar: Wenn Ernst Huberty in der Sportschau rief „Wir schalten nun live um zum Hessischen Rundfunk", dann galt es, die ordnungsgemäße Auslosung der DFB-Pokalspiele zu leiten.

Walter Baresels unvergessenes Markenzeichen waren zwei Anwesen des Ruhrgebiets: Duisburg und Bochum. Unnachahmlich seine Aussprache: Statt ,Düüsburg' immer sehr pronzoiert Du-Iss-Burg. Meidericher SV kam ihm noch ganz richtig über die Lippen, aber mit der Umbenennung 1966 gab es nur noch den MSV Du-Iss-Burg. Der andere Club, in den Sechzigern noch unaufsteigbar in der 2. Liga, war der Bareselsche VfL Boch-Humm (mit kurzem o statt richtigerweise ,Booochum'). Jahrelang verrichtete er pannenlos sein Werk vor der gläsernen Kristallschüssel, nur zur Krönung reichte es nie: Das Traumlos für die unsterbliche Partie aller Partien, vor Millionen verkündet, VfL Boch-Humm gegen MSV Du-Iss-Burg.

Walter Baresel, Jahrgang 1913, Hamburger genauso wie Walter Spahrbier, lebt heute zurückgezogen als Pensionär und Ehrenmitglied des DFB. Sein Geist aber lebt überall fort. Erinnert werden wir an Walter Baresel noch heute bei so mancher Zugfahrt im Intercity der Deutschen Bundesbahn: „Verehrte Fahrgäste, der nächste Halt unseres Zuges ist Du-Iss-Burg; nächster Halt: Du-Iss-Burg. Sie haben Anschluß..." Und ein Stück weiter hält der Zug in „...Boch-Humm. Nächster Halt: Boch-Humm". Spätestens hier ist für jeden wahren Fußballfreund eine Gedenkminute am Gleise fällig für einen der ganz Großen des deutschen Nachkriegsfußballs und der Fernsehgeschichte.

TELEMANN: SPARFLAMME EMPOR

An seine erste Begegnung mit Heinz Maegerlein wird sich Telemann noch im Austragungsstüberl erinnern.

Damals, im Jahre 1954, als das deutsche Fernsehen über wenig Zuschauer und seine Kritiker über viele wohlklingende Fachvokabeln – darunter das Wort „telegen" – verfügten, machte der heutige Allsport-Kommentator und Fragemeister („Hätten Sie's gewußt?") ein verlorenes Betrachterhäuflein mit den Sehenswürdigkeiten einer Düsseldorfer Jagdausstellung vertraut; hier die Verhaltensweise des Auerhuhns, dort den waidmännischen Wert eines Sechzehnenders biederäugig erläuternd.

Und Telemann, durch und durch noch TV-Neuling, rätselte: „Wenn ‚telegen' soviel wie „für das Auftreten im Fernsehen geeignet" bedeutet, mithin ein Feengeschenk meint, dessen kein Fernsehschaffender füglich entraten sollte – wer hat ausgerechnet diesen Mann zu aktiver Television ermuntert?"

Heute ahnt er: Es muß jemand gewesen sein, der, wäre er beauftragt, anläßlich eines Profumo-Filmvorhabens die Rolle der Christine Keeler zu besetzen, sämtliche Jahrmarktsschaubuden nach einer Dame ohne Unterleib absuchen würde.

Indes, die ständig sich mehrende Zuschauerschaft lachte Telemanns erstem und all seinen weiteren Eindrücken hohn. Mit ihrer Zahl wuchs die Vorliebe für Maegerlein den Quizmaster, Maegerlein den olympischen Boten, Maegerlein den Deuter sowohl des Sommer- als auch des Wintersportgeschehens und schließlich für Maegerlein den Halbjahresbilanzzieher, als welcher er am 27. Oktober zum zwölften Male hervortrat, den Abstand zu messen, der zwischen dem hehren Hochziel der Leibesertüchtigung und schnöder Realität gottseisgeklagt noch immer klafft („Zwischen Sommer und Winter, eine Plauderei über den Sport", Bayrischer Rundfunk).

Hart geißelte er die „mangelnde Achtung vor der sportlichen Leistung" sowie jene 420 von 500 getesteten „jungen Männern unseres Volkes", die „nicht einmal einen einzigen Klimmzug am Reck zustande bringen".

Ernst war sein Pädagogenblick, als er dem Skisportler Georg Thoma bekannte: „Ich bin gar nicht ganz glücklich darüber gewesen, daß Sie all diese großen Konkurrenzen des letzten Winters gewonnen haben."

Und unüberhörbare Mißbilligung schwang in der Frage an den Beinahe-Weltmeister im Eiskunstlauf Manfred Schnelldorfer: „Schaulaufen ... ist das eigentlich so ganz die richtige Vorbereitung für einen Olympia-Teilnehmer?"

Am unerbittlichsten jedoch befragte Sport-Inquisitor Maegerlein die Tennis-Hoffnung Helga Schultze aus Hanau: „Fräulein Schultze ... Sie haben fast immer aus dem Koffer gelebt, und Sie haben ein sehr unstetes Leben geführt. Ich glaube, sehr viel waren Sie nicht zu Hause in Hanau?"

Helga Schultze: „Sie sagen das mit einem leichten Unterton in der Stimme ..."

Maegerlein: „Ich möchte Sie fragen, gefällt Ihnen dieses unstete Leben?"

Helga Schultze: „Glauben Sie, man wird sehr oberflächlich?"

„So deutlich wollte ich's nicht sagen", schäkerte der Plauderer zwischen Sommer und Winter und fuhr fort zu inquirieren: „Bereiten Sie Ihre Reisen vor? Ich kenne viele, drum bin ich so skeptisch, die also praktisch doch in er-

Mit Oberlehrermanieren glänzte Heinz Maegerlein auch als „Quizmeister" in „Hätten Sie's gewußt?". Für die zwei Kandidaten ging es mit vielen „Geflügelten Worten" unter dem Motto „Was man weiß, was man wissen sollte" um geforderte 21 Punkte und das deja-vu längst vergangener Schulbanktage.

ster Linie die Tennisstadien und die Klubhäuser kennen ..."

Worauf das Fräulein Schultze sich geschickt exkulpierte: Sie lese vor Antritt einer jeden Tennis-Exkursion ein Buch über das zu bereisende Land. Zum Schluß kündete der ARD-Leibeserzieher, hinterrücks von den Lohen eines offenen Kamins beheizt: „Wirklich arm in der Welt sind nur die Blasierten, die zu keinem wirklichen Erleben mehr Fähigen – ganz gleich, aus welchen Bezirken es kommt ... Nur wer noch glühen kann, lebt!"

Und plötzlich wurde Telemann inne, was es mit Maegerleins vielstrapaziertem Tele-Genie in Wahrheit für eine Bewandnis hat; eine magische. Zwischen den Jahreszeiten ist es, wie jedermann weiß, nirgendwo geheuer. Böse

Dämonen, arglistige Kobolde, der schreckliche Sonnenwendmann, auch „Wilder Jäger" genannt, durchgeistern die Lüfte – weshalb unsere Germanen-Ahnen eine Menge kultischer Vorkehrungen zu treffen hatten.

Heute bedarf es keiner Sonnenwendfeuer und keines beschwörenden Mummenschanzes mehr. Man bestellt, auf daß aller Spuk verschwinde, den Heinz Maegerlein vor die TV-Kamera.

Da steht er dann, vom Sardellen-Scheitel bis zur Turnvater-Sohle eine einzige Absage an die Mächte der Finsternis, und glüht und glüht und glüht und glüht und glüht und glüht und glüht.

Aus: Spiegel, Nr. 45/1963

WERNER SKRENTNY

ONKEL LOU UND DER PÄPSTLICHE RITTER
VOM HEILIGEN GRAB

WOHNWAGEN-GESCHICHTEN:
DER ERSTE GROSSE FERNSEH-SKANDAL

Als TV-Star Lou van Burg 1986 in München im Alter von 68 Jahren an den Folgen einer Leukämie-Erkrankung starb, ging die Bild-Zeitung noch einmal in die Vollen und ins Detail: Aus Mahagoni sei er gewesen, der Sarg, den sie auf dem Neuen Südfriedhof von Neuperlach hinabsenkten, und ganz lila ausgeschlagen war er. „Onkel Lou" habe noch einmal einen violetten Smoking getragen und am Grab seien nur zwei Trauernde gestanden, seine letzte Lebensgefährtin und ein Stuttgarter Schauspieler, von einer der Ex-Frauen des Showmasters als „Homo-Freund" tituliert.

Bild war Lou derlei letzte Aufmerksamkeit schuldig, hatte er doch zum Rauschen des Blätterwaldes seinen Beitrag geleistet. Louis van Weerdenburg, so der tatsächliche Name des Holländers, hatte das deutschsprachige Publikum in einer Zeit erobert, als dieses nach Jahren der Isolation den Hang zur Internationalität verspürte, den das neue Medium Fernsehen mittels Stars wie Caterina Valente, Chris Howland u.a. befriedigte. Van Burg hatte dabei schon in den 50ern den Ruf des charmanten Chansonniers, galt als „der pariserischste aller Holländer", als weltgewandt und Vertreter „der fast ausgestorbenen Rasse der echten Kavaliere".

„Heut' gehn wir ins Maxim", hieß folgerichtig 1956 die TV-Premiere des Mannes mit dem Menjoubärtchen, der den ersten großen Erfolg

ab 1958 im österreichischen Fernsehen mit der Show „Jede Sekunde ein Schilling" hatte, in der schon lange vor dem RTL-Tortenwurf-Zeitalter Kandidaten mit Mehl oder Ruß bestäubt und mit Wasser überschüttet wurden.

Das gefiel, vor allem aber der quicklebendige und temperamentvolle Plauderer van Burg, und so übernahm auch Deutschland die Sendung. Ab 1962 ließ der WDR aus Wien mit „Sing mit mir, spiel mit mir" ein neues van Burg-Unternehmen ausstrahlen, in dem Musikstücke erraten werden mußten und die 21jährige Münchner Friseuse Brigitte Franke zum „Musikchampion" avancierte. Alle liebten Onkel Lou und alle liebten Brigitte, bis bekannt wurde, daß Brigittes Tante Mitarbeiterin des Showmasters war und Brigittes Onkel gelegentlich im Orchester der Sendung mitspielte. Das wiederum, obwohl nie endgültig als Schiebung aufgedeckt, gefiel nun wieder nicht und so wurde Lou am 8.Dezember 1962 samt Show nach 14 Sendungen abgesetzt. „Einen Grund für die plötzliche Absage habe ich nicht bekommen", teilte er überraschend in der Live-Sendung mit, und bereitete den TV-Verantwortlichen zusätzlichen Unbill, als er spontan dazu aufrief, zur Weihnachtszeit jedes Altersheim in Westdeutschland und Österreich mit einem Fernsehgerät zu beglücken (ergänzend fielen zwei Firmennamen). „Hier hat erstmals einer die Macht über millionenfaches

Sentiment und zugleich die Ohnmacht öffentlich-rechtlicher Rundfunkanstalten bis zur Neige genossen", fiel dem Spiegel auf. „Warum sollte ich, der kleine David, nicht auch eine Überraschung haben!?", teilte van Burg mit Unschuldsmiene mit. 1500 TV-Geräte wurden gespendet, aber beim Fernsehen war Lou erstmal draußen vor der Tür.

Keinesfalls out aber war der populäre Showmaster bei der einschlägigen Skandal-Presse, die sich mit Ausdauer mit Lou van Burgs privaten Verhältnissen beschäftigte. Bild fand in Brüssel Lou's Ehefrau Juultje, die er 1961 zugunsten der Schlagersängerin Angele Durand verlassen hatte und reportierte einen Selbstmordversuch der Gattin. Van Burg betonte zwar seinen Status als Gentleman – „ich trinke nicht, schlage keine Frauen in Nightclubs, bin kein Playboy" –, lieferte aber auch gleich etliche Details ehelicher Auseinandersetzungen.

Das noch junge ZDF holte den Holländer Ende 1964 in die große Samstagabend-Show Der goldene Schuß und zurück auf den Bildschirm. „Der Hauch von Las Vegas, Music Hall London und Lido de Paris, etwas von der Verruchtheit großkapitalistischen Geschäfts" (Friedrich Knilli) war wieder da, Lou der Chef der „Spielshow": „Der Goldene Schuß heißt unser Spiel, daß Sie sich freuen, ist mein Ziel!" sang er im Intro, stets begleitet vom Orchester Max Greger. Kandidaten auf der Bühne absolvierten kleine Spielchen, wobei das Wesentlichste allerdings der Schuß mit der Tele-Armbrust war, die auch Telefon-Kandidaten aus der Ferne steuern konnten. Der Goldene Schuß brachte, so man exakt traf, Gold im Werte von 8.000 Mark ein. Der Ausruf der Assistentin: „Der Kandidat hat 99 Punkte!", wurde zum geflügelten Wort, Lou's begeistertes „Wunnebar!" war jedermann geläufig, ebenso sein Kommando „Kimme – Korn – ran!"

Neben Frankenfelds Vergißmeinnicht waren der joviale und schlagfertige Onkel Lou und sein Goldener Schuß der absolute Renner. Ein beglückter Damenchor sang „Es ist schön, Lou, Dich zu sehen", und wenn der das Publikum mit „Hallo Freunde!" begrüßte, schallte es tausendfach zurück: „Hallo Lou!"

Auf dem Höhepunkt seiner Popularität zog „der volkstümliche Kicheronkel" (Spiegel) nebenbei noch mit dem Zirkus Franz Althoff durch die Lande und bot in der Arena eine 45-Minuten-Show.

Just während dieser Tournee im Sommer 1967 fühlte sich Lou, verehelicht mit Juliane, seit fünfeinhalb Jahren ohne Trauschein mit Angele zusammen, zu einer neuen Partnerin hingezogen, zu Marianne Krems, verheiratet, Mutter einer Tochter und Assistentin im Goldenen Schuß. Die Boulevard-Journalisten frohlockten, als Angele Durand gestand: „Jetzt erlebt er seinen dritten Frühling, aber nicht mit mir", die Nachthemden-Größe der neuen van Burg- Freundin verriet und über diese äußerte: „Eigentlich hatten wir die ja nur engagiert, damit sie uns den Wohnwagen saubermacht."

Derlei Privates führte prompt zu einem der großen Fernseh-Skandale der 60er Jahre, denn der flotte Fünfziger hatte nicht damit gerechnet, daß sich in den ZDF-Baracken auf dem Mainzer Lerchenberg auch eine einflußreiche Abteilung Moralapostel eingenistet hatte: Im Juli 1967 flog Lou van Burg raus beim ZDF. In einer verquasten Stellungnahme teilte der Sender mit: „Das ZDF sah sich zu dieser Umbesetzung gezwungen, da es befürchten muß, daß die sich in der Öffentlichkeit häufenden Vorwürfe gegen Herrn van Burg den ungestörten Ablauf der öffentlichen Veranstaltungen, die live ausgestrahlt werden, in Frage stellen." ZDF-Unterhaltungschef Karlheinz Müller-Ruzicka behauptete, in Mainz seien zahlreiche

Briefe eingegangen, in denen die Entlassung van Burgs gefordert worden sei.

Spitzenmann des ZDF war zu jener Zeit Intendant Karl Holzamer, eigentlich schon für das vom Verfassungsgericht gestoppte Adenauer-Fernsehen als Chef vorgesehen, und dann eben beim Zweiten inthronisiert. Holzamer, Professor und CDU-Stadtrat in Mainz, Katholik, Vater von vier Kindern, Mitglied des päpstlichen Ritterordens vom Heiligen Grab zu Jerusalem, hatte im 2. Weltkrieg als „Reporter der Luftwaffe" in einer Propaganda-Kompanie mitgewirkt. Er teilte diese Vergangenheit mit anderen bekannten Fernsehleuten wie Peter von Zahn und Ernst von Kuohn. Vor allem aber war Holzamer der Mann der CDU im sogenannten „CDF", dessen Grenzen zu den Parteikadern stets fließend blieben.

Holzamer, der „sein" ZDF als „Augenweide und Lebenshilfe" begriff, tat im Falle Lou van

Onkel Lou 1966 im Kreuzfeuer der Kessler-Zwillinge.

Mit Kimme-Korn-ran ganz nach oben, nach Holzamer-Kaliber unten durch: Mr. Wunnebar.

Burg kund, „die Visitenkarte des Zweiten Deutschen Fernsehens wurde beschmutzt, sie muß und soll sauber bleiben." Jene Verstocktheit hatte der Intendant schon 1965 offenbart, als er die Ansagerin Edelgard Stössel feuerte, weil sie auf einer privaten Pyjama-Party im Baby Doll getanzt hatte. Auch eine TV-Ansagerin wie die ledige Mutter Petra Schürmann vom Bayerischen Rundfunk käme beim ZDF, so Holzamer in einem Spiegel-Interview, nicht infrage, von wegen dem „Schutz der Familie" und „pädagogischer Bedenken": „Wir hätten uns von ihr trennen müssen", gestand er.

Die Frankfurter Rundschau kommentierte die Entlassung von Lou van Burg: „Man sollte meinen, das sei des Menschen Privatsache. Glaubt sich ein Intendant berechtigt, in Sachen Erotik mitzureden?"

Für van Burg sollte dessen Landsmann Rudi Carrell, sehr erfolgreich bei Radio Bremen, einspringen. Der sagte den Mainzern ab und so kam Vico Torriani zum Zug, „unser singender Gastarbeiter aus der Schweiz, der beim Goldenen Schuß zu einem dicken Deutschen anschwoll" (Knilli). Der Schlagersänger startete mit dem Goldenen Schuß am 24. September 1967 auch die ZDF-Farbfernsehpremiere.

Lou van Burg war nach 24 Folgen draußen und erreichte im außergerichtlichen Vergleich noch 120.000 Mark Entschädigung. In einem Interview des ORF wehrte er sich gegen die Maßnahme Holzamers, woraufhin der österreichische Sender das Gespräch nicht ausstrahlte – „wir wollen uns nicht in innerdeutsche Auseinandersetzungen mischen."

1968 ward Ex-Showmaster Lou und Ex-Assistentin Marianne eine Tochter geboren, 1969 heirateten beide, eine weitere Tochter kam, aber van Burg nicht mehr auf den Bildschirm. „Warum ist der Äther für mich auf ewig gesperrt?", fragte er öffentlich. „Meine Lebensverhältnisse sind doch längst geordnet, aber ich kriege keine Sendung mehr, ich bin ausgesperrt, auch vom Hörfunk."

Lou muß nun durch die Lande tingeln, tritt in Festzelten, Freizeitparks, Einkaufszentren auf, reist mit Tagesausflüglern auf der „Wappen von Hamburg" durch die Nordsee („Mit Onkel Lou nach Helgoland") und eine ganze Legion Journalisten beschreibt das traurige Schicksal des einstigen TV-Stars. „Die schreiben, ich wär' eine Ruine und könnte nicht mehr bumsen", klagt Lou.

1976, fast ein Jahrzehnt nach dem Rausschmiß, holt ihn das ZDF zurück: „Wir machen Musik", heißt die Show, Publikum und FAZ sind begeistert: „Lou van Burg ist eine Figur aus Fleisch und Blut und keine blasse elektronische Kunstfigur wie Rainer Holbe, sondern ein Typus des Unterhalters, der aussterben wird, weil auch die Varietés nicht mehr existieren." Mit „So wird's nie wieder sein" erzielt er 1980 für das ZDF stattliche 56 Prozent Sehbeteiligung und sogar den 1970 eingestellten Goldenen Schuß bekommt Lou 1983 zurück. Doch das Comeback gefällt nicht, überhaupt ist seine Zeit vorbei, als Unterhaltungsmann

Trotz Buntfernseh-Start am 25.8.67 blieb Vico Torriani (hier mit Schlagersängerin Manuela) ein eher farbloser van Burg-Nachfolger.

der 50er Jahre ist er nicht mehr gefragt. Seine Ehe ist kaputt gegangen, er hat eine neue Freundin, die er kennenlernte, als die in seiner Glanzzeit einmal in einem Preisausschreiben „Drei Tage mit Onkel Lou" gewann. Lou wiegt bei 1.77 Meter Größe nun fast drei Zentner, er hat nur noch kleinere Auftritte, seine Schulden sollen sich schließlich auf 750.000 Mark belaufen haben. Zuletzt tritt er in der Kleinen Komödie München vor kleinem Publikum auf.

Im Sommer 1993 hat das ZDF aus seinem Archiv noch einmal einen Goldenen Schuß hervorgeholt und ausgestrahlt. Eigentlich hätte die Sendung ja Edelgard Stössel ansagen und vielleicht noch der Intendant a.D. ein professorales Nachwort sprechen müssen, über Katholizismus und verlogene Moral. Aber derlei war nicht zu erwarten, schnippeln doch auch heute noch ZDF-Zensoren hartnäckig an Liebesspiel-Szenen in Spielfilmen herum, um das Abendland vor dem endgültigen moralischen Verfall zu bewahren.

JOCHEN HÖRISCH

WUNNEBAR

CARRELL, HOWLAND, RAMSEY, TORRIANI: DIE FERNSEHSTIMMEN AUS DER FREMDE

"Wunnebar", sagte Lou van Burg, und alle fanden das wunderbar. Alle. In den alten Zeiten, als das Fernsehen noch geholfen hatte, hatten eben alle noch dasselbe gesehen und gehört. Um Gesprächsstoff brauchte man am nächsten Morgen im Büro, am Band und im Bus nicht verlegen zu sein. Ein (und bis zur Gründung des zweiten ARD-Kanals 1961 nur ein) Programm sorgte dafür, daß alle, die ein Fernsehgerät (oder nette Nachbarn mit einem solchen) hatten, am Vorabend dieselben Erfahrungen gemacht hatten. Sie hatten fern gesehen. Alle also hatten – um auf Onkel Lou zurückzukommen – dasselbe gesehen und gehört: die verliebten Augen und die zärtliche Stimme des alten Herrn, der so herrlich sein "wunnebar" der schönsten Kandidatin seines Fragespiels zurief, die er vor der Sendung mit den rechten Antworten versehen hatte. "Wunnebar" – wie vertraut klang diese Stimme aus der Fremde, wie menschlich waren die kleinen Verrätereien, die sie zu verantworten hatte.

Mir will es in verklärter Erinnerung gar so erscheinen, als sei die gräßliche Wendung vom "Fernseh sehen" damals, in den längst vergangenen, guten alten, übersichtlich klaren, schwarzweißen Fernsehzeiten noch nicht verbreitet gewesen. Man sah nicht etwa "Fernsehen", man sah fern. Und man sah und hörte in und aus der Ferne dasselbe wie alle. Keine Fernbedienung ließ "fernsehen" zum "Fernseh-sehen" werden, das allabendlich zwischen 30 Programmen 300fach hin und her zappt. "Fernseh sehen", das heißt heute: sich so zerstreuen, daß kein zweiter am nächsten Tag von derselben Zerstreuung berichten kann. "Fern sehen": das hieß in jener Vorzeit – sich um ein Programm versammeln.

Als singender Discjockey immer mit sorgsam kultiviertem Akzent: Chris Howland.

Und wenn dieses eine, alle versammelnde und allgemein seligmachende Programm Unterhaltungs- bzw. Zerstreuungssendungen bot, dann waren die vereinten Zuschauer umso versammelter. Und was sahen und hörten die Fern-Seher zumeist, wenn sie, um sich nach harten Arbeitstagen im Wirtschaftswunderland zu zerstreuen, fern sahen? Moderatoren aus der Ferne: Vico Torriani, Chris Howland, Bill Ramsey, Lou van Burg und (ja, ja damals schon) das ewige Fossil-Kind Rudi Carrell.

Allein die Namen! Egal, ob sie denen, die da mit deutlichem Akzent parlierten, von ihren Eltern verliehen oder aber von ihnen selbst erfunden waren – die Namen sind einfach herrlich. Wer Moshammer hieß oder Berschel, wer sich mit Müller und Mayer ("mit a/ypsylon bitte") abfinden mußte, wer auf den Namen Schmidt oder Kohl hörte, dem wurden hier Gesichter, Namen und Sprechakzente vermittelt, die keine noch so ferne deutsche Dialektregion bereithielt. Das frühe deutsche Fernsehen war eben auch ein unterhaltsamer Crashkurs in Internationalismus. Wieviele Möglichkeiten, den Namen Vico Torriani falsch zu betonen, wieviel Erleichterung, wenn man Carrell richtig zu akzentuieren gelernt hatte, wieviel Ahnungen um die Abgründigkeit des Namens Lou!

Diese Namen: sie klingen so romantisch, so amerikanisch, so holländisch, daß jedem, aber auch jedem klar war, daß Deutschland endlich internationalen Anschluß gefunden hatte. Und diese Sprechweise: an ihren Akzenten sollt ihr sie erkennen. Sorgsam pflegten Lou van Burg, Rudi Carrell und Chris Howland ihren Akzent. Nichts wäre schlimmer gewesen, als ihn wegzutrainieren. Denn mit diesen Stimmen aus der Fremde wurde deutlich: In Zeiten, wo noch nicht jeder Massentourist war, kam die Ferne

ins Haus. Fernweh war am Fernseher schneller und eleganter zu stillen als je zuvor. Familienväter, die noch vor 15 Jahren deutsche Besatzungssoldaten in Holland waren, konnten sich an den fröhlichen Moderatoren, die sich so nett bemühten, deutsch zu sprechen und doch diesen lustigen Akzent hatten, gründlich erfreuen. Sie waren so gut gelaunt, sie waren gar nicht böse, und leicht Verwerfliches taten mitunter auch sie.

Am Anachronismus Rudi Carrell, der seine Markenzeichen (dichtes Haar, Akzent, schiefes Lächeln und mutiges Bekenntnis zum Allerleichtesten) so sorgsam pflegt, läßt sich dieses Merkmal und dieses Versprechen des Fernse-

Rudi Carrell (links) und Vico Torriani (rechts), die Quizmaster aus der Fremde.

Es gefiel, was aus der Fremde kam, ob Bill Ramseys Gemischtwaren (links) oder Lou van Burgs edler Tropfen (rechts).

hens heute noch studieren: Man gehört zusammen und ist doch auf angenehme Weise anders. In den 60er Jahren wuchs auf deutschen Bildschirmen televisionär zusammen, was zusammengehörte – das einige, entspannte, vergessende, zerstreute, tolerante, internationale, auf- und abgeklärte Medieneuropa. In den charmanten Quizmastern aus der benachbarten Fremde war es personifiziert. Und noch der, der ihnen dann die Schau gestohlen hat, mußte diesem Prinzip treu bleiben: das Fremde zum Eigenen, das Eigene zum Fremden machen.

Kuli, der polyglotte Hanseat, der in keiner Sendung zu erwähnen vergaß, wie gern er die Weltmeere besegelt, blieb beim Schema, indem er einfach die Rollen vertauschte. Der Moderator sprach akzentfreies Deutsch und, welch ein Glücksfall, witziges dazu. Die Akzente aus der Fremde aber waren keineswegs verschwunden. Sie kamen nun gleich vielfach aus den Mündern der KandidatInnen (welches feminin deklinierte Wort damals noch keiner Schreibmaschine vertraut war). Kulis EWG gab schon in ihrem Titel zu erkennen, daß sie euro-

päisch sein wollte. Und sie war europäisch. Tempi passati. Die schönen, festlichen, feudalen Zeiten eines öffentlichen Fernsehens sind vorbei; jeder sieht einfach und also vielfach zerstreut, was er sehen will. Man will „Fernseh sehen“ und nicht etwa fernsehen. Über den großen gestrigen Fernsehabend kann man mit niemandem mehr sprechen, weil jeder sich seine eigene mediale Kombinatorik zusammengestellt hat. Stimmen aus der nahen Fremde haben jede Exotik verloren; und gebrochenes Deutsch ist nicht mehr das charmante Privileg von Ausländern.

Vor kurzem habe ich einen dieser zahllosen Moderatoren, Quizmaster, Schreihälse (war es Gottschalk, war es Kracht, war es Reich-Ranicki?) „alles palletti“ sagen hören. Ich konnte mit niemandem drüber sprechen, denn alle hatten am Vorabend anderes gehört und gesehen. Alles palletti. Es klang nicht wie ein Wort aus Fernen, aus Reichen. Das Fernsehen kann uns nicht mehr die Augen leuchten machen; und profan erleuchten kann es uns schon gar nicht mehr. „Wunnebar“ ist nicht länger das mediale Losungswort.

»VIELLEICHT WAR FERNSEHEN MEIN FREUND«

GESPRÄCH MIT EINEM FRÜHEN SÜCHTIGEN

Christoph Biermann sprach mit einem frühen Fernsehsüchtigen: Kurt Thielen, Jahrgang 1958, „Kaufmann kraft Handelsregistereintrag" lebt heute in Duisburg.

Was war Dein erstes Fernseherlebnis?

„Das kann ich genau datieren: das war die Ermordung von John F. Kennedy. Das war im November 1963, und ich war damals fünf Jahre alt. Ich kann mich gut daran erinnern, daß ich aus dem Wohnzimmer in die Küche gerannt bin und zu meinem Vater gesagt habe: Die haben Kennedy ermordet! Da hat mein Vater gesagt: Dann gibt es jetzt den 3. Weltkrieg!"

Wie sah die Berichterstattung über die Kennedy-Ermordung denn aus?

„Das Großartige daran war, daß es am Anfang nur ein Standbild gab und Trauermusik – stundenlang. Damals gab es wahrscheinlich noch keine Satellitenverbindungen. Ich habe übrigens immer einen Gutteil des Tages damit verbracht, Umschaltpausen zu gucken. Von Hamburg nach Baden-Baden. Mit Pausenton: Blong, blong, blong. Minuten lang. Mir kam das ewig vor. Mit die schlimmste Zeit meines Lebens habe ich verbracht, wenn ich auf neue Fernsehprogramme gewartet habe."

Bei den meisten Eltern ist damals streng reglementiert worden. Mit sechs Jahren durfte man nur bis sechs Uhr gucken, zwei Jahre später vielleicht bis acht oder neun Uhr. Welche Fernsehzuteilung gab es denn bei Dir?

„Bei uns war der Fernseher an, wenn das Nachmittagsprogramm begann. Da hab ich dann geguckt. Mein Vater war noch auf der Arbeit im Hafen, und meine Mutter hat gekocht. Von da an lief die Glotze bis zum Sendeschluß. Also eigentlich immer."

Durftest Du denn alles sehen?

„Alles und immer! Und das habe ich dann ja auch gemacht. Als ich noch kleiner war, habe ich da bestimmt nicht länger als bis zehn Uhr gesessen. Erst als ich ungefähr zehn Jahre alt war, habe ich mit meinem Vater zusammen bis zum Sendeschluß geguckt. Dann ist er in sein Bett gegangen und ich in meins. Und daß ich, wie andere etwa, keine Krimis gucken durfte, weil mich das so aufregt, das gab es wirklich nicht."

Heute würde man wahrscheinlich sagen, daß Du fernsehsüchtig warst.

„Schwer zu sagen, wenn man nie auf Turkey war. Ich hab schließlich immer geguckt. Ich kann also gar nicht sagen, wie es ohne gewesen wäre. In Urlaub sind wir nicht gefahren, und wenn ich krank war, hab ich erst recht alles geguckt. Fernsehen gehörte einfach zu den sichersten Gewohnheiten in meinem Leben. Ich kann mich auch erinnern, daß es ein ziemliches Drama war, wenn der Fernseher mal kaputt war. Und wenn für nichts Geld da war – für die Fernseher-Reparatur immer! Für unsere ganze Familie war das Fernsehen der Lebensmittelpunkt."

Ich habe früher gerne *Rin-Tin-Tin* nachgespielt. Dabei war ich der kanadische Ranger, das Herrchen von Schäferhund Rin-Tin-Tin, habe einen verschnökelten Kleiderhaken hochgerissen und gerufen: „Ich verhafte sie im Namen der Majestät!" Hast Du auch Fernsehserien nachgespielt?

„Ich glaub nicht. Ich weiß auch gar nicht, wie real ich Fernsehen genommen habe. Dazu muß man auch sagen, daß ich, bis ich zehn Jahre alt war, immer wenig Spielkameraden hatte, weil ich ziemlich weit von der Schule weggewohnt habe und in unserer Gegend nicht viele Kinder waren. Mit sechs oder sieben Jahren habe ich auf einem ganz kleinen Innenhof auch gerne mal alleine Fußball-WMs ausgetragen."

Das war immer in Duisburg?

„Ja. Das war alles unheimlich eng. Die erste Wohnung hatte zwei Zimmer für eine vierköpfige Familie, zwei Dachräume mit schrägen Wänden, großzügig gerechnet 30 Quadratmeter. Das wurde relativ schnell warm und im Winter war oft – im wahrsten Sinne des Wortes – nicht genug Kohle da."

War der Fernseher in dieser Enge vielleicht noch ein zusätzliches Fenster, eine Vergrößerung der Welt?

„Als Junge aus Duisburg-Hochfeld hast du wenig Gelegenheiten gehabt, dir die Welt anzugucken. Da ist das Fernsehen schon eine Super-Gelegenheit gewesen. Ich hab elend gerne Reportagen aus anderen Ländern geguckt, und immer mit meinem Vater den *Weltspiegel*. Ich glaube überhaupt, daß ich durch Fernsehen unheimlich viel gelernt habe."

Was denn?

„Alles mögliche, Allgemeinwissen und so drollig sich das anhört, ich habe sehr früh so was wie ein politisches Bewußtsein entwickelt. *Panorama* habe ich mit meinem Vater zusammen geguckt. Immer! Ich hab dazu auch immer Zeitung gelesen und immer den Politikteil – viel mehr als heute. Jedenfalls viel früher als alle anderen Kinder um mich herum. Damals hatte ich einen viel besseren Wortschatz als die."

War das Fernsehen eine Instanz, der man geglaubt und vertraut hat?

„Auf jeden Fall. Wenn Eduard Zimmermann gesagt hat: der ist ein Gauner, der ist böse, dann war der auch böse. Ich glaube, daß die Macht der einzelnen Sendungen viel größer war als heute. Selbst so was wie *Panorama*, was damals das linke Spektrum war, hatte einen unheimlichen Einfluß. Zuhause wurde das geglaubt, was da gesagt wurde. Nicht nur bei uns. Oder was ganz anderes: Da hat Wim Thoelke im *Aktuellen Sportstudio* den Lachsack vorgestellt. In der Woche hat sich das in Deutschland wahrscheinlich millionenfach verkauft. Wir hatten zuhause natürlich auch einen."

Wer hat den überhaupt bestimmt, was geguckt wurde, Dein Vater oder Deine Mutter?

„Ich hatte das unter Kontrolle. Ich habe meinen Eltern sehr oft vorgeschrieben, was wir geguckt haben."

Mit welcher Autorität warst Du denn Fernsehbevollmächtigter?

„Wahrscheinlich mit der Autorität des geliebten Kindes. Meistens gab es auch gar kein Problem. *Der Kommissar* wollten wir alle gucken. Sportsendungen und Politmagazine waren auch kein Thema. Ich kann mich nur an einen Disput erinnern. Da war ich schon 13 Jahre alt und es gab eine Sendung über eine Sexmesse. Da mußte kurz diskutiert werden, mit gütlicher Einigung allerdings: Ich durfte die sehen.

Nur die klassische Samstagabendshow mochte ich nicht. Aber dagegen war wenig zu machen. Peter Frankenfeld hat man ja noch gern gesehen, aber die *Peter Alexander Show* war mein Untergang. Doch da ging kein Weg dran vorbei, das wollte Mutter sehen. Und oft genug hab ich dann mitgeguckt. Ich glaube, das ist Suchtverhalten, wenn man so einen Scheiß guckt, den man gar nicht sehen will."

Was hast Du zu Beginn Deiner Zuschauerkarriere besonders gerne gesehen?

„*Das Zauberkarussel* mit Zebulon gab es damals schon. Die früheste Serie, an die ich mich erinnern kann, war *77 Sunset Strip*. Die habe ich definitiv schon vor Schuleintritt gesehen. Dann das damalige Reality-TV: *Aktenzeichen XY*. Ziemlich gruselig, aber längst nicht so schlimm wie *Stahlnetz*. Die hatten schon so eine nervenzerfetzende Musik. Die hat mich ganz fertiggemacht. Und natürlich *Belphégor*. Wahrscheinlich war das eine Existenzialistenserie. Juliette Greco fand ich ganz toll.“

Und wer waren Deine männlichen Helden?

„Auf jeden Fall *Sir Francis Drake*, der Pirat der Königin. Ich hab immer auf die coolen Typen gestanden. Und der war einer. Genau wie Adam Cartwright, der coole Sohn bei *Bonanza*. Little Joe war ein Arsch, den konnte ich nie leiden. Aber Adam war mein Idol. Bis ich in irgendeiner Illustrierten entdeckt habe, daß er ein Toupet trug. Das fand ich total uncool. Matt Dillon in *Rauchende Colts* war auch ein Supertyp. Festus hingegen fand ich immer total überschätzt. Weil der so lustig war und so komisch gesprochen hat, ist die Serie zum Kult geworden. Aber für mich waren Matt Dillon und Miss Kitty die wahren Helden. Miss Kitty war ja auch immer so eine zwielichtige Gestalt, eine Frau mit einer sexuellen Ausstrahlung. Die leitete als Frau eine Bar. Leichtes Amüsement und dann der rechtschaffene Sheriff, das war eine sehr spannende Konstellation.“

Wie stand es denn sonst um Liebe, Erotik und Sex? Was hast Du noch in Erinnerung?

„Die erste Frauenbrust, die ich im Fernsehn gesehen habe, war bei dem legendären Auftritt von Marsha Hunt im *Beat Club*, wo sie so ein Squah-Kleid anhatte und ihr dann die Brüste rausgefallen sind. Das war ein völliger Skandal. Sowas kam sonst nicht vor. Ansonsten waren das meist brave Liebesgeschichten.“

Gerade bei Müttern beliebt: Die Peter Alexander Show.

Pfiffig, geschniegelt und aus Hollywood: Stuart Bailey (r.) und Assistent Kookie in 77 Sunset Strip.

Immer mit guten Haltungsnoten: Tele-Turnvater Adalbert Dickhut.

Du hast Dir einen Notizzettel gemacht, was steht denn da sonst noch drauf?

„Die Sektion Horror. Realer Horror. Zum Beispiel: *Rasthaus*. Das kam immer samstags vor der Sportschau. Eine Sendung rund um das Auto, die immer von einer Autobahnraststätte übertragen wurde. Ich hab mich noch nie für Autos interessiert, und die Sendung nahm kein Ende. Die hab ich am meisten gehaßt, weil ich da immer auf die *Sportschau* gewartet habe. Deshalb hab ich übrigens auch nie *Daktari* und später *Raumschiff Enterprise* geguckt. Grauenhaft war auch der *Blaue Bock*. Der kam ebenfalls samstags. Übrigens gab es noch eine Horrorsendung: *Turnen mit Adalbert Dickhut*. Adalbert Dickhut war ein berühmter deutscher Kunstturner aus den 50er Jahren. Der hat dann so eine Art Kinder-

gymnastik gemacht. Das müßte man mal wiederholen. Meine absolute Lieblings-Haßserie für Kinder war allerdings *Stoffel und Wolfgang*. So 'ne Handpuppe, die Stoffel hieß und die Bauchrednerstimme von Wolfgang hatte. Das habe ich mit religiösem Abscheu geguckt."

Gab es denn auch gute Kindersendungen?

„Wirklich toll für Kinder war *Sport, Spiel, Spannung* mit Klaus Havenstein und Sammy Drechsel. Da hab ich auch viel gelernt fürs Leben. Und – obwohl nicht für Kinder – natürlich: *Hätten Sie's gewußt* mit Heinz Maegerlein. Supergeil! Da wurden die Kandidaten in zwei Kabinen gesteckt, die schon ganz absurd aussahen. Und dann gab es Fragen zu unterschiedlichen Wissensgebieten: „Was man weiß, was man wissen sollte" oder „Geflügelte

Symptomatisch für das Fernsehen der frühen 60er: Sammy Drechsel (links) und Klaus Havenstein (oben) versprachen bei Sport-Spiel-Spannung möglichst (!) Unterhaltsames.

Worte". Und dann kam immer eine Frau und hat neben die Kabinen den neuen Punktestand eingehängt. Das muß unfaßbar behäbig gewesen sein, das würde heute gnadenlos untergehen. Da hab' ich auch viel gelernt. Ob das heute auch noch funktioniert? Wahrscheinlich sehen die Kids heute kaum mal eine Sendung zuende. Wenn ich früher um 17 Uhr *Sir Francis Drake* geguckt habe, war da *Sir Francis Drake* und nichts anderes – voll konzentriert. Das war die Welt für die nächsten 25 Minuten."

Was wäre eigentlich gewesen, wenn in Deiner Kinderzeit das Fernsehen noch nicht erfunden gewesen wäre?

„Ich war eher ein einsames Kind. Damals war ich ziemlich auf mich allein gestellt und habe mich viel mit mir selbst beschäftigt. Dann hätte ich wahrscheinlich nur gelesen, wäre wahrscheinlich schon mit zehn Jahren bei Kafka gelandet und hätte mich mit 14 umgebracht. Vielleicht war damals Fernsehen auch mein Freund."

HANS-HERMANN KOTTE

BEMBELZEIT

LIA WÖHR UND HEINZ SCHENK: BABBELN IM BLAUEN BOCK

Die Samstags-Makkaroni beginnen gerade zu sacken. Vater hat das Geschirrtuch noch auf der Schulter und schmökt seinen Cigarillo. Längst hat Mutter den Tortenboden belegt, und der Mixer quirlt die Schlagsahne auf Hochtouren. Da brüllt Lia Wöhr ihr resopal-resolutes „Herr Scheeeeenk!" ins Wohnzimmer. Das ist das Signal: Bembelzeit. Während Heinz Schenk herantrottet und die ersten Texte im weichen Mecker-Idiom aus ihm heraushesseln, verteilen sich meine Schwester und ich auf dem Teppich vor dem Fernsehgerät.

Der Blaue Bock in den späten 60er Jahren – das war stets der überaus gemütliche Auftakt zum TV-Wochenende. Es war die Pflicht vor der Kür, die aus unvergessenen Knüllern bestand wie Ohnsorg-Theater, Bonanza oder später Die Leute von der Shiloh-Ranch. Der Blaue Bock war der audiovisuelle Background der mittäglichen Verdauungsphase, das erdverbundene Heimatgegenstück zu Flipper aus Florida (bei dem ich stets, wenn die großen Wasserflächen des Vorspanns in Bild kamen, erstmal schnell aufs Klo mußte).

Drei Fragen stellte ich mir damals ständig. Erstens: Wozu sollten bloß diese Bembel gut sein, jene Eppelwoi-Krüge, von denen in den 30 Bock-Jahren etwa 6.500 über den Tresen gingen? Was fingen die damit beschenkten Gäste bloß mit den Staubfängern an? Wo mögen sie alle heute stehen? Zweitens: Wieso wurden die braven Herren vom Medium-Terzett von Jahr zu Jahr eigentlich nicht älter? An ihren Jacket-Kronen und Toupets allein kann

es nicht gelegen haben. Hatte der Apfelwein jungbrunnenhafte Qualitäten? Drittens: Wieso durfte dieser Heinz Schenk quasi ganzjährig in die Bütt und seine Karnevalsgags loslassen, während doch im ZDF nur einmal im Jahr Mainz Mainz blieb?

Ansonten ist es nicht ganz leicht mit der Erinnerung, was die erste und letzte volkstümliche Sendung angeht, der ich länger als eine Folge treu blieb: Da war die immer gleiche weinbe-rankte Sperrholzkulisse, mit der das Bock-Team durch die Gemeindehäuser im Hessischen zog. Lia Wöhr hatte stets die Arme in die beschürzten Dirndlhüften gestemmt, und Heinz Schenk legte beim Babbeln seinen Kopf immer so schräg wie die Streichelziegen im Märchenpark. Und neben den Wirtsleuten gab es da noch eine staubtrockene, frankensteinige Figur: Den „lustigen Kellner" mit dem lustigen Namen: Reno Nonsens.

Der Blaue Bock – erfunden als Pausenfüller für die Funkausstellung in Frankfurt 1957 und dann aufgrund von wahren Begeisterungsstürmen fortgesetzt – war eine Mischung, die jeden Kritiker von Anfang an überforderte. „Unterhaltung mit Niveau", „Ein Platz für deutsche Idylle", „Sendung mit Schunkeleffekt", „Massenerfolg" – so hießen die gezwungen wohlwollenden Etiketten. Erfolgreich war der Blaue Bock ganz bestimmt. Mit bis zu 20 Millionen Zuschauern hatte er Quoten, die heutzutage kaum noch möglich sind – und das, obwohl die Sendung später zweimal verlegt wurde: in den 70er Jahren vom Samstag nachmittag auf den Sonntag nachmittag und dann noch mal in den 80er Jahren auf den Samstag abend. 1987 machten Lia Wöhr und Heinz Schenk nach mehr als 200 Sendungen Schluß – originelle Begründung: „Wenn's am schönsten ist, soll man aufhören." Nachträglich gesehen eine weise Entscheidung, ins unwürdige Quotengerangel mit den Kommerziellen geriet der Blaue Bock so nicht mehr hinein.

Tümelnd mit leichter Westbindung, das war das Grundmuster der Familiensendung im, wie es hieß, „Ebbelwoi-Milieu". Hier trafen deutsche Schlagersternchen auf internationale Opern-Superstars, die die frühere Opernregisseurin Lia Wöhr schon mal im Dutzend anschleppte. Hier reimte Ilja Richter, trällerte Mireille Mathieu, hier verbreitete Agnes Windeck

Alterssanftmut, und der Herr der Schweinderl, Robert Lembke, sang mit viel Handbewegung ein Liedchen. Denn singen mußten sie alle im Blauen Bock, möglichst rudelweise. Ob Skifahrer, Bürgermeister oder Fußballtrainer, Schenk & Wöhr kannten kein Erbarmen. Sogar ein Quintett von TV-Professoren brachten sie einmal zustande: Bernhard Grzimek, Heinrich Harrer, Heinz Haber, Ernst von Khuon und Eugen Schumacher standen tapfer ihre Gesangseinlage durch. Ja, das waren Fernsehereignisse, die heute kein Ereignisfernsehen mehr zustandebrächte!

„Der Blaue Bock war die erste Sendung, in der die Stargäste alles mögliche machten, nur nicht das, womit sie sonst ihre Brötchen verdienen." So beschrieb eine Redakteurin des

Die drei vom Blauen Bock: v.l. der nimmerfrohe Kellner Reno Nonsens, die resolute Wirtin Lia Wöhr und Heinz Schenk, ihr zungenfertiger Oberkellner.

Hessischen Rundfunks mal das Dauerbrenner-Prinzip, das auch in den Zeiten von „Wetten, daß ...?" noch zog. Die Talks hatten kurz zu sein, die von Heinz Schenk selbstverfaßten Witze und Sketche sowie die Musik hatten Vorrang. Dazu der Bembel-Bajazzo Schenk ohne Pardon: „Bei mir kann man über alles reden, nur nicht über zwei Minuten." Er selbst trat mal als Queen Mary auf, mal als Baron von Münchhausen. Wohl weil der gelernte Schauspieler wirklich komisches Talent besitzt (siehe auch sein Comeback mit Hape Kerkeling), ließ man ihm sogar mäßige Witze durchgehen:

„Ein Kannibale, der zum Spaß,
jüngst einmal seine Eltern aß,
der wurde über Nacht geschwind ...
na, was denn schon? Ein Waisenkind."

Das war sehr lustig. Aber einem Mann, der seinen Opel Diplomat mit dem bescheuerten Nummernschild WI-TZ 3 verzierte, ist eigentlich alles verziehen.

Doch der Blaue Bock war, entgegen aller Erinnerung vieler Menschen heute, keineswegs nur Heinz Schenk. So soll denn hier die Frau gewürdigt werden, die den Blauen Bock wirklich auf Touren brachte: Lia Wöhr. Obwohl sie die übliche Betonfrisur trug, hörte man von ihr niemals reaktionäre und vaterländische Sprüche wie etwa von einer Carolin Reiber oder Ramona Leiß. Zugegeben: als kindlicher Zuschauer ignorierte ich die Wöhr ziemlich, Schenks Bocksprünge waren mir lieber. Erst Jahre später wurde mir ihre quasi-feministische Aura bewußt. Sie ist neben Heidi Kabel *die* starke Frau aus der Frühphase der deutschen Fernsehunterhaltung, eine, die nie auf Männer angewiesen war, eine „eiserne Junggesellin" (O-Ton Wöhr), der die Kerle ziemlich schnuppe waren.

Nachdem Lia Wöhr die Fernsehwirtschaft 1965 vom Erstmoderator Otto Höpfner über-

nommen hatte, war Heinz Schenk zunächst nur ihr Oberkellner. Schenk und Reno Nonsens hatten wohl nicht nur spielerisch um die Gunst der Chefin (hinter den Kulissen auch ihre Redakteurin) zu eifern. Erst nach einiger Zeit durfte Heinz zu einer Art Co-Wirt aufsteigen.

Schon Jahre bevor Lia Wöhr beim Blauen Bock einstieg, war sie, 1957, beim Hessischen Rundfunk der erste weibliche Programmproduzent im deutschen Fernsehen geworden. Da hatte sie fürs Radio bereits das „Hessenmädchen" kreiert und die Mutter Hesselbach gesprochen. Auf dem Schirm wechselte sie die Rolle und gab in der TV-Familienserie die Hesselbachsche Putzfrau Siebenhals mit dem unschlagbar bösen Maul. Sie produzierte neben „ernsten" Sendungen wie der Kassandra und Strawinskys Feuervogel auch Kulenkampffs frühes Quiz Acht nach Acht, natürlich den Blauen Bock und später die Montagsmaler.

Begonnen hatte die frühe Karrierefrau in den 20er und 30er Jahren als Schauspielerin, Soubrette, Tänzerin und Souffleuse. Im Nachkriegsfrankfurt arbeitete sie als Regieassistentin an der Oper, später wurde sie selbst Opernregisseurin und inszenierte Wagner und Verdi in Rom, Madrid und London. Dann wechselte sie zu Radio und Fernsehen und spielte nebenbei weiter Theater, zum Beispiel die Miss Marple oder in Arsen und Spitzenhäubchen ...

Noch heute, als über 80jährige Pensionärin, tritt die ewige Pendlerin zwischen U und E bei „bunten Altennachmittagen" auf. „Ich brauche den Applaus", sagt sie, „und daß die Leute sagen: ,Da geht ja die Wöhr!'"

In Oberursel, wo sie heute wohnt, kann sie das sogar auf ihrer eigenen Straße erleben. Die Stadt hat zu ihren Ehren eine Straße nach ihr benannt.

RÜDIGER PROSKE

DIE PANORAMA-STORY

EIN MAGAZIN ALS STIMME DER OPPOSITION

Es mußte vieles zusammenkommen, um aus dem Panorama der frühen 60er Jahre das zu machen, was es war, und sein Ende zu einer „story" werden zu lassen. Da war zunächst einmal das politische Umfeld, das Panorama entstehen ließ. Bundeskanzler Adenauer, verärgert über das öffentlich-rechtliche Fernsehen, das ihn und seine Politik allzu oft und, wie er meinte, allzu unfair kritisiert hatte, wollte mit der Gründung einer kommerziellen „Deutschlandfernsehen GmbH" publizistisch ein Gegengewicht schaffen. Aber das Verfassungsgericht erklärte seinen Plan am 28. Februar 1961 für verfassungswidrig. Begierig sprangen die Öffentlich-Rechtlichen in die so entstehende Versorgungslücke und beschlossen nur ein paar Tage später – am 22. März 1961 – die Ausstrahlung eines zweiten Fernsehprogramms. Ein riesiger Programmbedarf hatte sich aufgetan.

Damit hatte die Tatsache, daß mich im Herbst 1959 die englische Regierung als einen der Beauftragten für den Aufbau des Fernsehens beim NWRV eingeladen hatte, vier Wochen lang bei der BBC neue Fernsehprogrammformen zu studieren, eine neue Bedeutung gewonnen. Was mich in England am meisten beeindruckt hatte, waren die BBC-Fernseh-Magazine: Panorama und „That Was The Week That Was", TWTWTW. Panorama war eine aktuelle und rein politische Sendung, TWTWTW eine Mischung aus Politik und Kabarett, für mich die beste Sendung, die es je gab (und die ihrer Frechheit wegen ebenso

schnell starb wie später unser Panorama). Aber als wir dann im Frühjahr 1961 vor der Entscheidung standen, was wir für das Zweite Programm produzieren sollten, und mich meine Begeisterung für die englischen Magazine bei uns nun in die Tat umsetzen ließ, zeigte sich schnell, daß TWTWTW zu teuer gekommen wäre. Panorama dagegen, ja Panorama – das ließe sich machen – mit 12.000 Mark Etat pro 45 Minuten-Sendung (Damit produziert man heute kaum 30 Sekunden der Lindenstraße).

In der Tat hatte es im Fernsehen des NWRV schon zuvor einmal eine Panorama-Sendung gegeben. Sie war damals von dem Chef der Tagesschau, Martin Svoboda, eingerichtet und von dem Chef des Zeit-Feuilletons, Josef Müller-Marein, moderiert worden. Sie lief vom 28. Januar 1957 bis zum 28. März 1958. Dann wurde sie eingestellt. Sie war zu feuilletonistisch und noch immer zu viel Zeitung gewesen. Nun, mit dem Beginn des Zweiten Programms machten wir Panorama zu einer Vollblut-Fernsehsendung mit eigenständigen Bildsequenzen und dem klaren Auftrag, politische Meinung vorzutragen.

Auch zu dieser Zielvorstellung gab es eine Vorgeschichte. Ich hatte mir ja meinen Namen im Fernsehen mit Dokumentar-Sendungen gemacht. Zusammen mit Max H. Rehbein und Carsten Diercks hatte ich 1957 für unsere Sendereihe „Auf der Suche nach Frieden und Sicherheit" den ersten in Deutschland ausgelobten Fernsehpreis gewonnen. Für mich hieß

„Dokumentation", so sachlich und so objektiv wie möglich zu berichten. Mit der Form des politischen Magazins eröffnete sich für uns nun die Möglichkeit, auch Meinungen zu äußern, und wir nutzten sie – und wie!

Dabei kam mir noch ein letzter, vom Zufall geprägter Umstand zu Hilfe. In der Tageszeitung Die Welt, die zur Zeit der englischen Controller ein liberales Blatt gewesen war, hatte sich Ende 1959 ein politischer Richtungswandel vollzogen. Die Welt wurde konservativer und eine ganze Reihe von liberalen Journalisten kündigte, an ihrer Spitze Gert von Paczensky. Diese Kündigungen waren zunächst dadurch abgesichert, daß Rudolf Augstein Anfang 1960 eine neue Wochenzeitung gründen wollte und bereit war, die Welt-Redakteure zu übernehmen. Aber schon nach wenigen Monaten erwies sich der Traum als ausgeträumt. Augstein konnte oder wollte sich neben dem Spiegel eine weitere Publikation nicht leisten. Nun hing die Mannschaft der Welt in der Luft. Aber ich brauchte für den weiteren Aufbau meiner Hauptabteilung Mitarbeiter. So gelang es dann im Spätsommer 1960, von Paczensky in das Fernsehen zu übernehmen und mit ihm eine ganze Mannschaft: Joachim Besser und Gösta von Uexküll, Kurt Becker und Walter Leo.

Am 4. Juni 1961 strahlte das zweite Programm des Fernsehens die erste Ausgabe des neuen Panoramas aus. Pacz war bei der Welt Korrespondent in London und dann in Paris gewesen. Er war außenpolitisch außerordentlich beschlagen und so kamen die ersten Steine des politischen Anstoßes auch aus dem Feld der Außenpolitik: Meinungen des für die CDU schwer erträglichen Vorstands-Mitgliedes der englischen Labour-Party Richard Crossmann zur Wiedervereinigung und zum Mauerbau im August 1961; wohlwollende Kommentare zum Aufstand der Algerier und Tadel für

die französischen Generale, die ihn ersticken wollten; bittere Berichte über die Hintergründe der Kongo-Krise und den Tod Dag Hammerskjölds auf seinem Flug nach Katanga; Kritik an antisemitischen Ungeschicklichkeiten der katholischen Kirche. Genug, um uns all jenes später als unverzeihliche Schandtaten vor die Füße zu werfen. Nur zu der Zeit, da wir diese Themen sendeten, rührte sich so gut wie nichts. Das Einzige, was blieb, war ein riesengroßes Echo bei Zuschauern und Presse.

Pacz war in meiner Hauptabteilung Zeitgeschehen der Leiter der politischen Abteilung. Was Panorama anging, hatten wir von Anbeginn Parität vereinbart: Panorama war unser gemeinsames Kind. Wir besprachen die Themen und legten die politische Linie fest. Ich besorgte aus meinem Etat die Mittel und deckte bei Angriffen die Sendung bei dem Intendanten der ARD und den Politikern ab. Pacz sorgte für die Produktion und war insoweit die Seele des Geschäfts. Da wir zunächst nicht allein moderieren wollten, zogen wir unseren Freund, den Chefredakteur des SFB, Rolf Menzel hinzu, der aber bei Gerhard Schröder, der nach dem Tode von Dr. Walter Hilpert neuer Intendant geworden war, keine Gnade fand und sich deshalb bald zurückzog. Darüber hinaus konnten wir Joachim Besser einige Male bewegen, durch die Sendung zu führen. Aber auch er verließ uns bald, da er Chefredakteur des Kölner Stadtanzeigers geworden war. So blieb es dann bei der Regelung, daß, als die Sendung am 1. Juli 1962 vom zweiten ARD-Programm, wo sie wöchentlich gezeigt worden war, in das Erste Programm (auf einen erstklassigen Sendeplatz um 18.45 bis 19.30 Uhr vor dem Sport) in 14-tägiger Folge übernommen wurde, Pacz und ich allein moderierten. (Vielleicht hatten wir damals auch an das amerikanische Moderatoren-Paar Huntley/Brinkley gedacht, das in den USA so bemerkenswerte Erfolge erzielte.) Wir stützten uns, was die Produktion anging, dabei – außer auf die schon genannten Kollegen – auf eine junge Garde von Film-Enthusiasten, die dann aus der Arbeit in Panorama später wieder einen neuen Stil im deutschen Fernsehen ins Leben riefen und durch ihn berühmt wurden: Klaus Wildenhahn und Albert Krogmann.

Die Übernahme von Panorama aus dem Zweiten in das Erste Programm war eine ungewöhnliche Anerkennung der Qualität unserer Sendung. Natürlich waren die Erwartungen riesengroß. Am 1. Juli 1962 wurde das erste Mal Panorama im Ersten gesendet. Als richtungsweisenden Paukenschlag legten wir dem in die berüchtigte Fibag-Affäre verwickelten Verteidigungsminister Franz Josef Strauß so eben mal den Rücktritt nahe. In der übernächsten Sendung war die katholische Kirche dran, welche sich hinter die Verurteilung eines Bürgers gestellt hatte, der am Sonntag in seinem Garten Bäume gepflanzt hatte, und deshalb nach einem antiquierten Gesetz wegen Schändung der Sonntagsruhe gerichtlich verurteilt worden war. Wieder zwei Sendungen später ließen wir Richard Crossmann bei uns darüber diskutieren, ob man nicht vielleicht doch die DDR anerkennen müsse, und eine Woche später, am 9. September, schossen wir der Wirtschaft wegen der Preisbindung der zweiten Hand, eine Salve vor den Bug. So war dann drei Monate nach unserem Start im Ersten die erste Panorama-Krise da. Die CDU-Fraktionsvorsitzenden von Bund und Ländern trafen sich, um geballt gegen Panorama zu protestieren. Die Welt schrieb einen ätzenden Artikel, der Panorama uferlose Manipulation vorwarf (die wir Punkt für Punkt widerlegen konnten!), und der Programmbeirat der ARD stellte fest, daß wir uns offenbar als „Stimme der Opposition" fühlten. Und in der Tat war irgendetwas an diesem Vorwurf dran.

Die politische Großwetterlage, innerhalb deren wir arbeiteten, hatte sich allmählich zu ändern begonnen. Schon im November 1959 hatte die SPD mit der Verabschiedung des Godesberger Programmes einen Kurswechsel eingeleitet und lebte nun vorsichtig auf die Große Koalition von 1966 hin. Andererseits war bei der Bundestagswahl vom September 1961 Adenauer keine absolute Mehrheit mehr beschert worden, so daß er auf die Zusammenarbeit mit der FDP angewiesen war und deshalb auf jede Kritik an seiner Partei nur um so allergischer reagierte. Am 11. September 1962 forderte die in Niedersachsen regierende CDU eine Änderung des Staatsvertrages, der die juristische Grundlage des NDR bildete, eine Änderung, die uns mehr oder weniger den Mund verbieten sollte. Nun stand die Existenz des NDR auf dem Spiel. Panorama hatte in Norddeutschland eine Staatskrise heraufbeschworen und in diese ohnehin zum Zerreißen gespannte Lage platzte am 27. September 1962 die Spiegel-Affäre. Pacz war am 4. November in unserer nächsten Panorama-Sendung als Moderator an der Reihe und schlug zu. Das Volk jubelte und der Politik verschlug es die Sprache. Irgendwie waren wir tatsächlich zu einer Art Vorläufer der Außerparlamentarischen Opposition geworden.

Zunächst gefiel das unserem SPD-Intendanten Gerhard Schröder gar nicht so schlecht. Schließlich fiel ein Strahl des publizistischen Glanzes auch auf ihn. Vom 7. Oktober bis zum 30. Dezember 1962 teilte er uns die verbesserte Sendezeit von 19.15 bis 20.00 Uhr am Sonntag vor der Tagesschau zu und ab dem 14. Januar 1963 durften wir schließlich sogar in der primetime am Montag von 20.20 bis 21.00 Uhr nach der Tagesschau senden. Lag die Zuschauerbeteiligung an Panorama, solange wir unser Programm sonntags ausstrahlten, noch bei durchschnittlich 30 Prozent, stieg sie nun schlagartig auf 60 Prozent. Nie zuvor und kaum jemals später hat es eine politische Sendung gegeben, die ein derartiger Publikumserfolg geworden wäre.

Unsere Lage verbesserte dieser Umstand indessen nicht. Wohl stellte sich später immer wieder heraus, daß wir mit unserer Kritik Recht behalten hatten, in der Kongo- und in der Algerienfrage, hinsichtlich des grassierenden Klerikalismus oder etwa mit unserem Nein zu den Berufsheimatvertriebenen, die wir „verkappte Ostland-Reiter" titulierten. Wie hatte man uns nur wegen unserer Kritik an Strauß beschimpft, aber am 16. Dezember 1962 mußte er zurücktreten. Um „Rechthaben" oder „Recht behalten" allerdings ging es längst nicht mehr. Und wir taten das Übrige,

um unseren schlechten Ruf weiter zu festigen. Im Januar legten wir uns mit der Agrar-Lobby in Bonn an und im Februar unterzog Pacz das Boulevard-Blatt Bild einer vernichtenden Kritik. Bild schoß aus allen Rohren zurück: „Fernsehhetze", „Fernsehdiktatur", „Der Bart muß weg". Und der Bart war Pacz.

Der NDR und sein Intendant wurden merklich unruhiger. Und dann schlugen wir auch noch Adenauer ein Schnippchen und das kam so: wir hatten um einen Interview-Termin gebeten und über Wochen eine hinhaltende Antwort bekommen. Bis dann an einem Montagmorgen, einem unserer Sendetage, morgens kurz nach 9.00 Uhr das Telefon klingelte und das Bundeskanzleramt uns mitteilte, wenn uns daran läge, könnten wir den Herrn Bun-

Mit diesem Gruppenfoto verabschiedeten Rüdiger Proske (sitzend) und das Panorama-Team Mitte 1963 Gerd von Paczensky (5. v. l.)

deskanzler um 12.30 Uhr interviewen. Das hieß dreieinhalb Stunden Zeit, auf einer Distanz zwischen Hamburg und Bonn. Elektrische Überspielungsmöglichkeiten gab es damals noch nicht. Wir drehten auf Film und hatten ihn vor der Sendung noch zu entwickeln. Er mußte also physisch von Bonn nach Hamburg transportiert werden und wir, Pacz und ich, zunächst einmal von Hamburg nach Bonn. Der Trick war durchsichtig: Gewährung eines Interviews unter Voraussetzungen, die dessen Realisierung ausschloß. Panorama aber gab so schnell nicht auf. Innerhalb von Minuten charterte ich für Pacz und mich ein Flugzeug, bat die Polizei in Hamburg und Bonn um Blaulichtbegleitung und ließ aus Köln ein Kamerateam nach Bonn anreisen. Um 12.20 Uhr meldeten wir dem Kanzler unsere Drehbereitschaft. Noch nie hatten wir Adenauer so sauer gesehen.

Panorama wollte nie, wie später die APO, „einen anderen Staat", wir stritten für eine bessere, offenere, liberalere Demokratie. Aber das war inzwischen nun allen zu viel, auch der SPD und Wehner. Wir paßten nicht mehr in sein strategisches Konzept. Und die Signale kamen an, – beim SPD-Intendanten Schröder, dem SPD-Verwaltungsratsvorsitzenden Peter Blachstein, bei den CDU-Ministerpräsidenten der NDR-Länder, beim Bürgermeister von Hamburg. Schröder begann hinter meinem Rücken zu intrigieren und meine Mitarbeiter, vor allem Pacz und Jürgen Neven-Dumont, der inzwischen zu unserem Team gestoßen war, durch Beförderungsversprechungen gegen mich aufzubringen. Aber meine Kollegen blieben zum größten Ärger Schröders loyal. Das Ende jedoch war nicht mehr aufzuhalten. Pacz hatte nur einen Zeitvertrag bis zum 31. Oktober 1963 und am 11. Mai weigerte sich der Verwaltungsrat, ihn zu verlängern. Pacz lehnte weitere Mitarbeiterangebote ab und

ging am 1. August als stellvertretender Chefredakteur zum Stern. Ich führte unter immer schwieriger werdenden Umständen Panorama weiter, bis unsere Sendung in eine wohlausgelegte Falle lief. Im September 1963 hatte die Zeit davon berichtet, daß es im Zusammenhang mit einer Untersuchung von obszönen Anrufen eine Abhöranlage im Bundestag gegeben habe. Der neue Chef meiner politischen Abteilung, Dr. Karl Heinz Wocker, recherchierte, erhielt von dem SPD-Sprecher Franz Barsig Tips, von Professor Carlo Schmidt eindeutige Ermutigungen und von dem SPD-Bundestagsabgeordneten Dr. Friedrich Schäfer eine klare Bestätigung der Vermutung. Am 23. September 1963 gingen wir mit diesen Informationen auf Sendung. Zu einem Zeitpunkt, da ich bereits vor der Kamera saß, rief der Direktor des Bundestages, Dr. Trossmann, an und erklärte Wocker, daß es eine Abhöranlage im Bundestag nie gegeben habe. Wocker konnte mich nicht mehr erreichen; die Sendung lief; ich erfuhr von dem Anruf erst nach ihrem Ende; die Katastrophe war da. Nun stand der gesamte Bundestag, nein die Institution der deutschen Demokratie als solche, gegen Panorama auf. Professor Carlo Schmidt (der mich später, kurz vor seinem Tode in seinem französischen Sommerdomizil, in dem ich ihn besucht hatte, wissen ließ, daß er noch immer glaube, daß es Abhöraktivitäten gegeben habe) zog sich zurück; und mit ihm Barsig, Dr. Schäfer, Blachstein und Schröder. Albert Krogmann, der unseren Beitrag in Bonn gefilmt hatte, verteidigte sich, ebenso wie Wocker und ich. Doch der See raste und wollte sein Opfer haben. Am 23. Oktober 1963 machte der Spiegel mit einem Cover-Porträt von mir und einer Titelgeschichte auf: „Panorama – Geschichte einer Affäre". Die Panorama-Story war Geschichte geworden.

BERND MÜLLENDER

DAS RABIATE MÄDCHEN EMMA

ZEITLOS SCHÖN MIT SCHIRM, CHARME UND MELONE

„'Mrs. Peel, wir werden gebraucht' – und zwar dringend. Denn die legendäre britische Agentenserie überragt auch nach fast 30 Jahren das deutsche Fernsehmittelmaß immer noch um Längen." So jubelte der Spiegel am 12. April 1993 in seiner Fernsehvorschau – über a) eine Wiederholung, die b) im Nachmittagsprogramm lief und c) dazu noch bei einem Privatsender.

Es muß wohl am unvergänglichen, zeitlosen britischen Humor liegen und, vor allem, an der feindosierten Selbstironie, die das Wirken der Akteure und ihre Dialoge stets durchziehen. Vielleicht auch an der Landschaft mit ihren Castles und abgelegenen Gehöften, an den Bobbys und Butlern, an den skurrilen britischen Gestalten – zumindest in unseren Klischees sieht das ländliche England heute immer noch so aus wie damals. Der Jaguar E, der immer mal wieder durch die Szenerien braust, ist ein klassisches Traumauto geblieben, genauso wie ein Aston Martin oder der scheinbar unveränderliche Rolls Royce in seiner ganzen modefreien Klobigkeit. All das zusammen mag dazu beitragen, daß Schirm, Charme und Melone heute noch genauso vergnüglich wirkt wie in den Sechzigern.

Dazu, natürlich, diese beiden Figuren selbst. John Steed (Patrick Macnee), der smarte Gentleman, kühl, ironisch, geistvoll, mit Pfiff und Schirm. Emma Peel (Diana Rigg), die eigentliche Heldin: Chic wie charmant, mit hochnäsiger Erotik. Sie, „Mrs. Peel", ist Steeds Abenteuer- aber erstaunlicherweise nicht Lebens-

partnerin; gleichwohl sind ein Mister Peel oder eine Mrs. Steed unbekannt. Eine kämpfende, intelligente Frau mag damals zwar revolutionär gewesen sein, besonders emanzipiert war sie trotz des (ironischen?) Namens nicht. Als John Steed einmal cool und knorrig mit einer attraktiven jungen Reiterin flirtet, gipfelt die Szene in seiner Bemerkung: „Ein bezauberndes Füllen." Emma lächelt dazu kommentarlos aus dem Hintergrund. Aber bitte: Chauvis gab es damals, gibt es heute genauso – insofern auch diese Szene ein Beleg für Zeitlosigkeit.

In Bildungsbürgerkreisen sagte man damals, die Sendung habe „Niveau", sei „anspruchsvoll" im Vergleich zu den meisten anderen Serien. Immerhin wurde schon mal Shakespeare zitiert oder ein anderer Inseldenker. Heute staunt man bisweilen: In einer Folge hat ein Düngemittelfabrikant in seinem Labor etwas falsches gemixt, und „tödlicher Staub" wurde ausgebracht. Lange waren die Zusammenhänge unklar, merkwürdig nur, daß plötzlich keine Vögel mehr zwitscherten: Die Natur habe, sagt einer, „sozusagen ihr eigenes Warnsystem", und ein Minister, ausgerechnet ein Minister, dokumentiert Bewußtsein um ökologische Zusammenhänge, als das Wort Ökologie noch niemand in den Mund nahm: „Tötet man nur einen Regenwurm, bringt man als Folge womöglich alles um: den Boden, die Pflanzen, die Tiere, schließlich den Menschen." Auch dies mag als Beleg für Zeitlosigkeit gelten: Minister mit solchen Kenntnissen sind noch heute die große Ausnahme.

Das Klischee Gut gegen Böse war auch hier banale Grundlage, indes einte alle immer eine Spur Tölpelhaftigkeit und Tolpatschigkeit. Wenn es doch mal brutal werden mußte (eine Art showdown am Ende war immer unvermeidlich), klimperte irgendeine alberne Melodie dazwischen und nahm so alle Schärfe. Ohnehin fochten Emma und Gentleman John lieber mit Köpfchen und Raffinesse denn mit Schießgewehren wie ihre Widersacher. Merkwürdig und bezeichnend, daß Schirm, Charme und Melone noch heute wirkt, als sei die Serie gestern gedreht, nicht vor 30 Jahren. Wenn plötzlich von Greenpeace die Rede wäre oder, wie in einer Folge geschehen, nicht ein Reicher im Rolls am Autotelefon hantieren würde, sondern Emma einen Laptop auspacken würde, kaum jemand würde sogleich stutzen.

Dennoch war die Sendung damals – ganz prüder, verstockter Zeitgeist – nicht unumstritten. So schrieb Hör Zu 1967: „Am Dienstag gibt's vorläufig zum letztenmal ‚Mit Schirm, Charme und Melone'. In England, wo die Serie wöchentlich läuft, existieren zwar noch viele weitere Folgen. Sie erscheinen dem ZDF jedoch teilweise ‚zu sadistisch und zu unglaubhaft'." Unvorstellbar und unzeigbar war das: Emma Peel, die sich in schwarzen Spitzenröckchen auf einem Tablett als ‚Königin der Sünde' servieren läßt. Ein andermal muß John Steed seine Emma scheintöten und legt sie lebendig in einen Sarg, aus dem heraus sie dann mit Sekt ihrem Killer zuprostet. Der ZDF-Redaktionsleiter damals: „Kaum auszumalen, wenn das hier jemand sähe, in dessen Verwandtschaft gerade jemand gestorben ist."

Allerdings waren, glaubt man Hör Zu, „auch die hierzulande gezeigten Abenteuer nicht gerade für ein Mädchenpensionat geeignet. In den 13 Folgen gab es 47 (in Worten: siebenundvierzig!) Tote, darunter einige mit geradezu ‚erlesenen' Todesarten: Einer wurde zum

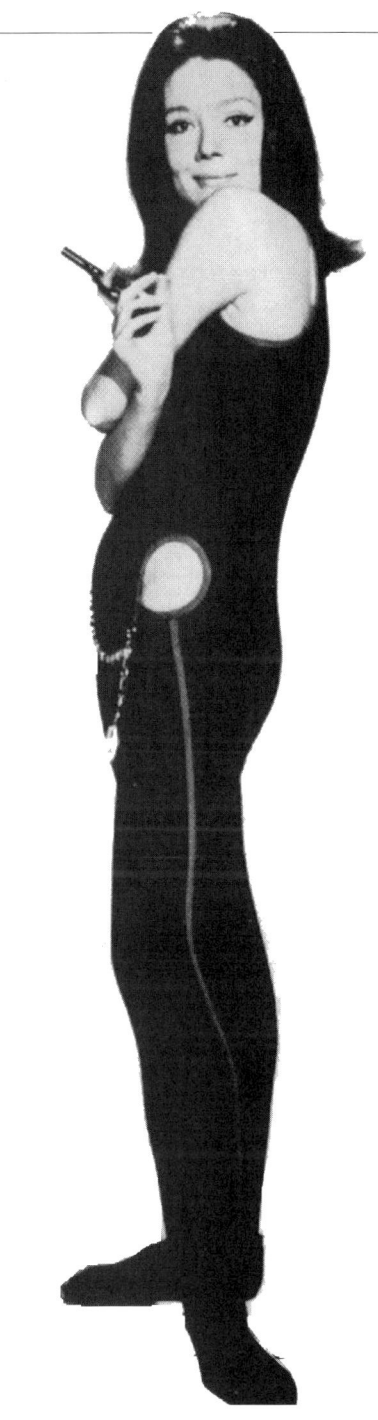

Beispiel mit dem Kopf in Gips eingebacken, ein anderer in der ‚Eisernen Jungfrau' zersäbelt!

Und auch die charmante Emma Peel war, bei Licht besehen, ein ganz rabiates Mädchen: Sie beteiligte sich an insgesamt 39 Keilereien, darunter drei mit anderen Damen." Doch solche Prüderie verfing beim Publikum nicht, im Gegenteil: SC&M war erfolgreich wie kaum eine andere Serie: Bis zu 16 Millionen schalteten das ZDF Mitte der sechziger Jahre bei jeder Folge ein. Im Sommer 1967 lief pausenfüllend ‚Solo für O.N.C.E.L.' – mit Geheimagent Napoleon Solo und vergleichsweise bescheidenem Erfolg.

Britisch bis ins Mark: Emma Peel und John Steed.

KLAUS MACKOWIAK

MIT SCHIRM, SCHAM UND NICKELBRILLE

ABENTEUER MIT HIRAM HOLLIDAY

Welch eine Szene: Eine gnadenlose Mensch und Tier versengende Sonne. Eine von Wüstenstaub bis zur Sättigung trächtige Luft. Eine bedrückend kolossale, abgründigste Geheimnisse unerdenklicher Vorzeiten bergende Ruinenlandschaft. Züngelnde Schlangen, aufgeschreckte Skorpione, in der Gelassenheit nicht zu enttäuschender Erwartung kreisende Geier. Und mitten darin ein Regenschirm! Und zwei amerikanische Journalisten, die sich von finsteren, mit Krummsäbeln bewaffneten Orientalen verfolgt wissen. Der eine Journalist, ein großer, mit Fast food etwas zu wohl genährter gutherziger Bursche einfachen Gemütes, will von dem anderen, einem unscheinbaren kleinen hageren Hänfling, der gerade seinen Regenschirm beiseite gelegt hat, um den Staub von Jahrtausenden von einer mysteriösen Papyrusrolle zu schütteln, in das Geheimnis des Papyrus eingeweiht werden: „He, Hiram, was steht da auf der Rolle?" Hiram Holliday, trotz der Gefahr, von fanatisierten Beduinen augenblicklich massakriert zu werden, die Gebote gewählter Rede keineswegs vernachlässigend: „Mein lieber Freund, wenn es mich auch ungemein schmerzt, Dir eine Enttäuschung nicht ersparen zu können, gebietet die Aufrichtigkeit jedoch zu gestehen, daß ich es nicht weiß." – „Aber, Hiram, du weißt doch eigentlich immer alles. Was ist das denn für eine Sprache?" – „Diese Sprache, mein Guter, ist mir nicht geläufig. Da ich aber von allen Sprachen nur eine nicht beherrsche -dies Versäumnis sollte ich in allernächster Zeit beheben-,

schließe ich, daß es sich hierbei um Mittelassyrisch handeln muß."

Eine solche Szene ist – zumindest will es mein Gedächtnis so – typisch für die wohl Mitte der sechziger Jahre ausgestrahlte Vorabendserie Hiram Holliday.

Welch eine Gnade für die Abenteuer des Hiram Holliday, noch nicht von irgendeinem Privatsender wiederholt worden zu sein! Noch darf man die nackte filmische Darstellung durch die verklärende Interpretation des Gedächtnisses bekleidet wissen. Noch ist das Ausgangsmaterial für unsere Kindheitsphantasien nicht schutzlos unserem kalten kritischen, unbarmherzig analysierenden, eben entzaubernden Auge ausgesetzt. Noch bleibt etwas von einem Mysterium.

Ja, Hiram Holliday wußte alles und konnte alles – außer Mittelassyrisch (böser Schnitzer!). Und er war klein, schmächtig, unscheinbar, trug eine Nickelbrille und Anzüge, die auch damals schon altmodisch waren. Dazu ging er niemals ohne Regenschirm aus. Unvorstellbar, daß sich kurvenreiche, langmähnige Blondinen nach ihm verzehrten.

Aber – man ahnt es natürlich schon – Hiram Holliday war das Paradebeispiel für das Prinzip Mehr sein als scheinen! Sämtliche Bildungsgüter aller Kulturen der ganzen Welt hatte er in seinem Geist vereinigt – außer Mittelassyrisch; besonders war er der Suche des Zen nach der Mitte verpflichtet, beherrschte selbstredend fernöstliche Kampftechniken, und geradezu virtuos übte er die elegante aristokratische

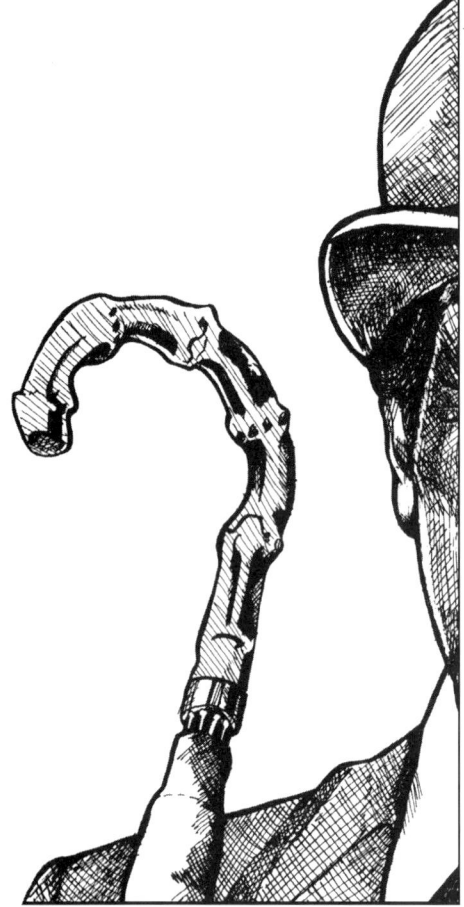

In den Fotoagenturen bereits sagenumwoben (weil kein Bild von ihm aufzutreiben), ist es Hiram Holliday auch hier wieder einmal gelungen, sich dem Blick der Nachgeborenen zu entziehen. Dennoch fanden die Herausgeber hie und da Spuren seiner Existenz ...

Kunst des Fechtens aus, wobei ihm – und das war der eigentliche Gag der Serie – stets sein treuer Regenschirm als Waffe diente. Natürlich mußten ihm stets irgendwelche mehr oder weniger exotische Großmeister der Fechtkunst begegnen, die ihn zunächst mitleidig belächelten, sich dann aber stets, in ihrem Selbstbewußtsein völlig gebrochen, seiner überlegenen

Kampftechnik beugen mußten. Ha, die Verfolger Hiram Hollidays aus der Eingangsszene können einem jetzt schon leid tun, wie sie mit ihrer Übermacht an Krummsäbeln kläglich an Hirams Regenschirm scheitern werden!

Die unbeholfene Künstlichkeit der ganzen Regenschirmfechterei und des gesamten Settings hinderte nicht, ja wahrscheinlich förderte es sogar, daß sich daran die Phantasie entzündete und Identifikation gesucht wurde. Als Kind selbst immer klein und schmächtig sah ich in Hiram Holliday den Helden, dessen Stärken sich nicht auf den ersten Blick erschlossen, der im Grunde aber der Welt mehr abgewinnen konnte als die scheinbaren Macher, als die, die prima facie stets zu wissen scheinen, wo's langgeht, als die Erwachsenen. Hiram Holliday, dieser VW-Käfer mit dem Porschemotor, war natürlich der ideale Katalysator für kindliche Omnipotenzphantasien.

Bisweilen aber kann man sich ganz unmöglich des Eindruckes erwehren, als seien hie und da einige Drehbuchautoren subversiv tätig geworden, indem sie der vordergründigen Abenteuergeschichte eine wenn auch plumpe tiefere Symbolik verliehen. Wenn etwa in einem anderen Abenteuer des Hiram Holliday das Gerät, dem in einer wilden Jagd über fast sämtliche Kontinente hinweg Dutzende von Geheimdiensten und Gangstern hinterherhetzen, weil es, ins Wasser gehalten, dieses umgehend zum Frieren bringt, also z.B. ganze Kriegsflotten am Auslaufen hindern kann, wenn also dieses Gerät ein Füllfederhalter ist, wie soll man dies anders deuten denn als Hommage an das Schreiben, und damit an Literatur und Wissenschaft? Und merkwürdig: Dieses Thema taucht in Serien, die sich mehr der Aktion verschrieben haben, auch später noch auf, teilweise in unverhohlenerer Form, zum Beispiel in der englischen Krimiserie Mit Schirm, Charme und Melone: Da muß in einer brenzligen Situation Frau Emma Peel unbedingt einen üblen Burschen überwältigen, der selbst für die karatekundige Emma eine Nummer zu groß ist. Wäre da nicht Hilfe von ihrem Arbeitskollegen Herrn Steed einzufordern? Gewiß, der ist auch in der Nähe, nur ist er von den fiesen Gegenspielern auf etwa Handgröße geschrumpft worden. Doch kurzentschlossen klemmt sich Frau Peels Arbeitskollege wie bei einem mittelalterlichen Ritterturnier eine Schreibfeder quasi als Lanze unter den Arm und rammt dem üblen Burschen diese in den Knöchel, worauf Frau Peel den völlig überraschten Kerl mit gezielten Karatehieben niederstrecken kann. Und wie kommentiert John Steed, der englischer Gentleman, seine Aktion? „Sie sehen, Mrs. Peel, die Feder ist doch mächtiger als das Schwert."

Man muß ja auch sagen, damals galt das, was im Fernsehen gezeigt wurde, noch ganz anders als heute, wo bei 30 ähnlich schwachsinnigen Programmen das Fernsehen als solches überhaupt nicht mehr ernst genommen wird (werden kann). Wie konnte man doch ehedem vor den Spielkameraden eine gewagte These vor Angriff immunisieren, indem man schlicht beschied: Das ist wahr; das hab' ich im Fernsehen gesehen. Und damit war dann so definitiv Schluß der Debatte wie bei dem keinen Widerspruch duldenden Howgh des Indianerhäuptlings oder wie innerhalb eines mittelalterlichen Disputes beim Verweis auf die unantastbare Autorität eines Aristoteles oder doch wenigstens eines Thomas von Aquin. Heutzutage ließe der Verweis aufs Fernsehen als Gewähr eher gesichertste Aussagen zweifelhaft scheinen.

Diese Leitfunktion, die das Fernsehen für den naiven Zuschauer hatte, bezog sich dabei nicht nur auf Tatsachenbehauptungen, sondern auch auf Moden, Verhalten, Attitüden. So wirkte auf mich als Kind aus einer mehr deftigerer Ausdrucksweise zugeneigten Gesellschaftsschicht sogar der stereotype Gangsterjargon von Serien wie Hiram Holliday schon wie eine leicht gehobene Umgangsform, von der Rede der Protagonisten ganz zu schweigen.

Oft stellten sich im Kopf unmögliche und dennoch wie natürlich zusammengewachsene Querverbindungen und Mischungen von einzelnen Versatzstücken aus verschiedenen Fernsehserien her. Da gab es zum Beispiel die Szene, in der Hiram Holliday in der Kabine einer Hochgebirgsseilbahn bei einem Kampf auf Leben und Tod von einem nahezu übermächtigen Gegner fast aus der Kabinentür in den gähnenden Abgrund gestoßen worden wäre. Aber nicht mit unserem Hiram! Geradezu avantgardistisch mit dem Stilprinzip Regenschirm spielend, nutzte Hiram seinen treuen Begleiter diesmal nicht als Fechtwaffe, sondern spannte den Regenschirm just in dem Augenblick auf, als er sich schon mehr außerhalb als innerhalb der Kabine befand, um sich so in der Kabinentür festzuhalten. Die Überwältigung seines Gegner war daraufhin natürlich nur noch Formsache. Nun hatte ich aber wenige Tage zuvor den spannenden Erzählungen Luis Trenkers über die abenteuerlichen Begebenheiten bei der wagemutigen Errichtung einer Seilbahn in den Dolomiten gelauscht. Und obwohl gar nicht klar war, ob sich die Hiram-Holliday-Episode in Südtirol abgespielt hatte, ob überhaupt in den Alpen oder in Europa, war für mich der Schauplatz von Hirams aufspannendem Regenschirmeinsatz ohne jeden Zweifel Luis Trenkers Seilbahn.

Doch auf Dauer konnte meine Beziehung zu Hiram Holliday nicht gänzlich unbelastet bleiben, ein Stachel der Enttäuschung saß tief, eines habe ich ihm nie wirklich vergeben können: Hiram Holliday hatte keine Ahnung von Mittelassyrisch.

WILHELM STÖCK

DER ÜBELTÄTER WAR ICH

EIN TAGESSCHAU-SPRECHER ERINNERT SICH

Als die Tagesschau als eigenständige Nachrichtensendung des Deutschen Fernsehens 1959 eingeführt wurde und damit natürlich auch die Stunde der Tagesschausprecher schlug, suchte der NDR als federführende Anstalt aus dem Sprecherstamm des Rundfunks zwei fotogene Mitarbeiter aus, die die Ersten waren, welche die noch schwarz-weiß flimmernde Nachrichtensendung im Bild sprachen: Dieter von Sallwitz und Karl-Heinz Köpcke.

Die Tagesschau sollte eine parteiunabhängige, genau recherchierte und knapp formulierte

Nachrichtensendung sein, die schon damals aus Film- und Wortbeiträgen bestand und in drei täglichen Sendungen erschien.

Ich befand mich zu dieser Zeit ebenfalls in Hamburg, weil ich vom Südwestfunk zum neugegründeten Deutschlandfunk gewechselt war, der zum Aufbau seines Sprecherstabes beim Norddeutschen Rundfunk hospitierte.

Karl-Heinz Köpcke kannte ich schon seit unserer gemeinsamen Sprechertätigkeit 1947/48 bei Radio Bremen. Wir sahen uns daher häufig und ich konnte zu der Zeit mehrmals die Arbeit bei der Tagesschau beobachten.

Das Interregnum der Deutschlandfunkredaktion in Hamburg war Mitte 1962 zuende und ich trat meine neue Arbeitsstelle in Köln für 1750 Mark monatlich als 1. Nachrichtensprecher und Leiter vom Dienst an.

Da starb Anfang 1963 Tagesschausprecher Dieter von Sallwitz. In einigen Telefonaten mit dem inzwischen befreundeten Köpcke tauchte zum ersten Mal die Frage nach einer Mitarbeit bei der Tagesschau auf.

Im Mai 1964 konkretisierte sich das Angebot nach einigem Hin und Her. Ich flog nach Hamburg zu Probeaufnahmen. Zum ersten Mal Maske und Kamera. Ende Mai erfuhr ich telefonisch: Alles okay, Wortchef Giese war zufrieden. Zwei Tage später gab auch der Chefredakteur seine Zustimmung.

Links: Wilhelm Stöck (noch ohne „Bart") bei seiner nachrichtendienstlichen Tätigkeit. Rechts: Auch bei der Tagesschau (Foto: 1955) kam es immer auf den Standpunkt an.

Da ich aber so plötzlich nicht aus meinem Vertrag mit dem Deutschlandfunk aussteigen konnte, flog ich während der Kündigungsfrist jedes Wochenende nach Hamburg und zurück, damit Köpcke seine freien Tage nehmen konnte.

Am 9. Juli 1964 flimmerte ich zum ersten Mal über den Bildschirm, etwas feucht in den Innenhänden. Daß danach die Presse über mich herfiel, erzeugte zunächst ein schmeichelndes Gefühl. Es sollte sich im Laufe der nächsten 20 Jahre differenzieren.

Ich begriff nach kurzer Zeit, welche Folgen die Tätigkeit, die Millionen verfolgen konnten, auf mein privates Leben hatte. Der Bekanntheitsgrad wuchs von Tag zu Tag und mit ihm das Interesse der Zuschauer an dem Menschen, der ihnen jeden Tag die neuesten Nachrichten aus Politik, Sport, Kunst, jede Katastrophe, jeden Konflikt vorlas und dabei auf Aussehen, Kleidung und Verhalten genauestens begutachtet wurde. Die Zuschauerpost schwoll an, vom sexuellen Angebot bis zur Geldspende, vom Heiratsantrag bis zur Beschimpfung, vom Autogrammwunsch bis zur Bitte um Rat.

Man wuchs ungewollt in eine Rolle, mit der man erst fertig werden mußte und wurde sich darüber klar, welch eine Popularität die millionenfach täglich präsente Person durch das Medium Fernsehen erreichen kann.

Die politischen Parteien hatten die Werbewirksamkeit des Fernsehens schon längst vorher erkannt. Als ich meine Tätigkeit in der Redaktion der Tagesschau als Sprecher vor der Kamera angetreten hatte, übrigens mit einem weiteren Kollegen, Siegmar Ruhmland, hatte der Parteieneinfluß über die Rundfunkgremien schon ein derartiges Ausmaß angenommen, daß die Chefredakteure der ersten Stunde, Reiche und v. Mouillard, sich mit mehr oder weniger Erfolg gegen direkte Einwirkungsversuche von Staatskanzleien und Parteizentralen wehren mußten.

Ich war schon von Anfang meiner journalistischen Tätigkeit Mitglied der entsprechenden Gewerkschaften, die sich vehement gegen diese Entwicklung stemmten. Ohne großen Erfolg. Dennoch sah ich in Rundfunk und Fernsehen die einzigen Publikationsorgane, die frei von äußeren Einflüssen, wahrheitsgetreu und gut recherchiert, berichten konnten, nachdem die Presse in Privat- oder Interessenhand war und mehr den Gesetzen des Marktes folgten.

Diese Einstellung war für ein Mitglied einer großen Redaktion aus Film und Wort, wie der Tagesschau, nicht unproblematisch. Schnell zeigten sich die Spannungen bei einem ersten, politisch brisanten „Versprecher" in der Nachrichtensendung vom 17.1.1966. Ich zitiere die Bild-Zeitung: „Eine peinliche Panne ereignete

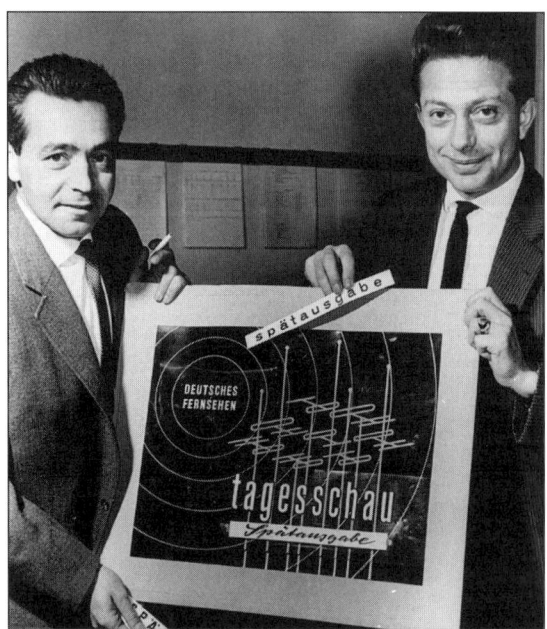

Tagesschau-Chefredakteur Hans Joachim Reiche mit seinem Vize Hartwig von Moulliard und längst vergangenen Sendelogos.

sich gestern im ersten Programm des deutschen Fernsehens. Mit Verwunderung, die sich schnell in Empörung verwandelte, hörten Millionen Fernsehzuschauer, wie der Sprecher der von Hamburg ausgestrahlten Tagesschau berichtete, Bundespräsident Lübke habe die ‚ostdeutsche Hauptstadt' wieder verlassen. Nachdem er einige andere Meldungen verlesen hatte, verbesserte sich der Tagesschausprecher, es müsse selbstverständlich ‚deutsche Hauptstadt Berlin' heißen."

Der Übeltäter war ich. Ich mußte ein Politikum verlesen, das nicht stimmte. Berlin war Hauptstadt Ostdeutschlands und nicht Hauptstadt der Bundesrepublik. Faktisch.

Es gab einige Aufregung innerhalb der Redaktion. Mein Klärungsbedürfnis an höchster Stelle dämpfte ein Spruch des liebenswürdigen und sanften Ruhmland: „Gehe nicht zu deinem Fürst, wenn du nicht gerufen wirst."

Mich ärgerte schon damals, daß die Kritik an dem verbesserten Versprecher vornehmlich auf Einflußnahme von Politikern so hochgespielt wurde.

Solch kleine Hinweise auf eine Entwicklung, die sich erheblich verstärken sollte, bis zu meinem freiwilligen Ausscheiden 1984, wurden in der Folgezeit allerdings von den Ereignissen in Israel/Ägypten und den ersten Studentendemonstrationen in den Hintergrund gedrängt. Daß um die Ereignisse herum mein Gesicht immer bekannter wurde, hatte mit meiner fortwährenden TV-Präsenz und liebgewonnenen Zuschauergewohnheiten zu tun. Millionen kannten mich weniger vom Namen her als von Angesicht zu Angesicht.

So entwickelte sich im September 1971 der in der Geschichte der Tagesschau einmalige Disput um den Sprecher, der erstmalig wagte, bärtig auf dem Bildschirm zu erscheinen. Da den Äußerlichkeiten der Sprecher gewisse Grundsätze der Zurückhaltung auferlegt waren, auch wenn nur bedingt Einfluß auf die persönliche Kleidung gelegt wurde, stellte ich mich nach meinem Jahresurlaub dem mittlerweile amtierenden Chefredakteur Hartwig v. Mouillard vor. Er fand es gut, Köpcke, mittlerweile zum Chefsprecher avanciert, auch, also blieb das Urlaubsgewächs. In Presse und Öffentlichkeit allerdings tobte ein wochenlanger Meinungsstreit um des Sprechers Bart. Er reichte in der Zuschauermeinung von Gammler bis zum männlichsten Erscheinungsbild.

Ich selbst war mittlerweile zum Ehrenkellermeister des Landkreises Koblenz/Mayen, zum Ehrenkurgast der Insel Amrum und, durch mein gewerkschaftliches Engagement, in den Personalrat des NDR gewählt worden.

Köpcke, ein introvertierter Mensch, hatte sich mit seiner Beförderung zum Chefsprecher noch mehr isoliert und benutzte seine Position, um alle persönlichen Kontakte abzubrechen. Das führte auch deshalb zu Spannungen, weil der Chefsprecher sich auf Kosten der Kollegen im Dienstplan bevorzugte. Da neben ihm nur noch der neu dazugekommene charmante Lothar Dombrowski und ich festangestellte Nachrichtensprecher waren, beharrten wir auf einer gerechten Dienstverteilung. Diese Querelen zogen sich über eine längere Zeit hin, bis Dombrowski aus persönlichen Gründen die Tagesschau verließ.

Aber auch politisch hatte sich in diesen Jahren viel getan, was sich auch auf meine berufliche Position auswirken sollte. Der Einfluß der Parteipolitik war Schritt für Schritt immer stärker geworden. Die Konkurrenz des Zweiten Deutschen Fernsehens sollte durch immer sensationellere Berichterstattung ausgeglichen werden. Das führte zu spaltenden Auseinandersetzungen innerhalb der Redaktion. Ganz spürbar wurde es durch einen erneuten Wechsel in der Chefredaktion der Tagesschau. In diesen Jahren hatte sich die verhängnisvolle

Tendenz zum sogenannten Proporz auch in der Tagesschau durchgesetzt. Nach langem Gerangel um die Intendanz des NDR, nachdem sich schließlich das Gespann Neuffer (SPD) und Schwarzkopf (CDU) herausgeschält hatte, rumorte es auch um eine entsprechende Tagesschauführung.

Ich hatte mich bei Treffen mit Günther Grass und Siegfried Lenz von diesen überzeugen lassen, daß wir uns für die Sozialliberale Regierung Willy Brandt engagieren müßten. Und so zog ich in meiner Freizeit von Wahlveranstaltung zu Wahlveranstaltung durch die Bundesrepublik. Diese Wählerinitiative (SWI) in der sich eine große Zahl Intellektueller, Künstler, Schriftsteller und Medienmitarbeiter zusammengefunden hatten, war den Konservativen ein Dorn im Auge. Verschiedene Medienpolitiker und auch leitende Angestellte an-

derer Rundfunkanstalten der CDU intervenierten, um zu erreichen, daß die im Fernsehen auftretenden SWI-Mitglieder Auftrittsverbote erhielten.

Fast hatte man den Eindruck, daß sich die staatspolitischen Turbulenzen ganz besonders auf die öffentlich-rechtlichen Rundfunkanstalten und auf das Fernsehen auswirken würden. Innenpolitisch ging es drunter und drüber. Dem NDR gab man den Titel „Rotfunk" und vor allem die Tagesschau war das begehrliche Ziel der Politiker. Meine politische Nase paßte vielen nicht, aber ich saß als Festangestellter und Personalratsmitglied fest im Sattel. Trotzdem ließ der 1980 zum Chefredakteur gewählte Dieter Gütt heimlich Sendungen mitschneiden, um Fehler zu finden, und es gelang ihm, nach einer technisch völlig verkorksten Live-Sendung aus Paris, alle Schuld dem diensthabenden Stöck in die Schuhe zu schieben. Den zwei Jahre dauernden Streit um arbeitsrechtliche Grundsätze gewann ich schließlich in vollem Umfang. Die Presse stellte diesen Streit fälschlicherweise als eine Auseinandersetzung zwischen Köpcke und mir dar.

Darüber, und über die politischen Veränderungen stürzte dann auch Gütt. Sein Nachfolger war Edmund Gruber, ein aalglatter Günstling des CSU-Vorsitzenden Franz Josef Strauß, der meine ungerechtfertigte Fernhaltung von der Hauptsendung zunächst beibehielt, weil ich in einem Interview die Tagesschau als politisch beeinflußbar und sensationsbetont bezeichnet hatte. Aber er mußte schließlich dem Urteil Geltung verschaffen. Bis 1984 aber blieben die diversen Versuche, mich von den zuschauerstarken Sendungen möglichst fernzuhalten und mir die Arbeit mit kleinen Spitzfindigkeiten zu erschweren. Nach 20 Jahren Sprechertätigkeit und 10 Jahren Personalratsarbeit ging ich im September 1984 vorzeitig und auf eigenen Wunsch in den Ruhestand.

„Guten Abend, meine Damen und Herren" – Karl-Heinz Köpcke (Foto: 1965) war der schönste, der beste und der einsamste Nachrichtensprecher.

PETER HUTH

KEINE ZEIT FÜR GUTE NACHRICHTEN

WESTFERNSEHEN IM OSTEN – ABER BLOSS NICHT DRÜBER REDEN

Sie kommt nicht mehr.

Wer heute den ausgetretenen und ausgefahrenen Zentbaumweg hinabschreitet, bekommt keine Gelegenheit mehr, den tratschbegierigen Blicken aus gardinenverhangenen Fenstern in ihren weißen Nebeln zu entschwinden. Sie kommt nicht mehr und versteckt keinen Westbesuch mehr beim Überschreiten der kleinen Brücke.

Der Westbesuch, das war ich, der vierzehnjährige Peter. Gut 25 Jahre ist es her, und es sollte mein letzter Feriensommer bei den Großeltern in Neustadt an der Orla sein. Neustadt/Orla, damals DDR, heute Bundesland Thüringen, einen Katzensprung vom Hermsdorfer Kreuz entfernt. Unzählige Male habe ich seitdem das Kreuz in Richtung Hof überquert und Mitfahrern erklärt: Dort, dort hinter dem Wald, da bin ich geboren, da bin ich zu Hause gewesen, bis ich drei war, 1957, und wir republikflüchtig wurden. Da ist Neustadt/Orla, wo ich als Westbesucher zuletzt mit 14 war.

Zentbaumweg Nummer 4: Ob ich nun das rostige Autogatter überkletterte, nach den Ermahnungen meiner Großmutter durch die selten geölte Gittertür meinen Urwald verließ, oder ob ich hinten herum durch einen Riß im Zaun von Seewalds Gemüsegarten schlich. Sobald ihr Pfiff ertönte, der die Wartenden an dem weiter entfernt gelegenen Bahnübergang grüßte, rannte ich los. Den Berg hinab. Ich mußte die Brücke vor ihr erreichen.

Als ich noch kleiner war, und ich mich nur an der Hand der Oma auf den Weg in die Stadt machen durfte, war das ein nie zu erreichendes Unterfangen. Die kugelige Frau mit dem grauen Dutt hatte mich fest im Griff. Ich liebte sie zu sehr, als daß ich mich von ihr losgerissen hätte. An der Hand meiner Oma konnte ich die Lok nie sehen. Sie versteckte sich im Bahngraben vor meinen neugierigen Blicken. Nur weiße Rauchzeichen dampften mich verspottend an uns vorbei. Ich nahm es leicht. Zu glücklich war ich mit meinen wilden Ferienspielen in dem riesigen Zaubergarten.

In diesem, meinem letzten Sommer traf ich auf der Brücke Luise. Sie kam von unten, von der Stadt her, angelaufen und blieb auf der Brücke stehen wie ich. Ihre Sommeraugen lachten mich an. Gemeinsam erwarteten wir den Zug, gemeinsam verschwanden wir im Nebeldampf, gemeinsam gingen wir von der Brücke. Sie nahm mich mit zu ihrer Clique.

Auf einmal war mir mein Garten zu klein geworden. Ich besuchte nicht mehr den wogenden Wipfel der mächtigen Rotbuche, unter deren weit ausladenden lichtsperrigen Ästen kein Grashalm mehr hochkommen konnte. Die Stare hatten eine genüßliche Zeit in den Kirschbäumen und trällerten ein Loblied auf Luise. Die Apfelbäume und die Birnbäume verwahrten für sie ihre schönsten Früchte, weil nun niemand mehr mit spitzen Pfeilen ihre Zöglinge vorzeitig abnabelte. Die Pflaumenbäume grinsten unverschämt, und sogar die

Trauerweide, die mit ihren zotteligen Zweigen den Hausbewohnern gerne Schatten spendete, konnte sich ein Lächeln nicht verkneifen. Nur meine feiste Tante, die Lehrerin unten aus der Stadt, wo die Orla zwischen den Hauswänden versteckt wird, die warnte: „Sei vorsichtig Junge, die will nur ein Paket, sobald du wieder drüben im Westen bist ...!"

Die Clique jagte mit mir durch diesen Sommer. Wir boxten und balgten uns wie junge Hunde. Wir tauchten ab im morastigen Wasser der Freibades beim Eckenfangen, und wir verschmolzen mit dem Boden im tiefen Gras beim Räuber und Gendarm oberhalb des alten Steinbruches. Im Grasversteck tauschte ich mit Luise erste schüchternde Küsse, befühlte ihre weißen Brüste, die mich wie kleine Laternen durch das trockene Grün lockten – aber augenblicklich erloschen, wenn meine Lippen sie fast erreicht hatten.

Und alle stellten sie Fragen. Ich mußte ihnen genau erzählen, wie es drüben war bei uns im Westen. Und ob es wirklich so wäre, wie es im Fernsehen gezeigt wurde, vor allem die Meldungen vom Abend zuvor. Ostfernsehen oder Westfernsehn?, brauchte ich nur zu fragen, um eine schwüle Stille heraufzubeschwören. Ich wußte, daß sie am Abend zuvor alle Westfernsehn geschaut hatten, wie so oft. Nur darüber reden, das wagte keiner. Mir aber war's egal: Mich lockten nur die kleinen weißen Laternen. Und Luise lockte das kleine Türmchen, das dem Dach des Hauses am Zentbaumweg 4 das Aussehen einer Pickelhaube verlieh.

Wütend stapfte der Großvater durch den Kies. Seine wässrigen Augen funkelten böse. Dabei verbargen sie nur seine Furcht. Nichts war mehr da von dem absurden Stolz, mit dem er berichtet hatte, wie er einen Samson von Lehrling gepackt und auf dem Amboß vor versammelter Brigade geschoren hatte. Er hat-

te nicht einmal seine Schwalbe zum Schweigen gebracht, als er mich im Hof erblickte. War einfach abgesprungen und drohend auf mich zugerannt. „Morgen müssen wir zur Polizei! Sie kamen heute in der Gießerei und haben mir die Vorladung gebracht. Was hast du angestellt? Los, rück's raus!"

Der Urgroßvater war trotz der Hitze von Moderwitz zu Fuß rübergekommen, um für den Sonntag ein Kaninchen zu schlachten. Ein fester Griff. Zwei Hiebe mit Knüppel auf die Nase. Ein schneller Schnitt. Die Hinterläufe auf die geköpften Nägel gedrückt, die eigens dafür in die Linde geschlagen waren, blutete das Tier sein Leben aus. Zwischendurch wischte er sich die schweißgeperlte Glatze mit einem Taschentuch und schnäuzte sich. Nebenbei erzählte er vom Krieg und vom Reisigsammeln. Dann erneut zwei schnelle Schnitte an den Fesseln, und Urgroßvater zog dem Karnickel sein Fell über die Ohren. Großmutter spannte es später auf den Trockenständer. Nur trockene Felle ließen sich unten in der Stadt beim Kirschner verkaufen.

Die Polizei verpaßte mir ein Ausgehverbot. Tagsüber durfte ich die Stadt nicht mehr verlassen. Bei Einbruch der Dunkelheit hatte ich im Haus zu bleiben. Niemand wußte warum. Bei Verstoß drohte Strafe. Wind kam auf in der Stadt. Ein Tuscheln trieb Vermutungen um die brüchigen Hausecken. Wie Staub legten sie sich auf jede Fensterbank. Gewitterwolken trieben heran. In der Nacht dröhnte es gewaltig vom Tal herauf. Ein Blitz spaltete die Trauerweide vor dem Haus und verschonte auch die Bank darunter nicht. Die Zeit schmeckte nach Pulver. Auf dem Arnshauger Friedhof, den Zentbaumweg hoch auf dem Hügelkamm, war ein frisches Grab ausgehoben worden.

Luise entdeckte vor mir die Rauchzeichen im Wald. Die Großeltern hatten tatsächlich erlaubt, das baufällige Türmchen zu besteigen. Vorsichtig waren wir die wackligen Stufen emporgestiegen. Vorbei an dem roten metallenen Tretauto, dem Kaufmannsladen und der Rinderpeitsche. Abgestelltes Spielzeug vieler Kindertage. Bequem kuschelte sich das Städtchen im Tal zum Mittagsschlaf. Der Wind trieb die Wolken zu bizarren Schattenspielen. Wir folgten mit unseren Blicken den Wegen, die wir gegangen waren. Dort die Brücke, der Schloßgarten mit der Blumenuhr, das immer versperr-

te Schloß, das Rathaus, die Gärtnerei meines Patenonkels, das Freibad und weiter aus dem Tal hinaus hinein in die bewaldeten Hügel, die gefüllt waren mit Blaubeeren und Geheimnissen. Aber jetzt: Rauchzeichen im Wald. Lockend verbotenes Gelände. Gemeinsam versuchten wir die Stellen im Gedächtnis zu markieren. Am nächsten Tag wollten wir mit der Clique hin, das war abgemachte Sache.

Die Tagesschau wußte auch nichts Neues, die Aktuelle Kamera hielt sich zurück. Beim

Die Sprecher-Haltung die gleiche, die Nachrichten gänzlich anders: Die Aktuelle Kamera mit realsozialistischer Information.

STRICHPUNKT

Eines Morgens wollte die Lehrerin wissen, ob denn die Uhr zu Hause im Fernsehn Punkte oder Striche hätte. Wir Kinder überlegten und berichteten. Die Lehrerin notierte die Namen derjenigen Kinder, deren Fernsehuhr Striche hatte. Kurze Zeit später bekamen die Eltern Besuch von der Stasi. Sie wurden beschuldigt und durch die naive Ehrlichkeit ihrer Kinder überführt, Westfernsehn zu sehen. Das war, zumindest eine Zeit lang, in der DDR verboten. Anders als die ARD-Uhr hatte hatte die Uhr des Ostfernsehens nämlich Punkte.
Als Strafe war es durchaus möglich, die Eltern in den Knast zu stecken.   P.H.

Abendessen war es der Großvater, der Neuigkeiten brachte: Fritsches hatten die Schlachterei und ihre Lippen für eine Woche geschlossen. Der Laden, in dem gestern noch Würste, Schinken und Fleisch gehangen hatte, stand leer. Die große Scheibe war eingeschlagen. Die Bürgersteige auf der Hauptstraße waren wie von Riesenfüßen plattgedrückt. In der Gießerei erzählten die Arbeiter von Schüssen zwischen den Hügeln. Der Wald war zum Sperrgebiet erklärt worden. Und die Rauchzeichen? Mein Opa zuckte die Schultern. Das Kaninchen war ja schon geschlachtet.

Das Tuscheln in der Stadt wurde zum Brausen. Neuigkeitsfetzen bedeckten das Kopfsteinpflaster, wirbelten manchmal auf und wurden gierig ergriffen. Die Clique hatte plötzlich keine Lust mehr auf Rauchzeichen. Zu eindringlich hatten die Eltern gemahnt, als daß es noch einer wagte, Neugier aufkommen zu lassen. Die Menschen gingen mit einer unsichtbaren Last ihrer Wege. Angstschleier zogen über die Dächer. Russen hieß es, Russen lagen im Wald. Das wirkte. Großvater las die Zeitungen ausführlicher als sonst. Er war mittlerweile überzeugt, daß ich keine Dummheiten gemacht hatte. Aber er konnte auch zwischen den Zeilen nichts entdecken. Und weder Aktuelle Kamera noch Tagesschau halfen uns weiter. In der Clique gingen uns die Spiele aus. Die Eltern hielten es für angebracht, mich, den Westbesuch, auf Distanz zu halten. Eine morgens ließ mich Luise auf der Brücke vergeblich warten.

Plötzlich war der Spuk vorbei. Die Russen waren abgezogen. Die Wälder waren wieder frei. Mein Ausgangsverbot wurde aufgehoben. Luise aber blieb verschwunden. Die Leute sammelten jetzt die Nachrichtenfetzen von den Straßen und setzten sie zusammen. Schlau daraus wollte niemand werden. Am Abend des 21. August endlich löste der Nachrichtensprecher, der, der nach der gestrichenen Westuhr sprach, das Rätsel: Begründet mit einem Hilfegesuch treuer tschechoslowakischer Kommunisten waren sowjetische, polnische, bulgarische und deutsche Truppen in Prag einmarschiert.

Gerupftes Täubchen Hoffnung. Luise suchte ich vergebens. Auch der Nebeldampf zauberte sie nicht mehr herbei. Einmal glaubte ich sie zu sehen. Ein Schatten verschwand im Schloßgarten. Ich hetzte hinterher. Doch im Park war niemand zu finden. Die Zeit der Blumenuhr war abgelaufen. Sie hatte beide Arme flehend gen Himmel gestreckt. So hinderte der kleine Zeiger den großen und sich selbst am Lauf.

ULLI KULKE

LAUDATIO AN EINEN DIALEKTIKER

KARL-EDUARD V. SCHNITZLER UND DER SCHWARZE KANAL
SOZIALISTISCHES LUFTHOLEN

Wann hat je eine ganze Riege von Spitzenpolitikern solchen Opportunismus an den Tag gelegt wie die führenden Köpfe der SED nach der Wende? Keiner wollte es gewesen sein in jenen Tagen, alle alten Kämpfer hingen ihr Fähnchen nach dem neuen Wind. Ein Mann allein, inmitten der wechselnden Stürme, stand wie ein Fels aus dem Paläozoikum des Kalten Krieges, aus der Zeit, da die Welt noch in Ordnung war. Keinen Jota war seine Wortwahl geändert: Karl-Eduard von Schnitzler. Am 30. Oktober 1989 war es so weit. Man nahm ihm sein Fähnchen aus der Hand, das er nicht in den Wind hängen wollte. Aus war es mit seiner Sendung „Der schwarze Kanal". Schade, denn eins ist sicher: Würde man ihn heute gewähren lassen, er moderierte noch wie in den 60er Jahren im DDR-Fernsehen, dieselbe Dramaturgie. Ach, wenn es nur so wäre.

Genial schon war stets die Ouvertüre des Schwarzen Kanals: Zum Tusch irgendeines schrill scheppernden Elektroinstruments wird der Bundespleitegeier – wie beim Kasperletheater von zittriger Hand aus der Kulisse – auf den Schatten einer Fernsehantenne gehoben. Das Ganze vor einem Himmel, so schwarz wie der verfaulende Kapitalismus. Jeder weiß, um was es geht: Das Leben in Westdeutschland.

Nächste Szene, der Geier geht – das Elend kommt: Mitschnitt einer Sozialreportage des ZDF, wie sie anklagender nicht sein konnte. Vater arbeitslos, Mutter krank, natürlich alle

klassenbewußt, weil total pleite; für die siebenköpfige Familie acht Quadratmeter Wohnraum, drei Quadratmeter Küche – noch, denn die Kündigung steht selbstverständlich vor der Tür. Stets war der Untertitel zu lesen: ZDF samt zugehörigem Sendetermin; damit es auch jeder glaubte, und keiner auf die Idee kam, es sei vom DDR-Fernsehen fingiert.

Der Meister tritt auf, ein wenig von unten, seitlich in die Kamera blickend: „Ja, ja (leicht näselnd), meine lieben Zuschauerinnen und

Kommentierte das politische Geschehen aus der SED-Ecke: Karl-Eduard von Schnitzler.

Zuschauer ... " so sehe die Realität nun mal aus „in der BRD". Von wegen Wohlstand, Wirtschaftswunder, VW-Käfer und Urlaub in Rimini, wie es die „Büttel von West-Journalisten – mit anderen Worten: die Schreihälse der Großbourgeoisie" – uns andauernd in der „Monopolpresse" einreden wollen. Danach: hastiges, aber tiefes Luftholen, als wenn jetzt erst der Knüller der Enthüllungen kommt. Doch es kommt wieder nur, nach kurzer dramaturgischer Pause, ein genäseltes: „Ja, ja ... " Und dann: „Doch was erzähle ich Ihnen ... " Der nächste Elendsspot.

Büttel? Schreihälse? Monopolpresse? Zeigte uns Karl-Eduard von Schnitzler höchstpersönlich nicht gerade eine rechtschaffen kritische Sozialreportage des Zweiten Deutschen Fernsehens – West, wohlgemerkt? Doch wer sich jetzt derlei Fragen stellte, und das auch noch ernsthaft, der hätte sogleich umschalten müssen.

Schnitzler-Pendant im Westen? Gerhard Löwenthal und sein ZDF-Magazin wurden zum Paradebeispiel des Kampfjournalismus.

sen. Wer es als Zuschauer nicht zu genießen vermochte, wie Schnitzler, völlig jenseits jeder Logik, genüßlich die Zeugen seiner Anklage gegen den Kapitalismus aus dem Westfernsehen aufbaute, um sie im nächsten Moment als Strichjungen desselben Kapitalismus zu demontieren, der war des Schwarzen Kanals nicht würdig.

Man mußte sich die Medienkritik à la Schnitzler auf der Zunge zergehen lassen. Hier war, lange vor '68, ein Meister der Dialektik am Werke, der es, geschult als Journalist im Dienste des Proletariats, verstand, mit ganzen Batterien von Logiken in den medialen Volkskrieg zu ziehen und mit mindestens ebensovielen Wahrheiten zu jonglieren. Hatten nicht auch Marx und Lenin von verschiedenen Wahrheiten geschrieben? Na bitte! In Karl-Eduard von Schnitzler bäumte sich der historische Materialismus zu seiner letzten Blüte auf, bevor er dann irgendwo nicht mehr so weiter lief wie geplant.

„Karl-Eduard von Schni", so lautete sein Name im Osten, weil die Arbeiter und Bauern sofort zum Fernsehapparat eilten, um ihn abzustellen, sobald sein Name angekündigt wurde. Und das waren nicht wenige. Schließlich lief der Schwarze Kanal immer Montag abends, um 21.30 Uhr, direkt nach dem Montagsspielfilm. Volle Einschaltquoten in der DDR, weil hier bevorzugt Hans Moser und seine Freunde (wie zum Beispiel Adele Sandrock – wunderbar) zum Einsatz kamen. Der Zeitpunkt von Mosers Abgang und Schnitzlers Auftritt haben in den Wasserwerken der DDR dann stets denselben Effekt („Pinkelsyndrom") ausgelöst, wie der Pausenpfiff bei der Originalübertragung vom Fußball-Länderspiel. Anders bei der – zugegebenermaßen kleinen – Fangemeinde Schnitzlers im westlichen Einzugsbereich des DDR-Fernsehens, die den Exotismus des realsozialistischen Fernsehens als Realsatire zu nehmen vermochte. Bei Leuten, die sowohl Moser als auch Schnitzler – alle auf ihre Art – genießen konnten, kam dann bisweilen ein Traum auf: Wie wäre es denn, wenn Karl-Eduard von Schnitzler mit seinem veritablen Counter-Part Gerhard Löwenthal, dem man sein ZDF-Magazin ja auch mal wegnehmen mußte, gemeinsam zur Talkshow geladen würden? Von Hans Moser moderiert? Und Adele Sandrock in der Zuschauerkulisse? Das hätte was. Der Tod von Moser und Sandrock sollte den Verantwortlichen eine Mahnung sein. Schnitzler und Löwenthal leben noch. Böhme, übernehmen Sie!

Die Zeit verging, von Schnitzler blieb. Der Schwarze Kanal war auch in den 80er Jahren immer auf Pleitegeier-Draht.

KNUT HICKETHIER

HÜBEN UND DRÜBEN

OST-WEST IM FERNSEHEN DER SECHZIGER JAHRE

Die sechziger Jahre sind eine Bilderfolge des Fernsehens, die für Ängste standen, dann auch für Sehnsüchte. Fernsehbilder waren greifbarer als die Kinobilder, die machtvoller und fremder schienen. Auf dem Bildschirm zu Hause machte sich in Berlin, in dieser „Frontstadt" zwischen den Blöcken, der alles beherrschende Ost-West-Gegensatz breit, in dem die eigene Kindheit, Jugend und das Elternhaus ohnehin schon verwickelt waren mit einer doppelten Flucht (aus Guben an der Neiße in eine Kleinstadt der Niederlausitz und von dort nach West-Berlin). Schwarzweiß die Fernsehbilder, schwarzweiß auch die Systemgegensätze, die politischen Verhältnisse, die Weltsichten. Daß sich darunter eine neue Politik zu formulieren begann, die auf Entspannung abzielte, war im Fernsehalltag noch wenig deutlich, auch wenn sich das Fernsehen um Grauabstufungen im politischen Schwarzweiß der Feindbilder abmühte.

Auf dem Bildschirm waren in Berlin immer mehr Programme zu haben als anderswo in Deutschland: am Anfang schon ein Westprogramm und ein Ostprogramm, am Ende der sechziger Jahre dann drei aus dem Westen und zwei aus dem Osten. Auf der einen Seite Bilder von deutschen Kriegsgefangenen im Eisenbahnwaggon nach Sibirien: „So weit die Füße tragen", Gruselbilder im Kalten-Kriegs-Einsatz, mit einer abenteuerlichen Flucht quer durch Asien in den Westen. Oder Wolfgang Leonhardts Geschichte „Die Revolution entläßt ihre Kinder": Die Geschichte der Gruppe Ul-

bricht, die 1945 nach Deutschland kam und in der SBZ die Geschäfte übernahm. Dazu Innenansichten aus dem Moskau der vierziger Jahre. Was Sozialismus war, wurde hier in harte Bilder gegossen, die zu dem paßten, was die Eltern erzählten und was sich als Angsterfahrung bei den Grenzkontrollen bei Fahrten nach Westdeutschland festsetzte.

Das Adlershofer Gegenprogramm, z.B. Hans Olivas mehrteiliger Film „Gewissen in Aufruhr", in dem die Entscheidung nach dem Kriege zugunsten der DDR fällt, blieb dagegen blaß, weil es eben Bilder von drüben waren. Außerdem hatte das West-TV auch die schönen anderen Bilder von 77 Sunset Strip und Perry Mason und Fury und Flipper und Bonanza. Da konnte man die graue Tristesse der deutschen Verhältnisse vergessen.

Im Fernsehen war die Welt deutlich geordnet, so wie auch in der Realität für klare Territorien gesorgt war. Als am 13.8.1961 die Straßen zwischen den Westsektoren und dem Ostsektor mit Stacheldraht versperrt wurden, es war ein Sonntag und es waren Schulferien, habe ich die Nachricht im Radio gehört, und meine Eltern und ich sind hingefahren an den Potsdamer Platz, um zu sehen, ob es stimmte. Viel gab es nicht zu sehen, Volksarmee, Stacheldraht, davor wütende West-Berliner. Gemauert wurde nicht gleich am ersten Tag. Abends dann die Bilder im Deutschen Fernsehen, das Bilder von vielen Grenzstellen zeigte. Doch wichtiger war uns damals zu erfahren, wie der Westen reagierte: Wird es Krieg geben? Das Fernsehen brachte die Bilder von der Grenze, und sie waren es vor allem, die dann das Bild von der Mauer prägten: Wie sich Leute an Seilen aus den Fenstern in der Bernauer Straße herabließen, wie Maurer unter der Bewachung die Hausfenster zumauerten, Straßen abriegelten.

Die Topographie der Stadt hatte sich geändert, man kam nicht mehr durch bestimmte Straßen, auch die S-Bahn fuhr nicht mehr überall hin. Vieles war jetzt außerhalb der eigenen Alltagswelt. Man mied es, an die Mauer zu fahren, wollte sich nicht dauernd bewußt machen, daß man nicht mehr überall hinkam. Es war nicht so sehr das Gefühl, daß sich die DDR eingemauert hatte, sondern daß wir in West-Berlin eingemauert worden waren. Die Mauer war real, aber sie wurde vor allem zu einem Fernsehereignis: die Schüsse am Grenzstreifen, die Bilder vom Todesstreifen.

Es schauderte einen insgeheim, wenn man beispielsweise zum Baden an den Groß-Glieniker See fuhr, und neben der Potsdamer Chaussee, die zu ihm hinführte, war eine Absperrung, hinter der man die Mauer wußte. Oder man fuhr mit der U-Bahn nach Tegel hinaus und in der Kochstraße kam die Ansage: „Letzter Halt im Westsektor", weil dann die U-Bahn durch die zum Osten gehörende Stadtmitte fuhr. Es gab immer dabei ein dumpfes Gefühl, das sich aus Mauerbildern speiste, die aus den Medien kamen.

1963 zeigte ein Fernsehspiel mit dem Titel „Mauern" (von Egon Monk) die Grenze an der Oberbaumbrücke. Man sah eine dämmrige, fast nächtliche, ruhige Wasseroberfläche, die Silhouette der zum Osten gehörenden Spreeseite, dazu im Off Schüsse, Schreie, Fluchtgeräusche. Nirgends wurde deutlicher, wie sehr bestimmte Orte mit dem Topos Grenze sich verbanden: Man sah nichts und sah doch zugleich alles. Später erst in den siebziger

Jahren wurde die Mauer von der Westseite aus angemalt, also angeeignet, ihr Angstpotential dadurch reduziert.

Die Stadt teilte sich in eine erlebte Stadt und eine, die daneben als Medienbild existierte, die sich durch die Mauerbilder verfestigte. Die sechziger Jahre waren Jahre der Gewöhnung an das Eingemauertsein. Der Alltag fand seine eigenen Wege fern der Mauer, nur an den Grenzübergängen überfiel einen ein klammes Gefühl, wenn die Vopos im Kofferraum wühlten oder die hintere Sitzbank angehoben werden mußte. Die Fernsehberichte, auch die Fernsehspiele, die sich mit der deutsch-deutschen Grenze beschäftigten, mußten dieser Angst Rechnung tragen. Komisch fand die Grenze keiner und es dauerte lange, bis zum Ende der sechziger Jahre, bis man die ersten Komödien darüber, zum Beispiel Wolfgang Menges „Die Dubrowkrise" zeigen konnte: Dort ging es um eine irrtümliche Grenzkorrektur, bei der ein DDR-Dorf über Nacht zum Westen gehört. Es war ja immer auch die Angst da, es könnte andersherum geschehen.

Das Ostprogramm wurde unwichtig. Als Uwe Johnson, damals eine Zeitlang Fernsehkritiker im Berliner Tagesspiegel, schrieb, das Ostfernsehen habe einen Beatles-Film gebracht, klang das so unwahrscheinlich, wie es war: Es war eine Zeitungsente, weil Johnson das Ostprogramm gar zu dröge geworden war. Irgendwann war der Osten plötzlich nicht mehr da, war irgendwie weg, obwohl man von Westberlin aus, egal in welche Himmelsrichtung, immer nach Osten sah. Am Ende der sechziger Jahre war es ganz eindeutig: Das Ostprogramm war immer noch schwarzweiß, weil es in Secam-Farbe ausgestrahlt wurde, die unser Fernseher nicht zeigen konnte, und das Westprogramm war weltoffener, vielfältiger, dringlicher. Die Bilder aus Vietnam wurden wichtiger als die aus Ostberlin.

LIANE VON BILLERBECK

ZEITGENOSSE SANDMANN
HOMMAGE AN EINEN
KLEINEN KERL AUS DEM OSTEN

Der Verdacht hielt sich hartnäckig: „Offizier im besonderen Einsatz" soll er gewesen sein, mindestens aber IM. Leugnen half nichts, die Indizien sprachen gegen ihn: Immerhin konnte der zipfelmützige Spitzbart dreißig Jahre lang DDR-Kindern Sand in die Augen streuen. Abend für Abend brachte er sie mit dem bekannten Eiapopeia ins Bett. Außerdem war er als Benutzer militärischer Gulaschkanonen, als Schwenker von Pionierwimpeln und Plattenbaubefürworter enttarnt worden.

Der Ruf nach der Gauck-Behörde wurde laut. Doch eine Akte „IM Sandmann" konnte nicht gefunden werden. Sandmann hatte immer wieder die Kurve gekriegt. Das Land veränderte sich, er blieb sich treu. Von seinem Vater Gerhard Behrendt mit eisernem Pflichtgefühl ausgestattet, erschien er seit dem 22. November 1959 allabendlich. Egal, was man in der Politik spielte, ob die Mauer gebaut wurde, der Warschauer Pakt in der CSSR einmarschierte oder jemand aus der obersten Etage der Parteiundstaatsführung das Zeitliche segnete – das Sandmännchen kam zehn vor sieben. Einzige Abwandlung für solche besonderen Fälle: Das Lied zum Schluß entfiel, „Kinder, liebe Kinder, das hat mir Spaß gemacht" wäre wohl doch etwas unpassend gewesen.

Ein Aufsatz aus DDR-Zeiten hat das Sandmannlied einmal mit nichts weniger als der Marseillaise verglichen. Mag diese Parallele auch sehr gewagt sein, eines steht fest: Das Sandmannlied könnte noch heute jeder Ostmensch im passenden Alter wenigstens summen:

Sandmann, lieber Sandmann
es ist noch nicht soweit!
Wir sehen erst noch den Abendgruß,
eh jedes Kind ins Bettchen muß.
Du hast gewiß noch Zeit.

So kam denn der Wicht – hartnäckig, höflich und lieb. Selbst als Honecker das Ruder übernahm, blieb er über den Verdacht spitzbärtiger Ähnlichkeit mit dem sächsischen Vorgänger erhaben. Er fuhr weiter über die Weltmeere, tauchte zu karibischen Korallenriffen und stieg in den Kosmos auf. Als Lunachod auf dem Mond landete, sahen die Kinder dessen Miniaturausgabe. Allein die Mondlandung 1969, ein rein amerikanisches Unternehmen, fiel beim Sandmännchen aus – aus ideologischen Gründen. Allerdings war das Sandmännchen – wie erst kürzlich bekannt wurde – in eine geheime Kommandosache verwickelt. Mit dem sogenannten Delphin-Luftgleiter schwebte es übers Festgetümmel zum 25. Jahrestag der Republik. Das kuriose Gerät – Relikt der einstigen DDR-Luftfahrt – hatte in Wirklichkeit ein Dr. Schmidt erdacht. Streng geheim, versteht sich. Testmodell und Unterlagen sind verschwunden. Nur das Luftschiff des Sandmännchens existiert noch.

Anders als Schmidt hat sich der Fernsehstar seine Träume stets erfüllen können. Mit Fesselballons, Hubschraubern, Raumgleitern und simplen Regenschirmen flog er auf und davon, damit die Landeskinder auf dem Teppich blieben.

Das hätte ihn 1989, nach ziemlich genau dreißig Jahren, fast seinen Job gekostet. Wegen seiner kostspieligen Höhenflüge wollte ihn der SFB-Rundfunkrat zugunsten einer „Erzähloma mit Bildergeschichten" abschaffen. An dem Gerücht schien was dran zu sein. Ein Jahr lang war sein Schicksal ungewiß. Am 14. Oktober 1990 dann geschah etwas Ungeheuerliches: Der Sandmann fiel aus. Man hatte ihn wegen der Landtagswahlen einfach vergessen! Die Reaktion kam prompt. Die Junge Welt schleuderte dem bayerischen Fernseh-Oberabwickler Rudolf Mühlfenzl ins Gesicht: „Wenn Sie in diesem Land an einem Mann scheitern können, dann ist es der Sandmann!"

Das Sandmännchen sollte nicht dran glauben! „Es ist einfach ungeheuer gemein, den Sandmann abzuschießen" und „Wir wollen unser Sandmännchen behalten", stand in Hunderten von Kinderbriefen. Der ostdeutsche Wicht und seine Macher, die eigentlich still und leise mit Filmen zum Einschlafen auf Sendung bleiben wollten, gerieten ins Fegefeuer der Politik. Die Protestwelle schwoll an. Während nach dem West-Sandmann kein Hahn krähte, trafen in Adlershof die Proteste gleich kiloweise ein. Eine Warnung an jeden ignoranten Programmgestalter. Unser Sandmännchen abwickeln? Niemals!

Als sich die Umrisse der ostdeutschen Fernsehlandschaft abzeichneten, wagte bei MDR und ORB niemand, über das Sandmännchen zu diskutieren. Nach den heftigen Protesten der Mecklenburger übernahm auch der NDR den ostdeutschen Wicht und im Oktober 1992 endlich der SFB.

Aufatmen auch in Berlin-Mahlsdorf, in der nunmehr Sandmann-Studio GmbH getauften Firma wird wieder gedreht. Vor allem im Land der Märchen, wo ihn die Kinder schon früher am liebsten sahen. Manches ist jedoch anders. Die Filme sind kürzer, und der Schriftzug „Abendgruß" unterbleibt. Nicht wegen seiner Altlastigkeit, sondern aus profanen Gründen: Die Schreibschriften in den einzelnen Bundesländern sind verschieden. Gleich heftig allerdings ist die Begeisterung für das Sandmännchen. 1993 veranstaltete das Potsdamer Filmmuseum zu Sandmännchens Ehren eine Ausstellung. Dort stand großzügigerweise neben unserem Sandmännchen auch der abgewickelte Typ Sandmann/West. Ein Gipfeltreffen der besonderen Art.

Aus: Die Zeit, Nr. 35/1993

Sandmännchen mit DDR-Aschenputtel.

MONIKA PUTSCHÖGL

SCHILLER — SHAKESPEARE — SASCHA HEHN

TAGEBUCHEINTRAGUNGEN EINER SCHÜLERIN

Die Nachbarn hatten es zuerst. Die Sache sprach sich schnell herum. Und eines Nachmittags endlich durfte ich drüben sitzen in der abgedunkelten Wohnküche und starrte auf ein kleines schwarz- weißes Bild in einem klobigen Kasten.

Vielleicht war der Hund Rin-Tin-Tin meine allererste Fernsehbegegnung. Oder Fury, das Pferd. Ich weiß es einfach nicht mehr. Eingeprägt aus den ganz frühen TV-Tagen hat sich die Erinnerung an junge Männer in Uniform, Kinder fast noch. Es waren Bilder, die zum nachmittäglichen Sendeschluß ausgestrahlt wurden – der Suchdienst des Deutschen Roten Kreuzes bat um Mithilfe bei der Fahndung nach Soldaten, die im Krieg verschollen waren. Knapp zehn Jahre nach Kriegsende muß das gewesen sein, und ich konnte, gerade im ersten Schuljahr, nichts damit anfangen. Aber es lief ja nur ein Programm, und das nur für ein paar Stunden täglich, und so hockten wir einfach gebannt vor dem Fernseher, bis es nichts mehr zu sehen gab.

Mitte der fünfziger Jahre besaßen wir dann selbst ein Gerät. Nicht weil wir unbedingt die neueste Mode mitmachen wollten, sondern weil sich der Vater bei dem neuen Medium verdingt hatte. Vom Regieassistent an den renommierten Münchner Kammerspielen zum zweiten Spielleiter beim Fernsehen. Damals fragten die Verwandten und Bekannten noch skeptisch, ob die Sache denn jemals eine Zukunft haben würde. Wer kannte sich schon aus mit dem Fernsehen? Nicht viele. Erst Jahre später habe ich aus Erzählungen erfahren, daß von den zwanzig Leuten, die zu Beginn der fünfziger Jahre in München das Experiment Fernsehunterhaltung wagten, gerade drei die neue Form des Volksvergnügens überhaupt kannten – aus Amerika. Anfangs fuhr der Vater in die Landesblindenanstalt. Denn dort waren die Probestudios untergebracht, eine Ironie, die mir erst viel viel später bewußt geworden ist.

Den Fernsehapparat einzuschalten hatte nie etwas Beiläufiges in diesen Anfangsjahren. Fernsehabende gerieten zum gesellschaftlichen Ereignis, zu dem sich die Erwachsenen bei Chips und Häppchen trafen. Kinder hatten dabei nichts zu suchen. Tagsüber blieb die Truhe mit den zwei Türen verschlossen. Nur nach langem Betteln durften wir mit besonderer Genehmigung und in gebührendem Abstand vor das Gerät. Schließlich könnten ja die Strahlen gefährlich sein.

Meine Lieblingsserie, der ich jede Woche entgegenbibberte, hieß *Admiral Bobby*, Elfriede Kuzmany in der Hauptrolle. Was immer sie auch später spielte, für mich blieb sie das junge Ding, das in einer Hosenrolle über den Bildschirm wirbelte.

Rechts: 1968 eine Sensation: Der 76jährige Fritz Kortner spielt in der TV-Inszenierung des Shakespeare-Stücks „Der Kaufmann von Venedig" den Juden Shylock. Für Kortner war es der erste Auftritt vor Fernsehkameras überhaupt.

Zu Admiral Bobby durfte ich manchmal auch meine Kollegen aus der Schule einladen. Der Umstand, daß wir einen Fernsehapparat besaßen, trug erheblich zu meiner Beliebtheit in der Klasse bei. Schließlich galt es, sich meine Sympathie zu sichern, um bei solch medialen Ereignissen mal vor Aufregung fingernägelknabbernd und unruhig herumzappelnd, mal atemlos-andächtig staunend vor die Glotze zu kauern.

Schon früh entwickelte sich bei mir eine Vorliebe für Quizsendungen. Aus Gründen der Fortbildung, wie sich versteht. Wie sollten bei solch kindlichem Wissensdrang die Eltern gegens Fernsehen sein. Zu den absoluten Favoriten zählten Fritz Benscher und sein *Tick-Tack-Quiz*.

Es waren vornehmlich Herren im gesetzten Alter, die examinierten. Bei *Alles oder nichts* zum Beispiel ging es um die immense Summe von tausend Mark. Heinrich Fischer, für uns Kinder bereits im Greisenalter, moderierte ohne jede Hast und Aufregung mit schulmeisterlicher Ernsthaftigkeit. Und wenn der Kandidat am Schluß auf seinem Thron nicht alles wußte, war das Geld wirklich futsch. Wir zitterten vor Aufregung und schlossen Wetten ab, wer durchhält bis zum Schluß und nicht schon bei 300 Mark die Nerven verliert und kassiert.

Ohne es zu ahnen, wohnten wir vermutlich Momenten bei, die Fernsehgeschichte machten. Heinz Maegerlein mit seiner über die Halbglatze gesprayten Strähne machte uns mit dem Sport vertraut, und wahrscheinlich hörten wir live den Satz „Tausende standen an den Hängen und Pisten."

Wir waren die Kulenkampff-Fans der ersten Sekunde. *Einer wird gewinnen* bildete den Höhepunkt der Fernsehwoche. Wir waren live dabei, als Kulenkampff souverän Sportergebnisse voraussagte: „Weltmeister im Eiskunst-lauf ist in zwei Stunden Sjoukje Dijkstra" – und er hatte recht. Wir erlebten auch die Metamorphose Attilas vom Hunnen- zum Hühnerkönig.

Ein Fernsehspiel anzuschauen, bedurfte besonderer Überredungskünste. Das wollten die Erwachsenen in Ruhe sehen, ohne Teenager, die dazwischenreden oder unpassende Fragen stellen. Ausnahmen wurden gemacht, wenn es sich um Sendungen des Familienoberhauptes handelte. Der war im Studio und wir hockten mordsmäßig aufgeregt vor dem Apparat. Kaum noch vorstellbar heute, aber die Fernsehspiele wurden damals live gesendet und nicht als vorproduzierte Konserve. Es war wie im Theater, wie im wirklichen Leben: Kein Versprecher konnte ausgemerzt, bei keinem Patzer die Szene noch einmal gedreht werden. Wir saßen wirklich live in der ersten Reihe – und es passierten erstaunlich wenig Pannen. Oder wir naiven Fernseher hatten sie einfach nicht gemerkt. Bei *Born yesterday – Die ist nicht von gestern* heulten Sirenen im Hintergrund, Großstadtgeräusche passend zum Stück, was sonst? Der Alarm hatte im Studio geschrillt – die Scheinwerfer waren während der Sendung zu heiß geworden.

Eines der ersten Fernsehspiele, das sich mir tief in die Erinnerung einprägte, hieß *Fernamt bitte* und spielte in Amerika. Die Ehefrau eines zum Tode Verurteilten findet eine halbe Stunde vor der Exekution Beweise für die Unschuld ihres Mannes und versucht nun durch Anrufe bei den Verantwortlichen die Hinrichtung zu verhindern. Nur bis sie jemand erreicht ... Da saßen auch wir Kinder mucksmäuschenstill vor dem Apparat. Übrigens: Sie hat's geschafft.

Auch *Johnny Belinda* gehörte zu jener Gattung Fernsehspiel, die damals gerade erfunden, heute schon fast wieder ausgestorben ist. Es war ein rührseliges Stück über ein taubstummes Mädchen mit unehelichem Kind.

Johnny Belinda war das beliebteste Fernsehspiel aller Zeiten, Sehbeteiligung laut Infratest 78 Prozent.

Hildegard Knef spielte 1960 zum ersten Mal TV: *Die geliebte Stimme* – vierzig Minuten hing sie am Telefon und mühte sich verzweifelt, ihren Geliebten zu halten. Wir litten mit ihr und drückten die Daumen. Es half alles nichts. Fernsehspiele anzuschauen war während der Schulzeit die Ausnahme, *Orden für die Wunderkinder* war so eine. Zu Weihnachten gab's dann hin und wieder speziell was für Kinder, *Der kleine Lord* oder *Ein Weihnachtslied in Prosa* von Charles Dickens. Carl Very als der hartherzige Geschäftsmann, der so gar keine weihnachtliche Nächstenliebe zeigen wollte, bis ihn die nächtlichen Geister ordentlich motivierten, verbindet sich heute noch für mich mit Heiligabend wie der Karpfen und die Zimtsterne.

Weihnachten 1956 hatte ich mein erstes Tagebuch bekommen. Schon auf der allerersten Seite unter dem Datum 25. Dezember die erste Eintragung, die sich dem Medium Fernsehen widmete: „Um 18 Uhr schauen wir uns Figaros Hochzeit an."

Kurt Wilhelm war auf die Idee gekommen, bei Operninszenierungen fürs Fernsehen Schauspieler agieren zu lassen, ausgestattet mit den Stimmen berühmter Sänger. So wurde die Story begreifbar, weil eine junge Zofe wirklich ein hübsches Mädchen war und keine übergewichtige Diva. Den Puristen unter den Opernliebhabern paßte dieses Verfahren nicht. Aber ich fand Jürgen Goslar als Figaro toll, ebenso später dann Marianne Koch und Hans Clarin Opern schmetternd.

Unglaublich, aber wahr – das Fernsehen beflügelte meine Begeisterung fürs Theater. Die großen Klassiker kamen via TV ins Wohnzimmer. Weihnachten, Silvester, Ostern – das waren Hochzeiten für Schiller und Shakespeare, für Hauptmann und Dürrenmatt. Weltliteratur als Fernsehspiel. *Ein Wintermärchen* mit Agnes Fink und Sascha Hehn als kleiner Junge – und als Shakespeare-Darsteller.

Tagebucheintragung vom 1. Januar 1961: „Noch Shakespeare geschaut. Den Schauspieler Maximilian Schell fand ich toll. Er spielte den Hamlet." Und eine Phase leidenschaftlicher Schwärmerei begann. Weihnachten 1961 dann Gerhart Hauptmanns *Und Pippa tanzt*. 1961 auch, da war Inge Meysel noch nicht die Mutter der Nation sondern Mutter Wolffen in Hauptmanns *Der Biberpelz*, Regie führte ihr Mann John Olden.

Später avancierte generell der Donnerstag zum Fernsehspieltag im Ersten. Im November 1964 wurden Dürrenmatts *Die Physiker* gezeigt mit Gustav Knuth, Wolfgang Kieling und Therese Giehse. „Sonderbar, aber gut" lautete mein fachkritisches Urteil im Tagebuch.

Damals scheute man sich auch nicht, über zwei Abende geballt Literatur auszustrahlen: Ostern 1965 wurde in zwei Folgen der *Radetzkymarsch* von Joseph Roth gesendet mit Helmuth Lohner und Kommissar Marek Fritz Eckhardt. Kommentar im Tagebuch: „Genauso großartig wie das Buch."

Tagebucheintragung vom Donnerstag, dem 1. September 1966: „Abends Die rote Rosa gesehen. Ein imaginärer Prozeß gegen die Mörder der Rosa Luxemburg." Es war das erste einer Reihe von Stücken, die Walter Jens fürs Fernsehen geschrieben hat. Und es sorgte für Wirbel und Kritik von rechter wie von linker Seite. Im Tagebuch heißt es: „Recht problematisch das Ganze. Leider weiß ich zuwenig über den Spartakusbund und über die Hintergründe. Ich muß mich mehr dafür interessieren." Es blieb nicht nur beim Vorsatz. Und die Moral: So wirkte das Fernsehen damals sogar noch erzieherisch.

»Wer einmal vor die Glotze rennt ...«

Ex-Kommunarde Rainer Langhans über das Fernsehen in der K 1

Um die Kommune 1 in Berlin ranken sich bis heute viele Legenden und Gerüchte. Aber wer weiß schon, ob dort ferngesehen wurde. Gab es denn eine Glotze in der K 1?

Rainer Langhans: „Zunächst nicht. Erst eines Tages erschien der Peter Brügge, das war so ein edelfedermäßiger Redakteur vom Spiegel, der unbedingt mit uns ein Interview machen wollte. Wir wollten erst nicht, und da hat der das Ding mitgebracht, einen riesigen Kasten, um uns alle zu umgarnen. Das muß – Moment, der Fritz war gerade im Knast – das muß so Sommer oder Herbst '67 gewesen sein."

Also der stand auf einmal mit diesem Kasten als Geschenk vor der Tür. Genauso wie er ein Auto oder einen Kühlschrank hätte mitbringen können ...

„Ja, was man so mitbringt, um Leute zu bezirzen. Der Apparat hatte so eine merkwürdige, sehr große Zimmerantenne; die habe ich dann bei Interviews mir immer vor den Hals gehalten, das sah aus wie eine Fliege. Viel geguckt haben wir anfangs nicht. Wir waren noch nicht so geübt."

Was habt Ihr denn geguckt? Nachrichten, politische Sendungen oder auch Lassie und so ein Zeug?

„Nachrichten, klar. Alle Aktionen von uns, das ganze Zeug, um da Rückmeldung zu bekommen. So wie wir morgens auch Bild-Zeitung gelesen haben. Bald danach haben wir uns eine ganz einmalige Geschichte angeschafft, so einen Großprojektor, ich glaube von Grundig. Das war wie eine große Kommode,

die hast du dann aufgeklappt und hattest das Bild auf einem riesengroßen Schirm, so leinwandmäßig. Das war einzigartig und toll. Und da habe ich dann auch gelegentlich mal Tiersendungen gesehen. Die fand ich schön. Aber meistens hatten wir besseres zu tun, jeden Abend war was los bei uns bis tief in die Nacht, Musik hören und machen, Drogen nehmen, das war spannender als fernsehen."

Schade, ich dachte, der Langhans erzählt, welche Lieblingssendungen jeder in der K 1 so hatte. Der eine immer Bezaubernde Jeannie oder ...

„Ah, ja, natürlich, Jeannie. Aber später erst, als wir nicht mehr so viel politisch zu tun hatten. Oder Beat Club, klar. Vor allem in der nächsten Kommune, da hatten wir auch einen Farbfernseher, und haben drei oder vier Geräte aufeinandergestellt und mal so richtig alles gleichzeitig geguckt, auch auf Drogen, um zu sehen, wie die Welt so war. Da haben wir dann gezielt in allen möglichen Sendungen herumgestöbert und nach angeturnten und versteckten Botschaften gesucht."

Ich dachte, vielleicht hat Fritz Teufel immer diese grausame Sendung ‚Das Fernsehgericht tagt' geguckt und da seine Erkenntnisse gewonnen, was alles der Wahrheitsfindung dient?

„Nein, ging ja nicht, als wir den ersten Fernseher bekamen, saß der Fritz ja schon im Gefängnis. Und als er rauskam, hatte der viel mehr mit kleinen Mädchen zu tun. Und diesen schrecklichen Biederkram, nein, den hat niemand geguckt."

Für die Kommune 1 (am TV stehend Rainer Langhans, links daneben Dieter Kunzelmann) war Fernsehen das perfekte Medium zur Selbstinszenierung.

Gab es auch Leute in der K 1, die das Ding völlig abgelehnt haben, so nach dem Motto: Wer einmal vor die Glotze rennt, gehört schon zum Establishment?

„Nein. Wir haben das ja meist sehr gezielt eingesetzt, gar nicht so normal geguckt zur Unterhaltung. Aber manche haben auch gesagt: Wenn du dich auf so ein Ding einläßt, gehörste schon dazu. Im Gegensatz zum SDS (Sozialistischer Deutscher Studentenbund) waren wir ja auch der Auffassung, daß man die Tiger alle reiten kann. Fernsehen gehörte eben auch zum Leben, zur Gesellschaft."

Oder wie Dieter Kunzelmann damals gesagt hat: Nur wer über seine Orgasmusschwierigkeiten reden kann, kann auch über Politik reden ...

„Ja, natürlich. Diese Dinge hängen alle zusammen. Richtige Politik ist ja nicht nur, wie beim SDS, alle Flugblätter richtig hinhalten und Wort für Wort vorlesen, dann wird alles schon gehen. Neinnein. Oder wie der Rudi damals (Rudi Dutschke), taktisch völlig unfähig, immer ganz redlich mit jedem freundlich geredet hat, Interviews gegeben hat und glaubte, dann wird das schon alles. Nein, wir haben gesagt, wir müssen auch auf die Knöpfe der Phantasie drücken. Wir wußten auch bald, wie man mit dem Fernsehmedium umzugehen hat. Wir wollten nicht spießig sein und vor allem unberechenbar bleiben. Das war schon subversive Medienarbeit."

1967, als bei der Berliner Funkausstellung das Farbfernsehen gestartet wurde, gab es Gerüchte, daß sich die K 1 massiv mit Eintrittskarten eingedeckt hatte, um diese Live-Veranstaltung vor Ort zu stören. Ist an den Gerüchten was dran gewesen?

„Naja, es gab schon Leute, die uns damals gezielt einsetzen wollten. Die sagten: Ich zeig' Euch, wie man da reinkommt, ich besorg' Euch Karten. Aber wir konnten all den Verpflichtungen, die an uns herangetragen wurden, gar nicht mehr nachkommen. Wir wollten uns auch nicht für alles ausnutzen, instrumentalisieren lassen. Da waren soviele Ideen für direkte Aktionen, das wäre am Ende fast in Arbeit ausgeartet. Und da hätten wir ja gleich in die Fabrik gehen können ans Fließband."

Aber andererseits: für Interviews standen die Leute der K 1 immer zur Verfügung? War das Konsens?

„Ja, das hat uns Spaß gemacht, wenn jemand Kommunefilme machen wollte. Und vor allem die Hauptsache: Wenn wir Aktionen gemacht haben. Da haben wir den Fernsehleuten schon Tips gegeben. Je mehr Aufmerksamkeit, desto besser: Das Spiel des Spaßes, der Körper, der Aktionen, der Regeldurchbrechungen, Happenings auf dem Ku'damm, die Go Ins, Fritzens Freilassung."

Da kam das relativ neue Medium Fernsehen gerade recht. 10 Jahre vorher wäre das noch nicht so gegangen?

„Natürlich, das war schon ideal. Es war eine Gegenseitigkeit, schon damals. Aber ich glaube, daß wir das schneller begriffen haben. Daß nicht die vom Fernsehen uns abgekocht haben, sondern wir sie benutzt haben. Wir waren eben attraktiv. Und das hat ja jedem Spaß gemacht, uns zu sehen im Fernsehen. Auch den Spießern: Die hatten eben ihren negativen Spaß, konnten sich wunderbar aufregen. Und wenn wir das dann abends gesehen haben, war tolle Stimmung in der K 1. Je schlimmer und je verrückter wir rüberkamen, desto besser.

Dazu kamen die persönlichen Eitelkeiten. Der große Kummer von Dieter Kunzelmann war immer, daß er, obwohl er der größte Aktivist überhaupt war und nachweislich der Chef, daß er bei den Fernsehberichten nie so richtig 'rausgekommen ist. Das ärgert den heute noch. Er sah eben nicht so schön aus, das war schlecht für die Medien, und das hat den Dieter sehr gefuchst. Ich war dann der eitelere, weil ich der schönere war, schöner als Fritz auch..."

... mit den wilden Haaren, das kam natürlich optisch am besten ...

„Die Haare, sicher, aber auch die Kleidung. So ein langes Ohrgehänge zu haben oder Gewänder zu tragen, das war damals unfaßlich. Oder daß jemand die Füße auf den Tisch legt, während er mit dem Fernsehen redet, dabei überaus lässig in einen Apfel beißt, das war immer ein Schlag ins Gesicht. War ja damals noch so eine Art Staatsfernsehen. Und ich bin kindisch genug geblieben, daß ich daran heute noch meinen diebischen Spaß habe."

Ex-Kommunarde Rainer Langhans, 53, lebt heute als Filmemacher in München. Für die 3. Programme der ARD drehte er 1988 einen Film über sich und Co-Kommunardin Uschi Obermeier: „Von wegen Liebe – das schönste Paar der Apo."

Interview: Bernd Müllender

GAMMLER DER ERDE

FREDDY QUINNS BEITRAG ZU '68

der lernt, der sich bildet, sein Pensum verrich-
tet,
zum Aufbau der morgigen Welt

Die Welt von morgen sind bereits heute
– Wir
wer bleibt nicht ewig die lautstarke Meute
– Wir
wer sagt sogar, daß Arbeit nur schändet,
wer ist so gelangweilt, so maßlos verblendet
– Chorus: Ihr, Ihr, Ihr

Wer will nochmal mit Euch offen sprechen
– Wir
wer hat natürlich auch seine Schwächen
– Wir
wer hat sogar sehr ähnliche Maschen,
auch lange Haare, nur sind sie gewaschen
– Chorus: Wir, Wir Wir

(Mit Backround-Chorus):
Auch wir sind für Härte,
auch wir tragen Bärte,
auch wir gehen oft viel zu weit;
doch manchmal in guten,
in stillen Minuten,
da tut uns Verschiedenes leid

Wer hat noch nicht die Hoffnung verloren
– Wir
wer dankt noch denen, die uns geboren
– Wir
doch wer will weiter nur protestieren,
bis nichts mehr da ist zum Protestieren
– Chorus: Ihr, Ihr, Ihr.

Wer will nicht mit Gammlern verwechselt wer-
den
– Wir
wer sorgt sich um den Frieden auf Erden
– Wir
Ihr lungert herum in Parks und in Gassen,
wer kann Eure sinnlose Faulheit nicht fassen
– Wir, Wir, Wir

Wer hat den Mut für Euch sich zu schämen
– Wir
wer läßt sich unsere Zukunft nicht nehmen
– Wir
wer sieht Euch alte Kirchen beschmieren,
und muß vor Euch jede Achtung verlieren
– Wir, Wir, Wir

(Mit Backround-Chorus):
Denn jemand muß da sein,
der nicht nur vernichtet,
der uns unseren Glauben erhält,

Manfred Riepe

Alles so schön bunt hier ...

Mit Willys Knopfdruck startete 1967 das Farbfernsehen

Über ein Vierteljahrhundert ist vergangen, seit Außenminister Willy Brandt zur Eröffnung der Berliner Funkausstellung auf den Knopf drückte. Er hätte das auch sein lassen können. Oder in die Hände klatschen. Denn der eigentliche Schalter, der das Bild auf den müden 6000 bis dato verkauften Farbfernsehern bunt werden ließ, wurde von unsichtbaren Technikern gedrückt. Oberingenieur Gerhard Stump, der die erste Farbübertragung technisch leitete, war mit einem 2,5 Millionen Mark teuren Ü-Wagen nach Berlin gekommen: „Da konnten wir", so Stump, „für Brandts Knopf nur noch zwei Mark fünfzig ausgeben."

Eigentlich sollte die Zeremonie mit einem schnöden Klingelknopf abgewickelt werden. SFB-Chefrequisiteur Karl-Heinz Rupp schleppte jedoch ein großes, repräsentatives Schaltgerät an, dessen Farbe erst erkennbar wurde, nachdem es gedrückt ward: rot.

Der Schritt hin zur vorläufigen Vollendung der Fernsehtechnologie war getan: Die Cartwrights ritten farbig. Nachdem Lou van Burg mit einem skandalösen Seitensprung wunnebar daneben getroffen hatte, gab Vico Torriani dem Fernsehen den Goldenen Schuß, in Farbe.

Mitte der 60er Jahre war der deutsche Gerätemarkt allmählich gesättigt – was sogar zur vorübergehenden Kurzarbeit geführt hatte. Vor Willys Knopfdruck war ein europaweiter industriepolitischer Grabenkrieg um die Farbnorm vorausgegangen. NTSC war das störanfälligste System (Spitzname „Never the same colour"). Als das SECAM-System ins Hintertreffen geriet, sicherten sich die Franzosen klammheimlich durch wirtschaftliche Zusatzversprechungen den Ostmarkt. Der Rest der europäischen Staaten entschied sich für das störungsfreie PAL-System.

Beim Verkauf der Endgeräte ignorierte Neckermann bald die Preisabsprache der Industrie (2500 Mark) und entfachte mit 1840 Mark teuren TV-Geräten den Preiskrieg. Wegen des auf Studioseite immens hohen Kostenaufwands wurde das bunte Programmangebot von ARD und ZDF bis zum Herbst 1968 auf je vier Stunden pro Woche beschränkt. Ab 1970 waren Tagesschau und Heute farbig. Die Umstellung des Sendebetriebs kostete allein die ARD bis 1972 (als nahezu alle Sendungen in Farbe ausgestrahlt wurden) rund 160 Millionen Mark.

Erst die Farbe führte zur eigentlichen Kommerzialisierung des Fernsehens. Schon Jahre zuvor prozessierten Knorr und Maggi, wer von ihnen Rot und Gelb auf den Packungen verwenden darf.

Mit dem auf Color-TV basierenden Bluebox-Farbstanzverfahren wurde eine neue Dimension der Bildmanipulation entwickelt. Gleichzeitig wurde die Kreativität des Regisseurs beschnitten zugunsten des Technikers, der bestimmte, was technisch machbar war. Das 4:3- Format etablierte beim TV-Film eine auf die Bildmitte konzentrierte Ästhetik, die wegen mangelnder Auflösung auf Totalen zugunsten häufiger Großaufnahmen verzichtete. Mit der Einführung der Farbe sank beim Zuschauer die Abstraktionsschwelle, so daß Fernsehen in der Folge weniger als Ensemble inszenierter Bildwelten, denn als unmittelbare Wirklichkeit erachtet wurde. Die Gewalt nahm zu und wurde realistischer. Da galt es den An-

fängen zu wehren. Nach dem Einspruch Heiner Geißlers (CDU) wurde 1970 Schweinchen Dick wegen zu großer Aggressivität und Brutalität aus dem ZDF-Programm geschmissen. Roberto Blanco aber sah in der bunten Television die Chance zur Völkerverständigung: „Jetzt braucht Ihr uns Farbige."

Noch war Willy Brandt Regierender Bürgermeister von Berlin und das Fernsehen schwarz/weiß. Dann drückte Willy auf den roten Knopf ...

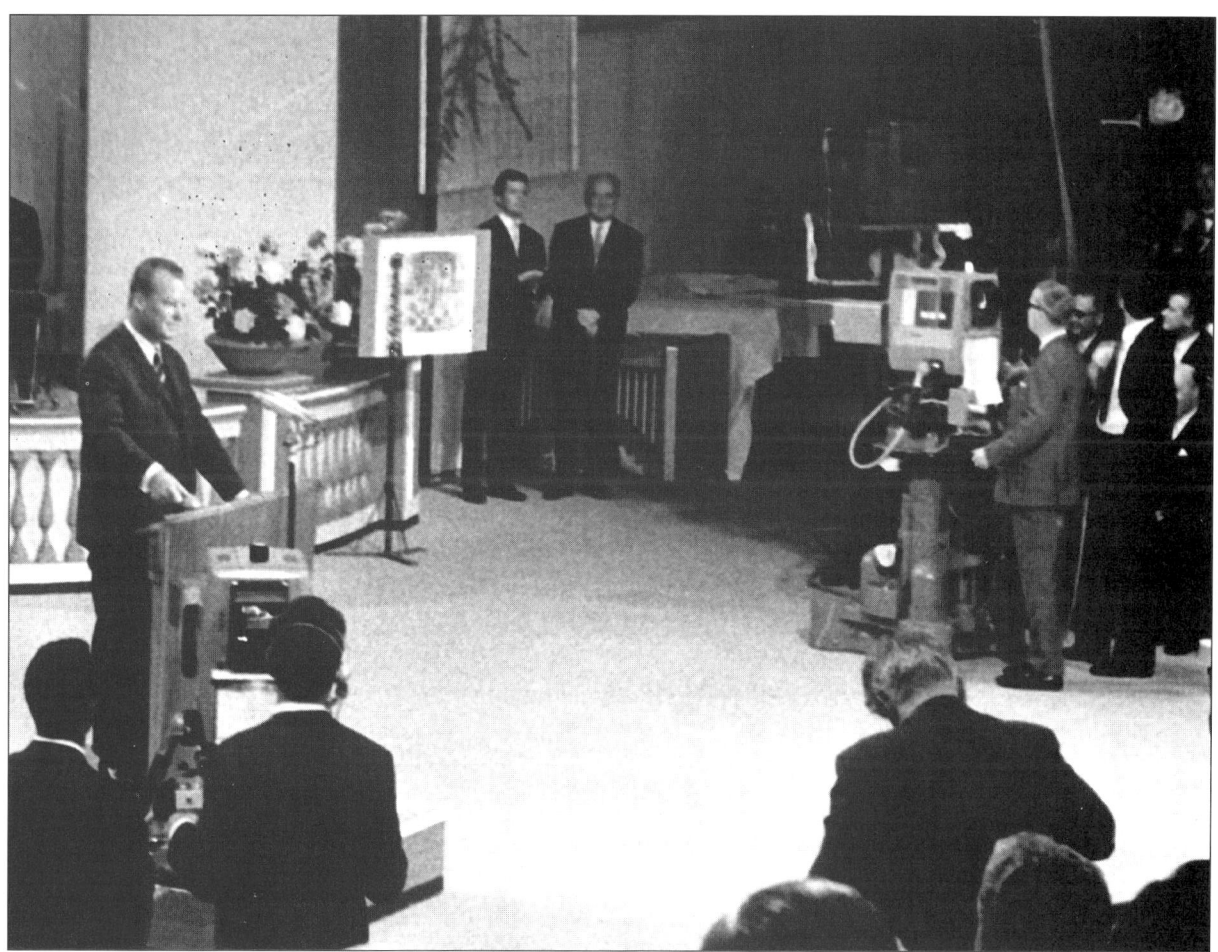

Klaus Hillenbrand

Ohne Ende Schmierseife

Spiel ohne Grenzen: Städteduell für Schadenfreudige

„Schmierseifenoper!" Das sagte mein Vater immer etwas verächtlich. Doch dann machte auch er es sich, samstags so gegen 15 Uhr, immer auf seinem Sofa gemütlich. Wir Kinder hatten selbstverständlich keine eigenen Sessel, aber der Fußboden war ja auch viel bequemer. Es war so um 1966, die Familie besaß einen brandneuen Neckermann-Fernseher mit poliertem Nußbaum-Gehäuse von gewaltigem Umfang. Das Gerät verfügte sogar über eine Fernbedienung: ein vergleichsweise großer Kasten mit nachgeahmter Perlmutt-Oberfläche, der mittels eines Kabels mit dem Fernseher verbunden war. Zappen allerdings konnte mit diesem Ding niemand, auch nicht unser Vater, der Herr über dieses Wunder der Technik. Das Gerät war nur in der Lage, Lautstärke und Helligkeit zu regeln. Zum Ein-, Aus- oder Umschalten mußte man sich zum Gerät selbst bemühen.

„Schmierseifenoper", das war „Spiel ohne Grenzen". Das Prinzip war denkbar einfach und einfach genial: Samstag nachmittags wetteiferten, meist im örtlichen Fußballstadion, die Teams aus bundesdeutschen Städten in den Vorkämpfen gegeneinander, um sich für den internationalen Wettbewerb zu qualifizieren, der Mittwoch abends um neun lief. Dabei kämpften Gemeinden aus fünf, später acht (natürlich west-) europäischen Ländern um die meisten Punkte. Die Gewinner wiederum kamen einmal im Jahr zu der Endausscheidung zusammen, wo dann der Sieger der Sieger gekrönt wurde. Wie im Fußball also, mit dem großen Unterschied allerdings, daß bei Spiel ohne Grenzen Spiele und Regeln jedes Mal neu erfunden wurden.

Schmierseife war in der Tat das alles beherrschende Element. Schmierseife und Wasser. In jeder Runde gab es etwa ein Dutzend einzelner Spiele. Schmierseife auf schiefen Ebenen. Schmierseife beim Hindernislauf in viel zu großen Schuhen, in denen die Füße gleich zweier Spieler zusammensteckten. Schmierseife für die Spieler, die in bizarrer Verkleidung, mit Schaumstoff-Würfeln beladen, quer über den Platz rennen mußten. Auf Seilen, bekleidet nur mit Riesenhüten (und Badehose, versteht sich) über's Wasser hangeln. Als Frosch vermummt von einem im Wasser verankerten Podest zum nächsten springen, während die jeweils gegnerische Mannschaft mit großem

Eifer versuchte, die Frösche ins Wasser zu schubsen.

Die Macher der Sendung vom WDR müssen über einen unerschöpflichen Vorrat an kindlicher Phantasie im Ausdenken immer neuer unsinniger Spiele und Kostüme verfügt haben. Und über eine ebenso große Menge an Schmierseife. Vielleicht war das der unschlagbare Vorteil von Spiel ohne Grenzen gegenüber den heutigen 45 Serienkrimis und 18 Reality-Sendungen in mindestens 17 verschiedenen Programmen: Während die Zahl der Möglichkeiten, einen Menschen vom Leben zum Tode zu befördern, einer natürlichen Grenze unterliegt, was heutzutage zwangsläufig zu ständigen Wiederholungen führt, waren die Schmierseifen-Spiele anno dunnemals unendlich kombinier- und veränderbar.

So bestand ein wesentlicher Inhalt der Sendung in der Weckung von Schadenfreude, was schon damals zu kritischen Kommentaren einiger kluger Pädagogen führte. Tatsächlich kam bei uns zu Hause immer dann der größte Spaß auf, wenn ein Spieler mal wieder ins Wasser gerutscht, geworfen oder gefallen war, wenn ein Akteur auf der Schmierseife ausglitt, wenn er umfiel, umgestoßen wurde, auf der Nase landete oder selbst auf allen Vieren nicht mehr voran kam. Glücklicherweise gab es weder in naher noch ferner Verwandtschaft irgendwelche klugen Pädagogen, die uns das Spiel hätten vermiesen können.

So leicht und lustig die Schmierseifenolympiade auch wirkte, mit wachsendem Ehrgeiz wurde sie immer gefährlicher: Teilnehmer erlitten schwere Prellungen, Rippenbrüche und Schädelverletzungen. Kritiker schrieben von „todernsten Kämpfen im Dienste der Fremdenverkehrswerbung". Hör Zu titelte: „Hals- und Beinbruch inbegriffen!" Bald nach den ersten Unfällen wurde eine Zusatzversicherung der Teilnehmer für Invalidität und Todesfall ab-

geschlossen. Doch über die Bildschirme sollte der Ernst nicht flimmern. Eine Regieanweisung lautete: „Wer hinfällt oder sich verletzt, muß aus dem Bild kriechen; wir wollen keine Leidenden sehen."

Wozu Spiel ohne Grenzen einer Kommentierung bedurfte, ist mir heute schleierhaft. Es gab jedenfalls eine. Zuerst sollte sie der Artist

Für Stadträte und Ortsrepräsentanten bedeutete das internationale Wettkämpfen Promotion ohne Grenzen.

und damalige Double-Star Armin Dahl übernehmen, der aber im letzten Moment absprang. Dafür kam Camillo Felgen. Der war ansonsten Moderator bei Radio Luxemburg und deshalb allen Beteiligten bekannt, bei mir beliebt – Stichwort Hitparade –, bei meinen Eltern eher gefürchtet – eben wegen dieser Hitparade. Außerdem ist er auch als Sänger in Erscheinung getreten: „Ich hab' Ehrfurcht vor schneeweißen Haaren, sie verschönern der Mutter Gesicht ...", diese Schmalzstulle kann ich auch heute noch auswendig. Bei Spiel ohne Grenzen hatte Camillo Felgen die Aufgabe, zu sagen, was ohnehin zu sehen war: ein sicher-

lich schwieriges Geschäft, das er aber mit Bravour meisterte. Und gesungen hat er dazu, glaube ich, nicht.

Später wurde Felgen dann von einem jungen Co-Moderator unterstützt, der ebenfalls von Radio Luxemburg kam: Tim Elstner, der danach irgendwann seinen Vornamen in Frank änderte und grausame Fernsehshows präsentierte. Noch später kamen Erhard Keller, Marie-Luise Steinbauer, Manfred Erdenberger und Heribert Faßbender. Daß der spätere WDR-Sportchef Faßbender ausgerechnet bei Spiel ohne Grenzen zu Ruhm und Ehren kam, war sicher kein Zufall. Auch bei einem Fußballspiel

Wer ins „internationale Geschäft" kommen wollte, mußte den Launen von Wetter und Spielleitern trotzen.

ist ein Kommentator prinzipiell überflüssig, jeder Zuschauer kann ja selbst sehen, was passiert. Und: Spiel ohne Grenzen war nicht nur der größte anzunehmende Unsinn sondern eben auch – wie beim Sport – bierernst. Da gab es Schiedsrichter, die oft umstrittene Punkte verteilten, und Kommunalpolitiker, die die einmalige Chance sahen, ihre Stadt bundes-, ja europaweit in der Flimmerkiste zu vermarkten. Vor jeder Sendung wurden die beteiligten Orte in kurzen Filmchen vorgestellt. Da erhielten selbst so illustre Städte wie Troisdorf und Erkelenz, Sennestadt und Rüsselsheim das Flair einer mondänen Metropole.

Was habe ich mir damals gewünscht, daß Spiel ohne Grenzen auch einmal in unser Dorf Wesseling bei Köln kommen würde. Wie habe ich mir ausgemalt, gar selbst dabei sein zu dürfen, spielentscheidend siegend natürlich, begeistert auf Händen getragen von den Mitschülern. Viel später, 1978, durfte dann Wesseling tatsächlich mitspielen, doch da guckte ich schon längst kein Spiel ohne Grenzen mehr. 1980 ist die Sendung nach 209 Folgen sang- und klanglos eingestellt worden, ohne daß ich es mitbekommen hätte.

Heute behauptet mein Bruder, ihm hätte die Sendung nie gefallen. Ich glaube ihm kein einziges Wort.

HALBNACKT UND HILFLOS

„Sie sind Slapsticknummern, diese Spiele in dem internationalen Städteturnier zwischen Zelsate (Belgien), Aix-les-Bains (Frankreich), Exmouth (Großbritannien), Assen (Holland), Acqasparta (Italien), Poschiavol (Schweiz) und Uelzen (Deutschland). Die zweite Runde in Lugano beginnt mit einem Maschinengag, wie auch Buster Keaton ihn sich nicht besser hätte ausdenken können: Ein Halbnackter aus einer Stadt muß sich auf eine Mühlwalze stellen und versuchen, dort so lange wie möglich stehen zu bleiben, was gar nicht so einfach ist, denn Angezogene aus den anderen Städten versuchen, ihn mit Feuerwehrschläuchen so rasch wie möglich herunterzuspritzen, was ebenfalls nicht so einfach ist, denn sie dürfen den Halbnackten dabei nicht naß machen, sie dürfen ihre insgesamt 50 Atü nur auf die Schaufelräder der Mühlwalze richten. Aber das reicht. Für den vorsichtigen Zelsater (Bauch heraußen, Brust drinnen) braucht die Löschmannschaft nur 10 Sekunden: Zuerst macht der halbnackte Zelsater zaghafte Froschhüpfer, dann platscht er, hilfloser Körper, ins Wasserbecken („Nun ja, er ist ins Wasser gestürzt. Es war keine sehr gute Zeit"). Die beste Zeit (33 Sek.) machte ein behaarter Schweizer, der sich zunächst in Katzenart auf der Walze festkrallen wollte, aber dann plötzlich bemerkte, daß er am besten steht, wenn er mit der Trommel mitläuft. Ja, und dann rannte er wie ein Stummfilmkomiker auf der Trommel, und die mit den Feuerwehrschläuchen spritzten und spritzten, aber er blieb auf der Trommel. Und er blieb auch noch auf der Trommel, als sie die Laufrichtung änderten. Denn da änderte er auch seine Laufrichtung. Und er rannte und rannte und rannte immer schneller und fiel eigentlich nur ins Wasser, weil ihm die Trommel davonrannte."

Friedrich Knilli:

aus Friedrich Knilli (Hg.): Die Unterhaltung der deutschen Fernsehfamilie, München 1971

Achim Nölllenheidt

Wer möchte schon eine Schlampe zur Frau!

Im Blätter-Rausch der Hör Zu 1968

1968: Russische Panzer überrollen Dubčeks tschechoslowakisches Reformexperiment – sie spricht über Onkel Lous Pläne, von neuer Ehe, neuem Heim, neuer Show. Über eine halbe Million Amerikaner kämpfen in Vietnam – sie verrät: Hermann Prey singt Schlager in der Badewanne. Rudi Dutschke wird bei einem Attentat in Berlin schwer verletzt – sie kürt Alexandra zur „Eva des Jahres". Martin Luther King wird ermordet, Wochen später auch Robert Kennedy – sie berichtet über die Nachwuchssorgen von Max Greger. Die Notstandsgesetze werden verabschiedet, Andreas Baader und Gudrun Ensslin nach Brandsätzen in Frankfurter Kaufhäusern verhaftet – bei ihr gibt's Explosives zum neuesten Krach auf der Ponderosa.

1968, längst hat das Fernsehen die Verfügungsgewalt über die bundesrepublikanischen Feierabende übernommen und das alltägliche Erleben auf Magazinform getrimmt – sie ist auf Sofakissen und Küchenbänken immer mit dabei, unermüdlich in die Woche blickend, glatt, glänzend und griffbereit: Die Hör Zu.

1968, das ist ein ganz normales Hör Zu-Jahr, 52 mal der eigentliche Kassenschlager im Flimmerkistenbereich. Ein Dauererfolg in unbewegten Bildern, prallvoll mit Tele-Geschichten für Millionen im Mattscheiben-Rausch. Eine Illustriertenexistenz, die schnell ihren dünnleibigen und bescheidenen Nachkriegsanfängen als reine Hörfunk-Programmzeitung („Hör Zu will nicht eine Illustrierte ersetzen, nicht mit der Bühne und dem Film kokettieren") entrinnt und zur begehrtesten Informations-Brücke zwischen Fernsehen und Lesen wird. Auf dem Erste-Klasse-Trittbrett des unaufhaltsamen TV-Siegeszuges kniend, überflügelt sie den gesamten Blätterwald um Millionenlängen. Ein Popularblatt, das seine Daseinsberechtigung zunächst per Knopfdruck bezieht, und doch schon bald von sich aus Öffentlichkeit erzeugt, Fernsehen als gemeinsame Realität unterstellt und im Sieben-Tage-Rhythmus immer neu zurechtzimmert.

Hör Zu 1968, das ist massives Zappertum seitenweise. Mit einer herzblutenden Anhängerschaft im Vertriebs-Rücken, die mitfiebert, als Gerhard Höllerich alias Roy Black die Aufnahmeprüfung zur Schauspielschule zwar mit Bravour schafft, den zweiten Bildungsweg aber wegen himmelschreiender Ungerechtigkeiten in Form von bestbezahlten Gala-Veranstaltungen, Schallplatten-Aufnahmen und Fernsehshows nicht termingerecht abschließen kann (Titel: „Für Schnulzen ist er viel zu schade"). Die Prominentenstory gilt als der zuverlässigste Erfolgsgarant, je nach Lage der Dinge wendbar als Erfolgs- oder Leidensgeschichte. Denn nie war der selige Roy seinen Fans näher als in jenem Augenblick, wo Hör Zu seinen ganzen Mimen-Schmerz zitiert: „Manchmal möchte ich alles an den Nagel hängen, einen Schrebergarten kaufen und Salat pflanzen."

1.FERNSEHEN

12.00 Internationaler Frühschoppen

14.35 Till, der Junge von nebenan
Heute: ›Der Vertrauensbruch‹
Fernsehserie von Dieter Werner
Regie: Wolfgang Teichert

14.45 Fury
Die Abenteuer eines wilden Pferdes (Jugendstunde)

15.15 Frühling auf der Ponderosa
Ein Film aus der Serie ›Bonanza‹
Sehen Sie dazu bitte Seite 16

16.00 Das Dritte Reich
Dokumentarbericht über die Jahre 1933–1945
14. Folge: ›Das Ende‹

16.25 Hätten Sie's gewußt?
Ein Fragespiel mit Heinz Maegerlein als Quizmeister

16.30 Beat-Club
Sendung für Teens und Twens

16.40 Jim Knopf und die Wilde 13
Ein Film mit der ›Augsburger Puppenkiste‹ (Kinderstunde)

16.45 Sport – Spiel – Spannung
Eine (möglichst) unterhaltsame Sendung mit Klaus Havenstein

17.00 Für Sie
Eine Sendung nicht nur für die Frau

17.15 Zum blauen Bock
Musik und Humor beim Äppelwo

17.20 Zehn Minuten mit Adalbert Dickhut

Um 17.30 ist eine Aufzeichnung des Fußballspiels HSV gegen Young Boys Bern geplant.

17.45 Die Sportschau
Aktuelles; Berichte und Informationen

19.10 Immer wenn er Pillen nahm
Neue Serie in 13 Teilen
Heute: ›Haben Sie mal Feuer?‹

20.00 Tagesschau
Das Wetter morgen

20.15 Raumpatrouille
Die phantastischen Abenteuer des Raumschiffes Orion.

21.00 Melissa
Ein Kriminalfernsehspiel von Francis Durbridge. 1. Teil. Deutsch von Marianne de Barde

21.05 Musik aus Studio B
Eine Sendung mit Chris Howland

22.00 Hallo Nachbarn!
Televisionäres zum Unternalen, präsentiert von Richard Münch

22.10 Cartoon 2

Und ganz privat, versteht sich, blinzelt Hör Zu auch in die Domizile seiner fröhlichen Fernsehstars. Verfolgt einen musikkritischen Giesinger Metzgerssohn namens Max Greger in die heimische Sauna: „Gehn S' mir mit den Beatmusikern." Weiß um die mütterlichen Geheimnisse der Ex-Autoverkäuferin und Chansonhoffnung Alexandra: „Keine Klapperstorch-Märchen." Ertappt Peter Alexander beim modernen Jazz am heimischen Flügel (der Seitenaufmacher entpuppt sich dabei als gelungene Realsatire: „Wenn Papi singt, hat Susi Angst"), oder als fotogenes Peterchen, der seinen ganz und gar glücklichen Kindern Susi und Michel ein herziges Märchen erzählt. Und weiß, daß Exklusivität nicht ohne Bodenständigkeit ankommt – von Roy Blacks Schrebergarten-Traum bis zu Peter Alexanders kulinarischem Allerleibekenntnis: „Hausmannskost ist mir am liebsten!" Na also, Leute wie du und ich.

Prominenten-Lebenswelten wie diese, festgepflockt in den duldsamen Herzen millionenfacher Abonnenten, sind aber auch kalkulierter Umgang mit den eigenen Marktführern, stilsicher und wenig erleuchtend verarbeitet im wöchentlichen Interview „Hör Zu fragt". Ob John Steed-Darsteller (Schirm, Charme und Melone) Patrick Macnee („Mögen Sie Karate-Mädchen?"), Orion-Tamara Eva Pflug („Möchten Sie zum Mond fliegen?") oder 77 Sunset Strip-Bailey Efrem Zimbalist jr. („Tragen Sie Pistolen zum Smoking?"), hier haben die sich angeblich ganz privat tummelnden Tele-Spitzen schon ab der fettgedruckten Titelfrage nicht den Hauch einer Chance, ihrem bekannten TV-Schicksal zu entgehen. Beim Musik aus Studio B-Jubilar Chris Howland wird das Promi-Klischee gar richtig perfide. Abgegriffen

Idealtypischer Fernsehtag, gleichzeitig ein Fall für Arnim Dahl (2. Programm, 14.45 Uhr).

2.FERNSEHEN

14.45 Hier stimmt was nicht!
Eine Rätselsendung für die Jugend mit Arnim Dahl

15.15 Rauchende Colts
Westernserie. Heute: ›Der Graben‹

15.25 Stahlnetz
›Das zwölfte Messer‹. Eine Sendung von Jürgen Roland

15.45 Die Schatzinsel
Fernsehfilm nach R. L. Stevenson
Fernsehbearbeitung: Walter Ulbrich
3. Teil: ›Das Blockhaus‹

16.45 Meine Groschen – deine Groschen
›16 Handelsklassen bei Rindfleisch‹
Tips für Verbraucher von Gisela Tölle

17.00 Gymnastik mit Hannelore Pilss-Samek
Ratschläge und Übungen für den Urlaub am Meer

17.05 Guter Rat am Zuschneidetisch
Marlene Esser schlägt heute fünf praktische Modelle für den Urlaub vor

17.25 Bonanza
Heute: ›Mr. Denver McKee‹
Fernsehfilm von Fred Freiberger und Steve McNeil

17.30 Fury
Abenteuer eines wilden Pferdes (Kinderstunde)

17.50 Bezaubernde Jeannie
Heute: ›Das Training für den Mondflug‹

18.15 Lassie
Heute: ›Stallgefährten‹

18.20 Die Drehscheibe
Ein Magazin zum Feierabend

20.00 Der goldene Schuß
Eine internationale Show mit Vico Toriani, Stars und Schützen am Bildschirm

20.20 Sing mit mir – Spiel mit mir!
Eine musikalische Spiel-Show von Jean Paul Blondeau, mit Lou van B

20.30 Vorsicht, Falle!
Die Kriminalpolizei warnt:
Nepper, Schlepper, Bauernfänger
Eine neue Sendung von Eduard Zimmermann

21.00 High Chaparral
Heute: ›Das schwarze Wildpferd‹
Fernsehfilm von Ken Pettus

21.05 Auf der Flucht
Amerikanische Kriminalserie. Heute: ›Gefährliche Gäste‹

21.45 Gammler auf Zeit
Aspekte des Jugendtourismus, dargestellt von Helmut Kentler und Werner Filmer

21.50 Aspekte

FRAGEN SIE FRAU IRENE

ANSCHRIFT FRAU IRENE
HAMBURG 36 · KAISER-WILHELM-STR. 6

Vier Bitten an meine Leser

1. Bitte schreiben Sie Ihre Anschri
nicht nur auf den Umschlag, sondern auc
auf den Briefbogen. Sonst hören Sie n
etwas von mir, weil die Briefumschlä
beim Öffnen in den Papierkorb komme

2. Bitte erwarten Sie meine Antwo
nicht ›Postlagernd‹! Nach meinen bish
rigen Erfahrungen werden die Briefe auc
dann nicht abgeholt, wenn ich kurzfrist
geantwortet habe. Sie werden verstehe
daß ich nicht gern vergebliche Arbe
leiste. Wenn Sie mir Ihre Anschrift a
irgendeinem Grund nicht angeben möc
ten, so nennen Sie mir bitte die Anschr.
von Freunden oder Verwandten, die b
reit sind, den Brief an Sie weiterzuleite

wie eine Hör Zu von 1961 lautet die Frage: „Essen Sie gerne Pumpernickel?" Wer Howland kennt, weiß, daß er es schon deshalb bereut, sich jemals Heinrich Pumpernickel genannt zu haben, weil er wöchentlich ganze Schwarzbrot-Berge von Verehrern zugeschickt bekommt. Seine Antwort lautet darum so knapp wie giftig: „Ich kann ihn nicht mehr sehen." Doch die Gegenwehr ist nutzlos, die Pumpernickelfrage wird groß aufgemacht und dafür sorgen, daß Howland weiterhin mit postalischen Schwarzbrot-Grüßen zugedeckt wird.

Hör Zu, das war schon damals ein Balanceakt zwischen Illusion und Enthüllung, der schon mal überraschend schnell kippen kann, wenn Stars unvermittelt aus der Reihe tanzen. Als Ponderosa-Sohn Adam alias Pernell Roberts trotz allgemeiner Wochen-Gagenerhöhung von 5.000 auf 10.000 Dollar seine Cartwright-Rolle nicht mehr gefällt, lüftet Hör Zu Wochen später in der Klatsch-Rubrik „Bummel durch die Studios" plötzlich ein bisher sorgsam gehütetes Geheimnis: Der seriendichtbehaarte Bonanza-Älteste wird mit naturbelassener kahler Platte präsentiert! Strafe muß sein! Derlei

unverblümter Umgang mit millionenfachen Serienhelden will allerdings bedacht sein: Kam es doch in den USA schon zu heftigen Zuschauerprotesten, als bekannt wurde, daß Adam zum schlechten Ende schlicht und einfach erschossen werden sollte. Die publikumsbewußten Produzenten im amerikanischen TV-Mutterland entschließen sich letztlich zur Milde: Adam muß heiraten und mit seiner Frau in den US-Osten gehen.

Ob durch Illusion oder Enthüllung, das regelmäßige Erscheinen der TV-Stars, die vermeintliche Informations-Allgewalt über alles, was den Seher-Alltag betrifft, verschafft den Wochen-Illusionisten einen Wahrheitsanspruch weit über den Mattscheibenrand hinaus. Fernseh-Kompetenz rückt dabei auf zu einer allumfassenden Ratgeberposition. Neben sensationellen Modetips („In einer Stunde schön!"), ultimativen Bananen-Kreationen und erhellenden Klebewettbewerben findet die treue Leserschaft per Fragebogen letzte Gewißheit über die eigenen Gastgeber-Qualitäten und andere grundlegende Seinsfragen: „Gäbe Ihr Leben ein interessantes Fernsehstück ab?" Jenen, die in Alltagsfragen lieber konsumieren, hilft Frau Irene, die omnipotente Psychologin, nach. Streitfragen wie „Kann das Kind eines Busfahrers aufs Gymnasium?" oder „Ist alles Unsinn, was Schule und Elternhaus predigen?" werden von ihr ebenso professionell erledigt wie komplexe Bedarfsanalysen über gefühlskalte Ehefrauen, untreue Gatten und pubertierende Teenies. Doch die Wochenwelt besteht nicht nur aus Psycho-Problemen. Zwischen Kollaps, Kolik und Knochenschwund herrscht einer für alle, „unser Hausarzt", väterlich und allgegenwärtig. Schließlich weiß er mit „Frauen im Sattel" ebenso umzugehen wie mit „Sommer, Süden, Diarrhö" und vergißt auch sonst eher unbeachtete Minderheiten nicht: „Nonnen sind gesünder."

Inmitten solch elementarer Lesepflichten lassen die gesammelten Praxis-Rubriken ab und an durch kuriose Zeitgeist-Verstrickungen aufhorchen. Da wird das brennende Alltagsproblem einer hilflosen Hippie-Elternschaft von Psychofachfrau Irene mutig gebündelt (Streitfrage: Wie werden wir bloß mit den Gammlern fertig? Einleitung: „Die Gammler sind eine Landplage. Ihr Treiben ist ... eine Seuche. ... Macht mit

Medizinische Hör Zu-Hilfe von Hausarzt und Arzneimittelindustrie: Okasa war ein bekanntes Potenzmittel (Volksmund: „Schnell schlucken, sonst wird der Hals steif!"). Nur Bundespräsident Heinrich Lübke war ahnungslos: Nach seiner Rückkehr vom Staatsbesuch im japanischen Osaka berichtete er, wie freundlich die Menschen in Okasa gewesen seien ...

dem Gammlertum kurzen Prozeß!") und vom Hör Zu-Doc auf den einfachsten Nenner gebracht (Aufsässigkeit als Krankheit: „Mehr als fünfzig amerikanische Krankenhäuser haben Spezialabteilungen für Halbwüchsige eingerichtet"). Daß eine selbstredend wohlerzogene Jugendseite mit Foto (ein einsam-weibliches Gammlergeschöpf vorne, weiter hinten eine artig-beschwingte Vierergruppe) und Bildunterschrift („Wer die Stufe des Gammlerdaseins als Lebensziel ansieht ... sitzt schon abseits. Wer möchte auch später eine Schlampe zur Frau haben?") den Pädagogik-Exkurs abrundet, verwundert nicht weiter. Wohl aber der Hör Zu-Mode-Aufmacher zum Karnevalstreiben '68: „Hippies machen Putz. Machen Sie mit. Hier ist das Rezept dafür. Wenn die Hippie-Party ‚dufte' werden soll ..."

1968, das ist eine Hör Zu als Seismograph nationaler TV-Empfindlichkeiten. Eindrucksvoll geht es vor allem den Krimi-Asylanten an den Kragen: „Ab Herbst werden es Napoleon und Illya , die ‚Onkel' aus Amerika, schwer haben; Karate-Emma und Melonen-John werden ‚Rück-Schläge' verspüren, und Maigret wird verärgert nach Paris zurückkehren. Denn: Kommissar Keller geht um! Ein Deutscher wird auf deutschen Bildschirmen deutsche Morde aufklären."

1968, das ist aber auch eine Hör Zu als überraschend kritischer Kulturwächter in Randnotizen, der die sensationelle und vielgescholtene TV-Einladung von Rudi Dutschke in die Günter Gaus-Sendung „Zu Protokoll" verteidigt, freilich ohne deshalb zu dessen Anhängern zu zählen. Rund fünf Millionen Zuschauer hatten die Talk-Show mit der Supernote +5 bedacht.

1968, das ist eine Hör Zu für 80 Pfennig pro Woche, denn wie verrät es schon der Titel des Serienromans 1968: „Das Glück kommt nicht frei Haus". Natürlich nicht.

BERND MÜLLENDER

»AUSGESUCHTE GESCHMACKLOSIGKEIT«

HEIN SIMONS, DER HEIMATVERTRIEBENE MIT DER GLOCKENHELLEN STIMME

Die Rede sei nun von einem jungen Niederländer namens Hendrik Nikolaus Theodor Simons, vielen auch als Heintje bekannt. Der Erfolg Ende der sechziger Jahre war ihm sozusagen in die Wiege gelegt: Schon im zarten Alter von fünf Wochen Alter hatte er Keuchhusten und pustete sich dabei die kleinen Lungen so heftig frei, daß sie ihm später reichlich Luft gaben für Hits wie Heidschi Bumbeidschi und Mama. Warum er gerade in Deutschland so erfolgreich war, dafür gibt es einen ganz schlichten Grund: Im Heimatland Holland hatte er Auftrittsverbot. Denn Singen gilt in den Niederlanden bis zum Alter von 14 als Kinderarbeit und ist schlicht nicht erlaubt. Heintjes Eltern und Manager schrieben damals Bittbriefe an Königin Juliana – erfolglos. Im deutschen Fernsehen trat der Junge mit der glockenhellen Stimme erstmals im Goldenen Schuß bei Vico Torriani auf.

Nicht jede und jeder liebte Heintjes Schnulzenerfolge. Das seriöse Munzinger-Archiv: „Seine Lieder sind von ausgesuchter Geschmacklosigkeit." Die FAZ: „Heintje ist ein gerissener Kerl, ein Sympathiefänger. Er singt fürchterliches Zeug." 1970, Heintje war mit 14 an der Schwelle zur Pubertät, sagte sein Manager, sein Klient sei „noch nicht so weit, daß er über Mädchen singen könnte". Dann kam jäh der Stimmbruch, der „den Metallklang seiner Stimme" (FAZ) abrupt stoppte.

Hein Simons heimste 40 Goldene Schallplatten ein. Film- und Fernsehgagen bekam der Junge mit den abgekauten Fingernägeln für Hauptrollen in „Zum Teufel mit der Penne" mit Peter Alexander, später „Heintje – ein Herz geht auf Reisen" oder „Einmal wird die Sonne wieder scheinen". Es ist überliefert, daß er am liebsten Bratwurst mit Pommes aß, Hollands Nationalgemüse Spargel (aus Rache für die Heimatvertreibung?) indes tief verabscheute.

Seit den siebziger Jahren wohnt Heintje im belgischen Grenzgebiet nahe Aachen. Seinen Hit „Mamatschi – schenk mir ein Pferdchen" hatte Mamatschi Simons bald erhört, der pferdevernarrte Sohn (Lieblingssendung im frühen TV laut Eigenaussage: Fury) sammelte edle Rösser, wurde jüngster Reitstallbesitzer deutschlandweit und versuchte sich dann beruflich mit „Heintje's Reiterhof" – wenig erfolgreich, weil die Butterfahrten nicht in erhofftem Maß kamen. Und fahrlässig ließ Herr Heintje Simons später gar zwei Rösser auf seiner Ranch qualvoll verenden – und bekam heftigen Ärger. Heintje wechselte die Branche und betrieb in Aachen einen Videohandel – und stand dort bald wegen Raubkopien vor Gericht. Dann fiel die Mauer. Und mit einem mal tat sich ein Markt von rund 14 Millionen Deutschen auf, die in den 60er Jahren nicht von ihm verwöhnt worden waren. Seitdem tingelt Hendrik Nikolaus Theodor Simons durch Festzelte und Kneipensäle in Neufünfland.

Heintje dialogisch mit Martin Jente (oben links), Heintje sportlich mit Paul Dahlke – und Heintje elementar, auf der Flucht vor den Mamas in Wien ...

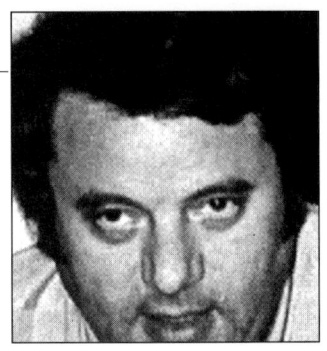

HAMPELMÄNNER IN DER HAIFISCH-BRANCHE

INTERVIEW MIT HANS RUDOLF BEIERLEIN

Die Liste der Stars, die Hans Rudolf Beierlein seit 1960 managt und managte, liest sich fast wie ein Kompendium des deutschen Nachkriegsschlagers: Adamo, Alexandra, Gilbert Becaud, Bruce Low, Dalida, Demis Roussos, Petula Clark, Lolita, Peter Kraus, später Jürgen Marcus und Michael Schanze, vor allem aber der Eifelaner Bäckersgesell Heinz-Georg Kramm alias Heino und der Österreicher Udo Bockelmann alias Udo Jürgens. Die Wohlklänge deutschen Schlagergutes machten Beierlein stets deutlich weniger Spaß als das damit verdiente Geld. „Die einzigen Noten, die ich lesen kann, sind Banknoten", gilt als seine bekannteste Geschäftsphilosophie, und seine Klientel nennt er ehrfurchtsvoll „Hampelmänner auf der Bühne". Der Münchner Multimedienmanager Beierlein, heute 64, (Eigenbezeichnung: „Paradiesvogel"; politische Selbsteinschätzung: „Zähneknirschender CSU-Wähler") hat sich durch öffentlichkeitswirksame Sprüche und lukrative wie spektakuläre Coups einen Namen gemacht: „Der Klang-Kapitalist wie aus dem Bilderbuch" (Spiegel) manipulierte um seine Stars Legenden und werbeträchtige PR-Stories (Beierlein über Heino: „Er singt, ich denke"), und er erwarb die Rechte an der „Internationalen" (und kassierte jedesmal, wenn irgendwo weltweit irgendein Volk die Signale hörte). Mit dem Goldhamster im deutschen Schnulzenbusiness sprach Bernd Müllender über die ersten Fernsehjahre.

Anfang der sechziger Jahre haben Sie angefangen mit Management und Vermarktung von Schlagersängern. Da kam das neue Medium Fernsehen doch gerade recht?

Hans Rudolf Beierlein: „Ja, ganz bestimmt. Aus der Sicht von heute waren es höchst angenehme Zeiten, damals aber eine schwierige Nummer, eine aufregende Zeit, und gar nicht besonders lustig. Das lag daran, daß die ARD das Monopol hatte, und dieses wie in einer Besatzungsmacht verordnete Monopolfernsehen schnell seine Pranken gezeigt hat. Die Unterhaltungsredakteure im Fernsehen der ersten Stunde waren Funktionäre, keine Unternehmer und Unterhalter. Absolute Diktatoren, die ein starres, autoritäres Regime betrieben und diktierten, was dem deutschen Volk damals zuzumuten war. Die ARD hatte Volksmusik ausgesperrt und 20 Jahre gebraucht, bis sie sie in ihr Programm aufgenommen hat."

Klingt ja dramatisch ...

„Aber ich habe solche Feinde gebraucht, um mich aufzubauen. Das Fernsehen war damals noch eine Anstalt zur Verordnung von Geschmack der Nation. Nehmen Sie Heino. Den hat man einfach nicht hineingelassen. Der sei nicht gesellschaftsfähig und unwürdig für das Programm. Man hat den mit fadenscheinigen Begründungen in die braune Ecke gestellt, wegen der schwarz-braunen Haselnuß. Da hat man das braun auf den Künstler bezogen. Das ZDF dagegen hat gleich, 1963, mit Volksmusik begonnen, dort wurde liberaler gearbeitet."

Heino, die Mitsiebzigerin und der Höhepunkt: Oben auf der Bühne rühren, unten im Foyer Platten verkaufen.

Aber Sie haben doch Bewegung gebracht in die, wie Sie es mal nannten, ‚Haifisch-Branche Unterhaltungsmusik' und in die Sender, wo laut Beierlein ‚viele nur auf ihren Ärschen herumsitzen ...'

„Ja, das ist absolut richtig. Das war mein Wunsch, mein Wille, mein Geschäft, meine Spezialität. Ich habe diese vorwiegend links angesiedelten Leute in den Anstalten konfrontiert mit einem wunderbaren Spruch des Gründers der Sozialdemokratie in Österreich – so was gibt es – das war Victor Adler: ‚Lieber mit dem Publikum irren, als gegen das Publikum Recht behalten.' Das ist ein Schlüsselsatz für meine ganze Laufbahn."

Aber wir wollen nicht nur jammern, Herr Beierlein. Das Fernsehen war doch der ideale Partner zu Ihrem Einstieg ins Geschäft ...

„Ja, später, als ich diese Leute da geöffnet hatte. Wir alle lebten vom Publikum. Ich habe dann etwas völlig Neues gemacht, die Kooperation..."

Passend zu Ihren Satz: ‚Ihr habt die Antennen, ich die Ideen' ...

„Ja, ich habe in diesem Apparat der Unnahbaren schließlich Partner gefunden, mühsam und schwierig, vor allem ab 1963 beim ZDF. Ohne das ZDF hätten wir heute noch das albanische Fernsehen in Deutschland. Beim ZDF hat Peter Gerlach, Sozialdemokrat übrigens, mal über den Tellerrand hinausgesehen, während andere gar nicht bis zum Tellerrand gekommen sind. Wir haben zusammen die Kooperation entwickelt, Mitte der 60er Jahre, das brachte für beide Seiten enorme Vorteile: Das ZDF hat Kosten gespart und Ideen von draußen hereingenommen, und ich konnte im Fernsehen mithelfen, um Publikum zu werben."

Weniger edel formuliert, heißt das: Sie haben die Shows produziert, Ihre Leute vor die Kamera bekommen, die Umsätze konnten steigen, und das ZDF durfte an den Platten-

verkäufen ein bißchen mitverdienen ... Wie ging das denn, wie bekam man jemanden in eine Gala, oder als Showstar zur Kulis EWG?

„Ich hatte das große Glück, Udo Jürgens zu haben, und der war jemand, der für deutsche Verhältnisse weit über dem normalen Niveau stand. Und bei Udo haben sich die Macher nicht mehr wie bei Rex Gildo und Bernd Clüver geschämt, die im Programm zu haben. Da ging es leichter. Udo Jürgens war ein guter Türöffner."

Um welche sicher sehr bescheidenen Gagen ging es denn damals?

„Die waren völlig unbedeutend. Weil das Fernsehen gesagt hat, eigentlich müßten die noch Geld dazugeben, damit sie vor einem Millionenpublikum singen dürfen. Die Plattenfirmen, das darf man nicht vergessen, waren damals noch sehr schwach und dem Fernsehen unterlegen. Ich hatte auch Künstler, die haben anfangs gesagt, ich krieg ja draußen viel mehr Geld! Denen mußte ich erstmal erklären: Draußen hast du 2.000 Leute, hier vielleicht 20 Millionen, wo du indirekt über die große Werbung und den Plattenverkauf verdienst. Das hat lange gedauert, bis die Künstler das eingesehen haben. Und manche haben es nie verstanden."

In der ZDF-Hitparade hieß die Faustregel: Platz 1 bedeutet bis zu 100.000 zusätzlich verkaufte Platten ...

„Das war am Anfang garantiert so. Wer da Sieger war, konnte abkassieren gleich am nächsten Tag."

... und das war natürlich schnell ein weites Feld für Manipulation. Die Fan-Clubs der Künstler waren ja nur dazu da, tausende Postkarten zu schreiben. Sie haben sich mal beklagt, die Künstler selbst werden sie wohl dafür bezahlen. Wer hat den Stars denn dazu die Aufträge geben? Die Manager? Sie auch?

„Also, da braucht man den Künstlern keine Aufträge zu geben. Wenn die mal den süßen Honig an Platz 1 geleckt haben, haben sie das selbst weiterverfolgt und angeheizt, ganz automatisch. Das war ja ganz verrückt. Da gab es eigene Zeitschriften der Bernd Clüver- oder Jürgen Drews-Fanclubs, die haben immer wieder solche Kartenschreiber geworben und genügend Dumme gefunden, die das für einen warmen Händedruck gemacht haben. Paketweise wurde da geschrieben. Die ZDF-Hitparade war, zumindest anfangs, hervorragend gemacht, aber ein reines Manipulationsinstrument. Gewonnen hat, wer die meisten Schreibkräfte beschäftigte."

Zum Lesen ihrer Banknoten brauchen Sie die Sender nicht, aber um die erste Million zu machen, die bei Ihnen, wie sie einmal sagten, die leichteste war, haben Ihnen ARD und ZDF ganz gut geholfen. Wäre das heute schwerer als damals?

„Wenn man die Klaviatur beherrscht, ist es heute noch leichter. Damals konnte ich zwei Sender gegeneinander ausspielen. Heute habe ich fünf Möglichkeiten."

Also könnten Sie Ihre Leute heute amerikanisch versteigern?

„Im Prinzip ja. Nur ist es im Moment so, daß die privaten Sender an der Volksmusik kein Interesse haben. Weil es die jungen Leute nicht gucken und die älteren, die es gucken würden, für die Werbung keine guten Zielgruppen sind. Und so sind wir in der kuriosen Situation, daß Musik, auch Volksmusik, eine Angelegenheit des öffentlich-rechtlichen Fernsehens ist. Wie sich die Zeiten halt ändern ...

Wie sagte schon Tucholsky: Dumme und Gescheite unterscheiden sich dadurch, daß der Dumme immer dieselben Fehler macht und der Gescheite immer neue. Ich habe mich immer wahnsinnig bemüht, laufend neue Fehler zu machen."

Udo Jürgens: Für Beierlein Türöffner, für die Weiblichkeit Herzensbrecher.

Was war denn so eine der Geschichten aus den ganz frühen Jahren, an die sie sich besonders gerne erinnern, wo Sie etwas ganz besonders gedealt haben ...

„Ach ... eine besondere Geschichte ..., ja vielleicht die Sache mit Udo Jürgens und dem ORF, auch einer dieser öffentlich-rechtlichen Anstalten. Der Unterhaltungschef kam eines Tages und fragte: Kann nicht der Udo Jürgens beim Grandprix de la Eurovision für Österreich singen. Gern, habe ich gesagt, besser er gewinnt für Österreich als er verliert für Deutschland. Aber, sagte der Mann, Udo müsse ihm drei Lieder vorspielen, damit er, der Unterhaltungschef, aussuchen könne, mit welchem Lied er teilnimmt. Das müsse pro forma sein, damit er, der Unterhaltungschef, hinterher alles richtig ins Protokoll schreiben könne. Gut, sind wir hingeflogen nach Wien, der Udo und ich, haben uns ins Büro gesetzt, da war auch schon ein Flügel, und Udo hat drei Lieder vorgespielt: Erst O Tannenbaum, dann Merci Chérie, und das dritte war Stille Nacht, Heilige Nacht. Der Unterhaltungschef hat sich dann für Merci Chérie entschieden. Und der Udo damit auch gewonnen."

WILLY MILLOWITSCH

DER PAUSENCLOWN

MEINE TV-ANFÄNGE:
SITZEN UND WITZE ERZÄHLEN

Es ist wohl der Lauf der Dinge, daß die Zahl der Menschen, die von sich sagen können, eine Frau oder ein Mann der ersten Stunde beim Deutschen Fernsehen gewesen zu sein, immer kleiner wird. Ich bin einer von ihnen.

Es begann alles in Köln so Anfang der fünfziger Jahre. Der NWDR war neu, das Medium war neu und alle waren sehr gespannt. Ich war damals beim Vorläufer des WDR das, was man heute am Fließband einer Fabrik Springer nennen würde. Das heißt, ich saß im ... naja Studio wäre zuviel gesagt ... und wann immer eine unvorhergesehene Pause im Sendeablauf eintrat, schwenkte die Kamera auf mich und ich mußte einen Witz erzählen. Nach dem Motto: „Kennen Sie den ...“

Ich finde es nebenbei interessant zu beobachten, daß das, was damals aus der Not eines hakenden Programmablaufs geboren wurde, heute wieder fröhliche Urstände feiert. Es spricht nicht eben für die Phantasie der Unterhaltungsmacher, daß sich die Zuschauer jetzt die Witze gegenseitig erzählen müssen.

Aber ich schweife ab! Mein Witzerzählen fand in keinem Funkhaus oder dergleichen statt, nein ein Teil der Universität, der vom Krieg verschont geblieben war, diente dem WDR als provisorische Heimat. Damals dachte noch kein Mensch an das „Vierscheibenhaus“, das „Filmhaus“ oder den „Pilzbau“. Von „Bocklemünd“ gar nicht zu reden. Aus dieser räumlichen Enge ist es auch zu erklären, daß es damals passieren konnte, daß ich, während

Willy Millowitsch mit Heinz Erhardt in „Gesucht wird Majora“ (1949), seiner ersten Filmrolle.

ich einen Witz zum Besten gab, vorsichtig zur Seite treten oder den Kopf einziehen mußte, weil um mich herum umgebaut wurde.

Bei dieser ersten Erfahrung mit dem neuen Medium merkte ich bald, daß das auch was für mein Theater wäre. Ich ging also einfach zum Intendanten Hartmann und fragte ihn, was er davon hielte, mein Theater ins Fernsehen zu bringen. Er war nicht begeistert, weil er glaubte, was ich machte, sei zu sehr auf Köln bezogen. Da konnte ich ihn eines Besseren belehren, denn während des Krieges hatte ich bei der Truppenbetreuung auch vor Menschen gespielt, die nicht aus Köln kamen. Und diese Nicht-Kölner hatten sich genauso amüsiert, wie es die Rheinländer immer getan hatten. Also langer Rede kurzer Sinn: Im Oktober 1953 flimmerte zum ersten Mal in der Geschichte des Deutschen Fernsehens eine Live-Übertragung aus einem Theater über den Bildschirm. Dieses Datum jährte sich 1993 zum 40. Male, und das Millowitsch-Theater gibt es noch immer in der ARD.

DA IRRTE GRIMME ABER SEHR

„Am 27. Oktober 1953 übertrugen wir in einer Direktsendung aus dem Millowitsch-Theater das unverwüstliche Erfolgsstück „Der Etappenhase" von Karl Bunje. In den Hauptrollen: Willy und Lucy Millowitsch. Vor der Bühne war eine breite Lauffläche für die Rollstative aufgebaut, die einen Teil der Sitzplätze wegnahm. Den Saal besetzten geladene Gäste, geladen deshalb, weil man mit zahlenden in Hamburg schlechte Erfahrungen gemacht hatte. Dort gab es nämlich während einer Aufführung wegen der störenden, im Blickfeld der Zuschauer umherfahrenden Kameras so starke Proteste, daß die Sendung abgebrochen werden mußte. In den kurzen Aktpausen blendeten wir Bilder aus dem applaudierenden Publikum ein. Nebenbei wurde damit auch die Bedeutung des Millowitsch-Theaters gewürdigt.

Es war ein großer Erfolg. Die Kosten für die zweistündige Sendung einschließlich Theatermiete und Gagen für die Schauspieler betrugen knapp 1.000 Mark. Dessen ungeachtet rief am nächsten Tag Werner Pleister an, um mir mitzuteilen, daß NWDR-Generaldirektor Grimme für ein derartiges Programm kein Verständnis habe, da das Fernsehen eine kulturelle Institution sei. So ungefähr, vielleicht noch etwas deutlicher, lautete sein Urteil. Aber die Aufführungen des Millowitsch-Theaters wurden in den nächsten Jahren ein fester Bestandteil des Kölner Programms."

Aus: Walter Pindter, Wie es wirklich war, in Walter Först (Hg.), Nach 25 Jahren, Köln 1980.

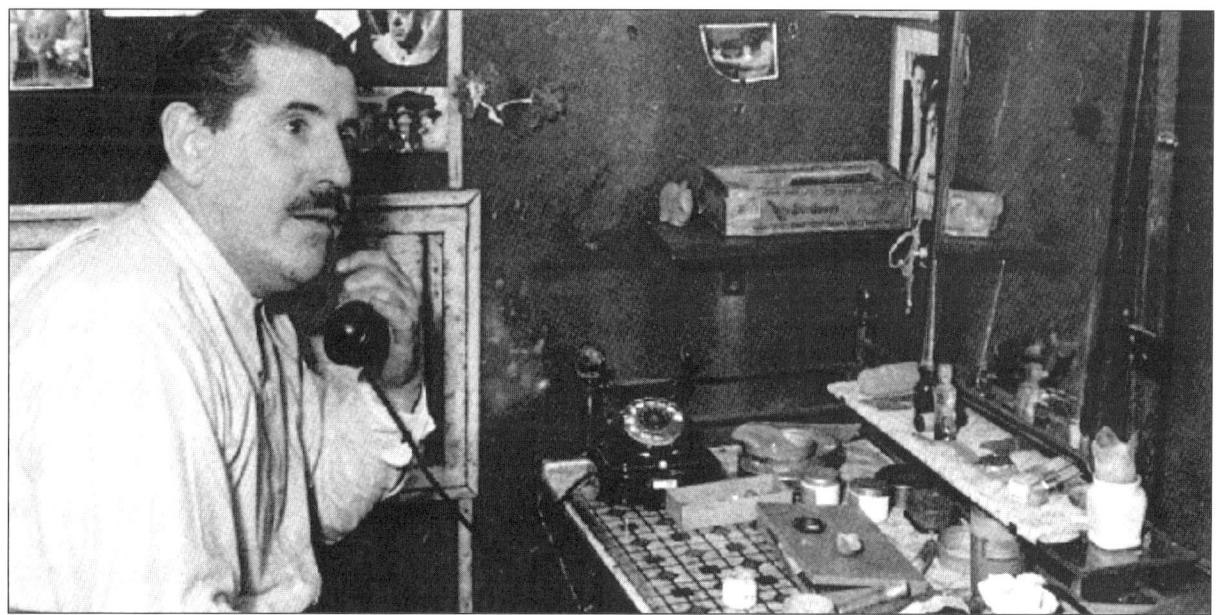

Warten auf den Witzeinsatz vor Puder, Cremes und Garderobenspiegel: Willy Millowitsch in den frühen 50er Jahren.

Michael Klaus

Ohnsorg im Münsterland

Wenn in der guten Stube die Unsichtbaren tosten

Die eine Großmutter kam zeitlebens ohne Fernseher aus. Sie las in ihrer polnischen Bibel und den wieder getrockneten Zeitungsblättern, in denen ihr freitags auf dem Markt der Fisch eingewickelt wurde.

Die andere bekam von ihrem Bruder aus Amerika einen Fernseher geschenkt, weil der, wenn er in Deutschland war, nicht ohne den „Spiegel" und nicht ohne Fernseher auskam. Eine kleine Bildröhre in glänzendem Holz. Das Holz wurde ständig poliert. Unter der unteren Holzleiste, wenn man nicht in die Knie ging wie verborgen, liefen die Bedienungsrädchen, an die Großmutter mit dem Staubtuch kam. Und wenn sie die Rädchen fühlte und erschrak, verriß sie die Rädchen beim Zurückweichen endgültig. Und sie schwor, nie den Fernseher berührt zu haben, wenn der Nachrichtensprecher kontrastlos und ohne Ton mit den Lippen klappte, und es war ihr nur schwer beizubringen, daß sich mit den Rädchen alles bequem wieder regeln ließ.

Die Pflegeeltern meiner Mutter, Bauern in Roxel bei Münster, besaßen lange Zeit kein Fernsehgerät. Aber die Nachbarin hatte eins. Und so ging in den Ferien samstags, wenn Ohnsorg kam, eine lange Schlange Menschen in der schmalen Wagenspur, alle gebadet, ein wenig bergab zum Nachbargehöft. Die Erwachsenen setzten sich in der guten Stube an Tische, die Kinder auf den Teppich davor. Ging im Fernsehen der Vorhang auf, wurde sofort von Unsichtbaren applaudiert. Und dann klappten die Bühnentüren auf und zu, die

Bühne bevölkerte sich, die Stimmung stieg. Und dann klapp auf: Heidi Kabel, Henry Vahl, und es tosten die Unsichtbaren und die gute Stube. Und was für ein Leben, wenn man nur die Hauptperson war! Henry Vahl verzog den Mund, und wir waren glücklich.

Und dann sagte die eine Schauspielerin was und dann der mit der Mütze. Alles nur Füllsel, bis Henry Vahl „Au Backe!" sagte. Und ich als Zehnjähriger wollte so ein Alter sein, irgendwo hocken mit einem Kornglas vor mir und wenig Text. Und nur die Hand Richtung Schnapsglas bewegen, und der Saal steht Kopf.

Zwischendurch die Verwirrung: Der durch die Tür ab, die durch die Tür rein und dann in den Wandschrank. Und Henry Vahl, der stumm trinkende Beobachter, sagte nur: „Oi,oi,oi,oi,oi!"

Und egal, was weiter im Stück passierte, zum Schluß verlobten sich alle, heterosexuell und dem Alter entsprechend. Die Bühne stand voll. Alle verbeugten sich. Lauter Verliebte und Verlobte. Selbst den Kindern in der guten Stube war's warm ums Herz.

Dann die zweihundert Meter zurück auf den Hof. Leicht bergan, einer hinter dem anderen in der schmalen Wagenspur. Die Funzel an der Tennentür. Aufs Plumsklo, rechts das leise schnaubende stehende Pferd, links die schnarchenden Schweine. Die andere Funzel am Ende der riesigen, leeren Tenne vor der Tür zu den Wohnräumen, vor der man sich die Schuhe auszog. Eine Kuh bewegte den Kopf. Die Kette rasselte. Noch immer das Ohnsorglachen im Ohr an der Heiligen Maria oben in der Flurecke vorbei. Deren ewiges Licht flackerte wie ein kaputter Fernseher. Aber rot. In Farbe. Und Ohnsorg war noch schwarz/weiß, ohne daß wir etwas vermißten.

Am Sonntag besuchten wir dann, nur einmal pro Sommerferien aber das regelmäßig, das Rüschhaus. Der Pflegevater meiner Mutter, mein Großvater, nannte Annette von Dro-

ste Hülshoff kurz Annette. Ich hatte von Annette noch nichts gelesen, bewunderte statt ihrer Schriften ihre Sammlung von Vogeleiern und eine Tischplatte, die sie aus kleinen Holzquadraten herstellen ließ, jedes Quadrat aus dem Holz eines anderen Baumes. In Großvaters Holzhaus sägte ich meine ersten schiefen Quadrate.

Die Besuche in Annettes Haus gefielen mir sehr. Nur, daß das Ohnsorglachen fehlte.

Das personifizierte Ohnsorgtheater: Heidi Kabel und Henry Vahl.

Ulrich Homann

Der Charme der kleinen Leute

Inge Meysel und Joseph Offenbach waren unverbesserlich

Was war an den Unverbesserlichen dran, daß ich heute, 25 Jahre nach der Ausstrahlung der letzten von insgesamt sieben Folgen, geradezu schwärmerisch versuche, mich an einzelne Szenen zu erinnern und Woche für Woche die Programmsintflut daraufhin absuche, ob irgendein Sender vielleicht gerade die Serie wiederholt? Warum sind mir die kleinen Leute aus den sechziger Jahren so sympathisch, die heutigen – im Fernsehen wie in der Realität – in ihrer Konsumgeilheit und apathischen Amüsiersucht nur noch unerträglich?

Natürlich war früher nicht alles besser. Und Mitte der Sechziger hatte gerade das Spießertum und die Haben-Mentalität einen gewissen Höhepunkt erreicht. Dennoch war alles bescheidener. Die Leute im Fernsehen hatten noch Gesichter, keine Barbiepuppen-Visagen. Anstatt des heutigen Stylings verfügten sie noch über eine individuelle Ausstrahlung. Und die Unverbesserlichen hatten den Charme der kleinen Leute.

Ich erinnere mich vor allem an eine Folge. Vater Scholz wird arbeitslos, er schämt sich vor seiner Frau, geht weiter mit der Aktentasche jeden Morgen aus dem Haus. Dabei lernt er die Besitzerin eines Tante-Emma-Ladens kennen, wo er sich kostenlos nützlich macht. Er schmiedet Pläne, den Laden auszubauen und ist ein neuer Mensch, erzählt zu Hause, er müsse soviele Überstunden machen. Inge Meysel kommt hinter den Schwindel, verfolgt ihren Mann bis vor den Laden. Die Besitzerin

selbst ist gleichfalls unglücklich, weil sie längst weiß, daß sie das Geschäft dichtmacht und zu ihrer Schwester zieht. Sie traut sich aber nicht, es Kurt Scholz zu sagen. Es kommt zu einer Aussprache unter den Frauen, von der Vater Scholz nichts ahnt, als er abends nach Hause kommt und als unschuldigster Lügner der Weltgeschichte seiner Frau wieder etwas von der vielen Arbeit im Büro erzählt. Die sitzt mit Inge-Meysel-Leidensmiene gramgebeugt hinter der Nähmaschine. Das folgende Gespräch der beiden altgewordenen Eheleute ist Theatergeschichte und Weltliteratur in einem. Aufgeschrieben von einem, dem nichts Menschliches fremd ist und der es mit der Nächstenliebe noch ernst meint. Ergreifenderes Fernsehen hat es vorher und nachher nicht wieder gegeben. Dies innerhalb einer Serien-Familiengeschichte, der von intellektuellen Faselköpfen auch noch vorgeworfen wurde, seicht zu sein, und vor einem hingerissenen Millionen-Publikum. Ein ewiges Dementi der These, der Masse könne man nur Schrott vorsetzen.

Ich erinnere mich an die Omi der Scholzens, verkörpert von Agnes Windeck. Wie sie durch die große Wohnungstür stürmt und von einer Frau Schneider-Lützgendorf quatscht, mit der sie im Altenheim das Zimmer teilt und die sich mit hochnotpeinlichen Anmerkungen regelmäßig in das Leben der Scholzens einmischt.

Ihre Nervigkeit sagte mehr aus über die Einsamkeit der Alten, über ihre stumme Bitte, weiter noch teilzuhaben am Leben ihrer Kinder und Enkel, als jede Dokumentation.

Monika Peitsch war die älteste Tochter, ein bißchen mondän, ein bißchen emanzipiert. Der engen Welt ihrer Eltern wähnt sie sich herausgewachsen. Doch ihre Ehe scheitert, Mami und Papa Scholz bleiben. Und der kleine Sohn, Familien-Tyrann und Liebling aller in einer Person. Mit Günter Pfitzmann kommt ein neuer Verehrer in die Familie, pfiffig, unkompliziert, erfolgreich – im Sinne der neuen Zeit lebensfähig.

Ein Bikini-Foto ist bei den Scholzens schon Grund für unverbesserliche Auseinandersetzungen zwischen Doris (Monika Peitsch) und ihrem Mann (Ralph Persson). Mutter (Inge Meysel) und Vater (Joseph Offenbach) fehlen einstweilen noch die Worte.

Oder Gernot Endemann, tätig bei der Post und ausgestattet mit einem gewissen Fußball-Talent. Vater Scholzens ganzer Stolz. Nach einer schweren Verletzung ist seine Karriere schnell beendet. Fortan läuft ihm das Pech nach und er eckt als zorniger junger Mann bei jeder Obrigkeit an, die ihm über den Weg läuft. Mehr an Aufsässigkeit ist auch in den APO-Jahren von einem, der von den Scholzens abstammt, nicht zu erwarten. Aber seine größten Auftritte hatte er bei den Unverbesserlichen immer dann, wenn er mit dem Papa – diesem Titan an Menschlichkeit, diesem „Vater der Nation" – aus dem ewig gestörten Radio die Fußball-Ergebnisse herauszuahnen versucht und in dem Moment die Omi hereingebrüllt kommt: „Käthe, der Kartoffelsalat war ja ziemlich mächtig."

Witzig war das alles nur insofern, als man glaubte, da müsse jemand bei einem selbst spioniert haben, weil man sich so in den Scholzens wiederfand. Damals konnte es sich das Fernsehen ja noch erlauben, wirkliche Alltagsgeschichten und das Leben der einfachen Menschen darzustellen. Heute scheint jedermann sich auf ein Traumschiff zu wünschen oder Infos darüber zu verlangen, welche Intrigen eine Bierbrauerfamilie ersinnt. Von den Idiotien, die aus Amerika auf unsere Glotze schwappen, ganz zu schweigen. Nach den Schölermanns und der Familie Hesselbach waren die Unverbesserlichen die letzte ernstzunehmende Familienserie. Vergleichbares hat es nie wieder gegeben.

MONIKA PEITSCH LUSTLOS SCHWANGER

Ein Bekannter, damals 11 oder 12, erzählte mir neulich, wie die Unverbesserlichen zu seiner Sexualaufklärung beigetragen haben. Er sei wohl gerade in den gröbsten Zügen von seinen Eltern über Zustandekommen und Herkunft der Babys aufgeklärt worden, da war Monika Peitsch plötzlich schwanger: Ungewollt und außerehelich, und es war bei den Unverbesserlichen ein großes Drama. Mein Bekannter sagte, er konnte sich damals keinen Reim darauf machen, warum es zu dieser Schwangerschaft gekommen war, schließlich hatten ihm seine Eltern doch gesagt, das gehe nur, wenn der Mann seinen Penis in die Scheide der Frau einführe. Mit diesem Vokabular sei ihm das erklärt worden. Und wenn Monika und Kindszeuger doch kein Kind wollten, warum dann nur, um Himmels Willen, Penis in Scheide?

Verwirrt habe er seine Eltern um Rat gefragt, die zunächst aufgeschreckt und ebenso verwirrt Sohnemanns Verwirrung zur Kenntnis nahmen. Ja, habe da der Vater angehoben, Penis in Scheide mache halt auch Spaß, und so komme es bisweilen vor, daß ein Mann und eine Frau ein Baby machten, ohne daß sie verheiratet seien und ein Kind wollten. Mein Bekannter sagte, er wiederum habe diese Zusatzinformation zur Kenntnis genommen, den weiteren Verlauf der Unverbesserlichen besser verstanden, aber ansonsten dem neuen Wissen um die Gelüste von Mann und Frau keine weitere Bedeutung mehr zugemessen: „Naja", sagte er, „mit Pubertät war da bei mir eh noch nix. Daß das Spaß macht, konnte ich mir nicht recht vorstellen und ansonsten bin ich am nächsten Tag lieber wieder fußballspielen gegangen."   B.M.

RUDOLF ROTNASE IN LEDERHOSEN

QUALVOLLES WARTEN AUF'S CHRISTKIND

Ein Gespräch gut 25 Jahre später zwischen Bernd, Max und Rike.

– Weihnachten war so schrecklich.

– Wieso?

– Da kam doch immer Peterchens Mondfahrt, jedes Jahr, und da wurde dem armen Maikäfer immer das Bein ausgerissen. Ich hab geheult wie ein Schloßhund und bin immer zu meiner Mutter gelaufen. Meine älteren Brüder, diese Macker, haben immer nur gelacht. Aber ich war ja erst 6 oder 7.

– Lief das nicht immer bei „Wir warten aufs Christkind"?

– Ja, sicher, jedes Jahr. Und da war dann noch Rudolf Rotnase, der war toll.

– Rudolf Rotnase, genau, irgendso ein Vieh, Hirschlein, kleiner Elch?

– Elch! Das war ein Elch! Und sooo süß. Der war so was wie das Häßliche Entlein, nur eben Elch. War irgendwie ausgestoßen, weil seine Nase immer blinkte. Außenseiter. Ganz traurig, der kleine Kerl. Aber nachher hatte er sich immer durchgesetzt und durfte zur Belohnung den Schlitten ziehen oder so was.

– Und dann war da noch immer der Hase César in der Weihnachtssendung. Bitteschöööööön!

– Genau, genau, der war gut. Hat immer gesungen: „Ich-bin-Ceeesar, der ...

– Alle: ... der muuu-ti-ge Haaase, ich bin Ceeeesar, der Mu-ti-geeee.

– Und wie hieß der zweite Hit von dem?

– Ääääh, ich weiß: Ei-ne Lederhose ...

– Alle: ... hat keine Bügelfalte. Und keine Hosenträger, um sich dran festzuhalten.

– Stimmt: Damals mußten wir ja alle diese Lederhosen tragen, wir Jungs jedenfalls. Was waren die Dinger schrecklich! So, genau, und mit diesem raffinierten Hasenvieh wurde sie uns schmackhaft gemacht. Fernsehen als Repressionsinstanz.

– Naja...

– Zumindest Erziehungshilfe für Vater und Mutter.

– Bei mir war das so, daß meine Mutter den César richtig gebraucht hat. Wenn Mutter Angst hatte, wenn sie so mit mir durch den Wald gegangen ist, hat sie immer das Lied vom mutigen Hasen gesummt und geträllert. Und das hat ihr echt geholfen.

– Wie hieß denn nochmal der Mann mit dem César? ...

– Peter, äääh, Peter René Körner?

– Nein, nach Aaaaarrrrnoooo hat der immer gerufen.

– Egal. Ich fand den toll. Vor allem durfte der mit dem César spielen. Wir waren immer ganz neidisch ...

– Aber eins weiß ich nicht mehr ...

– Was?

– Wir mußten doch immer Warten aufs Christkind gucken, damit unsere Eltern in Ruhe den Gabentisch machen konnten und wir nicht durch die Türritze spieksten und sie störten. Aber der Fernseher stand im Wohnzimmer und da stand doch auch der Christbaum und die ganzen Geschenke.

– Das paßt nicht, das stimmt ...

– Komisch, weiß ich auch nicht mehr ...

AUFGEZEICHNET: B.M.

Karl Wegmann

Fury, ein ganz übler Rosstäuscher

Geschundene Kreaturen in TV-Serien

Meine liebe Freundin Regina gehört zur weitverbreiteten Spezies der Morgenmuffel, und zwar zur schlimmsten Sorte – unberechenbar und extrem gefährlich. Bevor sie nicht mindestens drei Tassen Kaffee und zwei Marmeladenbrötchen intus hat, ist sie giftig wie eine Natter. Man sollte sie auf keinen Fall leichtfertig ansprechen, es sei denn, man nimmt Schaden an Leib und Seele billigend in Kauf. Das

Joey und Fury auf dem Abflug ins Sonntagnachmittag-Abenteuer.

alles weiß ich seit Jahren, trotzdem passiert es mir immer wieder, daß ich mich leichtfertig und ohne Not in Gefahr begebe.

An diesem friedlichen Morgen las ich die taz während sie die Zeit und ihr erstes Kiwigelee-Brötchen in Arbeit hatte. Ich entdeckte eine Meldung auf der „Wahrheit"-Seite und machte meinen ersten Fehler. „Wahnsinn", rief ich lachend und ganz spontan, „Lassie wird 50 Jahre alt." „Mach dich doch nicht lächerlich", war die Reaktion von der anderen Seite des Frühstücktisches, „kein Hund wird 50 Jahre alt."

Zuerst war ich verblüfft. Ein ganzer Satz um diese Zeit? Das hatte wirklich Seltenheitswert. Dann machte ich meinen zweiten Fehler, der geradewegs in den Untergang führte: ich ließ mich auf eine Diskussion ein.

„Ich meine natürlich die Fernsehserie", versuchte ich zu erklären, „1943 lief die erste Lassie-Folge, insgesamt haben, warte hier steht's, ja, sechs verschiedene Collies die Rolle gespielt." „Gespielt? Das hat absolut nichts mit Spielen zu tun", fauchte sie, „Tiere im Fernsehen, das ist brutale Folter im Dienste der Volksverdummung. Und zudem", trumpfte sie auf, „gab es nicht nur sechs Lassies, sondern sogar acht. Deine schlaue taz-Zeitung hat die ‚stunt dogs' vergessen, die beiden Extralassies, die die besonders gefährlichen Szenen gedoubelt haben. Wenn das nicht extra pervers ist ..."

„Ach komm schon", versuchte ich zu beschwichtigen, „das macht doch allen Kindern und vielen Erwachsenen Spaß, zuzusehen, wie so ein gutmütiges Tier mit treuem Blick gefährliche Abenteuer besteht und Menschen aus brenzligen Situationen rettet." „Du bist ein Idiot!", war ihre knappe Anwort. Sie faltete die Zeitung zusammen und schaute mich das erste Mal an diesem Morgen voll an. „Willst du wieder mal Eulen nach Athen tragen?" fragte sie. Irgendetwas in meinem Bauch sackte ein Stockwerk tiefer. Wenn Regina ihre humanistische Erziehung raushängen läßt, ist das immer eine Kriegserklärung.

„Aber Tiere und Menschen sind ..." wollte ich erklären – allein es war zu spät. „Das Tier als Helfer und Beschützer des Menschen", *unterbrach sie mich, „ist ein Mythos, der weit in die Geschichte der Menschheit zurückreicht. Er findet sich in der antiken Sagenwelt, in den Schöpfungsmythen der Naturvölker genauso wie in den Volksmärchen Europas." „Na bravo, ne uralte Kiste also. Lassie, Fury, Flipper

und all die anderen haben Vorfahren, wer hätte das gedacht." Sie ließ sich keinen Augenblick aus der Ruhe bringen: „Gegenüber dem Sagen- und Märchenbild vom helfenden Tier unternimmt die Unterhaltungsindustrie jedoch eine perverse Korrektur in der Zeichnung des Tieres." „Ach was?", entfuhr es mir.

„Das TV-Tier als solches", dozierte sie unbeirrt weiter, „ist nicht mehr ein eigenständiges Wesen, das aus freien Stücken oder als Abgesandter der Götter oder des Schicksals dem in Not geratenen Menschen seine Hilfe gewährt, um dann so plötzlich zu verschwinden wie es gekommen ist, nein, das TV-Tier beweist seine Nützlichkeit aufgrund seiner Gelehrigkeit, seiner Unterwerfung unter den Menschen."

Ich war sprachlos. Das gab ihr Gelegenheit, sich einen neuen Kaffee einzugießen. „Du meinst also", machte ich schließlich augenzwinkernd weiter, „Lassie ist ein Schwein, Fury ein Roßtäuscher und Flipper ein schwimmen-

Flipper und die geheime Sucht der Delphine, über Surfbretter zu springen. Sandy Ricks mit Preisrichterblick.

Eines der ersten TV-Tiere war der launige Gaul Mr. Ed. Er konnte zwar sprechen, war aber nur von Wilbur Post, seinem Besitzer, zu verstehen.

der Manipulator?" „Sei nicht albern!", um diese Zeit hat sie keinen Sinn für Humor, „es sind die Menschen, die die Tiere schinden und foltern, sie nennen es übrigens Dressur, um zu einen bestimmten Ergebnis zu kommen". „Okay, verrate mir das Ziel des schändlichen Tuns", flehte ich.

Sie ignorierte meinen Sarkasmus. „Ganz einfach: Im Verhältnis des TV-Kindes zum TV-Tier wiederholt sich der Dressurakt, der in der Beziehung zwischen Eltern und Kind angelegt ist. Wenn die Fernseh-Eltern das Fernseh-Kind immer wieder an die Verantwortung gegenüber dem Fernseh-Tier erinnern und ihm die Dankbarkeit des Tiers vor Augen führen, so deuten sie damit auch das Verhältnis zwischen ihnen und dem Kind, das ebenfalls von Verantwortung auf der einen, Dankbarkeit auf der anderen Seite geprägt sein soll. Wichtig dabei ist, daß das TV-Tier keinerlei eigene Interessen entwickelt; sein einziger Lebenszweck scheint es zu sein, durch Unterwerfung Anerkennung und Liebe bei den pflegenden Menschen zu erringen. Und das ist ekelhaft."

„Gütiger Gott", ich gab mich schockiert, „und ich dachte immer, das ganze wäre bloß Unterhaltung. Wenn ich daran denke, wie Mister Ed mich hinterhältig zum Sklaven erzogen hat, wird mir richtig schlecht."

„Wer zum Teufel ist Mister Ed", wollte sie wissen. Ein Punkt für mich. „Was", fragte ich zuckersüß, „du kennst Mister Ed, das sprechende Pferd nicht?" Doch sie ließ sich nicht provozieren. „Was glaubst du wohl, wie sie deinen Mister Ed und die ganzen anderen Hunde, Schimpansen und Katzen dazu bringen, den Mund so unnatürlich zu bewegen", wollte sie wissen. „Keine Ahnung", gab ich zu. „Nun, sie stecken ihnen wahrscheinlich haufenweise Karamellbonbons ins Maul, die verkleben die Zähne und die Tiere verrenken sich den Kiefer um sie wieder loszuwerden. Das ist

schlimmste Tierquälerei! Überhaupt sieht man in diesen Tierserien kaum ein Tier das sich artgerecht verhält. Nimm nur ,Mein Freund Ben'. Ein Bär irgendwo in der Kanadischen Wildnis, aber putzig und tapsig wie ein Gummibärchen. Abartig! Oder glaubst du, Delphine ziehen den ganzen Tag Boote und retten Badende vor Haien, und was ist mit Fury, Lassie und Rin-Tin-Tin, glaubst du wirklich, Pferde und Hunde rennen in brennende Scheunen um kleine Jungs zu retten? Nein, mein Lieber, sie wurden geschlagen und phantasievoll gemartert – alles für die verfluchte Einschaltquote. Nimm zum Beispiel diesen schielenden Löwen aus Daktari, was glaubst du wohl, wie sie Clarence zum Schielen gekriegt haben?" „Wie denn", rief ich entsetzt. „Keine Ahnung, aber ich kann es mir schon denken", meinte sie geheimnisvoll. Während ich noch darüber nachdachte, mit welchen gruseligen Methoden und Werkzeuge sie dem unschuldigen Löwen an die Augen gegangen sein könnten, kam ihre Katze „Rosa Lux" hereinstolziert, hüpfte auf ihren Schoß und bekam auch sofort eine kleine Streicheleinheit ein großes Stück Roquefort. Hah, dachte ich, artgerechtes Verhalten. Eine Siamkatze, die französischen Schimmelkäse und Thunfisch aus der Dose frißt, in einer Etagenwohnung mitten in der Großstadt lebt, noch nie gebumst hat und ihr Leben lang in eine Plastikschüssel scheißen muß. Ist das ihre Vorstellung von artgerechtem Verhalten? Gesagt hab' ich selbstverständlich nichts. Ich goß mir noch einen Tee ein und schwelgte in Erinnerungen, daran, wie am Schluß jeder Folge von Lassie, Flipper, Daktari oder Fury sich die ganze Familie um den tierischen Held versammelt, der im Verlauf des Films durch sein bravouröses Eingreifen eine Gefahr beseitigt hat. Und alle brechen in herzliches Gelächter über die Klugheit und Drolligkeit des Tieres aus.

MICHAEL MIERSCH

GRZIMEK WAR EIN RADIKALER

EIN PLATZ FÜR TIERE — NOTAUSGANG ZUR NATUR

Er ist der berühmteste Frankfurter nach Goethe, obwohl er gebürtiger Schlesier war und nur promovierte Polonisten seinen Nachnamen richtig aussprechen können. Und er war meine einzige Chance, als Sechsjähriger die eiserne 20-Uhr-Schwelle zu überschreiten. Wenn Dr. Dr. h.c. Prof. Prof. h.c. Bernhard Klemens Maria Hoffbauer Pius Grzimek mit den Worten „Guten Abend meine lieben Freunde" auf dem Bildschirm erschien, mußte ich ausnahmsweise nicht ins Bett. Meine Eltern hielten die Geschichten des Zoologie-Professors und Zoodirektors für so wertvoll – damals sagte man gerne „lehrreich" –, daß ich nach der Tagesschau ins Wohnzimmer kommen durfte.

Das Konzept von „Ein Platz für Tiere" hatten die Programm-Macher des Hessischen Rundfunks einer US-Reihe abgeguckt. Darin plauderte der Chicagoer Zoodirektor Martin Perkings aus dem Reich der Tiere. Es wurde eine der erfolgreichsten Sendereihen der deutschen Fernsehgeschichte. Keine Natursendung danach konnte wieder den institutionellen Charakter erreichen, den Ein Platz für Tiere innehatte.

Dabei zeigte Grzimek manchmal Dinge, die grob gegen die Sitten der frühen 60er Jahre verstießen: Gruppen nackter oder nur unzureichend bekleideter erwachsener Menschen. Aber das waren Wilde, Neger gar. Daß ein Zuschauer, ob Kind, Mann oder Frau, diese Körper mit anderen als mit wißbegierigen Augen ansehen konnte, lag außerhalb der Vorstellungswelt selbst von katholischen Filmzensoren. Deshalb akzeptierte die Bundesprüfstelle in dem Kinofilm „Serengeti darf nicht sterben" eine Szene mit planschenden, nackten Tansanierinnen. Zwei Sätze aus dem Kommentar allerdings wollten die Prüfer damals streichen: Der eine erklärte wilde Tiere zum Kulturgut, ebenbürtig dem Petersdom in Rom. Das konnte man den Katholiken nicht zumuten. In dem anderen behauptete Rüstungsgegner Grzimek, daß Löwen vernünftiger seien als Menschen, da sie sich nicht gegenseitig töteten. Das roch im Kalten Krieg nach Pazifismus.

Grzimek war eine jener Fernsehgrößen, die jeder deutsche Parodist im Repertoire hatte. Loriot machte ihn einst mit dem Film über die Steinlaus so perfekt nach, daß Grzimek ein Bild des verkleideten Imitators für sein eigenes Konterfrei hielt. Dabei genügte, laut Loriot, eine leichte Verlängerung der Nase, der typische näselnde Tonfall und eine spezielle Art falsch zu atmen, um wie Grzimek zu wirken.

Doch die Kinder der 60er verdanken dem netten Tieronkel weit mehr als die unvergeßliche Steinlaus-Parodie und etwas Aufklärung über den menschlichen Körper unterhalb des Hemdkragens. Grzimek hat ihnen etwas in die

„Ein Platz für Tiere", von Prof. Bernhard Grzimek selbstverständlich studiowörtlich genommen.

Seelen (später hätte man gesagt „ins Bewußtsein") gepflanzt, was Mitte der 70er zu keimen, und in den 80ern zu blühen begann: Die Erkenntnis, daß Natur wertvoll ist, etwas Empfindliches, das unbedingt bewahrt werden muß.

Die Jugend der 50er Jahre, besonders die männliche, hatte sich fast ausschließlich für Flugzeuge, Raketen, Autos und die neuesten Errungenschaften der Technik begeistert. Naturliebe galt als antiquiert und rückwärtsgewandt, in den Jungen-Büchern dieser Zeit konnte man zwischen den Geschichten über Rennfahrer, Astronauten und Ingenieuren höchstens mal von einer abenteuerlichen Großwildjagd lesen. Kaum einer kümmerte sich um bedrohte Tiere. Im Gegenteil: Wilde Tiere galten als Bedrohung.

Worte wie Artensterben und Ökologie hatte außer ein paar Fachleuten noch keiner gehört. Viele Jahre bevor Grün eine politische Farbe wurde, erklärte Grzimek: „Das Abholzen der Regenwälder, die Verschmutzung der Weltmeere, insgesamt die Zerstörung der natürlichen Lebensräume für Tiere und Pflanzen, sind eine noch durchtriebenere, noch unwirklichere Form des Krieges der Menschen gegen sich selbst."

In seinem Buch „Zaungäste" schreibt der Frankfurter Publizist Reinhard Mohr über die Generation der heute 30- bis 40jährigen Deutschen: „Die Wiederentdeckung des gesellschaftlichen Verhältnisses zur Natur, das heißt, zu ihrer eigenen Umwelt, bestimmte von Jahr zu Jahr mehr den Alltag und das Bewußtsein einer ganzen Generation ... Grzimeks Fernsehsendung Ein Platz für Tiere gehörte zu den ebenso aufregenden wie unvergeßlichen Kindheitserinnerungen der 68er ... In den kleinen Pausen der täglichen Bombardements mit Katastrophenmeldungen, in der Badewanne, Sonntag morgens im Bett oder unter einer tosen-

kanischen Zypresse dachten sie manchmal an Bernhard Grzimeks knarzende Stimme der Wildnis. Da war sie wieder, die Utopie: Serengeti darf nicht sterben!

Die Pionierarbeit des Frankfurter Zoodirektors in Sachen Umweltbewußtsein kann gar nicht hoch genug eingeschätzt werden. Er war einer, der radikale Dinge sagen konnte, ohne daß es ihm die Zuschauer übelnahmen. Wenn er mit einem Geparden als Begleiter hinter dem Studiotisch saß, strahlte menschliche Wärme, Seriosität und eine unangreifbare Kompetenz aus, die fast alle Kritiker verstummen ließ. Diesen Eindruck erreichte er durch eiserne Disziplin. Selbst als ein Affe sich auf seinem Jackett entleerte, setzte der Medienprofi seine Livesendung ungerührt fort.

Seine parteipolitischen Vorlieben äußerte er nur selten. Der Rheinische Merkur stufte ihn einmal als Linken ein, während die taz nörgelte: „Hätte er die Verhältnisse angetastet, wäre er nicht der Held der Bildzeitung." Im Grunde war Grzimek einer jener wertkonservativen Naturschützer, die quer zum Rechts-Links-Schema stehen. Vertreter dieses Typus halfen dabei, die Grünen zu gründen, wurden dann aber später von linken Dogmatikern rausgeekelt. Nur für kurze Zeit engagierte sich der Tierprofessor für eine Partei: Die Grüne Aktion Zukunft, einen Vorläufer der Grünen, für den er erfolglos kandidierte. Anfang der 70er Jahre ernannte ihn Willy Brandt zum Bundesbeauftragten für Naturschutz. Grzimek trat zurück, als er merkte, daß die Sozialdemokraten nur einen populären Grüßaugust ohne Befugnisse wollten.

Ein Platz für Tiere war für Großstadtkinder ein Notausgang zur Natur. Was sie dort sahen, hat viele so geprägt, daß sie etwas davon über die Zeit der Studentenrevolte hinwegretteten. Denn Interesse an Rotkehlchen oder Engagement für Blauwale, das war für die Seminar-

Revolutionäre von damals bestenfalls lächerlich und unpolitisch, oder einfach reaktionäre Naturtümelei. Als Studenten in den frühen 70er Jahren die leninistische Mottenkiste öffneten und in Schattengefechten die Kämpfe der zwanziger Jahre nachfochten, saß Bernhard Grzimek bereits mit Horst Stern und Hubert Weinzierl in der „Gruppe Ökologie" und diskutierte die Probleme des Jahres 2000. Der Wertkonservative hatte die Linksradikalen längst überholt.

Schon früher hatte Grzimek vorausgedacht. In einer Zeit, als die Emanzipation der Dritten Welt noch „koloniale Frage" hieß, trat er für die Unabhängigkeit der afrikanischen Staaten ein. Wenn Europäer sich über schwarze Diktatoren empörten, konterte Grzimek mit dem Hinweis auf Hitler und Stalin, die ja bis vor kurzem Europa beherrscht hatten.

Sein dringendstes Anliegen war eine weltweite Reduzierung der Geburten, mit den Mitteln der Familienplanung. Unter jeden Brief, den er abschickte, stempelte er diese Forderung. Doch auch hier gab er zwar deutliche Anstöße, vermied aber direkte Attacken. Als er einmal gefragt wurde, warum er in seiner Sen-

Grzimeks Tiersendung startete als drittälteste ARD-Produktion am 28. Oktober 1956. Während dieser ersten Sendung versammelt: Produzent Martin Jente, Prof. Grzimek, Regisseur Ekkehard Böhmer und Sohn Michael Grzimek.

dung nie den Papst angegriffen hat, antworte- te er: „Ich will mir nicht die künstlichen Feinde schaffen, die mich am Erreichen meiner Ziele

hindern." Die Zeitschrift JA schrieb im Nach- ruf: „Grzimek war ein Radikaler." Das war er wirklich, aber einer von der besonnenen Sorte.

DER SCHLANGENBISS

„... Das Ferkel-Erlebnis erinnert mich an eine Tiersendung, die wir als Programmfüller in den ersten Tagen brachten und noch oft in den kommenden Wochen und Monaten wiederholten. Zwischen uns und dem Direktor des Kölner Zoos, Dr. Wilhelm Windecker, hatte sich ein freundschaftlicher Kontakt ergeben. Er brachte die verschiedenen Tiere aus seinem Zoo mit und schilderte vor der Kamera ihre Lebensgewohnheiten. Es waren unter anderem Schimpan- sen, Nasenbären, Stinktiere, Pelikane. Bei dieser ersten Sendung trat auch eine Riesenschlange auf, ca. drei Meter lang. Und da geschah etwas Unvorhergesehenes. Der Tierwärter hielt die Schlange fachgerecht in den Händen. Dabei war es wohl das Wichtigste, den Kopf des Tieres festzuhalten. Windecker stand kommentierend daneben. Mag das grelle Licht der Scheinwer- fer, die Bewegung der Kameras und das Hin und Her der im Atelier tätigen Mitarbeiter, viel- leicht auch eine kleine Unachtsamkeit des Wärters schuld gewesen sein - eine Sekunde lang bekam das zahme, aber verängstigte Tier den Kopf frei und riß mit einem kurzen Stoß die Un- terlippe seines Wärters ab, für mich akustisch ein Geräusch, als wenn man ein Stück Papier zerreißt. Augenblicklich herrschte völliges Chaos. Natürlich wurden nun auch die anderen Tie- re nervös, sprangen von ihren Plätzen zwischen die Kameras, und der Schimpanse schwang sich auf die Beleuchterbrücke. Bei den herumstehenden Mitarbeitern stummes Entsetzen. Es spielte sich alles in wenigen Sekunden ab.

Bühnenmeister Otto Prill war der erste, der die Situation erfaßte und den Wärter aus dem Bild zog. Zoodirektor Windecker blieb ganz ruhig, griff sich die Schlange und setzte die Sen- dung fort. Das Nächstliegende wäre wohl gewesen, telefonisch einen Arzt herbeizurufen. Gab es eigentlich damals schon einen ärztlichen Notdienst? Meine Reaktion war eine andere. Ich brachte mit Prill den Mann aus dem Studio, die Kellertreppe hoch, in meinen Wagen und ab ins nächste Krankenhaus. Vorher hatten wir ihm notdürftig den Mund abgebunden, da er na- türlich stark blutete. Unterwegs flüsterte mir Prill zu: ‚Die Unterlippe habe ich bei mir.' Nach einstündigem Aufenthalt im Krankenhaus, in dem der Schaden mit Nadel und Faden fach- männisch behoben wurde, tauchten wir mit dem Wärter wieder im Studio auf, wo das Pro- gramm noch lief. Der Wärter wollte sich, von der Nase bis zum Kinn in einem Verband, noch einmal kurz dem Publikum zeigen, um zu beweisen, daß es ihm den Verhältnissen entspre- chend ganz gut ging und die Geschichte glimpflich abgelaufen war. Da haben wir vielleicht zum ersten Mal begriffen, wie aktuell das Fernsehen sein kann, wenn mir persönlich auch ein anderer Anlaß weitaus lieber gewesen wäre ..."

Aus: Walter Pindter, Wie es wirklich war, in: Walter Först (Hg.), Nach 25 Jahren, Köln 1980.

ACHIM NÖLLENHEIDT

ICH SEHE WAS, WAS DU NICHT SIEHST

ZAPPEN DURCH DIE FRÜHE FERNSEHGESCHICHTE

I.

Der Schlüssel zum Glück. Zeiten waren das! Damals, Weihnachten 1952, tönte es von weither als NWDR-Bunkermelodie: „Wir versprechen Ihnen, uns zu bemühen, das neue geheimnisvolle Fenster in Ihrer Wohnung, das Fenster in die Welt, Ihren Fernsehempfänger, mit dem zu erfüllen, was sie interessiert, Sie erfreut und Ihr Leben schöner macht ...“

Den Anfang täglichen Programmfernsehens machte ein (im doppelten Sinne) sendungsbewußter TV-Intendant namens Pleister. Er versprach wirkliche Wirklichkeit, die Teilhabe an einem wohnlichen Ausguck auf Welt und Glück, direkt hinter gestärkten Gardinen und Butzenscheiben. Und wer in jenem Moment Fernsehen guckte, sah nur Pleister.

1952er TV-Bescherung vom Hamburger Heiligengeistfeld: In diesem ehemaligen Lufthochschutzbunker waren die ersten Fernsehstudios untergebracht.

II.

Der ideale Fernsehzuschauer. Erstausstrahlungsgucker – heute erscheinen sie als Fossilien mühsam möbelpolierter und doch verstaubter Wandschrank-Tage. Brav und in unfreiwilliger Komik feierlich versammelt haben sie noch bis in die sechziger Jahre vor unausdenklich-ewigen Pausenbildern gesessen, auf diese Weise doch wieder irgendwie abseits von Welt. Vor sich die ebenso holzverkleidete wie heilige Truhe mit den Prestige-Namen Tizian, Raffael oder auch Leonardo-Luxus, und im Rücken einen sagenhaften Batzen Zeit. Denn der Fernsehabend erstarrte bisweilen vor den mageren Schriftzeichen „Wir schalten um“ oder „Der Beginn der Sendung verzögert sich. Wir erwarten noch eine wichtige Meldung“ ohne Aussicht auf televisionäre Ersatzkanäle.

III.

Bekannte Namen im Examen. Nachrichten, Schlagertreffs, Theaterabende, Ratespiele, Krimis, Familienserien oder Sportsendungen, man glaubte, was man gesehen hatte und wußte sich nachher sogar noch daran zu erinnern. Was für Zeiten! Die Erinnerung fiel umso leichter, als Sendeminuten noch limitierte Kostbarkeiten darstellten. Bunte Abende vor schwarzweißen Bildschirmen, die TV-Gesellschaft als sitzendes (Erwachsene) und liegendes (Kinder) Freizeit-Kollektiv. Und tags drauf unterhielt man sich über die gleichen Dinge, hatte in eine Ferne gesehen, die zwar fremd erschienen, aber nicht über den Bedienungshorizont des Nachbarn hinausgegangen war. So tauchte der Begriff des Straßenfegers auf.

IV.

Wünsch dir was. Irgendwann in den frühen Sechzigern kam die vielbesprochene Nachricht aus Amerika, Fernsehen sei dort zu einer Lieblingsbeschäftigung der Menschen geworden. Jenseits des großen Teiches, wie man sich damals noch ausdrückte, säße man von früh bis spät vor der Kiste, ohne hinterher genau zu wissen, womit man sich die Zeit vertrieben habe! Ungläubiges Staunen in Deutschland. Denn inzwischen kannte man den Programmwähler aus eigener Erfahrung. Doch Amerika schien weiter denn je – schließlich war der TV-Stundenplan hierzulande bei zwei oder drei Programmen im Nu gemacht. Und wirklich keiner, der seinen Frankenfeld, Lembke oder Havenstein vergessen hätte. Sich selbst aussuchen zu können, womit der Abend zu verbringen sei, galt als hoher Luxus, zumal nach den Härten des Alltags. In den Sendeanstalten aber sprach man schon vom Quotenkampf, weil bereits 1963 ein Ludwig Erhard in der ARD Politisches ins Menschenleere referiert hatte, während das Televolk zur gleichen Zeit der ZDF-Alternative „Es darf gelacht werden" zujubelte.

V.

Wer gegen wen – ferngesehen hieß es angesichts der Tatsache, daß die Sender im Kampf um die telegenen Sternstunden immer mehr auf geballte Unterhaltung setzten. Auf der Strecke blieb die politische Information. Da wurden Gewerkschafter mit Berichten aus der Welt des Arbeitskampfes von den Fernsehzuschauern kurzerhand ausgesperrt, wenn auf dem anderen Kanal Chris Howland sein „Vorsicht Kamera" präsentierte. Oder Bauernfüh-

Wenn frühe Zapper sich amüsieren wollten, wurde selbst Bundeskanzler Ludwig Erhard zum Quotendurchhänger.

rer, die über deutsche Agrarstrukturen diskutierten, mühelos von Papa Gnädig mit der Fallstudie eines Imkers, der sich als Heilkundiger versucht hatte („Das Fernsehgericht tagt"), absorviert. Für Alleinunterhalter wie Frankenfeld und Kulenkampff, so verlautete es damals in einem Pressebericht über das frühe Zappertum, sei es ein leichtes, „die beste Dokumentation totzuschlagen".

Peter Frankenfeld hatte es vorausgesehen. Den Titel seines ersten TV-Hits nahmen die Programmdirektoren erst in den 60er Jahren ernst.

VI.

Gut gefragt ist halb gewonnen. Das Fernsehen hatte sich längst von der Einschalt- zur Umschaltstation gewandelt. Auf der Suche nach dem lustbetonten Publikum entwickelten sich die Umfrageinstitute zu den treuesten Begleitern der Sendeanstalten. Und die Bonner Nicker-Runde „Journalisten fragen – Politiker antworten" bettete man schon 1963 zwischen Schlagersendung und Krimi ein. „1:0 für Sie", der Titel von Peter Frankenfelds erster TV-Show 1954, wurde mehr denn je zum Motto für das Buhlen um die Fernsehkunden der Zukunft.

VII.

Alles oder nichts. Was gut, richtig und sendbar war, entschied die Einschaltquote. Dahinter vermutete man Millionen von Glücklichen. Das zählte. „Die Fernsehzuschauer erwarten vom Fernsehen in ihrer Mehrheit Unterhaltung, Entspannung …" – so lauteten schon 1965 die Leitlinien anstaltseigener Programmauswerter und deren demoskopische Feldversuche. Ohne Happy-End schien gar nichts mehr zu gehen: „Die Schizophrenie eines Traumlebens auf dem Bildschirm und der eigenen selten so harmonischen Realität ist frappierend." Aber es ging auch umgekehrt, wenn bei Pils und Schnittchen oder Rüttgers Club und Salzstangen Bilder aus Vietnam und Biafra ins Wohnzimmer flimmerten. Jetzt bestätigten sich die

Riesiges Rate-Echo: Zur Auftaktsendung von „Ich seh' etwas, was du nicht siehst" bekam Spielleiterin Dagmar Späth 11.540 Einsendungen, obwohl es nur 7.000 TV-Teilnehmer gab.

frühen amerikanischen Analysen, die besagten, das Schirmvolk, erst einmal tüchtig im Telestoff, „bleibe unbetroffen und könne beliebig viel aufnehmen; es brauche das pausenlose Programm."

VIII.

Spiel ohne Grenzen. Auch der Waren-Markt sucht sein Sättigungsgefühl. Der Werbe-Imperativ: TV-Mensch, werde wesentlich! setzt auf farbige Weltsicht. Die Industrialisierung des Unterhaltungskonsums. Fast dreiviertel der Tele-Bevölkerung sitzt vor dem Goldenen Schuß. Mit Kimme-Korn-ran entwickelt das Ferne spendende Medium auch marktwirtschaftliche Beflissenheit. Beruhigungsraucher gehen in die Luft und Tankstellen-Raubkatzen huschen ereignisreich an staunenden Kindergesichtern, den Käufern der nächsten Generation, vorbei. Immerhin: Welch entspannter Verkaufsrhythmus steht noch hinter Adenauers Beerdigung, die zwar über Satellit in den Kosmos-Äther geht, als stundenlange TV-Rheinschifffahrt aber doch nur den amerikanischen Sender NBC mit einer millionenschweren Werbeeinbuße schmerzt.

IX.

Vergißmeinnicht. Lange ist's her mit dem geheimnisvollen Fenster, zu Ende der Sechziger. Vordergründig allemal noch das sensationellste Freizeiterlebnis, wird das Versprechen von wirklicher Wirklichkeit schon zu schwindelnder Geschwindigkeit. Die Anstalten suchen den bannenden Augenblick. Der ideale Fernsehzuschauer findet seine Umschaltqualitäten. Zappen heute aber, und hier wird sich ein jahrzehntelanger Kreis schließen, hat bestenfalls jenen spielerischen Gemeinschaftswert, der schon das Motto einer der ersten Quizsendungen aus dem Jahre 1953 bildete: Ich seh' etwas, was du nicht siehst.

AUTOREN, AUTORINNEN, HERAUSGEBER

Autoren und Autorinnen:

Süchtigen-Interviewer **Christoph Biermann**, Jahrgang 1960, lebt als freier Autor in Köln.

Sandmann-Biographin **Liane von Billerbeck** lebt als Journalistin in Berlin, letzte Veröffentlichung: „Der Sekten-Konzern – Scientology auf dem Vormarsch".

TV-Freigänger **Jürgen W. Braun**, Jahrgang 1938, ist Geschäftsführer eines der größten deutschen Türklinkenherstellers (fsb im westfälischen Brakel) und ein nicht unbekannter Dunkelmann der deutschen Design-Szene.

Wolfgang Neuss-Biograph **Mathias Bröckers**, freier Journalist und Buchautor aus Berlin, letzte (Erfolgs-) Veröffentlichung: „Die Wiederentdeckung der Nutzplanze Hanf" bei 2001.

Beat Club-Schmuser, Orion-Technologe und früher Windrosen-Fan **Dr. Ludger Claßen**, Jahrgang 1953, lebt in Essen und ist dort geschäftsführend in der Sinnbranche tätig.

Tabu-Chronistin **Jutta Emcke**, seit 1964 beim NDR. Redaktionsassistenz bei Hallo Nachbarn. Ab 1966 in der Hauptabteilung Zeitgeschehen: Im Gespräch, Panorama, Extra III. Letztes größeres Werk: Moderation der „Starken Stücke".

Kommissar-Keller-Kenner **Jan Feddersen** ist Journalist in Hamburg, u.a. regelmäßiger Autor für den Reiseteil der Zeit.

Orionaler Lydia-Traumgatte **Thomas Gsella**, Jahrgang 1958, schreibt Kolumnen für hochglänzende Kohlenpott-Blätter (Prinz, Marabo) und hat bei der Titanic das Ressort Flirten und Lifestyle inne.

Ost-West-Zapper **Dr. Knut Hickethier**, Jahrgang 1945, ist Hochschullehrer für Neuere Deutsche Literatur und Medien an der Philipps-Universität Marburg. Zahlreiche Veröffentlichungen über Medien.

SFB-Gratulant **Dieter Hildebrandt**, Kabarettist, lange Zeit Gagmotor der Münchner Lach- und Schießgesellschaft, läßt heute für die ARD den Scheibenwischer laufen.

Schmierseifen-Spezialist und „Kultbuch-Zensor" **Klaus Hillenbrand**, Jahrgang 1957, ist Ressortleiter Inlandspolitik bei der Berliner taz.

Fremdstimmen-Verehrer **Prof. Dr. Jochen Hörisch**, Jahrgang 1951, saß viel zu selten, und nur an festlichen Fernsehabenden, vor einem Nordmende-Gerät. Lehrstuhlinhaber für Neuere Germanistik und Medienanalyse an der Universität Mannheim.

Unverbesserlicher Möchtegern-Posträuber **Ulrich Homann**, Jahrgang 1954, lebt u.a. als Sportredakteur in Bochum.

Ost-Verliebter **Peter Huth**, Jahrgang 1954, lebt als Journalist und Schriftsteller in Berlin.

Vetterli-Imitatoren-Schwester **Sabine Jaspers**, Jahrgang 1963, lebt als freie Journalistin in Berlin und Frankfurt/Main.

Testbild-Prinz **Uwe Kellerhoff**, 54er Wirtschaftswunder-Baby, fuhr zur See, gründete „Geier Sturzflug", lebt und arbeitet als Schlagzeuger und Arrangeur in Bochum.

Ohnsorg-Erleuchteter **Michael Klaus**, Jahrgang 1952, vor einem sehr kleinen Bildschirm groß geworden, lebt als freier Schriftsteller in Gelsenkirchen.

Äppelwoi-Fachmann **Hans-Hermann Kotte**, Jahrgang 1962, ist Medienredakteur bei der Berliner taz.

Igelhaariger Jungcowboy **Manfred Kriener**, Jahrgang 1953, lebt als Journalist am Fuß des Berliner Kreuzbergs.

Schnitzler-Gucker **Ulli Kulke**, Jahrgang 1952, ist Ressortleiter der Redaktion Wissen bei der Wochenpost in Berlin, vorher Wissenschaftsredakteur bei Natur in München.

Belphégor-Gefesselter **Dietrich Leder**, Jahrgang 1954, lebt als Journalist in Köln.

Huberty-Verehrer und Furler-Hasser **Matti Lieske**, Jahrgang 1951, ist Sportredakteur bei der Berliner taz.

Ponderosa-Spezialist **Reinhard Lüke** war bis zuletzt Redakteur beim Hamburger ARD-Magazin „Das Erste" und damit ein „hauptberuflicher Fernsehzuschauer".

Hiram Holliday-Huldiger **Klaus Mackowiak**, Jahrgang 1953, ist Germanist und Sprachberater beim Grammatischen Telefon der Technischen Hochschule in Aachen.

Lonny Kellner-Frankenfeld-Interviewer **Rolf Mecke**, Jahrgang 1952, studierte das Fernsehen der 60er Jahre vor einem Nordmende-, später einem Grundig-Gerät in einer niederrheinischen Kleinstadt. Lebt heute als Journalist in Hamburg.

Puppenkisten- und Grzimek-Jubler **Michael Miersch**, Jahrgang 1956, lebt als freier Journalist in München.

Polenkind und Westengetäuschte **Bascha Mika**, Jahrgang 1955, ist Reporterin bei der Berliner taz.

Früher Witzeerzähler **Willy Millowitsch**, kölsche (Theater-)Legende.

Höfer-Kenner **Manfred Otzelberger**, Jahrgang 1959, ist Zeitungsredakteur in Bayreuth sowie ab und zu für den Spiegel tätig. Verfaßte 1989 seine Diplomarbeit über die NS-Vergangenheit Werner Höfers.

Panorama-Gründer **Rüdiger Proske**, Jahrgang 1916, wurde 1960 Leiter der NDR-Hauptabteilung Zeitgeschehen, 1961 Aufbau der Sendereihe Panorama, seit 1963 freier Filmproduzent und Publizist.

Laufbild-Kommentator **Prof. Dr. Harry Pross**, Jahrgang 1923, em. Professor FU Berlin, ca. 30 Bücher zur Zeitgeschichte und Kommunikationstheorie. Zuletzt: Memoiren eines Inländers 1923- 1993.

Fernsehschauspielführerin **Dr. Monika Putschögl**, Jahrgang 1948, ist Redakteurin im Ressort Reise der Hamburger Zeit.

Walter Spahrbier-Liebhaber **Manfred Riepe** ist Medienjournalist für die taz und die Frankfurter Rundschau und lebt in Frankfurt/Main.

Hallo Nachbarn-Pionier **Joachim Roering**, Jahrgang 1934, im Hörfunk und beim Kabarett seit 1957, im Fernsehen seit 1960 tätig, Autor und Regisseur von ca. 20 Fernsehspielen, diverse Unterhaltungsproduktionen (u.a. Abramakabra), satirische Glossen für die Polit-Magazine Panorama, Bilanz und Plusminus.

Sportschauopfer **Andrea Schäpermeier**, Jahrgang 1962, ist Diplompädagogin und Gestaltberaterin aus Aachen.

Jeannie-Freundin **Michaela Schiessl**, Jahrgang 1961, ist Reporterin bei der Berliner taz.

Fernsehende Kinogängerin **Prof. Dr. Irmela Schneider** ist Leiterin eines Teilprojekts im Sonderforschungsbereich Bildschirmmedien an der Universität Siegen. Verfasserin zahlreicher Bücher und Aufsätze zur Rundfunk- und Fernsehgeschichte.

Harry Klein-Karrierenbegleiterin **Susanne Schneider** ist Redakteurin beim Magazin der Süddeutschen Zeitung München.

Onkel Lou-Liebhaber, Telemiezen-Historiker und Kenner der sibirischen Wohnzimmerkälte **Werner Skrentny**, Jahrgang 1949, lebt als freier Journalist und Autor in Hamburg

Tagesschau-Rebell **Wilhelm Stöck** brachte uns von 1964 bis 1984 zeitweise bärtig das aktuelle Geschehen ins Haus.

Schweigen-Schläfer **Johannes Taubert**, Jahrgang 1955, ist Redakteur für Sport und Unterhaltung beim Stern in Hamburg.

Spezialist in Flipper-Frühtechnologie **Norbert Thomma**, Jahrgang 1951, früher als „Herr Thömmes" bei der taz, dann unter Klarnamen bei Sports in Hamburg, jetzt freier Journalist aus Berlin.

Ankläger im TV-Tiermißbrauch **Karl Wegmann**, Jahrgang 1955, ist Redakteur der Wahrheit-Seite der Berliner taz.

Herausgeber:

Bernd Müllender, Jahrgang 1956, Fernsehkonsument seit ca. 1959/60, freier Journalist für taz, Die Zeit, Süddeutsche Zeitung, Greenpeace-Magazin, Geo und Natur, lebt ohne Kabel und Satellitenanlage in Aachen. Letzte Buchveröffentlichung: „Gib mich die Kirsche, Deutschland!", Klartext-Verlag.

Achim Nöllenheidt, Jahrgang 1961, damals noch bäuchlings über alles staunend, was der Kasten hergab. Lebt fernbedienungslos als freier Journalist und Buchautor in Essen. Zuletzt: „Helmut, erzähl mich dat Tor", Klartext-Verlag.

Prototyp des frühen TV-Zeitalters. Die Unterschrift im Familienalbum 1960: „Unsere beiden besten Stücke."

BILDVERZEICHNIS

Wir danken folgenden Personen und Institutionen für die freundliche Bereitstellung von Fotomaterial:

- Firmenarchiv AEG/Telefunken: S. 17, 127
- Bayrischer Rundfunk: S. 44, 45 (Mitte), 147, 157
- Bavaria Film: S. 25, 26, 28, 30, 32, 33
- DRA Rundfunkarchive Ost: S. 193, 197
- Hessischer Rundfunk: S. 21, 22, 23, 116, 173, 238, 240
- Keystone: S. 5 (unten), 19, 149 (oben), 235 (links)
- Horst Müller: S. 156
- Norddeutscher Rundfunk: S. 47, 51 (oben), 56, 65, 76, 113, 186, 187, 188, 190, 231
- Ohnsorg-Theater: S. 229
- Rüdiger Proske: S. 178
- Radio Bremen: S. 15, 165 (links)
- Christian Schön: S. 5 (oben), 6, 71 (unten), 170
- Sender Freies Berlin: S. 211
- Westdeutscher Rundfunk: S. 11, 12, 59, 66, 94, 99, 100, 120 (links), 133, 135, 137, 151, 165 (rechts), 212, 233,
- ZDF-Bilderdienst: S. 37, 40, 53 (oben), 83 (oben), 85, 88, 105, 107, 119, 122, 129, 153 (Mitte), 154, 155, 161, 162, 163